幼儿园课程论

王春燕　王秀萍　秦元东 编著

浙江工商大学出版社
ZHEJIANG GONGSHANG UNIVERSITY PRESS

图书在版编目（CIP）数据

幼儿园课程论 / 王春燕，王秀萍，秦元东编著. —杭州：浙江工商大学出版社，2018.7（2021.11重印）

ISBN 978-7-5178-2877-8

Ⅰ. ①幼… Ⅱ. ①王… ②王… ③秦… Ⅲ. ①幼儿园—课程—教学研究 Ⅳ. ①G612

中国版本图书馆CIP数据核字(2018)第177056号

幼儿园课程论

王春燕 王秀萍 秦元东 编著

责任编辑 周敏燕
装帧设计 林朦朦
责任印制 包建辉
出版发行 浙江工商大学出版社
（杭州市教工路198号 邮政编码310012）
（E-mail：zjgsupress@163.com）
（网址：http://www.zjgsupress.com）
电话：0571-88904980 传真：0571-88831806
印　　刷 浙江全能工艺美术印刷有限公司
开　　本 787mm×960mm 1/16
印　　张 19.25
字　　数 353千
版 印 次 2018年7月第1版 2021年11月第4次印刷
书　　号 ISBN 978-7-5178-2877-8
定　　价 37.00元

以“全实践”理念引领幼儿教师的专业成长

（代　序）

秦金亮

20世纪，教师专业化作为一股强大的思潮席卷全球，极大地推动了各国教师教育新理念和新制度的建立，教师专业化已经成为促进教师教育发展和提高教师社会地位的成功方略。

教师职业是不是一个可与医生、律师相提并论的专门职业？教师的专业化程度究竟如何？这是各国学者长期讨论的问题。教师职业是一种要求从业者具有较高的专业知识、技能和修养的专业，而从专业的特征来看，教师职业离成熟专业的标准还有一定距离，是一个“形成中的专业”，教师专业化是一个不断发展的过程，而在教师专业化进程中的一个重大转折是，从追求教师职业的专业地位和权利到重心转向教师的专业发展。20世纪80年代以来，教师的专业发展成为教师专业化的方向和主题。人们越来越认识到，提高教师专业地位的有效途径是不断改善教师的专业教育，从而促进教师的专业发展。只有不断提高教师的专业水平，才能使教师职业成为受人尊敬的职业，成为具有较高的社会地位的职业。

那么，什么是教师专业化呢？研究职业专业化的资深学者利伯曼（M. Lieberman）认为，职业的专业化应当具备如下的基本条件：(1)职业范围明确，表现在垄断地从事于社会不可缺少的工作；(2)运用高度理智的专业化技术；(3)需要长期的专业教育及专业教育的体系支撑；(4)从业者无论个人与集体均具有广泛的自律性；(5)在专业的自律范围内，直接负有作出判断、采取行为的责任；(6)以服务为动机的非营利推行；(7)形成了综合性的自治组织；(8)拥有具体化的专业伦理纲领。国际劳工组织和联合国教科文组织的《关于教师地位的建议》，首次以官方文件形式对教师专业化作出了明确说明，提出“教师工作应被视为一种专门职业。它要求具备经过严格而持续不断的研究才能获得并维持专业知识与专门技能的公共业务；它要求对所辖学生的教育与福利拥有个人的及共同的责任感。”霍姆斯（Holmes）小组的报告《明天的教师》

则提出,教师的专业教育至少应包括五个方面:(1)把教学和学校教育作为一个完整的学科研究;(2)学科教育学的知识,把“个人知识”转化为“人际知识”功能;(3)课堂教学中应有的知识和技能;(4)教学专业独有的素质、价值观和道德责任感;(5)对教学实践的指导。美国卡耐基基金会组织的“全美教师专业标准委员会”制订的《教师专业化标准大纲》,是迄今为止最明确地界定了教师“专业化”标准的文件,它规定了教师的专业职责:(1)教师接受社会的委托负责教育学生,关照学生的学习——认识学生的个别差异并作出相应的措施;理解学生的发展与学习的方法;公平对待学生;教师的使命不停留于学生认知能力的发展。(2)教师了解学科内容与学科的教学方法——理解学科的知识是如何创造、如何组织、如何同其他领域的知识整合的;能够运用专业知识把学科内容传递给学生。(3)教师负有管理学生的学习并作出建议的责任——探讨适于目标的多种方法;注意集体化情境中的个别化学习;通过学生的作业定期评价学生的进步。(4)教师系统地反思自身的实践并从自身的经验中学到知识——验证自身的判断,不断在困难中作出选择;征求他人的建议以改进自身的实践;参与教育研究,丰富学识。(5)教师是学习共同体的成员——同其他专家合作提高学校的教育效果;运用社区的资源同家长合作推进教育工作。《教师专业化标准大纲》为美国形成教师“专业化”的社会共识和相应政策奠定了基础。

从上述的研究我们可以看出,教师专业化是指教师具有自己独特的职业要求和职业条件,并具有相应的培养制度和管理制度的一套系统化体系。它包含以下要义:(1)教师专业性既包括学科专业性,也包括教育专业性,国家对教师任职既有规定的学历标准,也有必要的教育知识、教育能力和职业道德的要求;(2)教师专业化需要国家有教师教育的专门机构与专门的教育内容和措施;(3)教师专业化需要国家有对教师资格和教师教育机构的认定制度和管理制度;(4)教师专业发展是一个持续不断的过程,教师专业化也是一个发展的概念,既是一种状态,又是一个不断深化的过程;既是一种认识,又是一个奋斗过程;既是一种职业资格的认定,又是一个终身学习、不断更新的自觉追求过程。

从实践层面看,如果以现代教学形式——班级授课制的建立,教师开始成为一种专门职业算起,教师专业化已经走过了300多年的历史。1681年拉萨尔(Lasalle)在法国创立的世界上第一所师资培训学校,标志着教师教育的诞生。早期的师资培训机构以“学徒制”为主,教师的培训仅被视为一种职业训练而非专业训练。18世纪中下叶,随着普及初等义务教育逐步在一些国家实施,现代教学方法渐成体系,教育理论有了长足的进步,教师教育理论已见轮廓,这就为教师从事职业训练提供了理论上和实践上的依据，教师教育开始作为一门专业从其他专业中分化出来，形成自己独立的特征。欧美各国相继出现了师范学校并颁布了师范教育的法规，包括师范学校的设置、师资的训练、教师的选定、教师资格证书的认定以及教师的地位、工资福利待遇等，教师教育开始出现系统化、制度化的特征。教师教育机构在对教师进行文化知识教育的同时，更注重教师教学方法的培训，开设教育学、心理学、学科教学法等课程，对教师进行专门的教育训练。

20 世纪以后，世界上发达国家和地区的教师教育，先后经历了从中等教育水平的师范学校教育到高等教育程度的师范学院教育，从师范学院的独立培养到综合大学的本科教育加大学后专门的教育课程训练的转变，并逐步形成了教育学士、教育硕士、教育博士的教师教育体制。这一转变的实质，既是教师教育的质量升级，也是教师专业水平的规格提升。20 世纪 60 年代以后，教师教育的一个重要走势是由重学历提高转向重素质本身的提高，因为随着出生率下降而对教师需求量的降低，由于经济原因教师培养机构成为政府削减公共开支的对象，以及公众对教育质量的不满引发对教师教育的批评，提高教师“质”的要求取代了对“量”的追求，社会对教师素质的关注达到了空前的程度。面对提升教师素质的社会压力和“反专业化”的挑战，世纪之交欧美各国都在寻求教师专业理念与制度的重建。“全美教学与美国未来委员会”相继发表的两份报告书——《什么最重要：为美国未来而教》和《做什么最重要：投资于优质教学》就是一个信号。这些报告书勾画了 21 世纪新型的“卓越教师”的形象，强调“重新设计教师的专业发展”，“重建学校使之成为学生和教师的真正的学习型组织。”可以说，这些教师教育观念的转变意味着美国社会在更高的层面上寻求更高程度的“教师专业化”。

世界各国对教师“专业化”的探索达到了空前的高度。在美国，围绕教师“专业化”的教师教育改革兴起了两大浪潮，极大地影响了世界各国对教师专业化探索的历史进程。第一次浪潮以发布《国家处于危险之中》为起点，是自上而下推行的。其目标是追求教育的“卓越性”，实施教师“职能测验”，根据学生的成就支付相应的工资，由教育行政部门实施职务升迁制度。第二次浪潮是以发布《准备就绪的国家——21 世纪的教师》为起点，是自下而上推行的。其目标是追求教师职业自律的“专业化”，以教师的自律性为基础从学校内部推进有创意的改革。在这两次浪潮中，越来越多的美国人意识到教育改革成败的关键在于教师。教师专业化浪潮还表现在国际组织对教师教育的关注。1989 年—1992 年间世界经济合作与发展组织(OECD)相继发表了一系列有关教师及教师专业化改革的研究报告，如《教师培训》、《学校质量》、

《今日之教师》、《教师质量》等。1996年联合国教科文组织召开的第45届国际教育大会提出，“在提高教师地位的整体政策中，专业化是最有前途的中长期策略”。

在日本，从战前绝对效忠天皇的“圣职论”，战后维护教师权益的“劳动者论”，到20世纪70年代以来得到教育界公认的“专业职责论”，从“专业化”观念的确立到制度的落实，再次体现了各国教师教育实践的共同规律。一般认为，1997年日本教员养成审议会的审议报告就是教师“专业化”观念在教育制度上的体现。这个文件突出了作为现代教师的使命感：保障学生的学习权。教师作为学生学习的指导者与建议者，只有立足于保障作为人权的学生的学习权与发展权，才具有教师的职业价值。也就是说，教师专业成长的基础在于学生学习权利的维护，学生不是教师专业属性的附属物。该文件还突出了造就现代“教师能力”的若干要点：作为教育者的使命感；深刻理解学生的成长、发展；对于儿童的教育爱；关于学科的专业知识；广泛丰富的教养以及基于上述的教学能力——顺应种种教学方式的能力，适应个性差异的能力，从实践中学会教学的能力。日本早在1971年就在中央教育审议会通过的《关于今后学校教育的综合扩充与调整的基本措施》中指出，“教师职业本来就需要极高的专门性”，强调应当确认、加强教师的专业化。

在英国，随着教师聘任制和教师证书制度的实施，教师专业化进程不断加快，20世纪80年代末建立了旨在促进教师专业化的校本培训模式和批判反思性行动研究模式，1998年英国教育与就业部还颁布了新的教师教育专业性认可标准“教师教育课程要求”。

我国的香港和台湾分别从20世纪80年代后期开始加大教师专业化教育制度的改革步伐，教师专业化的观念已成为社会的共识。我国早在20世纪30年代就对教师职业展开过讨论，当时有一种很鲜明的观点，“教师不独是一种职业，且是一种专业…….性质与医生、律师、工程师相类”。但公众对教师是不可替代的专门职业仍未形成共识。有人从历史的角度认为，原因可能有三方面：一是在中小学教师数量尚不能满足需求时，教师队伍中就可能有一部分不合格、不称职的教师；二是中小学教师这一专业在我国发育得不够成熟，专业性不够强，中小学教师整体素质不高；三是这一职业有一定的特殊性，教师的劳动成果通过学生的知识、能力、素质、个性、品性等诸方面的提高来体现，某个教师的直接教学效果难以定量确定，不易看到即时的成败效应。因此，当前还有不少人认为教师职业有一定的替代性，或者起码只能处于一个准专业的水平，误认为只要有一定的学科知识就能当教师。从20世纪末期开始，我国政府在制度政策方面大力推进教师的专业化进程，并将教师专业化从政策制度层面提升到法律层面，法律已经为推进教师专业化提供了基本的制度保证。1994年我国开始实施的《教师法》规定："教师是履行教育教学职责的专业人员"，第一次从法律角度确认了教师的专业地位。1995年国务院颁布《教师资格条例》，2000年教育部颁布《教师资格条例实施办法》，教师资格制度在全国开始全面实施。2000年，我国出版的第一部对职业进行科学分类的权威性文件《中华人民共和国职业分类大典》，首次将我国职业归并为八大类，教师属于"专业技术人员"一类。2001年4月1日起，国家首次开展全面实施教师资格认定工作，标志着教师专业化进入实际操作阶段。

从实践层面我们应看到，我国现有1000多万基础教育教师，是国内最大的专业团体，承担着世界上最大规模的基础教育。尽管我国教师的教育教学活动已经在一定程度上达到了专业化标准的要求，但是与发达国家相比，教师专业化尚有不少差距。我国中小学教师的学历已基本达标，但教师职业道德意识淡漠，广大教师中教育观念陈旧落后，创新意识和研究能力不强，教学方法和手段落后，知识面狭窄等都是不可忽视的重要问题。同我国中小学教师相比，我国幼儿教师的专业化程度更低，我国幼儿教师目前还没有形成职前、职后相统一的教师专业成长模式，幼儿教师的在职提高还没有纳入绝大多数省市教师继续教育的范围，幼儿教师的入职条件也偏低，相当省份以中师和职业中学的学前教育作为准入的标准条件，已属相当不易。随着教育整体水平的提高，特别是随着基础教育改革的不断深化，我国幼儿教师的专业化水平与全面实施素质教育要求的矛盾将会越来越突出。改革与发展幼儿教师教育，推进幼儿教师的专业化水平势在必行。

世界各国教师专业化的浪潮，对于我们今天促进幼儿教师的专业成长是有启发性的。首先，是教师职业的专业性已经被社会所公认。世界各国对教师专业性的认识都经历了"非专业性——半专业性——反专业性——促进专业性"的观念转变过程。幼儿教师职业专业性的认识也有一个过程，目前发达国家都将幼儿教师的专业性要求同中小学教师一视同仁。美国的《儿童早期教育法》对幼儿教师的资质条件作了明确规定：在1997年制订的《教育研究国家重点》又将改进幼年儿童的学习与发展促进幼儿教师专业发展作为国家教育的第一要务。其次，是教师教育制度已成为大学教育制度的组成部分，幼儿教师教育也已成为大学的使命。目前发达国家幼儿教师的培养已由专、本科大学和设有教育研究生院的研究型大学培养。我国师范教育由三级师范教育体系向一级师范教育体系的转型，也已预示了我国幼儿教师教育转型的方向。再次，各国在推进教师专业化进程中，都建立了相应的促进教师专业化的教师教育制度支持体系。这一制度支持体系主要包括教师职业准入制度、教师教育标准制度、教师动态考核与资格再认定制度、教师终身教育制度、教师教育经费投入保障制度、教师教育机构资格认定制度、教师教育管理制度等。我国推进幼儿教师专业化的当务之急是尽快将幼儿教师教育作为基础教育中教师教育的有机组成部分来对待。

在把握各国教师专业化发展的历程与趋势时,最本质的问题是关于教师职业的理想形象,即什么样的教师形象才具有真正意义上的教师专业水准。总的来看,教师的职业形象经历了三次观念性的转变,即由最初的"知识拥有者"到"技术熟练者"再到"反思性实践家"的转变。这种观念性的转变实际上也表征了教师教育三个不同的阶段。"知识拥有者"重视的是教师的知识素养、学历水平,这是教师职业由非专业走向专业的最初形态;"技术熟练者"强调的是教师的专业技能,是教师职业走向专业化的重要标志;"反思性实践家"则强调的是教师的专业成长过程,将教师的专业发展予于其终身的专业成长过程中。1983 年舍恩(Schon D,)在《反思性实践——专家是如何思考的》一书中提出了从"技术熟练者"到"反思性实践家"的专家形象转变。在舍恩看来,传统的以"技术理性"为支撑的"技术熟练者"的教师职业形象正逐渐崩溃,取而代之的是以"行动者"为支撑的"反思性实践家"的教师职业形象。正是因为不同的教师职业理想形象,催生了不同的教师培养模式。目前普遍认可如下主要模式。

知识模式——教师培养过程中的核心是教师应拥有比学生多得多的知识,因此教师教育重视的是文化知识的传授。人们常以"一桶水与一碗水"作比喻,来强调教师拥有绝对知识量的重要。这种模式下的课程设置应是百科全书式的。

能力模式——教师不仅要有一般的知识,而且要拥有综合教学能力,如表达知识的能力,教会学生的能力、处理课堂事务的能力、与学生沟通的能力等。这种模式下的课程设置重视培养教师技能的示例性、操作性。

情感模式——教师的知识水平与教学技能达到一定水平,影响教育质量的关键性因素是情感性因素。教师对学生的关注、爱、接纳和理解是重要的,教师不仅要传授知识,更要以自身的高尚品质和人格魅力感染学生。这种模式强调课程教学中非知识因素的隐性渗透,强调教学中教书育人的二重性。

实践反思模式——知识不是永恒的真理,教师需要不断建构自己的知识体系,教师教育的课程设置不可能为教师提供一劳永逸的知识,教师的专业成长是终身性的,教师教育不是为教师专业化划句号,教师教育只是为了促进教师专业的发展。教师的专业成长需要教师不断反思自己的教育教学实践,不断关注自身的反思和自我调控。这种模式强调教师的专业成长过程是教师自身发展的积极建构过程。

应该说实践反思模式仅是当代教师教育的一种概括性总结，这种模式在不同的文化背景和学科专业条件下，会有多种不同的样式。浙江师范大学杭州幼儿师范学院（原浙江幼儿师范学校）在50多年的办学历史中，非常重视实践教学并得到了国内同行的广泛认同。近年来，我们在国际教师教育新思潮的推动下，总结学院本专科学前教育与成人教育经验的基础上，提出构建“全实践”理念下的实践整合课程体系。这在某种意义上就是实践反思模式在我国幼儿教师教育中的一种样式。此项课程改革不仅在培养目标、培养规格、课程体系方面有所突破，更重要的是在教师资源的合理配置与结构性调整、职前——职后幼儿教师教育一体化的建设与运作方面均有大的突破。

所谓“全实践”，就是将幼儿教师专业发展全程中所有实践环节作为一个整体来系统定位、统筹安排。实践整合课程下的实践环节主要包括职前教育中通识课、专业基础课、专业主干课、选修课的技能操作，各学期安排的见习实习，短学期的社会实践，寒暑假社会实践，毕业前综合实习及毕业论文等所有培养教师动作技能和智慧技能的课程教学环节和职后的教学实践、教研实践、管理实践。所谓“全实践”就是实践要素诸方面在时间上要全程延通，在空间上要全方位拓展，在内容上要全面整合，在理念上要全息浸透，在课程体系上要全维统整。这种“全实践”的课程理念在职前重视的是实践统整境遇下的实践洞察与顿悟，在职后重视的是实践中的反思和反思中的知识重组重构；但其共性在于实践是学习主体内化、重构知识的前提、中介和归宿。这种“全实践”课程理念提出的深层背景是当代教育观特别是知识观、学习观的重大转变，是建立在当代新的学习理论崛起的理论变革基础上的，其中建构主义学习理论、情境学习理论和认知神经科学的神经建构理论是最重要的思想来源。“全实践”实质上是一种促进幼儿教师专业成长的职前职后的课程设计、课程实施的思维方式和操作路向。这种思维方式和操作路向有如下特点。

实践共同体的支撑与引领　“全实践”理念下的实践共同体是指处于同一“实习场”的全体成员及其行为关系的总和。实践共同体的交往方式可以是现实情境下的互动也可以是网络条件的虚拟现实互动。实践共同体是实践课程的载体和支撑，同时对实践文本起反思、升华、引领作用。

实践环节在时间上的延伸和贯通　一般说，几乎所有的专业将实践环节安排在学程中期和后期。“全实践”理念下的实践环节则是从新生入学的始业教育，从始业教育起就让学前专业学生接触幼儿园实际，每周一个单元，一直持续到毕业。这样的延伸虽然给实践基地带来了相当的压力，教学管理部门的课程安排也相当麻烦，但学生从入学之初起就同幼儿园保持着鲜活的联系。实践这根神经始终跟其他所学课程贯通着。幼儿教师入职后的实践贯通表现在教师继续教育的所有课程都围绕一线教师的教学和教研、管理展开,通过实践反思将课程中的公共理论转化成幼儿教师的个人理论,通过对实践的反思批判将幼儿教师的隐性知识显性化。

实践方式在空间上的拓展 过去谈到实践基地就是指见习和毕业实习相对稳定的几个幼儿园。在实践整合课程中,学生每学期都在幼儿园获得不同的实践心理场所,目的在让学生了解感知不同类型的实践心理场,了解不同类型的幼儿。同时学校的教室、实验室、琴房、练功房、机房、画室、体育馆、艺术馆等场所都是学生实践场所。此外短学期、寒暑假的实践环节都要求学生接触家庭所在地的不同幼儿园和民间传统儿童文化,这些都是丰富学生实践心理场的重要方式。入职后的幼儿教师在继续教育中也需要不断丰富其实践心理场,这需要实践共同体成员分别提供实际教学情境文本或案例,共同研讨,共同反思,丰富各自的实践心理场。

实践内容在实施中的整合与提升 我们在探索实践整合课程的早期,对一以贯之的见实习的具体目标缺少精细化的目标分解,没有层次性。同时各门课程又要安排一定的实践环节,于是各种实践环节课出多头,而且相互交叉重叠,学生疲于应付,效率低下。经过反思总结,我们分别为专、本科学生制订了四年的专业实践计划,这一实践计划需整合实践总目标与各科分目标,使总目标与分目标相协调,各学期目标具有层次性和递进性。对于入职后幼儿教师的继续教育,重要的是通过实践共同体成员的讨论,对各自教学的实践文本进行改进与提升。

实践理念在课程中的全息浸透 学前专业过去的实践课(实习、见习)、技能课与文化课是分裂的、各自为阵的。特别是学科课程多数不重视实践环节或没有针对性。对此我们就主干课制订实验实、践教学大纲,对各门课的实验、实践环节以明确规定并规范操作程序和学习目标,并为专业课建立了专门实验室。这样实际上是将总的实践目标分解渗透到各门课程中。实践理念在课程中的全息浸透还表现在职前与职后课程设计的前后关照和实践心理场的层级演进。

实践平台在课程体系中的统整效应 原有的学前教育课程体系中实践课与学科课是并行独立的,且高等师范的学前教育实践课处于边缘位置。"全实践"理念下的实践整合将实践环节放置在中心地位。实践课与学科课的关系是:以实践课统整学科课,以学科课渗透实践课,说践课是学科课的统整平台,学科课是实践课的延伸与提升。它们是学前专业学生获得教育智慧、形成教育机智,塑造良好品性的不可或缺的可靠基石。

实践教学的合目的性特征 按照亚里士多德的说法，智慧性实践是一种指向善，且具有人的类性意义(即人整体的生存意义)的合目的性正当行为。我们这里的合目的性主要指，“全实践”理念下的实践教学是幼儿教师生命成长的内在需求，实践教学是幼儿教师生命意义的展现方式，是幼儿教师体现生命价值的重要样式。传统的所谓“实践教学”基本不具有合目的性，如学生的技能训练很大程度上是为了应对学校、任课教师的诸多要求，是一种工艺性、技艺性、程序性的操练，也是一种对权力话语的无奈曲从，学生的被压迫境遇倒向了工具性特征。这样的工具性趋向很难将“实践教学”中的操作纳入教师课堂、教师的行为、教师的生活等生命意义中去。“全实践”理念强调各实践环节在幼儿教师教学行为、幼儿教师生活的生存意义，各实践环节的具体操作仅是教师教学生命中显现的必要成分。

“全实践”理念下实践整合课程是对“反思性实践家”教师形象的理想模塑，力图达到以下的结果效应:(1)反思性实践家的培养形成是一个过程，而不是一个结果，一个幼儿教师的职前、职中、职后都需要不断地“实践——反思——再实践——再反思”，且这种践行与反思是一体的，它是“行中思、思中行”的统一，这种思行合一的成长状态是体现一个幼儿教师生命意义的本真状态。这种成长是一个“非等同圆”的生命再造过程，“再实践”、“再反思”从“原实践”、“原反思”中走出，并又多次回归于“原实践”、“原反思”，于是形成有破裂、有变形，重现而不重复，相似而不相等的“实践反思非等同之圆”的生命轨迹。(2)实践整合课程的教育价值核心是促成幼儿教师成为富有主体精神和个性特色行为能力的人。这种课程价值强调的是:每一个幼儿教师的专业发展是其职业生命全程中有意识的自我发展的过程，这种有意识的自我发展的过程需要在实践整合课程的情境下通过教师的自我观察、自我评价、自我反省、自我调节来实现。这是幼儿教师主体精神和主体行为能力不断建构的过程，幼儿教师职业合目的性的生命意义承蕴于其中。(3)实践整合课程在课程文化的层面我们力图把准幼儿教师教育时代精神的脉搏。实践整合课程在课程文化的意义上只提供了幼儿教师专业发展的多种可能性，它指引发展的方向而不框定发展的内容，它指引幼儿教师专业发展的主体精神和实践反思本性，而不限制主体创造的成分。

浙江省是国内第一个提出普及学前三年教育的省份，建立完善的幼儿教师教育体系是高质量普及学前三年教育的基础和关键。在浙江省教育厅师范处的领导下，浙江省幼儿师资培训中心制订了“浙江省‘十一五’幼儿园教师继续教育规划”和《幼儿园教师继续教育指导性教学计划》。本套丛书就是落实“指导性教学计划”的重要课程平台，本套丛书面向“教师岗位培训”、“骨干教师培训”和“新教师上岗培训”三个不同的层次，由省内多年从事幼儿教师教育工作的十几位专家学者共同完成，丛书从策划到成书历时两年多时间，浸透了学者们的辛劳汗水。丛书以促进幼儿教师的专业成长为出发点，以"全实践"理念引领课程文本。丛书由《幼儿园教师成长论》、《幼儿园教育指导纲要例说》、《幼儿发展评估》、《幼儿园保教工作入门》、《幼儿教育政策与法规》、《幼儿园课程论》、《幼儿教师学做科研——学前教育研究方法》、《幼儿园环境创设》、《儿童发展通论》、《儿童心理发展与学前教育实践》、《比较学前教育导论》组成。整套丛书由浙江省教育厅师范处统筹指导，杭州幼儿师范学院副院长朱丽丽副教授具体组织实施。

需要说明的是，丛书仅是促进幼儿教师专业成长中实践整合课程资源的一部分，我们正在和即将进行的课程资源开发，包括上述课程相关的多媒体资料包、师生互动的网络课程、幼儿教师作为行动研究者的网络平台、教学疑难与反思 QQ 平台、幼儿教师教学诊断与咨询专家系统、幼儿教师新视听（国际视野）、学前教育新学科丛书等。我们力图在为幼儿教师提供的服务中，体现"全实践"课程理念，提升幼儿教师的反思境界，培养幼儿教师的教育实践智慧，张扬幼儿教师的个性特色，塑造富有主体精神与社会责任的幼儿教师新形象。

实践整合课程的实现是一项系统工程，本丛书仅是这一系统工程的一个子工程。应当看到这套丛书在促进幼儿教师的专业成长中，为教师提供的理论知识多于实践知识，公共知识多于个人知识，显性知识多于隐性知识，言说知识多于缄默知识，常规知识多于前沿知识。因为是起步，她需要一个铺垫；因为是工程，她需要一定时间；因为是对习惯的反动，她需要一个调适的过程。

我们坚信幼儿教师教育将与幼儿教师共成长。是为序。

序者系　浙江省幼儿师资培训中心主任

浙江师范大学杭州幼儿师范学院院长

博士　教授　博士生导师

目　录

第一章　幼儿园课程的界定

课程是教育的核心，它是关于教育目标、教育内容、教育方法和教育评价的一个系统，是教育思想、教育理论转化为教育实践的中介与桥梁。正如泰罗（Philip H.Taylor）和理查兹（Colin Richards）在其《课程研究入门》一书中所言：课程是“教育事业的核心，是教育运行的手段，没有课程，教育就没有了用以传达信息、表达意义、说明价值的媒介。正因为课程在教育活动中起着决定性作用，因而课程也就具有了研究价值。”课程是教育活动的主要承担者，课程在很大程度上决定着教育质量，没有课程便没有教育活动。

第一节　对课程的理解与分析

课程是什么？这个命题概括着课程的本质，要研究课程的有关问题，我们首先必须回答课程是什么即课程的定义。

一、课程的定义

关于课程的定义可谓五花八门，每一种定义都试图从某种立场解释课程，因而导致对课程的界定众说纷纭，莫衷一是，至今未达成共识。美国学者鲁尔（Rule）通过统计发现有关课程的定义已达 119 种，而且新的课程定义还在不断地出现，从而使课程的本质内涵呈现了模糊性和不确定性。事实上，“每一种课程定义都隐含着某种哲学假设和价值取向，隐含着某种意识形态以及对教育的某种信念，从而标明了这种课程最关注哪些方面。”[①]因此美国著名课程论专家斯考特说：“课程是一个用得最普遍但却定义最差的教育术语。”[①]

（一）课程的词源分析

对课程一词作词源分析，可以发现，“课程”在我国始见于唐代。唐代孔颖达为《诗经·小雅·小》中“弈弈寝庙，君子作之”句作疏：“维护课程，必君子监之，

---

① Scotter ,R. D.V, etc：《Foundations of Education》，《Social Perspective》，1979，P. 272。

乃依法制。”但这个词的含义与我们现在通常所用的课程的意思相去甚远。宋代学者朱熹在《朱子全书·论学》中多次提及课程，如“宽着期限，紧着课程”，“小立课程，大作工夫”等。这里的课程意思是比较清楚的，即指功课及其进程。这与我们现在多数人对课程的理解基本相似。

在西方英语世界中，课程（curriculum）一词最早出现在英国教育家斯宾塞的《什么知识最有价值》（1859 年）一文中。它是从拉丁语“currere”一词派生出来的，原意为“跑道”（recourse），规定赛马者的行程，与教育中“学习内容进程”的意思较为接近。所以课程最常见的定义是“学习的进程”。这一解释在各种英文词典中比较普遍。课程既可以指一门学程，又可以指学校提供的所有学程。这与我国一些教育辞书如《中国大百科全书·教育》卷及《辞海·教育学心理学分册》对课程的狭义和广义的解释基本上吻合。

然而，在当代课程文献中，关于课程的这种界定受到越来越多的批评。不同的学者由于其哲学价值观的不同，因而对知识、学习理论等方面的理解也不同，所以对课程本质的规定也认识不同，学者们或强调学习的经验与内容，或强调经验的组织过程，或强调科目的时间安排与计划，不一而足。因此，对于课程的本质内涵解释至今依然是多元的。

（二）课程本质内涵的多元限定

奥利瓦曾对课程本质探讨中所呈现出的五花八门的课程定义进行了归纳和总结，提出了以下 13 种较具代表性的课程本质观：

(1) 课程是在学校中所传授的东西；
(2) 课程是一系列的学科；
(3) 课程是教材内容；
(4) 课程是学习计划；
(5) 课程是一系列的材料；
(6) 课程是科目顺序；
(7) 课程是一系列的行为目标；
(8) 课程是学习进程；
(9) 课程是在学校中所进行的各种活动，包括课外活动、辅导及人际交往；
(10) 课程是在学校指导下，在校内外所传授的东西；
(11) 课程是学校全体职工所设计的任何事情；
(12) 课程是学习者在学校所经历的经验；
(13) 课程是个体学习者在学校教育中所获得的一系列经验。

利威主编的《国际课程百科全书》也对不同的课程定义进行了总结，指出了关于课程本质的以下几个方面：

(1) 课程是学校为了训练团体中儿童和青少年思维及行动方式而组织的一系列可能的经验；

(2) 课程是在学校指导下学习者所获得的所有经验；

(3) 课程是为了使学生取得毕业资格、获取证书及进入职业领域，学校应提供给学生的教学内容及特定材料的总体计划；

(4) 课程是一种方法论的探究，具体探查由教师、学生、学科及环境所构成的课程要素的范围；

(5) 课程是学校的生活和计划……一种有指导的生活事业，课程成为构成人类生活能动活动的长河；

(6) 课程是一种学习计划；

(7) 课程是在学校指导下，为了使学习者在个人的、社会的能力方面获得不断的、有意识的发展，通过对知识和经验的系统改造而形成的有计划和有指导的学习经验及预期的学习结果；

(8) 课程基本上包括五大领域的严格学习，即①掌握母语并系统地学习语法、文字和写作，②数学，③科学，④历史，⑤外国语；

(9) 课程是关于人类经验的范围不断发展的、可能的思维方式——它不是结论，而是结论产生的方式，以及那些所谓真理的结论产生和被证实的背景。

奥利瓦和《国际课程百科全书》的这些归纳、总结基本上囊括了课程发展史上主要的课程本质观。但这些观点并非每一种都构成了课程实践领域里的典型代表，其中有的是对课程实践的总结，有的则是针对课程实践的弊端所进行的一种理论构想。在这些课程本质观中，有些观点体现出一种包容关系，是可以调和的，而更多的则呈现出排斥、极化状态。因而，学校在这些不同的课程本质观中选择课程规划的依据必然会使学校的课程结构千差万别。同时，课程研究者从这些不同的课程本质观出发，探讨课程的内涵、原则及模式也必然会使课程表现出多样化的特点[①]。

（三）几种典型的课程定义

目前关于课程的定义是非常多的，之所以如此，一方面在于课程本身的复杂性，另一方面也在于课程研究者的出发点与研究视角的不同。目前，人们倾向于比较典型课程定义有以下五种。

1. 课程即学习的科目

把课程等同于学校学生学习的科目，这种定义由来已久，影响也最为深远。我

① 郝德永：《课程研制方法论》，教育科学出版社，2000，P. 50~52。

国古代的课程有礼、乐、射、御、书、数六艺，欧洲中世纪初的课程有文法、修辞、辩证法、算术、几何、音乐、天文学七艺等，它们都是指学校学生学习的具体科目。及至目前，在很多教育工作者的心目中，课程仍然指的是学校开设的哪些科目。这种课程定义的实质强调学校向学生传授系统的学科知识体系，强调教育的任务就是把经过选择并系统化的知识传递给学生，可以说是一种典型的“教程”。然而，这种定义却把课程的视线局限在一个相对狭小的圈子里，只关注教学的科目，不关注学生的情感陶冶、个性培养；只关注学科知识的体系、结构、逻辑，不关注学生的兴趣、需要、动机及所学知识对于学生个人的意义；只关注学科知识学习中学生的认知发展，不关注学生的全面的“完整人格”的发展。事实上，学校为学生提供的学习范围，远远超出了正式列入课程的学科。除此，学生在学校生活与活动中所获得的各种直接经验及学校课程之外所给予学生的间接影响对学生的发展也是重要的。所以把课程等同于学生学习的科目是不周全的。可以说，世界范围内的课程改革运动主要是针对这种课程观点而展开的。

2. 课程即儿童在学校获得的学习经验

课程即经验主要是针对前一种观点进行批评与反思的基础上出现和形成的。20 世纪 20 年代后，受杜威教育思想的影响，人们更加关注儿童的兴趣和需要，关注儿童在“做中学”，以儿童为中心的经验课程观逐渐发展起来了。如“课程是个别的学习者在一项教育方案中获得的一切经验”；课程不是学科群，而是“儿童在教师指导下所获得的所有经验”等。这种课程本质观将课程的重心由“学科”、“教师”转移到“学习者”身上，实现了课程本质由“客体”到“主体”的转变。强调以学习者为中心，强调学生在教育环境中与教师、材料等相互作用所获得的经验。所以，将课程理解为学生的学习经验，不仅扩大了课程内容的范围，而且扩大了学生活动的范围及其价值，强调除教师组织的教学活动外，学生在其他活动中同样也能获取知识与经验，且这些知识经验又是传统的学科教学所无法包容和解释的。可以这样说，课程从“学科”到“经验”的转变，也是教师从关注“教什么”到“为何教”、“怎样教”的转变，从而把课程的注意力转移到学生身上，关注他们的兴趣、需要，关注他们在学习活动过程中所获得的东西及对他们个人的意义。因为每个学生都是独特的学习者，他们从同一活动中获得的经验都是各不相同的，学生的学习取决于他自己在活动中做了些什么，获得些什么，而不是教师教了些什么。因此现在越来越多的人开始把课程本质转向学生在学校获得的经验。

但是，从理论上，因为学习经验是学生在与环境中的人、事、物相互作用的过程中形成的心理生成物，既包括认知经验，也包括情感态度及解决问题的方式方法等。学习经验具有一定的主观性、模糊性与不易把握性。这样就使课程的这种定义

"理论上很吸引人，实践上却很难实行"[①]。

3. 课程即学校组织的学习活动

由于学习经验的主观性、模糊性、个人性及不易把握性，于是一些研究者便把课程的定义转向了学习经验的"母体"——学习活动寻求支持。

儿童是在与环境相互作用的过程中获得各种经验的，而活动即是儿童与环境相互作用的形式。活动产生经验，经验依赖于活动。儿童的经验是通过学习者在活动中的各种主动行为而发生的，"做中学"是儿童获得经验的主要方式。所以有的学者把课程理解为"课程是按照学校要获得它的教育目标而计划和指导的学生的所有学习活动"（R.Tyler，1949年）；课程是"在学校的教师指导下出现的学习者学习活动的总体"[②]。

4. 课程即预期的学习结果或目标

一些学者认为，课程不应该指向学习活动，而应该直接关注预期的学习结果或目标，如"课程是学校所担负的所有预期的学习结果"、课程是"预期学习结果的结构序列"等。强调目标、结果在课程设计中的重要性，从而把课程重心从手段转移到了目标。要求课程事先制定一套有结构、有序列的学习目标，所有的教学活动都应为这些目标或结果服务，体现出了课程具有的预期性和可控性的特征，也有利于课程的科学化和标准化。因而这一课程定义自产生以来影响很大，目前广为采用的"目标模式"课程设计即是由这一定义演化而成的。但这种定义也有其明显的缺点：因为预期的学习目标与实际发生的事情之间总会存在一定的差异，而且目标的达成也需要协调各种因素，离开这些因素去考察课程，是不实际的。同时，把课程的焦点放在预期的目标或结果上，容易忽略非预期的学习结果。而研究表明，师生互动的性质、学校文化、教师的人格特征等隐性课程，对学生的成长也有很大影响。

5. 课程即教学计划

把课程看作教学计划是20世纪50年代以来较为流行的一种观点。如"课程是一种学习计划"、"课程是学习者在学校指导下，所面临的一切经验的计划或方案"等。这种课程本质观强调课程的目的性、计划性，把课程看作是培养人的计划，从而包括了课程的一些基本要素，即课程目标（培养什么样的人）、课程内容与组织（提供什么样的学习经验和如何组织这些经验）、课程评价（如何检验这些目标是否达到）。但这种课程观却忽视了课程要素中极其重要的一部分——课程实施，因而在本质上它是一种静态的课程观。而且，这种课程观在强调整个课程"计划性"的同时，也容易导致课程实施缺乏灵活性和随机性，因为课程在实施过程中，还会遇到各种不可预测的因素，忽视随机生成的教育因素对儿童发展的影响。所以这种定义过分

---

① 靳玉乐：《现代课程论》，西南师范大学出版社，1995，P. 61。

② 钟启泉：《现代课程论》，上海教育出版社，1989，P. 177。

强调了静态设计、预成课程，而忽视了动态设计及生成课程，从而把教育者关注的重点引向了外在的学习计划与方案上，走上了与“课程是学科或教材”同样的命运。

上述五种关于课程的定义，各有优点，也各有不足。把课程看作学科知识或教材，有利于人们系统地选择和组织教学内容，但也容易割裂知识之间的联系，忽视变化的经验；把课程看作经验，重视了儿童获得经验的过程，考虑到了儿童的兴趣、需要，但儿童都是独特的，他们在同一活动中获得的经验是不一样的，因而很难编订出儿童在教师指导下所获得的全部经验，不利于达成系统的教育效果；把课程看作学校组织的学习活动，强调了儿童与环境的相互作用，强调了活动中直接经验的获取，但也容易把人们的注意力引向活动的形式，而忘却活动的宗旨即教育的目标；把课程看作结果或计划，强调了教育的目的性、计划性，便于课程的组织与评价，有利于教育目标的实现，但忽视了课程的灵活性，从而把计划外的教育因素排除在课程之外，因而缩小了课程的范围。

同时，从以上典型的课程定义中，我们可以看出，每一种课程的定义，都是在特定的历史时期、特定的社会条件下出现的，都有其特定的理论基础与背景，因而各种定义都有其独特的看问题的角度和关注的重点。尽管每一种定义有自己明显的局限性，但也从一个侧面或多或少反映了课程的某些本质，也有一定的合理性。“对于教育工作者来说，重要的不是选择这种或那种课程定义，而是要意识到各种课程定义所要解决的问题以及伴而随之的新问题，以便根据课程实践的要求，做出明智的决策。”①

二、关于课程的类型划分

所谓课程的类型是指课程的表现形式。不同的课程本质决定着不同的课程类型，所以透过课程类型可以进一步加深理解课程的本质。目前国内外关于课程类型的讨论很多，但由于划分课程类型的标准不尽相同，关于课程类型的划分也不同，以下几种是颇具代表性的课程类型。

1. 课程研究者陈侠教授根据“对课程设置和教材选择、教材组织的不同主张来区分”把课程分为四种类型②。

（1）学科课程　即“为了教学的需要，而把某一门科学的内容加以适当的选择和排列，使它适合学生身心发展的阶段和某一级学校教育应达到的水平。”

（2）活动课程　即“基本出发点是儿童的兴趣和动机。它试图用儿童的某些基本动机作为教学组织的中心，以代替学科作为课程的基础。”

---

① 施良方：《课程理论》，教育科学出版社，1996，P. 10。
② 陈侠：《课程论》，人民教育出版社，1989，P. 237~246。

(3) 综合课程（也叫广域课程） 即“采用合并相邻领域的学科的办法，以减少教学科目，把几门学科的教材组织在一门综合的学科中，于是产生了一种综合课程或广域课程。”

(4) 核心课程 即“主张以社会为中心，在一定时期内，儿童的学习有一个中心，所有的学习活动都围绕着这个中心来进行……这样编订的课程就叫核心课程。”

2. 台湾学者林本将现代学校课程分为六大类型[①]。

(1) 科目本位课程 各教学科目分化孤立。

(2) 相关课程 增强各教学科目之间的联系。

(3) 融合课程 或称合科课程，科目之间的联系更强。

(4) 广域课程 取消多数的教学科目，代之以少数的广域。

(5) 核心课程 将比较价值上最重要之一域作为中心，其他广为周边与中心联系。

(6) 经验本位课程 由学生自由地选择并组织知识与经验，解决接近生活的问题。

3. 美国学者古德莱德以课程决策的层次为标准，把课程分为五种类型[②]。

(1) 理想的课程 即由一些研究机构、学术团体和课程专家提出的应该开设的课程。

(2) 正式的课程 即由教育行政部门规定的课程计划、课程标准和教材，这是列入课表、实际开设的课程。

(3) 领悟的课程 即任课教师实际理解领会的课程。

(4) 运作的课程 即实际反映在教育教学过程之中的课程。

(5) 经验的课程 即学生实际体验到的课程。

4. 泰勒根据课程的组织结构，将课程分为四个类别[③]。

(1) 学科课程 如地理、历史和代数等。

(2) 广域课程 如社会学科、自然学科和语言艺术等。

(3) 核心课程 与学科课程或广域课程结合起来使用，供普通教育的需要。

(4) 完全未分化的结构 即把整个教学计划作为一个单元来处理。

5. 美国斯坦福大学的艾新纳教授提出了课程的三种类型[④]。

(1) 正式课程 即官方规定的外显的、有计划、有组织、有意图的教育影响。

(2) 隐性课程 即是教学方法、奖励制度、组织结构、学校环境的“副产品”，也即非预期的影响。

---

① 《云五社会科学大辞典·教育学》，台湾：商务印书馆，1970，P. 134~135。

② 靳玉乐：《现代课程论》，西南师范大学出版社，1995，P. 74~75。

③ 泰勒，《课程与教学的基本原理》施良方译，人民教育出版社，1994，P. 78~81。

④ 冯晓霞：《幼儿园课程》，北京师范大学出版社，2000，P. 6。

(3) 悬缺课程　即是学校应该提供却没有提供的学习经验，也即是存在于“理想的课程”和“实际的课程”之间，是二者的差距。

从上可以看出，分类标准的不同造成了课程类型的繁杂多样，但如果仔细分析，我们会发现这些类型间是存在着某种类属关系的。借助这种类属关系可以把课程类型大体归纳如下：

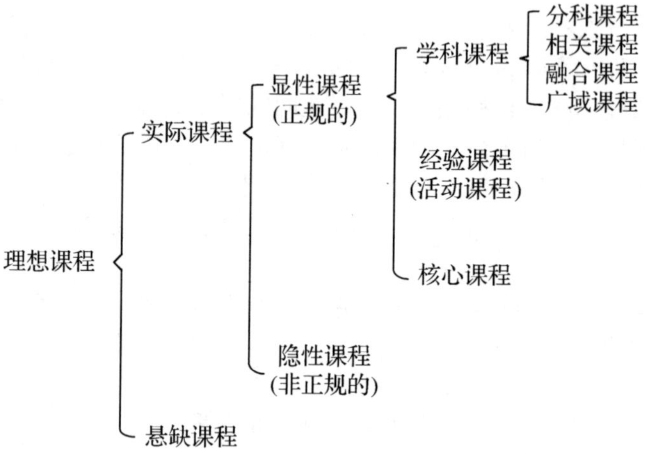

三、几种典型的课程类型①

鉴于课程类型的众多，这里仅选择几种典型的课程类型作一阐述。

（一）学科课程与经验课程（活动课程）

所谓学科课程是以文化知识为基础，按照一定的价值标准，从不同的知识领域或学术领域选择一定的内容，根据知识的逻辑体系，将所选出的知识组织为学科，如语文、算术、历史、音乐等。学科课程是按照学科知识的逻辑体系来组织的，是最古老、使用范围最广的课程类型。学科课程具有明显的优点，它有助于系统传承人类文化遗产；有助于学习者获得系统的文化知识；有助于组织教学与评价，便于提高教学效率。

然而，学科课程也有自身的缺陷：第一，由于学科课程是以知识的逻辑体系为核心组织起来的，容易导致轻视学生的需要、经验和生活；第二，儿童的生活是一个有机的整体，这个整体不能分解为“数学部分”、“语文部分”、“历史部分”等，

① 张华：《课程与教学论》，上海教育出版社，2000，P. 238~314。

因此过于强调学科课程也有可能导致肢解学生完整的生活；第三，每一门学科都有其相对独立和稳定的逻辑系统，因此容易导致忽略当代社会生活的现实需要；第四，学科课程也容易导致单调的教学组织和划一的讲解式教学方法。

经验课程也称活动课程，或儿童中心课程，是以儿童的主体性活动的经验为中心组织的课程。由于儿童总是生活在特定的社会和文化之中，所以为了提升儿童的经验与价值，经验课程也总是把儿童感兴趣的当代社会生活问题以及学科知识转化为儿童的经验，作为课程的内容。经验课程的基本着眼点是儿童的兴趣和动机，以动机为课程与教学组织的中心。

经验课程（活动课程）有这样的特征：第一，经验课程是以学习者当前活生生的直接经验为课程开发的基点，学习者是在解决所面临的各种问题的过程中建构经验，发展人格的，课程的学习只有以学习者的直接经验为基础、满足学习者的需要和兴趣，才能成为经验课程的一部分；第二，在经验课程中，学习者参与学习活动的构想、计划、实行、评价，学习者是能动的创造性的存在；第三，在经验课程中，学习者的需要、动机、情感、态度的发展与其智力的发展是同等重要的，学习者是整体的存在；第四，经验课程重视学习者的个性差异，往往根据学习者的能力及其倾向，组织小组活动，倡导分工协作的学习方式。

不可否认，经验课程的特性使其在教育实践中推行起来受到一定限制。首先，经验课程容易导致忽略系统的学科知识的学习，使实施者容易沉醉于儿童当前的各种偶发性活动中；其次，经验课程容易导致“活动主义”，忽略儿童思维能力和其他智力品质的发展；再次，经验课程的组织要求教师具有相当高的教育艺术，对于习惯了班级授课制和讲解教学法的教师而言，这一点是很难适应的。

学科课程与经验课程是两种不同的课程:学科课程以学科中的逻辑经验为基点，经验课程则以儿童当前活生生的心理经验为基点。但学科课程与经验课程又具有内在的统一性：经验课程并不排斥逻辑经验的教育价值，所排斥的是逻辑经验脱离儿童的心理经验，从而阻碍儿童的发展；学科课程也不排斥儿童的心理经验，所排斥的是盲目沉醉于儿童当前的经验发展水平，从而抑制儿童经验的进一步发展。若经验课程排斥了学科中的逻辑经验并走向极端，则必然导致“儿童中心论”或“儿童中心主义”；若学科课程排斥了儿童的心理经验并走向极端，则必然导致“学科中心论”、“学科中心主义”。

（二）分科课程与综合课程

分科课程是一种单学科的课程组织模式,它强调不同学科门类之间的相对独立性，强调一门学科的逻辑体系的完整性。综合课程是一种多学科的课程组织模式，它强调学科之间的关联性、统一性和内在联系。综合课程往往根据其综合的中心主题或问题的不同把综合课程分为学科本位综合课程、社会本位综合课程和儿童本位综合课程。

学科本位综合课程是以学科或文化知识为课程整合的基点，课程整合的核心主要源于学科。这种综合课程试图打破或超越各分科课程自身固有的逻辑，形成一种把不同学科内容有机整合为一体的新的逻辑。如相关课程、融合课程、广域课程等。

社会本位综合课程是以源于社会生活的问题为课程整合的核心，其目的是使学习者适应或改进当代社会生活。这类课程的内容主要源于社会或整个人类的条件状况，学生研究社会的种种特征与问题等。如 20 世纪 80 年代以来，国际上流行的“科学——技术——社会课程”、“环境教育课程”都是属于社会本位综合课程的形态。

儿童本位综合课程（或经验本位综合课程）是以儿童当前的直接经验、儿童的需要和动机、儿童的兴趣和心理发展为课程整合的核心，其目的是促进儿童的经验生长和人格发展。儿童本位综合课程即经验课程。

分科课程与综合课程是两类不同的课程。从学科本身的发展来看，因为学科的发展呈现分化和综合并驾齐驱的趋势，因而这两种课程组织形式各有其存在的价值。同时，分科课程与综合课程又存在内在联系。首先，分科课程与综合课程的区分是相对的。分科课程总包含着知识之间的某种程度的综合。一门学科既然能形成一个完整的逻辑体系，它总是建立在一定的知识综合的基础上的。其次，分科课程与综合课程又是相互依赖、相互作用的。不同分科课程之间的区别是明显的，但总存在一定的内在联系。目前的课程实践中，各学科之间相互封闭、相互孤立的现状并不是分科课程本来应当具有的，而是许多不合理的人为因素导致的。第三，综合课程并不全然不顾学科逻辑，并不是以牺牲科学体系为代价，而是从某种观点、以某种方式对分门别类的学科逻辑的超越。牺牲了科学体系的综合课程必然是琐碎的、苍白的、无力的、肤浅的。

（三）隐性课程与显性课程

隐性课程与显性课程是两种不同的课程类型，二者在性质、特点等方面各不相同。显性课程是学校教育中有计划、有组织地实施的“正式课程”或“官方课程”。隐性课程则是学生在学习环境（包括物质环境、社会环境和文化体系）中所学习到的非预期或非计划性的知识、价值观念、规范和态度。这是非正式的、非官方的课程，具有潜在性。显性课程（有计划的学习经验）与隐性课程（非预期的学习经验）共同构成学校课程的全貌——实际课程。

众多的研究指出了隐性课程所具有的特点。第一，隐性课程的影响具有弥散性和普遍性。隐性课程的影响可以说是无处不在，只要存在教育，就必然存在隐性课程的影响，因为每一个学习者都是主体，在同一个教育情境中，不同主体会解读出不同的意义，而这些意义是超出教育者预测之外的。第二，隐性课程的影响具有持久性。许多隐性课程都是通过心理的无意识层面对人产生影响的，如对情感态度的影响、对价值观念的影响都是潜移默化的，这些影响一经确立，就持久地影响人的心理与行为，难以改变。第三，隐性课程的影响既可能是积极的，也可能是消极的。教育者的教育艺术集中体现在如何发挥隐性课程的积极教育影响和减少隐性课程的消极影响上。

有学者研究指出，隐性课程具有如下常规存在的形式和发挥作用的渠道：

(1) 物质——空间类 校园建筑、活动场地、绿化美化、活动室设置、声色光、湿度、温度等。

(2) 组织——制度类 学校管理制度、生活制度、评价制度、奖惩制度等。

(3) 文化——心理类 正规课程中所隐含的文化价值观、师生关系、教师的期望与态度、心理行为等。

上述因素或独立，或交叉共同影响学习者的情感、价值、态度等心理与行为，与显性课程或相互促进，或相互补充，或相互冲突，从而形成他们在学校的全部学习经验。

然而，隐性课程与显性课程也存在一定的内在联系。一方面，显性课程的实施总是伴随着隐性课程。因为课程的实施者是教师与学生，他们都是自主的主体，这就决定了课程的实施过程绝非机械地执行既定课程方案的过程，课程实施的过程具有不可预期性，必然存在非计划性、非预期性的教育影响，必然存在隐性课程。另一方面，隐性课程也在不断转化为显性课程。当人们认识到显性课程中存在的积极的或消极的隐性课程影响的时候，在后继的课程开发与实施中，会有意识地对隐性课程加以控制，这样，原来的隐性课程也就转化为有计划的、预期性的显性课程，而这些显性课程在实施过程中又会产生新的隐性课程影响。所以显性课程与隐性课程的动态转化过程是永恒的、无止境的。

第二节 幼儿园课程的概念与特质

一、幼儿园课程的概念分析

与课程的概念一样，有关幼儿园课程的概念至今也众说纷纭，没有统一的定论。尤其是到20世纪50年代至80年代初，课程在我国的幼儿园教育中无声地消失了，这是由于我国在50年代学习苏联的教育，国家对课程采取中央集中管理的模式，广大的研究人员与教师所要考虑的只是如何将既定的课程计划（教学计划、教学大纲）付诸实施，这样课程一词就从显在层面消失了，但消亡的只是课程这个词，而不是其实质内涵。事实上，新中国50年代的幼儿园课程改革中，幼儿园课程的实质主要是指幼儿园所设科目，如体育、语言、常识、计算、音乐、美术等六科，这些科目及其进程安排就构成了幼儿园课程的总体。幼儿园课程强调系统知识的价值及教学、教材、教法的研究。改革开放以来，随着计划经济向市场经济的转轨，国家管理课程的模式发生了转变，广大研究人员与教师开始有了不同程度参与课程决策的权利与机会，因而课程问题又逐渐进入人们的意识，课程在显在层面又开始使用。1982年由唐淑、赵寄石两位教授在《挖掘幼儿智力潜力，促进幼儿智力发展》一文中再次重新使用"课程"这一概念。但在20世纪80年代变革初期，"幼儿园课程是幼儿园所设科目"的观念仍占主导地位，但其内涵已经逐步得到修善与充实，开始注意用联系的和整体的观点去考察课程。如课程是"每门科目本身的教材结构、教学规律和各门科目之间的相互关系。""幼儿园课程是反映幼儿园某一科目的教育、教学客观规律的总体结构，或是反映幼儿园整体教育客观规律的总体结构。"①幼儿园课程的含义已由单科的教材教法向幼儿园教育整体发展，由强调单科的教材结构、教学规律向强调幼儿园教育的整体结构转移。以后随着幼儿园课程变革的深入，幼儿园教育工作者不断总结我国幼儿园教育的理论与经验，并从学习国外先进的儿童心理、教育理论和课程理论入手，转变教育的观念，对我国的幼儿园课程进行了全面整体的变革，从而出现了多样化的课程定义，主要有以下几种。

(1) 幼儿园课程是指"幼儿园整体教育或某一科目教学的教学内容、教学过程及时间安排等。"（卢乐山，1991年）

(2) 幼儿园课程是"幼儿园中幼儿的全部活动或经验。"（王月媛，1995年）

(3) 幼儿园课程是"幼儿在幼儿园教育环境中进行的，旨在促进其身心全面和谐发展的各种活动的总和。"（冯晓霞，1997年）

(4) 幼儿园课程是"幼儿在幼儿园有目的、有计划的安排与教师指导下，为达到幼儿教育目标而进行的各种有程序的学习活动。"（傅淳，1997年）

(5) 幼儿园课程是"实现幼儿园教育目的的手段；是保证幼儿获得有益的学习经验，促进其身心和谐发展的各种活动的总和。"（李季湄，1997年）

(6) 幼儿园课程是"从幼儿身心发展的特点和特定的社会文化背景出发，有目的地选择、组织和提供的综合性的、有益的经验。"（虞永平，2001年）

综观上述幼儿园课程的定义我们可以明显的发现，对于幼儿园课程的界定主要有三种类型。

(1) 学科倾向的界定　是以学科来组织课程的内容，如音乐、美术、语言、常识、体育、计算等，它在我国20世纪80年代的学前教育中是比较普遍的。进入90年代以后，随着整合教育观的影响，幼儿园教育中的学科课程与以前相比发生了变

① 赵寄石，唐淑：《论幼儿园课程改革》，《学前教育研究》，1988，(5)。

化，课程不再是单一的学科，而是加强了学科间的联系，学科间的界限逐渐模糊了，整体性增加了。同时，以学科为基础的相关课程、领域课程也普遍出现了，如音乐、美术构成艺术学科，常识与计算构成科学学科，那种单一的学科课程已经基本消失了。

(2) 活动倾向的界定　认为幼儿园课程是为幼儿安排的有组织有计划的各种活动总和。课程开始由注重学科转向注重儿童，注重儿童的学习活动，注重儿童在活动中的主动性，强调课程的动态过程。

(3) 经验倾向的界定　强调幼儿园课程是为促进儿童身心和谐发展所提供的有益的经验。这种界定也关心儿童的活动，但它更关心的是儿童在活动中所得到的经验，对于儿童发展来说有益的经验。所以这种界定比活动倾向的界定又多了一个参照——即儿童通过活动所得到的经验，尤其是直接经验。所以到了 20 世纪 90 年代末，有的学者主张从以下三个层面来理解幼儿园课程[①]：①幼儿必须通过活动，才能获得经验，幼儿期应以获得直接经验为主。从这个层面来看，幼儿园课程是幼儿园进行的各种活动的总和。②幼儿习得的经验应是经过精选的、有价值的经验，而不是零散、杂乱的自然经验。从这个层面来看，幼儿园课程是指有目的、有计划、有组织的学习经验。③教育、教学方案必须经过实施才能产生教育效应。从这个层面上来看，幼儿园课程是由教育目标、教育内容、教育组织和教育评价组成的系统工程，并始终处于持续发展的过程之中。

因此从上述对幼儿园课程的阐述与界定中，可以反映出 20 世纪 80 年代以来我国学者对幼儿园课程本质（概念）认识的变化，这些变化主要有以下几种。

(1) 幼儿园课程重心的转变　课程由“学科”到“经验”的变化，实质上是课程由重物到重人的转变，由重视“教育者”到重视“学习者”的转变，把幼儿园课程的重心放在了儿童身上，突出了儿童作为学习者的主体地位，将课程直接指向儿童的发展和整体发展。

(2) 幼儿园课程态性的转变　课程本质观由静态走向动态，从把课程理解为学科，理解为静态的知识、内容到把课程理解为动态的活动，儿童的学习活动，幼儿园所有活动的总和。将课程的中心放在了实际发展的活动过程中，强调学习者与教育情景的相互作用，表明只有实际进行的教育活动，只有从活动过程中获得有益经验才是真正的课程。所以既重视课程的静态结构，更重视课程的动态结构。

(3) 幼儿园课程价值取向的确立　课程的目的是促进儿童身心的和谐发展。只要是能促进儿童发展的活动或经验都把它纳入到课程的范围中，将课程的目的，指向了学习者有益经验的获得与身心的健全发展。

---

① 唐淑：《幼儿园课程实施指导丛书·总论》，南京师范大学出版社，1997，P. 3。

(4) 幼儿园课程的涵盖性增强了　幼儿在园的一切有教育性的活动都是课程,将发生在幼儿园一切时间、地点、条件下的课程现象纳入了课程之中，既包括严密计划与组织的正规的显性课程，也包括对儿童无形之中发生影响的非正规的、计划外的隐性课程，课程内涵扩大了，涵盖性增强了。

基于上述分析，我们认为幼儿园课程是在幼儿一日生活活动中，使幼儿获得有益的学习经验，促进其身心和谐发展的各种活动的总和。

二、幼儿园课程的特质

从幼儿教育到小学教育、中学教育到大学教育，在不同的阶段由于教育所面对的对象不同，年龄不同，生长规律不同，发展任务不同就使不同阶段的教育具有不同的特点与规律，因而也使得不同阶段的课程具有不同的特质。一般意义上的课程作为一个宽泛的概念，它说明的只能是课程的共性，标明课程的一般特点，而不能说明相异的地方。在以往的幼儿园课程研究中，人们更多的是从课程的一般属性来谈幼儿园课程的特性的，认为幼儿园课程具有三种特性。

(1) 中介性　课程是实现教育理论转化为教育实践，教育目标转化为儿童发展的中介。

(2) 整体性　课程是实现教育目标的系统工程，包括目标、内容、方法、评价等所组成的整体结构，需要从系统设计，整体规划。

(3) 动态性　课程是一个动态的发展过程，需要不断地根据社会要求与儿童发展需求、特点不断进行修正，调整目标，选择内容，合理设计，因而不是固定的，而是一个流动的过程。

不可否认，这些性质是符合课程的共性的，对于我们更好的认识幼儿园课程具有一定的指导作用，但它说明的只是课程的共性，并不能说明幼儿园课程的特性。幼儿园课程是为学前儿童专门设计与开发的课程，它所面对的是 3 岁~6 岁的儿童，这些儿童在学习与发展上与其他阶段的儿童相比有自己的特点，所以幼儿的学习特点、发展特点就决定了幼儿园课程的特质。

1. 幼儿园课程的基础性、启蒙性

幼儿教育是向下扎根的教育，它在整个教育体系中处于奠基石的位置，幼儿园课程是学前教育的载体,它直接影响儿童在这一阶段所获得的经验及他当时的发展,从而为他今后甚至一生的发展奠定基础，因而具有基础性。幼儿阶段是人一生的启蒙阶段，是儿童懵懵懂懂迈开脚步走向社会的开始，幼儿园课程只需要向儿童传递关于自然、社会与人类最浅显的知识和观念，不求多么系统与深奥，所以幼儿园课程就应该成为儿童的一个睿智的引导者，帮助他们认识周围世界，使他们在原有发展水平的基础上身心得到初步的锻炼与启迪，使儿童在享有快乐童年的同时，身心

得到与其发展水平相宜的提高。

2. 幼儿园课程的全面性、生活性

幼儿园课程是实现幼儿教育目的的手段，是实现儿童全面发展的中介，因此幼儿课程就必须以实现儿童在身体、认知、情感、社会性等方面的和谐发展为目标，要具有全面性。学前儿童处在身心发展的特殊时期，对于他们来说，一些基本的生活卫生习惯、生活自理能力、与人相处的态度及基本的常识等都需要在这一阶段学习，而这些东西是不可能通过教师的书面讲授，口耳相传获得的，只能在生活的过程中学习。另外，由于幼儿的思维是形象的、直观的，所以对于他们来讲最感兴趣的学习就是他们可以感知的、具体形象的内容。所以幼儿只有在现实生活中，通过与大量的人、事、物的相互作用，通过交往、参与、探究获得知识，习得态度，体验情感，形成个性，因而从生活中学习就成了幼儿学习的必然要求。因此，幼儿园课程必然带有浓厚的生活特征，课程内容来源于幼儿的生活，课程实施更要贯穿于儿童一日生活的各个环节，所以生活性就是幼儿园课程的一个重要特性；值得一提的是，幼儿园课程的生活性并不意味着要把教育与日常生活等同起来，混为一谈，而是要合理地加强教育与生活的联系，这符合幼儿学习的特点，也符合幼儿教育的要求。

3. 幼儿园课程的整合性

幼儿身心发展的水平和学习特点决定了幼儿园的课程应该是高度整合的课程。在幼儿园课程实施中，儿童是以完整人的形象出现的，所以幼儿园课程的内容就应是整合的，应尽可能使不同的课程内容产生联系。幼儿园课程不应追求将现实生活割裂的或与现实生活不一致的知识系统，幼儿园课程应使多个学科、多个发展领域之间相互联系、相互促进，从而构成一个有机的发展整体，更好的促进儿童的发展。《幼儿园教育指导纲要（试行）》也明确指出，幼儿园课程相对划分为五个领域，各领域的内容要有机联系，相互渗透，从不同的角度促进幼儿的全面发展。幼儿园教育活动的组织要注重综合性、趣味性、生活性；教育活动的组织形式应根据需要合理安排，灵活运用；幼儿园要综合利用各种资源，扩展幼儿生活和学习的空间等都体现了幼儿园课程整合的特点。事实上，以上几个特点也必然要求幼儿园课程具有整合性。

4. 幼儿园课程的活动性与直接经验性

对于幼儿来讲，由于其生理、心理的发展特点及学习特点就使得儿童的学习方式与中小学的学生不同。对于幼儿来讲，只有在活动中的学习才是有意义的学习，只有以直接经验为基础的学习才是理解性的学习。他们必须借助于具体的情境、具体的事物，在参与、探索和交往中学习，离开了幼儿与环境相互作用的各种具体活动及情境，幼儿园课程就没有了鲜活的生命力。所以幼儿园课程的实施，关键在于

为幼儿创设丰富的活动情境，创设有利于幼儿自发、主动探究的活动氛围，为幼儿提供各种探究与互动的机会，通过幼儿在一日生活活动中获得直接经验而进行的，从这一意义上来讲，幼儿园课程具有活动性与直接经验性。

5. 幼儿园课程的潜在性

由于幼儿知识经验贫乏，自我辨别与自我控制的能力较低，模仿力强，幼儿园的一砖一瓦，一草一木，教师的一言一行、一举一动无时无刻不影响着幼儿的发展。因而，幼儿园课程不仅体现在有目的有计划的教育活动中，而且更重要地体现在环境、生活、游戏及教师不经意的行为中。即使是前者，目标和意图也仅存在于教师的意识之中，幼儿并不会清楚地意识到，幼儿感受到的更多的还是教师创设的环境、准备的材料、组织的活动。也就是说，幼儿园课程总是蕴涵在环境、材料、活动之中，潜移默化地作用于幼儿，影响幼儿的发展的。因此，和学校课程相比，突出的潜在性也是幼儿园课程的重要特性。

的确，幼儿园课程是特定的教育机构——幼儿园所使用的课程，它所面对的是学前儿童，是为学前儿童所提供的课程，因此幼儿的身心发展特点、学习特点就成了决定其特性的关键。幼儿的身体与心智发展水平不同于其他年龄阶段的学习者，与中小学生相比，幼儿的学习不是书面的学习，教师的语言传递不是幼儿学习的主要方式，系统化的学科知识也不是幼儿实际的学习内容，这样就使得幼儿园课程作为特定阶段幼儿的课程有它区别于其他课程的特质，所以对幼儿园课程特质的探讨、分析，对于我们更好地认识幼儿园课程的本质，更好地进行幼儿园课程设计与实施有重要的指导与启发意义。

思考题

1. 什么是课程，你是如何理解与看待课程的？
2. 怎样理解学科课程与经验课程，分科课程与综合课程，显性课程与隐性课程的关系与区别？
3. 什么是幼儿园课程，如何把握幼儿园课程的本质变化？
4. 幼儿园课程有哪些特质？应如何理解这些特质？

第二章 幼儿园课程编制的基本原理

幼儿园课程编制是以幼儿园课程目标的确定为起点，围绕目标进行课程内容的选择与组织、课程实施、课程评价的循环过程，如图 1 所示。

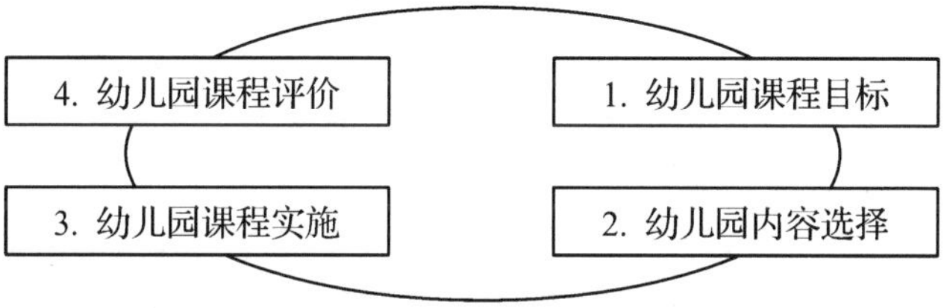

图 1 幼儿园课程编制的循环过程

本章论述这样一个完整的课程编制过程：幼儿园课程目标的确定(第一节)、幼儿园课程内容的选择与组织（第二节)、幼儿园课程的实施（第三节)、幼儿园课程的评价（第四节)。这也是 20 世纪 50 年代至 70 年代初在世界范围内无论是在课程理论领域还是在课程实践领域都占有主导地位的一种课程编制模式，即课程编制目标模式。不过，本章的论述也涉及目标模式以外，包括过程模式在内的一些 20 世纪 70 年代以后出现的观点，旨在使本章对幼儿园课程编制原理的论述尽可能完整。

需要提及的是目前在世界范围内课程领域正经历着范式转换：由课程开发范式逐渐走向课程理解范式。课程不再只是教材，而是众多形式的文本。在这种大环境下，我们还来讨论课程开发或编制的原理，是否有点过时？我们的回答不是，因为从课程开发走向课程理解是一种超越而非简单地跨越，各个国家或地区完成这种范式转换，是受其自身的社会、文化、物质环境等条件制约的。应该说，从目前我国幼儿园课程实践的现状来看，幼儿园课程编制理论在我国仍有其现实意义。

第一节 幼儿园课程目标的确定

本节着重考察以下几个问题：幼儿园课程目标的涵义、基本取向、来源、体系与表述。

一、幼儿园课程目标的涵义

（一）教育目的、教育目标、课程目标三者的关系

国际教育文献对“教育目的”、“教育目标”与“课程目标”作出了区分，三者分别表征教育领域内目标的不同层次。

教育目的（educational aims）是指一个国家教育的总体方向，它所体现的是普遍的、总体的、终极的教育价值。在世界范围内，每个国家关于教育目的的规定在本质上是区别不大的，但在表述上有些区别。西方国家喜欢用“人格”来概括，如“人格的完美发展”，“人格的自我实现”等；我国则喜欢用德、智、体、美全面发展来表述，如我国1995年3月颁布的《中华人民共和国教育法》，对教育目的的规定是“教育必须为社会主义现代化建设服务，必须与生产劳动相结合，培养德、智、体等方面全面发展的社会主义事业的建设者和接班人”。

教育目标（educational goals）又称培养目标，它是教育目的的下位概念，它所体现的是不同性质的教育和不同阶段的教育的价值，如基础教育目标，高等教育目标、职业教育目标、幼儿教育目标。教育目标（或培养目标）主要是把教育目的在不同性质或不同阶段教育的特殊性表述出来，如幼儿教育目标（或培养目标）是“对幼儿实施体、智、德、美诸方面全面发展教育，促进其身心和谐发展。”突出体育在幼儿教育中的特殊性与领先地位。

课程目标（curriculum objectives）又是教育目标的下位概念，如在基础教育目标下面，又有不同学科目标：语文课程目标、数学课程目标、自然课程目标、社会课程目标、音乐课程目标、美术课程目标等。

教育目的、教育目标、课程目标三者的关系如图2所示。

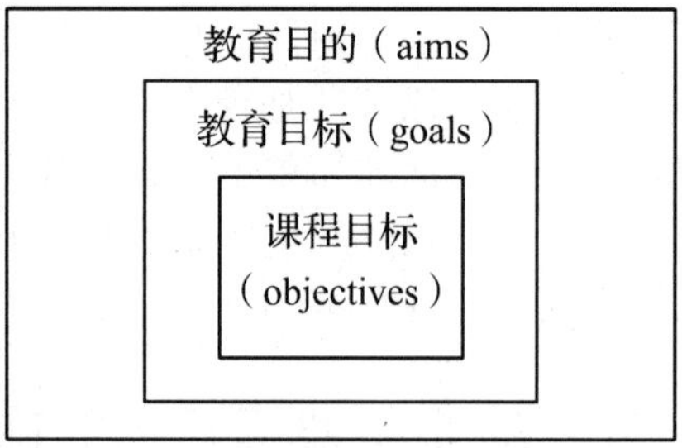

图2　教育目的、教育目标、课程目标三者的关系[①]

① 张华：《课程与教学论》，上海教育出版社，2000，P. 151。

（二）幼儿园教育目标与课程目标的特点

幼儿园教育目标是教育目的在幼儿这个特殊年龄阶段的体现。我国的幼儿园教育目标是我国教育目的在幼儿教育阶段的体现，具体为：

促进幼儿身体正常发育和机能的协调发展，增强体质，培养良好的生活习惯、卫生习惯和参加体育活动的兴趣。

发展幼儿运用感官和运用语言交往的基本能力，增进其对环境的认识，培养有益的兴趣和动手能力，发展智力。

萌发幼儿爱家乡、爱祖国、爱集体、爱劳动的情感，培养诚实、勇敢、好问、友爱、爱惜公物、不怕困难、讲礼貌、守纪律等良好的品德、行为习惯，以及活泼、开朗的性格。萌发幼儿初步的感受美和表现美的情趣。

很显然，上述的我国幼儿园教育目标把教育目的德、智、体全面发展中的“体”提到了首要的位置，充分体现幼儿阶段的教育不同于其他阶段的教育的特殊性，即强调了“身体发展”在幼儿阶段全面发展中的特殊地位。

幼儿园课程目标是幼儿园教育目标的下位概念，它以领域目标的姿态出现。领域目标在不同的国家有不同的体系，一般表现为课程内容领域目标与幼儿发展领域目标两种。

我国幼儿园课程目标，即课程领域目标是以内容领域为结构框架的，分为五大领域：健康、艺术、科学、语言与社会。这种形式与中小学各门学科课程目标的形式是一致的。但是，幼儿园课程目标与中小学课程目标在被教师使用时，便表现出不同的特性。

第一，中小学的课程目标（各学科目标）具有一定的学科专业水平发展的倾向；而幼儿园的课程目标（各领域目标）主要以幼儿的一般发展为主。

第二，中小学的学科教师只要完成本学科的课程目标就行了；而幼儿园教师不分具体某一领域的目标，每位教师都要为实现所有五大领域的目标而努力。

概括地说，幼儿园课程目标具有“一般发展性”与“整合性”两大特点。

二、幼儿园课程目标的基本取向

课程目标是一定的教育价值观或教育目的在课程领域的具体化，无论是有意识还是无意识，任何课程目标总有一定的价值取向。这种“取向”主要指课程目标所采用的形式或类型，而不是指目标的实质内容。

完全以传统的目标模式编制课程时，目标是以行为方式来陈述的，或称为“行为目标”。但近年来，只用行为目标一种课程目标形式，其旧时代痕迹之缺陷越来越明显，于是更具时代精神的其他形式的课程目标相继出现，其中影响较大的有生成性目标与表现性目标。下面我们分别介绍传统的行为目标，新出现的生成性目标和表现性目标。

（一）行为目标

行为目标（behavioral objectives）是指以具体的、可操作的行为形式陈述的课程目标，它指明教育过程结束后儿童身上所发生的行为变化。其基本特点在于：目标的精确性、具体性、可操作性。

目标模式的标志——泰勒（Ralph Tyler）的《课程与教学的基本原理》一书在1949年出版以后，受其影响，在许多课程文献里，课程目标与行为目标一度几乎成了同义词。泰勒在该书中强调，在课程目标确定后，要用一种最有助于学习内容和指导教学过程的方式来陈述目标。泰勒认为当时人们在实践中容易犯的错误是[①]：

(1) 把目标作为教师要做的事情来陈述，但却没有陈述期望儿童发生什么变化，如介绍进化论、演示归纳证明的性质等；

(2) 列举课程所涉及的各种要素，但却没有具体说明希望儿童如何处理这些要素；

(3) 采用过于概括化的方式来陈述目标，但却没有具体指出这种行为所能采用的领域。所以，泰勒指出，最有效的陈述目标的形式，是“既指出要使儿童形成的那种行为，又言明这种行为能在其中运用的生活领域或内容”[②]。也就是说，每一个课程目标都应该包括“行为”与“内容”两个方面，前者是指要求儿童表现出来的行为，后者是指这种行为所适用的领域，这样就可以明确教育的职责。泰勒对课程目标的贡献在于提出了“行为”与“内容”双维度。但是，一般来说，“内容”维度是所有课程工作者都关注的，而“行为”维度恰恰是被大多数人所忽视。所以，从根本上说，泰勒对课程目标的贡献集中于强调以行为方式来陈述目标，正是在这个意义上，人们把泰勒称为“行为目标之父”。

后人对行为目标的陈述作了大量的扩充，如美国著名教育学者梅杰（R. F. Mager）在其1962年出版的关于“行为目标”的经典著作《准备教学目标》（Preparing Instructional Objectives）中指出，教学目标必须包括三个组成部分[③]：第一，儿童外显的行为表现；第二，能观察到的这种行为表现的条件；第三，行为表现公认的准则。他认为，典型的“行为目标”应这样陈述：“给儿童一篇文章，儿童在五分钟内不靠帮助或参考书，能够识别出它的风格。”其中，“识别文章的风格”是儿童外显的行为表现；“五分钟内不靠帮助或参考书”分别是行为表现的条件与表现的准则。

---

① 张华：《课程与教学论》，上海教育出版社，2000，P. 157~158。
② 张华：《课程与教学论》，上海教育出版社，2000，P. 157。
③ 张华：《课程与教学论》，上海教育出版社，2000，P. 159。

他认为这样的陈述，如“儿童将学会正确使用逗号”，不是行为目标，因为该目标没有预先具体化的、可观察的、最终的行为。真正的行为目标应这样陈述：“儿童将通过陈述来证明已掌握了五项逗号规则的知识（具体说出有哪五项规则），并能在逗号被删除的句子中正确插入逗号。”

行为目标克服了目标模糊性的缺陷，在课程领域科学化的历程中作出了积极的贡献：

(1) 由于行为目标具有精确性、具体性、可操作性的特点，当教师能将其教学内容以行为目标的形式陈述的时候，他们对教学任务会更加清楚明了，便于有效控制教学过程；

(2) 行为目标便于教师就教学内容准确地与教育督导、儿童家长、儿童展开交流；

(3) 行为目标便于准确评价，因为它是以具体行为的形式呈现，所以很容易判断目标是否达成。总之，行为目标对于基础知识和技能的熟练掌握，对于保证一些相对而言简单的教育目标的达成是有益的。

但是，行为目标的越来越细化、越来越精确化的倾向，也确实容易导致一些偏差。比如，有些教师只见目标不见儿童的个性，使这些目标或固定的标准，成了“人的身、心和精神充分发展的敌人”①。（埃利奥特 C. W. Eliot）另外，人的许多高级心理素质（如价值观、理解、情感、态度、审美经验等）是很难用外显的、可观察的行为来预先具体化的。因为这些高级心理素质不只是行为，更主要的是意识问题。试图把这些心理素质完全用可观察的行为来具体化，所掩盖的东西恐怕要比揭示出来的东西多得多。

行为目标在幼儿园教育中的影响远远比不上在普通学校教育中的影响。但是，长期以来不可避免地还是出现了层层分化的现象：将课程划分成为若干领域或学科，如社会、语言、艺术、科学等；将每一领域划分为若干方面，如艺术划分为音乐、美术、舞蹈、戏剧等；再将每一方面划分为几个部分，如将音乐划分为唱歌、欣赏、律动、打击乐等，将美术划分为绘画、手工、欣赏等。然后，才在每一部分再罗列出详细的、可操作的行为目标。例如，幼儿园艺术领域中的美术方面的欣赏部分的行为目标的具体内容为②：

(1) 儿童能够说出其周围环境中东西的颜色、形状、大小和样式；

(2) 儿童能够指出他或她所画或所作的东西中他或她自己认为重要的特征（如，“我在当中用了很多的红色”）；

① 施良方：《课程理论》，教育科学出版社，1996，P. 89。
② 朱家雄：《幼儿园课程》，华东师范大学出版社，2003，P. 143。

(3) 儿童能够对某些自己所画或所做的东西表达喜爱之情；

(4) 儿童能够对于观看和讨论他们所认识的艺术家创作的作品表现出兴趣；

(5) 儿童能够评价自己的绘画和手工作品；

(6) 儿童能够认识和比较不同艺术家的风格等。对行为目标过细的划分，我们是力图要避免的，尤其在艺术领域，行为目标是不太有力量的。

（二）生成性目标

生成性目标（evolving purposes）是指在教育情境中随着教育过程的展开而自然生成的课程目标。它是问题解决的结果，是人的经验生长的内在要求。生成性目标的根本特点是过程性。

英国课程论专家斯滕豪斯（L.Stenhouse）在“过程模式”中，对生成性目标作了比较充分的诠释。他认为，学校教育主要包括三个过程：训练、教学与引导。所谓“训练”（training），是使儿童获得动作技能的过程。训练成功了，儿童会获得操作能力，如打字等。所谓“教学”（instruction），是使儿童获得知识信息的过程。教学成功了，意味着儿童获得了一定的知识信息，如记住了元素周期表等。所谓“引导”（induction），是使儿童获得以知识体系为支持的批判性、创造性的思维能力，这是使儿童进入“知识的本质”的过程。斯滕豪斯认为，真正的教育是使人类更加自由、更加富有创造性，因而教育的本质是“引导”。“教育即引导儿童进入知识之中的过程，教育成功的程度即是它所导致的儿童不可预期的行为结果增加的程度。”①

斯滕豪斯认为，“训练”与“教学”可以用行为目标来陈述，而“引导”的本质恰恰在于其不可预测性，故用生成性目标是最恰当的，如用行为目标会导致“质量标准的形式化而降低质量标准”，也会使知识工具化而丧失内在价值，最终使知识变得支离破碎。例如艺术领域，儿童学习的最重要的结果是尝试，尝试进行绘画、演奏音乐、设计和制作等，对这些尝试的评价应着眼于创造，而非根据事先规定的模式或标准。

生成性目标形式在人本主义心理学课程流派那里发展到了一个极端。罗杰斯认为，凡是可教给别人的东西，相对来说都是无用的，即对人的行为基本上没有什么影响的。能够影响一个人行为的知识，只能是他自己发现并加以同化的知识。所以，课程的功能是要为每一个儿童提供有助于个人自由发展的、有内在奖励的学习经验。

生成性目标是非预成性（不是课程编制者和教师所强加的），没有文字表达形式

---

① 张华：《课程与教学论》，上海教育出版社，2000，P. 175。

的，是在教育情境中自己产生的目标。它充分尊重儿童，使儿童有权利决定什么是最值得学习的。当儿童从事与自己的目标相关联的学习的时候，他们会越来越深入地探究既存的知识。随着问题的解决和兴趣的满足，儿童会产生新的问题、新的价值感和新的对结果的设计。这个过程是持续终生的，因而基于生成性目标的课程必然会促进终生学习。

在西方国家，以生成性目标为取向的早期儿童课程或教育方案并不少见，像意大利“瑞吉欧”教育方案、美国“项目活动”等都是典型的以生成性目标为取向的课程。这些课程比较少地带有预设的教学的痕迹，课程实施的过程能比较充分地发挥儿童的主体性。

但是，生成性目标确实带有教育的理想主义色彩的：

(1) 运用生成性目标，意味着教师要能够与儿童进行有意义的对话，但大多数教师并没有受过这方面的训练；

(2) 即使教师受过对话方面的训练，许多人还是不可能运用这种互动性教学方法，因为它需要大量额外的计划和努力；

(3) 由于生成性目标太开放，儿童可能永远都不愿费神去发现像语文、代数、物理等必要学科的重要性。

（三）表现性目标

表现性目标（expressive objectives）是指每一个儿童与具体教育情境的种种“际遇”（encounter）中所产生的个性化表现。表现性目标的特点，是追求儿童反应的多元性而非同质性。

表现性目标是由美国艺术课程学者艾斯纳（E·W·Eisner）提出的，他受其所从事的艺术教育的启发，认为课程计划中应该有两种不同性质的课程目标：教学性目标（instructional objectives）和表现性目标。

教学性目标旨在使儿童掌握现成的文化工具（cultural tools）。它是在课程计划中预先规定好的，这种规定明确指出了儿童在完成一项或几项学习活动后所应习得的具体行为，如技能、知识等。它通常是从既有文化成果，如各种学科中引出的，并以适合于儿童的方式进行表述。教学性目标对大部分儿童来讲是共同的，使用一项教学性目标的课程计划，其有效性表现在儿童最后形成的行为，与所给出的目标的一致性。

表现性目标与教学性目标不同，它旨在培养儿童的创造性，强调个性化，因而超出了现有的文化工具并有助于发展文化。表现性目标不是规定儿童在完成一项或多项学习活动后准备获得的行为，而是描述教育中的“际遇”，即指明儿童将在其中作业的情境、将要处理的问题、将要从事的活动的任务。表现性目标一般在主题式或单元式的表现性活动中使用，儿童围绕主题可以运用原来学到的技能和知识的意义，并通过“表现性目标”的引导，扩展和拓深对那些技能与知识的理解，进而使它们具有个人特点。使用“表现性目标”意在达到儿童多样性、个体性的反应效果，而非反应的一致性。教师只是提供一个表现性活动的情境，儿童在此情境中获得其个人意义。对表现性目标的评价，追求美学评论式的评价模式，即对儿童活动及其结果的评价是一种鉴赏式的批评，依其创造性和个性特色检查其质量与重要性。

表现性目标的制定一般用这样的句式：解释……的意义，考察……的意义，讨论……过程等，显然它追求的是对儿童种种际遇的表达。再重复一次际遇表达的三个内容：指明儿童将在其中作业的情境，儿童将要处理的问题，儿童将要从事的活动的任务。

在艾斯纳看来，这两种目标对课程来说都是需要的，而且也都存在于课程实践中，但它们需要不同的课程活动和评价过程。教学性目标适合于表述文化中已有的规范和技能，从而使进一步的探究成为可能。表现性目标则适合于表述那些复杂的智力活动，已有的技能和理解是这种活动得以进行的工具，并且，这类活动有时需要发明新的智力工具，从而导向创造性的活动，这使文化得以扩展和重构而保持勃勃生机。因此，课程编制者与此同时教师应该研究这两类目标在课程理论、课程编制和教学活动中的恰当位置，分别指明它们在课程和教学中的适用范围，找出它们以何种方式相关联才最有利于各种不同类型的学生、不同的学习活动以及不同的学科。

表现性目标与表现性评价紧密结合在一起，在幼儿园教育情境中，表现性评价已经成为一种重要的评价方式，被许多幼儿园教师所采用。表现性评价的三个设计环节，即确定表现性任务的类型，设计表现性任务的真实情境，确立表现性评价的标准，便是表现性目标编制的自然展开（这部分的详细内容参见本章第四节）。

（四）对三种目标取向的评析

行为目标取向是随着课程领域科学化和独立而产生的，主要流行于20世纪初至20世纪60年代末70年代初这段时期。生成性目标取向早在20世纪初杜威的思想中即已诞生，但真正流行于课程领域却在20世纪70年代。表现性目标取向流行于20世纪80年代以后的课程领域。

应该说，生成性目标与表现性目标是非常具有异曲同工之妙的，具体表现在：

(1) 它们都反对把课程目标技术化的倾向，明确提出教育及课程本质上的价值问题；

(2) 它们都以人的自主发展作为课程目标取向的根本，注重人的自主性、创造性、个体性，注重课程情境的具体化，在儿童个人与社会既有文化关系上，它们都强调个人接受既有文化时的个性化表现，强调个人对文化的创造性发展；

(3) 在前两点的基础上，它们都不主张完全取消行为目标，或者说它们注意吸引行为目标所表达的内容对人的发展的作用，只是认为行为目标只能概括人的较低层面的素质，因而强调用高层次的生成性目标或表现性目标整合行为目标，使课程目标更好地为人的总体发展服务；

(4) 鉴于人的发展的高层次目标在本质上具有不可预测性和不应控制性，它们都主张目标的开放性，重视课程活动及其结果的个体性、差异性，一切视教师、学生和教学情境的具体情况而定。

当然生成性目标与表现性目标也有重大的区别，着重表现在把握课程问题的切入点上的不同。艾斯纳从评价入手来看待课程问题，所以他仍然沿用“目标”一词，以利于评价的相对可操作性。而斯滕豪斯则是从课程实践入手来建构一种新的课程模式，因而强调过程，所以课程编制的起点不是目标，而是主张把“目标”一词作为“不受欢迎的累赘假设”抛弃，最后的检验用“过程原则”代替评价。

行为目标的优点在于它的精确、具体、可操作，使教师很容易理解课程计划、很容易实施课程计划。但是，也正是它的精确、具体、可操作，使课程计划的实施容易陷入表面、简单与僵化。生成性目标与表现性目标的优点在于它们的开放性，对儿童来说，学习过程是开放的，结果是开放的，所以，儿童的个性能够得到充分地体现，主体性得到极大地张扬。然而，也正是这种开放性，教师往往没有足够的能力在开放环境中去有效地引导学生；儿童也因为学习过程与结果的开放化，永远不会愿意费神去学习对他们来说很有必要的学科内容。

对这三种目标取向，我们需要做的是认识到这三者之间的互补作用，实现行为目标、表现性目标与生成性目标的逐次超越，体现一种具有文化底蕴的对主体价值与个性解放的追求。

三、幼儿园课程目标的基本来源

目前课程界对幼儿园课程目标的基本来源问题，还是基本达成共识的。他们认为幼儿园课程目标所依据的三个基本来源，就是泰勒原理中确立的三个来源，即对学习者的研究、对当代社会生活的研究与对人类知识的研究。

（一）对幼儿的研究

从传统意义上说，对幼儿的研究包括两方面内容：一是了解儿童心理学研究所揭示的幼儿“应该”和“可能达到”的理想发展；二是了解幼儿的现实发展状况。经过两个方面的平衡比较后，相对合理、适宜的课程目标也就凸显出来。例如，皮亚杰的发展阶段论认为，守恒的出现是在儿童 7 岁以后。但从我国的实际状况来看，5 岁左右的幼儿，就开始出现数量守恒的趋势。所以，关于数量守恒的内容被列入我国幼儿园目标体系之内。

虽然，课程目标三个基本来源的名称是一致的，但内涵已经发生了很大的变化。对幼儿的研究过程，不仅仅是了解幼儿现状并与可接受的常模作比较找差距从而确定幼儿教育目标的过程，而更是确定幼儿有哪些需要，本质上是尊重幼儿个性，体现幼儿意志的过程。所以，在制定幼儿园课程目标过程中，当幼儿的需要被优先强调时，即以满足幼儿的需要、促进幼儿的个性发展为直接目标时，就会出现相应的“儿童本位课程”，即“经验课程”。

（二）对当代社会生活的研究

幼儿不仅生活于幼儿园之中，而且还生活于社会之中。人是社会的人，幼儿的成长是一个不断社会化的过程，所以，当代社会生活的内容理应成为幼儿园教育目标的基本来源之一。

泰勒是用“活动分析”或“工作分析”的方法来确定当代社会生活的需要的。现在一般认为，泰勒的做法至少存在两个问题[①]：第一，把学校课程视为对社会生活的适应，忽略了学校课程的相对独立性，忽略了学校课程对社会生活的批判与改造功能；第二，试图仅通过“活动分析”来确定社会生活的需要，实际上很难做到。

将当代社会生活需要确定为幼儿园教育目标时，应考虑以下三条原则：第一，民主性原则，在“大众主义”时代，幼儿园教育特别需要体现社会公平的思想；第二，民族性与国际性统一的原则，国际化时代的课程应具有国际视野，应把本社区、本民族、本国家的需求与整个人类的需要统一起来，当然，那些盲目国际化，或追风式的、不具本土适切性的课程，也是应该避免的；第三，教育先行原则，在信息时代，幼儿园有关社会生活的课程应具有新的质量，教育滞后现象已经越来越不被社会容忍。

当以满足当代社会生活需求、维持或改造社会生活为直接目的，强调当代社会生活的需求优先时，这种课程称“社会本位课程”。

（三）对人类知识的研究

知识是人类智慧的结晶。知识可以帮助幼儿更好地认识自然、认识社会、认识自己，形成判断是与非、美与丑的标准，掌握有效的行动方式方法。勿容置疑，对

① 张华：《课程与教学论》，上海教育出版社，2000，P. 185。

人类智慧结晶的知识的研究，是幼儿园课程目标的一个基本来源。

知识按其反映的事物的类型和知识的内在逻辑联系可分为不同的学科领域。对学习者来说，各领域的知识相对都有两种价值：一是学术发展价值；另一是一般发展价值。对这两种价值的不同的强调程度，会影响由此生成的课程目标的性质。

幼儿的年龄特点和幼儿园教育的性质，决定了幼儿园课程注重的是学科知识的一般发展价值而非学术价值。以2001年我国《幼儿园教育指导纲要（试行）》中关于“科学”领域的目标为例，我们很容易发现这种倾向：

1. 对周围的事物、现象感兴趣，有好奇心和求知欲；

2. 能运用各种感官，动手动脑，探究问题；

3. 能用适当的方式表达、交流探索过程和结果；

4. 能从生活和游戏中感受事物的数量关系并体验到数学的重要和有趣；

5. 爱护动植物，关心周围环境，亲近大自然，珍惜自然资源，有初步的环保意识。

当以学科知识发展为直接目的，强调教材优先时，这种课程称为“学科本位课程”，简称“学科课程”。在幼儿园教育环境中，由于强调学科知识的一般发展价值，所以，绝对的“学科本位”的课程正在逐渐消失。从目前我国的现状来看，我国幼儿园教育的课程形态正处于既不是典型的“学科本位”时期，也不是典型的“经验本位”时期，而是两者交织在一起，处于交织方式千姿百态没有定格的时期，极具中国的特色。

四、幼儿园课程目标的体系

（一）幼儿园课程目标的体系类型

任何国家当表述幼儿园课程目标时都有其自己的体系，不同的目标体系的背后以及同一目标体系分化程度不同的背后，都隐含着不同国家在幼儿园课程的内容选择与实践环节、课程评价环节的不同的状态。

概括地说，幼儿园课程目标体系有两类：以教育内容领域为结构框架的目标体系与以儿童发展领域为结构框架的目标体系。在世界范围内，前者在以中国、日本为主要代表的东方国家中使用；后者在以美国为主要代表的西方国家中使用。下面是这三个国家的幼儿园课程目标体系。

1. 中国以内容领域为结构框架的幼儿园课程目标体系①

① 《幼儿园教育指导纲要（试行）》，北京师范大学出版社，2001。

幼儿园课程目标	健康	身体健康，在集体生活中情绪安定、愉快
		生活、卫生习惯良好，有基本的生活自理能力
		知道必要的安全保健常识，学习保护自己
		喜欢参加体育活动，动作协调、灵活
	语言	乐意与人交谈，讲话礼貌
		注意倾听对方讲话，能理解日常用语
		能清楚地说出自己想说的事
		喜欢听故事、看图书
		能听懂和会说普通话
	社会	能主动地参与各项活动，有自信心
		乐意与人交往，学习互助、合作和分享，有同情心
		理解并遵守日常生活中基本的社会行为规则
		能努力做好力所能及的事，不怕困难，有初步的责任感
		爱父母长辈、老师和同伴，爱集体、爱家乡、爱祖国
	科学	对周围的事物、现象感兴趣，有好奇心和求知欲
		能运用各种感官，动手动脑，探究问题
		能用适当的方式表达、交流探索过程和结果
		能从生活和游戏中感受事物的数量关系并体验到数学的重要和有趣
		爱护动植物，关心周围环境，亲近大自然， 珍惜自然资源，有初步的环保意识
	艺术	能初步感受并喜爱环境、生活和艺术中的美
		喜欢参加艺术活动，并能大胆地表现自己的情感和体验
		能用自己喜欢的方式进行艺术表现活动

2. 日本以内容领域为结构框架的幼儿园课程目标体系[①]

课程目标	健康	良好的生活习惯与自我服务精神
		能防范危险
		能获得安全感
	人际关系	学会与教师、同伴友好相处
		遵守公共规则
		爱惜玩具
	环境	能认识、热爱大自然，关心爱护动植物
		对周围环境有浓厚的兴趣
	语言	能认真听教师、同伴讲话
		用语言表达自己的思想 对图书感兴趣
	表现	体会到生活中的美
		能通过绘画、唱歌、演奏乐器、手式制作、表演游戏等多种形式，将自己的感受充分地表现出来

3. 美国幼教协会以发展领域为结构框架的幼儿园课程目标体系[②]（其分化目标的具体内容直接进入分年龄阶段目标，故略）

幼儿发展	体能的发展	身体成长
		感官与知觉
		大肌肉
		小肌肉
	语言与沟通能力的发展	
	认知发展	思维能力（概念的取得、分类、推理）
		信息处理能力
		社会认知能力
	社会与情绪的发展	

① 李生兰：《比较学前教育》，华东师范大学出版社，2000，P. 153。
② Sue Brededamp, Carol Copple:《符合孩子身心发展的专业幼教》，洪毓瑛译，台北：和英出版社，2000，P. 158~196。

（二）幼儿园课程目标层次

幼儿园课程目标层次指的是幼儿园课程目标的纵向结构。无论是哪种类型的幼儿园课程目标，从上到下的结构一般都分为如图 3 所示的四层。

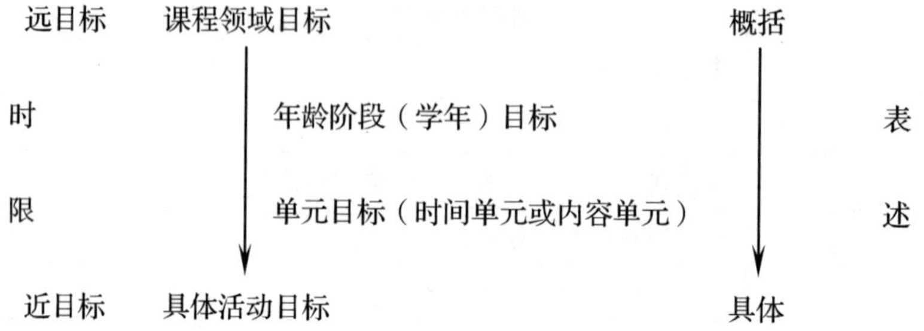

图 3　幼儿园课程目标层次示意图①

1. 以发展领域为结构框架的幼儿园课程目标的层次

(1) 课程领域目标　在课程领域目标层次，一般只是概括地罗列具体的发展领域与提纲挈领式的几条要求。例如，20 世纪五六十年代美国学前教育课程目标的发展领域划分为五个方面②：在身体成长上，在认知发展上，在情感培养上，在社会性发展上，在美感形成上。其中在认知发展上的要求是：通过感官来探索周围世界；发展好奇心和求知欲；鼓励儿童提出问题，对事物进行比较，找出相互之间的联系；帮助儿童获得形状、颜色、大小、分类、顺序、数字等概念。

应该说，从目前的发展趋势看，以发展领域为结构框架的课程目标的表述，越来越趋向概括、抽象。这不能不说是受生成性课程目标取向的影响，因为概括、抽象的课程目标，非常有利于过程模式的课程的展开；当然，对于目标模式的课程，同样可以进行，因为目标的分化可以在课程目标的第二层次，即年龄阶段的目标中完成。

(2) 年龄阶段目标　这一层次的目标，是幼儿园目标体系中的核心内容，它需要把宽泛的不具操作性的领域目标，转化成具有操作性的目标。因而它带有层次清楚、结构完整、内容详实的特点。它事实上已经成为学期目标、月目标、周目标的蓝本，同时也已经为幼儿的发展评价建立了评价体系。典型的以发展领域为结构框架制定的幼儿园年龄阶段目标如表 1 所列。

① 冯晓霞：《幼儿园课程》，北京师范大学出版社，2001，P. 31。
② 李生兰：《比较学前教育》，华东师范大学出版社，2000，P. 23~26。

表 1 幼儿年龄阶段发展目标[①]

3 岁~4 岁	4 岁~5 岁	5 岁~6 岁
身 体 发 展		
（一）大肌肉动作		
1. 走 ① 会甩动双臂走 ② 会手脚动作协调地走 ③ 会不扶梯一步一级地走上走下	④ 会按节拍变速走 ⑤ 会灵活地变速走	
2. 跑 ① 会一个跟着一个自然地跑 ② 会手脚协调地向指定方向跑 ③ 会变换方向跑	④ 会听信号变速跑	⑤ 会灵活躲闪跑
3. 跳 ① 会双脚跳上跳下 ② 会连续向前跳	③ 会单脚跳、左右跳 ④ 会双脚左右行进跳	⑤ 会助跑跨越障碍跳
4. 钻、爬 ① 会手膝着地向前、向后、向侧爬 ② 会在攀登架上爬上爬下	③ 会侧躺连续翻滚 ④ 会正侧面钻和手脚协调地攀登	⑤ 会灵活地翻滚、钻爬、攀登
5. 投 ① 能向上、向前抛物 ② 能自抛自接物	③ 能投准相距 2 米的目标 ④ 会互相抛接球	⑤ 能在行进中互相抛接球
6. 平衡 ① 会单足立 ② 会走平衡木（25 厘米~35 厘米宽）	③ 会平衡地原地转圈 ④ 会在平衡木上做简单动作	⑤ 会用多种器具做平衡

① 霍力岩：《学前教育评价》，北京师范大学出版社，2002，P. 76~81。

（续）

3岁~4岁	4岁~5岁	5岁~6岁
7. 综合动作技能 ① 会滚球、拍球，使用大型运动玩具	② 会用几种方法拍球 ③ 使用多种手头运动器具	④ 会运动器具的多种玩法 ⑤ 掌握跳绳、推铁环等较复杂活动的技能
8. 操 ① 会一个跟一个走圆圈队形、做模仿操 ② 会按节拍做操	③ 会简单分队、动作准确地做操 ④ 会按音乐旋律做韵律操、器械操	⑤ 会变队形做体操
（二）小肌肉动作		
1. 结构造型 ① 会用积木等材料堆高、延长、围拢 ② 会插接或拼搭简单造型	③ 会使用辅助材料 ④ 能用多种材料建造较复杂的造型	⑤ 会建造大型或成组造型、复杂造型
2. 美工技能 ① 会用印章、纸团、手掌印画 ② 会画、折、粘简单作品	③ 会使用多种工具材料 ④ 会印染、涂色、拼、剪等多种技能	⑤ 会用多种工具材料制作较复杂的作品
（三）自我保健		
1. 卫生 ① 会正确使用手绢 ② 懂得打针、吃药能防病、治病	③ 养成个人卫生习惯 ④ 懂得简单防病常识	⑤ 懂得眼睛和牙齿的保健
2. 安全 ① 不跟生人走、不远离成人 ② 不摸危险物	③ 不玩危险游戏、不去危险地方 ④ 懂得交通安全	⑤ 会处理简单危险
（四）生活能力		
1. 穿衣 ① 会解扣、脱衣 ② 会穿衣、穿鞋、戴帽、扣按扣 ③ 会扣扣、拉拉锁		

（续）

3岁~4岁	4岁~5岁	5岁~6岁
2. 进餐 ① 会用勺吃饭、不撒饭 ② 会漱口、擦嘴、不挑食	③ 会用筷子 ④ 会分发整理餐具、收拾桌子	⑤ 懂得简单营养知识
3. 洗 ① 会自己入厕、会用肥皂洗手、擦手 ② 会自己洗脸、擦油	③ 会刷牙 ④ 养成饭前洗手习惯	⑤ 会自己洗脚、洗袜子
认 知 发 展		
（一）智力能力		
1. 感知观察 ① 能发现视、听、触、味觉上的差别 ② 能综合感知事物明显特征	③ 能有目的地观察事物的特征 ④ 能比较两个以上物体的差异	⑤ 能发现两个以上物体的细微差别
2. 概括分类 ① 能按大小、颜色或形状分类	② 能按用途与材料分类 ③ 能按两个特征分类	④ 能从多角度分类 ⑤ 形成类概念、会判断推理
3. 音乐表现与创造 ① 能区分音乐快慢并随着音乐自由表现	② 能区分和表现简单节拍与曲调 ③ 会区分与表现音乐节奏、高低、强弱	④ 会按音乐编简单动作与歌词 ⑤ 会欣赏和表现不同性质的音乐作品
4. 美术表现与创造 ① 感受生活中与自然界的美 ② 喜欢自由地画与捏	③ 能用美工手段表现自己的感受 ④ 会用美工手段表现自己的想象	⑤ 喜欢收集和利用废物创造作品
（二）数学概念		
1. 数量 ① 会比较大小、长短、高矮、多少	② 会按大小、长短等特征排序 ③ 会点数10，理解序数与相邻数关系	④ 理解数的组成与分解 ⑤ 形成守恒概念

（续）

3岁~4岁	4岁~5岁	5岁~6岁
2. 形体 ① 会按图形配对、分类	② 会辨认5种~7种图形 ③ 会拼摆、组合、添画图形	④ 会分割、制作、变化图形 ⑤ 辨认3~5种体，发现面与体的关系
3. 时空 ① 能区分上下、前后、里外 ② 能区分上午、下午、白天、晚上	③ 会比较远近、快慢	④ 会区分左右 ⑤ 认识时钟、日历
（三）自然概念		
1. 生命 ① 关心并观察身边的动植物	② 观察动植物的特征与习性 ③ 喜欢种植与饲养并能观察生长变化	④ 发现生命特征、区分生命、非生命 ⑤ 形成动植物类概念
2. 环境 ① 感知天气、季节明显特征	② 观察四季特征 ③ 观察风、云、雨、雪等自然现象	④ 发现环境与生命的关系 ⑤ 萌生保护环境的意识
3. 科学 ① 对沙、水、冰、雪等自然物感兴趣	② 对声、光、磁等现象好奇 ③ 会做简单实验	④ 观察空气、力、沉浮、电等现象 ⑤ 会制作科学玩具，喜欢幻想和创造
（四）语言发展		
1. 语言理解能力 ① 能听懂语言、按指示做动作 ② 能听懂故事情节	③ 能理解文艺作品的内容 ④ 能理解动词、连词、形容词	⑤ 能领会文艺作品的情感与简单寓意
2. 语言表达能力 ① 能正确发音，大胆表达愿望、回答问题 ② 会说完整句，语意清楚地交谈	③ 能口齿清楚地交谈、朗诵 ④ 会较连贯地讲述一段话	⑤ 会生动地朗诵与讲述，会讨论、讲道理
3. 非文字阅读能力 ① 对图书感兴趣，会一页一页地翻书 ② 会边看边讲画面内容	③ 能看懂图书的主要情节 ④ 喜欢看书，会看书讲故事	⑤ 能想象画面没表现的情节、对话与内心活动

(3) 单元目标　以内容为单元的目标，指的是主题活动的“单元”。如果主题活动的单元很大的话，制定单元目标显得格外重要。我们这里主要论述以时间为单元的目标，它是年龄阶段目标或学年阶段目标的再分解，即学期计划、月计划、周计划。

如果充分理解了年龄阶段目标的每项内容，那么制定学期计划、月计划与周计划是比较容易的事。不过，这三个计划的制定需要明确各自的功能：

学期计划的功能就是把年龄阶段目标进行进一步的分解；

月计划的功能除了继续分解学期目标外，还要落实完成这些目标的具体教育活动；

周计划的功能主要是完成与幼儿园、家长、社会的互动。

以下是学期计划、月计划与周计划的实例[①]（例 1）。

例 1

小班第二学期计划

	本学期目标
身体发展	**大肌肉活动**　学习不扶楼梯扶手一步一步走上、走下；学习手脚动作协调地走、跑；学习双脚跳和从不超过 30 厘米的高处往下跳；学习一个跟着一个走成圆圈；学习做模仿操。 **小肌肉活动**　学会灵活地串珠；学习使用勺、笔等简单工具；学习用积木等材料堆高、延长、围拢。 **生活能力**　学习穿脱衣裤、系扣的正确方法；学会用勺吃饭不撒饭、不掉饭粒，不挑食，饭后漱口、擦嘴；学用肥皂洗手，用毛巾擦手；学习洗脸。 **自我保护**　不远离成人，不跟陌生人走，喜欢参加体育活动。
认识发展	**智力发展**　学习按物体的大小、颜色、形状分类；学习运用视觉、触觉等感知物体的外部特征；学习比较物体的大小、多少等；学习区分早晨、晚上；学习听琴唱歌，并能整齐地开始和结束；学习听音乐节奏拍手。 **语言**　学习用短句表达自己的感受；学习按指示动作，听得懂语意；练习正确发音；学习大胆地表达自己的愿望。 **自然**　学习有顺序地观察身边动植物；感知天气和季节的明显特征；对沙、火、冰、雪等自然物感兴趣。 **数学**　学习比较长短、多少、高矮；学习按图形配对分类；学习区分上午、下午、白天、晚上。

① 刘焱：《幼儿教育概论》，中国劳动社会保障出版社，1999，P. 341~347。

（续）

	本学期目标
社会性发展	**品德行为** 在成人提醒下学习礼貌用语“早”、“好”、“再见”；不独占玩具；学习收拾、摆放玩具；爱护玩具，不是自己的东西不拿回家。 **交往能力** 学习与同伴一起玩；游戏中会等待，会与小朋友分享自己的玩具；主动与同伴、老师交谈。 **情绪情感** 爱幼儿园，高高兴兴上幼儿园；喜欢参加集体活动并在集体生活中保持愉快的情绪；爱父母和其他亲人，喜欢老师和小朋友，喜欢参加美术、音乐活动。 **个性特征** 不纠缠成人；学习独立地游戏；日常生活中不依赖成人。

中班十一月份工作计划

领域	月目标	主要活动内容	环境与材料
身体发展	1. (1) 按节奏变速跑；练习单脚跳；学习左、右脚跳和双手交替拍球。 (2) 学习按音乐节拍做器械操。 2. (1) 学习用积木建造较复杂的造型。 (2) 继续练习剪直线，学习沿轮廓图形。 3. (1) 学习穿脱整理衣裤。 (2) 随天气变化增减衣服。	1. (1) ①听拍手节拍变速跑；②听乐器按节拍跑；③跳圈④信号灯；⑤跳房子；⑥左、右脚跳比赛；⑦跳各种图形与线⑧捡豆豆、捡萝卜；⑨放鞭跑；⑩一对一练拍球、拍球比赛。 (2) 棍操。 2. (1) 主题活动：美丽的北京城；①看幻灯“美丽的北京城”；②图片展“北京的建筑”；③布置环境“爱北京”；④粘贴“北京的变化”；⑤积木建构“美丽的北京”。 (2) 美工活动：①帮助小动物盖房子、做衣襟；②“美丽的叶子”拾落叶、洗落叶、剪落叶，做叶贴，布置秋季环境。 3. (1) 情景讲述《叶娃娃的妈妈》。 (2) 集体游戏“看谁整理得又快又好”。	

（续）

领域	月目标	主要活动内容	环境与材料
认知发展	1. 学习按物体的特征、用途、材料等分类。 2. 学习按大小、长短、高矮排序。 3. 认识秋季主要特征。 4. (1) 理解文艺作品的主要内容。 (2) 口齿清楚地朗诵两首儿歌。 5. (1) 学习四分、八分音符的混合节奏型，复习四分、八分音符节奏型。 (2) 感受欢快优美的乐曲，并能表现出来。	1. (1) 制作分类盒； (2) 实物分类； (3) 用途（图片）分类； (4) 有趣的鞋； (5) 图形分类； (6) 动物习性分类； (7) 按材料分类。 2. (1) 动物排序； (2) 家具排序； (3) 标记排序； (4) 曲别针排序； (5) 图片排序（水果、蔬菜、服装等）； (6) 环境布置“制作空间挂物”。 3. (1) 认识秋季服装； (2) 观察菊花； (3) 龙潭湖秋游； (4) 歌曲《秋天》； (5) 秋季总结性谈话。 4. (1) 看图讲述《小鸡小鸭》； (2) 故事《面包房子》； (3) 儿歌《菊花》。 5. (1) ①节奏乐《娃哈哈》；②歌曲《他们在做什么》；③音乐活动“大鞋小鞋”。 (2) ①舞蹈《娃哈哈》；②歌曲《我是一朵小花》；③歌曲《月亮是我的好朋友》。	
社会性发展	1. 学习协商、分配角色，玩玩具时知道谦让。 2. 在教师的帮助下，学习简单评价别人的良好行为。 3. 自始至终看完一本书。	1. (1) 童话剧《拍皮球》； (2) 看图讲述《大家一起玩》。 2. (1) 木偶剧《他们做得对吗》； (2) 表演《面包房子》。 3. (1) 参观书店； (2) 看图书《想妈妈》； (3) 自制图书《小鸟的一家》； (4) 开书店； (5) 儿歌《哪个看书好》。	

大班第一周工作计划

生活活动	1. 向幼儿宣传保护牙齿的重要性，指导幼儿正确刷牙，提示幼儿早晚在家中要坚持刷牙。 2. 提醒幼儿起床后迅速穿好衣服，以防着凉。 3. 日常活动中提醒幼儿多喝白开水，尤其注意：×××、×××按时饮水。
活动区域活动	1. 布置牙齿图片展览，引导幼儿通过观察，懂得牙齿不清洁与疾病的关系。 2. 图书区投放小牙刷、牙膏的识字卡片，指导幼儿在图书区边看图片边看识字卡。 3. 在玩玩做做区投放牙刷的小模型及吹塑纸、碎纸片等，引起幼儿学习制作小牙刷的兴趣，重点指导×××、×××，帮助他们选择材料，提醒他们细心剪制。 4. 音乐区投放新疆帽和歌曲《娃哈哈》、《五人新疆舞》的磁带，引导他们听音乐自我表现。 5. 提醒商店组幼儿再补充些易拉罐，提示幼儿礼貌待客。
作业教学活动	周一　集体活动：观察牙齿 　　　分组活动：制作牙刷 周二　集体活动：复习 2 的分解 　　　分组活动：学习五人新疆舞 周三　集体活动：学习儿歌《什么声音响》 周四　集体活动：“谁的牙掉了” 周五　分组活动：继续学习五人新疆舞
户外活动	1. 提供每人一条跳绳及球、呼拉圈、小红旗、跨栏等。 2. 指导幼儿学习跳绳的技能（双臂前后绕大圈，绳到足前再跳起），指导幼儿练习，不怕困难。
效果分析	

(4) 具体活动目标　指一日中的或生活活动或游戏活动或教学活动的目标，这是真正微观层面的目标。

在我国的习惯是：国家层面的或理论研究层面的负责制定一、二层课程目标，而幼儿园教师完成三、四层课程目标的制定。

2．以内容领域为结构框架的幼儿园课程目标的层次

(1) 课程领域目标　在课程领域目标层次，与发展领域为结构框架的幼儿园课程目标一样，只是概括地罗列具体的内容领域与提纲挈领式的几条要求。上述幼儿园课程目标类型中，中国与日本的课程目标，就是这类目标的典型例子。

(2) 年龄阶段目标　这一结构框架类型的年龄阶段目标的制定，一般不仅考虑了课程内容维度，还考虑了幼儿发展维度。然而，由于课程领域目标是以内容为导向的、缺少立体的结构，所以，年龄阶段目标的形式也不可避免地表现为单层次的、平面的罗列。以下为以内容领域为结构框架的幼儿园年龄阶段目标的表述格式①。

3 岁~4 岁年龄阶段目标

(1) 熟悉幼儿园的环境，习惯幼儿园对小班儿童生活和教育要求的常规，对幼儿园产生良好的感情，喜欢幼儿园的生活和教师。

(2) 有在集体中独立生活的初步能力，愿意学习并形成一此基本的良好生活习惯、文明行为习惯和言语习惯。

(3) 能和家人、小朋友、教师、邻里等关系密切的人友好相处，知道应该关心别人。

(4) 知道身体健康的重要性，愿意认真锻炼身体，接受疾病预防措施，知道一些最起码的保护身体安全和健康的常识，并具备一定的有关能力。走、跑、跳等基本动作基本正确。

(5) 对家庭和幼儿园的日常用品的名称及用途比较熟悉，对与自己生活关系比较密切的人物的称呼及职业性质比较清楚，对家庭和幼儿园附近的环境有初步的了解，对生活环境中的事物感到有兴趣。

(6) 对自然环境和现象有兴趣，有意观察自然物体和现象的特征和变化，知道一些简单的自然常识。

(7) 能用语言与周围人正常交往，有接受、理解、表达语言的初步能力。

(8) 有初步的数概念，有初步的比较事物外部简单的相同点和不同点的能力，学习一些简单的概括和分类的方法。

(9) 愿意听美好的音乐，看美丽动人的图画，愿意大胆地画、想、唱、跳、说，

① 云南省教育委员会：《幼儿园课程设计》，云南教育出版社，1998，P. 110~112。

并掌握最初步的有关技能。

(10) 学习分辨事物是与非的最基本的原则。

(11) 初步认识集体、公共等概念，学习初步的有关有利于集体、公共等的基本原则。

4 岁~5 岁年龄阶段目标

(1) 体魄健壮，文明习惯基本定型，动作姿势正确，自我服务技能基本熟练。

(2) 对事物有广泛的兴趣，对社会和自然环境的认识范围明显扩大，对事物和现象的观察了解比较积极主动。

(3) 好奇心明显增长，愿意询问，愿意在成人指导下自寻答案。

(4) 参与活动的意识比较强烈，活动前的意向性较为明显，活动过程中有一定的与同伴合作的能力。

(5) 对集体的从属感基本建立，为集体服务已基本脱离兴趣性特点，朝责任感发展。

(6) 与人交往有一定的主动性，将所知事物与同伴分享的意识开始增长。

(7) 对待人接物的行为标准比较清楚，并用正确的标准衡量他人和自己的行为，开始学习克制自己的不良情绪和行为，对别人的不良情绪和行为予以帮助。

(8) 能愉快地接受成人交给的简单任务，并努力去达到目标，在完成过程中学习锻炼持久性和耐力。

(9) 对文艺作品的理解力明显增长，鉴别力有所发展，能表示个人的喜爱和厌恶。

(10) 日常语言运用流利、发音清楚。

5 岁~6 岁年龄阶段目标

(1) 掌握一些生活和学习常规，并形成习惯。

(2) 积极参加各种锻炼身体、增强体质的活动，学习一些简单的体育活动技能。

(3) 能比较清楚地认识自己，对自己有初步的要求。

(4) 增强对社会生活和社会现象的认识兴趣，增强对集体、国家概念的感知和情感。

(5) 巩固加深对自然界的认识与情感。

(6) 增强言语表达能力。

(7) 提高初步的逻辑思维能力。

(8) 加强注意力、记忆力、独立思考能力、创造力。

(9) 增强集体意识，对自己在集体中的作用有一定的要求，对集体的作用有初步的认识和情感。

(10) 认识和了解初级的法律制度，建立初步的法律意识。

(11) 建立初步的劳动意识，学习用正确的姿势与方法进行操作，学会初步的自我服务技能和劳动技能。

(12) 具有一定的感受美的能力，以及表现美的情趣和能力。

(3) 单元目标 我们继续主要论述以时间为单元的目标，它是年龄阶段目标或学年阶段目标的再分解，即学期计划、月计划、周计划。在以内容领域为结构框架的单元目标系列中，因为它的表述格式的平面罗列性，导致学期计划、月计划与周计划各自所应体现的功能被削弱。下面是一份小班第一学期学期计划与一份小班第二学期其中一个月月计划的实例（例 2）。

例 2

小班第一学期学期计划①

(1) 动作协调地走、跑、跳、正面钻，爱参加活动，做模仿操。

(2) 练习使用颜色、纸、笔、泥、积木等工具材料，制作简单作品。

(3) 自己洗手、吃饭、穿脱衣服、漱口等，不撒饭。

(4) 懂得不远离成人，不跟陌生人走。

(5) 感知周围事物的颜色、味道、声响、软硬等特性。

(6) 喜欢接触自然，关心和爱护身边的动植物，观察其明显特征。

(7) 一一对应地比较多少、长短、高矮、大小，区分前后里外。

(8) 听懂语言，按指示要求动作，理解简单的故事情节。

(9) 说礼貌用语，不打人，不抢玩具，学习收拾玩具。

(10) 喜欢上幼儿园，习惯集体生活，爱教师、小朋友和亲人。

(11) 喜欢与大家玩玩具，在提醒下会轮流、等待，遵守简单规则。

(12) 不纠缠成人，独立游戏，不发脾气。

小班第二学期第四个月月计划②

内 容	目 标
健康	1. 继续学习近距离有目标投掷。 2. 学习手膝着地协调地爬。 3. 学习单脚跳圈。 4. 在教师提醒下，天热多喝开水。 5. 活动后能检查自己的手是否清洁、服装是否整齐，能拍去身上的灰尘。

① 王月媛：《幼儿园目标与活动课程教师用书》，北京师范大学出版社，1995，P. 64。

② 《幼儿教育》编辑部：《幼儿园综合性主题教育课程设计》，外文出版社，1993，P. 237。

（续）

内容	目标
品德行为	1. 继续培养良好的习惯。 2. 在游戏后能将玩具、用具整理好。 3. 在角色游戏中会发现并模仿做与同伴并列的游戏。 4. 学着和教师一起制定简单的规则，并能按照规则做游戏。
语言	1. 继续学说普通话，纠正 g, k, h 的发音。 2. 能较清楚地讲述故事中的某些内容。
科学教育	1. 在教师带领下，学着摘、剥蚕豆荚，体验收获的快乐，激起种植的兴趣。 2. 发现幼儿园的草更绿了，花开得更多了。 3. 观察常见的车辆，引起观察车辆的兴趣。
计算	1. 能形成两三个事物之间的顺序。 2. 拼较复杂的拼板。
艺术教育	1. 继续学习在音乐活动中听辨明显的音乐形象，并能作出相应的动作。 2. 学习使用泥、蛋壳、纸盒、胶粒插塑等材料制作故事中的主要角色及主要用品。 3. 能用简单的图形表现出公共汽车的主要特征。

（4）具体活动目标　这是微观层面的目标，要求制定得非常具体，如例 3。

例 3

小班“认识兔子”的活动目标

①通过观察描述出兔子的外形特征；②说出兔子喜欢吃的食物；③触摸兔子时，做到轻轻抚摸，不让它受惊吓；④学习词汇：长长的、柔软的。

3. 对两类目标体系的评析

一个完善的目标体系，应该是体系展开的过程中自然完成以下三方面的结构：第一，幼儿心理发展结构；第二，教育内容结构；第三，幼儿年龄发展结构。如图 4 所示。

以发展领域为结构框架的目标体系，它在层层分解的过程中是自然完成以上三方面的结构的建构的。也就是说，在第二个层次，幼儿年龄发展结构建立；在第三个层次，教育内容结构建立。

以内容领域为结构框架的目标体系，它在第二个层次，建立幼儿年龄发展结构；但始终无法靠层次分解本身来建立幼儿发展结构这一维，也就是说，在这一类目标体系中，有一维的结构靠人为的形式建立而非体系层次的自然展开建立。所以，以内容领域为结构框架的目标体系，相对以发展领域为结构框架的目标体系而言，容易有两个偏向：一是容易流失发展目标，重内容轻发展；二是不利发展评价体系的建立。用已经过时的话来说，缺少科学性。如果一定要找出它的优点的话，那就是对于教师专业化水平还较低的我国来说，这类目标体系比较容易看懂与掌握。而以发展领域为结构框架的目标体系中，包含了少量心理学术语，这些术语如果教师不能真正理解，会影响目标的实现。

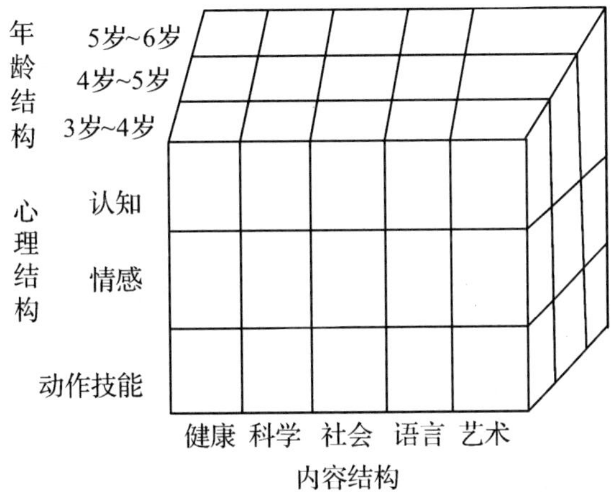

图 4　课程目标体系的建构模式

五、幼儿园课程目标的表述

有关目标陈述的内容，我们重温泰勒的观点。泰勒认为当时人们在实践中容易犯的错误是：（1）把目标作为教师要做的事情来陈述，但却没有陈述期望学生发生什么变化，如介绍进化论、演示归纳证明的性质等；（2）列举课程所涉及的各种要素，但却没有具体说明希望学生如何处理这些要素；（3）采用过于概括化的方式来陈述目标，但却没有具体指出这种行为所能采用的领域。所以，泰勒指出，最有效的陈述目标的形式，是“既指出要使学生形成的那种行为，又言明这种行为能在其中运用的生活领域或内容。”也就是说，每一个课程目标都应该包括“行为”与“内容”两个方面，前者是指要求学生表现出来的行为，后者是指这种行为所适用的领域，这样就可以明确教育的职责。

根据泰勒的观点，再结合我们已经论述过的有关目标取向的内容，可以说，关于幼儿园课程目标的表述我们至少要关注以下三个问题：表述的角度问题、表述的性质（确定目标类型）问题与表述准确的问题。

（一）确定表述的角度

确实，正如泰勒所批评的那样，20 世纪五六十年代的美国的学前教育的课程目标的表述也都是从教师的角度来表述的。就像我们在本节已经举过的例子：

鼓励儿童提出问题，对事物进行比较，找出相互之间的联系；

帮助儿童获得形状、颜色、大小、分类、顺序、数字等概念。

……

我国从国家层面来说，在 2001 年《幼儿园教育指导纲要（试行）》里，就已经完成了目标表述的角度转换，即从教师角度的表述，转到了幼儿角度的表述。例如：

能初步感受并喜爱环境、生活和艺术中的美；

喜欢参加艺术活动，并能大胆地表现自己的情感和体验；

能用自己喜欢的方式进行艺术表现活动。

……

目标表述角度的转换，一方面体现着教育理论界对“教学” 重心从“教”转向“学”的意志；另一方面也确实能促进这一重心在实践层面的转移。

（二）确定表述的性质

不同的课程目标有不同的表述方式，我们已经探讨了课程目标的三种不同取向：行为目标取向、生成性目标取向与表现性目标取向。其中，生成性目标除了课程目标层面有极度宽泛的目标制定外，其他层面没有文本意义上的目标，要不就不会称之为“生成性目标”。所以，所谓的“不同的课程目标有不同的表述方式”，就是针对行为目标与表现性目标的。

行为目标的特点是精确性、具体性、可操作性，它擅长表述确定的知识技能的目标；而表现性目标是对行为目标的超越，是指每一个学生与具体教育情境的种种“际遇”中所产生的个性化表现。把两者的不同说得更直白一点，那就是：行为目标是针对学生的知识技能，而表现性目标是针对学生对知识技能的运用能力；行为目标的实现主要是在课堂环境的话，而表现性目标的实现需要能让学生表现其真实能力的真实情境；行为目标的任务往往是简单的、浅层面的，而表现性目标的任务是问题解决性质的，往往结构比较复杂、需要学生对知识有较深层次的理解。例如，当一个学生能回答“一辆汽车第一次开了 2 千米，第二次开了 7 千米，它一共开了多少千米？”的问题时，说明他能够完成一个行为目标，但不能说他已经完成了一个表现性目标。只有当他拿着 9 元真币，到商店（或模拟的商店）买回来几件物品恰好把 9 元钱用完时，我们会说他完成了一个表现性目标。

所以，对教师来说，明确自己应该用行为目标还是用表现性目标，是目标表述准确的前提。

（三）表述准确的问题

如果确定是行为目标，那么行为目标的最有效的陈述形式是“既指出要使学生形成的那种行为，又言明这种行为能在其中运用的生活领域或内容。”例如：

通过观察，说出沙与石头的不同。

用加水的方式，能把干沙变成湿沙；

利用晒干或烘干的方式，使湿沙变成干沙。

能利用不同颜色的沙，完成一幅美术作品。

……

如果确定用表现性目标，那么目标的表述就应该包括以下三个维度的内容：第一，指明儿童将在其中作业的情境；第二，指明儿童将要处理的问题；第三，阐述儿童将要从事的活动的任务。例如：

寻找各种办法，这些办法可以来自家庭、来自幼儿园、来自社会，为长度从 1 寸到 30 寸的大大小小的气球充气，尤其关注那些大气球的充气办法。

在自然角，通过观察，用绘画的方式记录蝌蚪的生长发育过程。

……

第二节　幼儿园课程内容的选择与组织

当编制幼儿园课程内容时，一般涉及幼儿园课程内容的选择与课程内容的组织两个方面。课程内容的选择指的是对课程中什么内容最有价值的论证、判断与最终选择，一般我们称为课程内容的价值取向，简称课程内容取向，它受课程目标依据的制约；课程内容的组织又由课程内容组织标准与课程内容组织形态两方面构成，这两方面受到课程内容价值取向的制约。下面我们分别考察幼儿园课程内容编制过程中课程内容取向、课程内容组织标准与课程内容组织形态的问题。

一、幼儿园课程内容的取向

课程内容取向是特定的课程目标在课程内容上的反映和体现。而课程目标的确定，是一个澄清课程目标的一些基本哲学假设，并根据实际情况，得出较为合理的价值判断的过程。例如，课程是为了传递社会文化遗产还是为了应付当代社会的需求？不同的价值判断，选择的目标依据也就不相同了：如果认为社会文化遗产最有价值，那么学科知识势必成为具体的课程目标制定的依据；如果认为当代社会需求最有价值，那么当代社会生活经验就成为具体的课程目标制定的依据。从世界课程研究近一百年的发展历史来看，虽然不同的课程流派各自确定与选择的目标依据是不同的，但供选择的依据却基本来自三个方面：学习者需要 、学科知识与当代社会生活需求。应该说，课程目标的这三个依据，已经成为当代课程工作者的共识。由于课程内容的取向直接受课程目标依据的制约，而目标依据来自学习者经验 、学科知识和当代社会生活经验三个方面，所以，课程内容取向也同样来自这三个方面。

（一）课程内容即学习者经验

需要强调的是，当我们在课程范畴内谈论 “经验课程”即“活动课程”，或谈论“学习者的经验”时，这里所指的“经验”不是广义上的“经验”，即既包括直接经验又包括间接经验，而是狭义上的，只指“直接经验”。

一般来说，课程内容即学习者经验的取向，具有以下四方面的涵义。

(1) 学习者经验的选择过程本质上是每一个学习者的自我选择过程，教育者的使命是为学习者的自我选择创设情境、创造条件、提供机会，当学习者需要的时候提供必要指导。这是因为学习者是主体，学习者经验的选择过程即是尊重并提升学习者的个性差异的过程。

(2) 课程决不是教材这一个因素，而是教师、学生、教材与环境四个因素动态交互作用的有机体，学习者主要不是接受别人提供的现成的课程，而是根据自己的需要和目标，与教师和其他学习者一起创造、开发自己的课程，惟有这样，才能说学习者是课程的主体。

(3) 学习者是知识与文化的创造者。学习者在与班级、学校的集体交往中、在日常生活中都在日复一日地创造着自己的个人知识和同伴文化，这些个人知识和同伴文化在学习者人格发展的过程中所起的作用丝毫不亚于所接受的学科知识与文化。

(4) 学习者创造着他们自己的社会生活经验。因为儿童在社会生活中的独特性有着成人无法取代的价值，把成人的社会生活经验强加于儿童是教育的悲剧。儿童不是明天踏入成人社会中才生活，他今天就实实在在地生活着。当然儿童也要向成人的成熟经验学习，但成人的经验只有经过儿童的选择、认同和再创造的过程，才能真正促进儿童的社会化的进程[①]。

课程内容即学习者经验的四方面涵义的要义只有一个，即课程主要是在教师指导下的学习者的自我构建。在幼儿园的教育环境中，有很多成功的实例。如，意大

① 张华：《美国当代“存在现象学”课程理论初探》，《外国教育资料》，1997，(5)。

利“瑞吉欧教育活动方案”，美国的“项目活动方案”（曾经一度在我国用“方案教学”这一名称），以及美国目前普遍采用的用活动区域或游戏活动作为实现幼儿园课程目标的基本途径的各种各样的课程方案。幼儿园的课程内容直接选择学习者的需要，越来越成为时代的潮流。

（二）课程内容即学科知识

课程内容即学科知识取向，指的是把幼儿园课程的内容完全等同于各门学科的知识体系。我国在改革开放以前，全国统一地把幼儿园的课程分为六个科目：语言、常识、计算、音乐、美术、体育。幼儿园的课程就是按照这六门学科的知识体系，分门别类地展开。这种取向的幼儿园课程的偏差是：把成人的经验等同于幼儿经验，直接把学术领域或专业化程度很高的学科知识体系搬到幼儿园课程中去，使幼儿遭受痛苦。应该说，在世界范围内，以学科体系为单一取向的幼儿园课程已基本消失。

（三）课程内容即当代社会生活经验

课程内容即社会生活经验的取向，反映了大自然、大社会都是活教材的教育思想，强调的是课程内容与社会生活的联系。

对幼儿园课程的选择来说，我们追求的理想是以“学习者经验”为基本取向，内含学科知识与当代社会生活经验之两股暗流，是一种一明两暗的宝塔形取向，是一种拥有社会文化底蕴的同时，追求主体价值与个性解放的课程内容选择。

二、幼儿园课程内容的组织标准

（一）课程组织的涵义

课程内容组织简称课程组织，是指在一定的教育价值观的指导下，将所选出的各种课程要素妥善地组织成课程结构，使各种课程要素在动态运行的课程结构系统中产生合力，以便有效地实现课程目标。

课程要素（curriculum elements）是课程组织要素的简称，它是课程组织的基本线索或脉络。有人打比方说：“组织要素可以比作一座高楼大厦中的钢筋结构，尽管看不见，但对大厦的强固是极为必要的。”①

从宏观层面上看，课程具有四大要素：学习者、教师、教材和环境（这与从卢梭以来确立的教育三要素：教育者、教育对象、教育资料同出一炉）。课程是这四要

① 张华：《课程与教学论》，上海教育出版社，2000，P. 230。

素组成的有机整体。

从中观层面上看①，有人把课程组织的要素分为：范围（scope）、连续（continuity）、序列（sequence）、整合（integration）四个方面。

麦克尼尔（J. McNeil）也提出了课程的四个组织要素，我们可以把它视为课程的微观层面的组织要素。它们是①：第一，主题（themes）和概念（concepts）。概念是许多学术课程计划最基本的构成。如物理学中的“力”、化学中的“元素”、生物学中的“细胞”、文学中的“风格”等。第二，原理（generalization）。原理是科学家通过观察实验而得出的结论。如“直角三角形斜边的平方等于两条直角边的平方和”等。第三，技能（skills）。如普通教育中的3R（读、写、算）的技能、实验技能、资料搜集与解释技能、各种专业技能（烹调、缝纫、钳工、电工）等。第四，价值观（values）。哲学价值观是支配行为的基本信念。如“不管种族、民族、职业、收入或阶段有怎样的差异，每一个人的价值和尊严都应受到尊重”，“尊重自我”，“人类应与自然和谐共存”等。

应该说，除了宏观层面的课程组织要素基本确定以外，中观与微观的课程组织要素，在不同的学科、不同性质的教育阶段、不同国家与地区的课程方案设计中都会有不同的变通。即便是宏观层面的课程要素，虽然其四个方面基本确定，但四个方面的整合姿态却是五花八门、令人眼花缭乱。所以，课程要素的确定，以及课程要素如何被组织成为合理的结构，即课程的有效组织问题，是课程内容编制中的关键问题。

（二）幼儿园课程组织的标准

1. 简述泰勒原理中的课程组织要点

关于课程内容或学习经验的有效组织问题，泰勒做了以下三个方面的论述。

(1) 学习经验的组织形式

泰勒提出了学习经验的两种组织形式：一种是“纵向组织”，指不同阶段学习经验之间的联系；另一种是“横向组织”，指不同领域学习经验之间的联系。

(2) 有效组织学习经验的标准

泰勒提出了有效组织学习经验的三个标准：第一，连续性，指“直线式地重复主要的课程要素”；第二，序列性，其“强调使每一后续经验建立在先前经验的基础上，同时又对有关问题进行更广泛、更深入探讨的重要性”；第三，整合性，指“课程之间的横向联系”。

(3) 有效组织学习经验的原则

① 张华：《课程与教学论》，上海教育出版社，2000，P. 231。

有效组织学习经验的原则是“逻辑组织”与“心理组织”的有机统一。“逻辑组织”反映了学科领域专家对课程要素之间关系的看法，是对学科领域专家有意义的和重要的关系；“心理组织”则体现学习者心理发展的特点和学习者对课程要素之间关系的看法，是对学习者有意义的关系。

2. 幼儿园课程组织标准

勿容置疑，幼儿园课程内容的组织也围绕着这两种形式展开，即纵向组织形式与横向组织形式。

(1) 纵向组织的标准

由于人的身心发展有阶段性的序列，学科知识有逻辑演进的序列，所以，课程内容也有纵向组织的必要。

纵向组织的标准有两条：一是连续性；二是顺序性。在泰勒原理中，顺序性指的是课程要素的拓展与深化，它只是关注课程的客观内容，忽视课程内容的展开过程中学习者主体的心理内容。所以，泰勒的学生塔巴（H. Taba）补充道：课程组织不仅要关注内容的顺序，还应关注处理内容的心理过程的顺序。这是对课程内容在纵向组织方面的一个重大发展。

课程内容的纵向组织形式，主要是在各级教育中的学科课程中实施。应该说，在幼儿园课程内容的组织方面，我们更多地使用横向组织。

(2) 横向组织的标准

生活原本就是整体的，幼儿的经验也是整体的，所以，横向地组织课程内容已经越来越成为时代的潮流。

横向组织的标准是：整合性。横向组织的整合性又体现在以下三个维度[①]：第一，幼儿经验的整合。每个幼儿的需要、兴趣、经验等都是一个独特的有着内在联系的统一体，这个统一体就是每一个幼儿的人格整体。在幼儿不断学习和发展的过程中，新学习的经验要与既有的经验在交互作用中不断整合起来，幼儿的经验由此不断生长，人格也不断完善。第二，学科知识的整合。通过课程的横向组织，使不同的学科知识在差异得以尊重的前提下互相整合起来，消除学科之间彼此孤立甚至壁垒森严的对立局面，以使学科知识良性发展，使学习者的学习产生最大限度的累积效应。第三，社会生活的整合。课程内容以社会生活的需要为中心整合起来，并将社会生活视为具有内在联系的整体。

不可否认，“整合性”这一标准是不具什么丈量尺度的，极具仁者见仁、智者见智的成分。作为这个时代的热门事物，“整合性”的课程可说是良莠不齐，惟共同的是整合课程的编制者都意识到“整合”是时代的需要。确实，不整合的课程，在幼

① 张华：《课程与教学论》，上海教育出版社，2000，P. 234。

儿园几乎没有立足之地，当下讨论的主题不是“要不要整合？”而是“如何整合？”

三、幼儿园课程内容的组织形态

（一）以课程内容组织形态为逻辑范畴的课程类型

课程内容的组织形态可以分为以课程客体或间接经验为价值取向的学科课程与以课程主体或直接经验为价值取向的经验课程。

在学科课程范畴内，还有分科与综合两种课程形态，其中学科综合课程又可分为相关课程、融合课程与广域课程三种形态。相关课程是指两种或两种以上学科既在一些主题或观点上相互联系起来，又保持各学科原来的相对独立。融合课程是将有关学科融合为一门新学科，融合之后原来学科之间的界限不复存在。广域课程是指能够涵盖整个知识领域的课程整体，它在形式上与融合课程相同，它与融合课程的不同之处在于，在范围上，融合课程限于与学科有关的领域，而广域课程不仅包括与学科有关，而且人类的所有知识与认知领域都可以被整合起来。从目前的课程实践来看，学科综合一般都是指“相关”综合，“融合”综合与“广域”综合，无论在综合原理的研究方面还是在社会背景的利益平衡方面都还存在着众多障碍。

在经验课程范畴内，又可分为按学生经验需要整合的经验课程与按社会生活经验需要整合的经验课程。

（二）在实践中，幼儿园课程内容的组织类型

在我国目前的幼儿教育实践中，存在以下三种类型的课程组织。

1. 学科课程

这种类型表现为以 2001 年新颁布的《幼儿园教育指导纲要（试行）》中的五大内容领域为板块，对原有的苏联分科模式进行改造，以“领域”的概念对原来分科模式进行一定程度的综合。例如，在音乐课中加入了大量的绘画与戏剧表演的内容，实际上已经成为以音乐为切入点的艺术领域课程；在计算课中加入科学小实验，成为科学领域课程。

这种类型的课程，在幼儿园教育实践中反响不大。原因可能是，这种相关学科综合的课程，是所有综合课程中最难编制的一种课程类型。它要求使不同的学科知识在差异得以尊重的前提下互相整合起来。也就是说，既要明确不同学科的个性，又要明确不同学科之间的共性；以个性为前提，以共性为整合的条件，这些标准确实是较难达到的。当这些标准达不到时，这类课程就表现为七拼八凑，不具结构性，也就失去了这类课程的实际价值。

2. 项目活动

这是真正的西方“产品”，是杜威的经验课程或活动课程的“理想”经历半个多世纪的风风雨雨，最终在幼儿教育中得到圆满实现的例证。无论是意大利的“瑞吉欧教育方案”，还是美国的“项目活动方案”，都属于项目活动范畴。项目活动是指以主题形式展开的一种经验课程，它是以过程模式为取向的课程典型。

项目活动具有以下几个特点。

(1) 过程取向的设计思路

过程取向的设计思路是针对目标取向而言的。以前我们所接触到的课程或活动设计方法，包括我们现在介绍的课程编制原理，都是以目标为切入口或起始点。

项目活动恰好相反，它不是目标先引的，它是从过程中，更确切地说，是从选定的主题直接切入的，如图 5 所示。

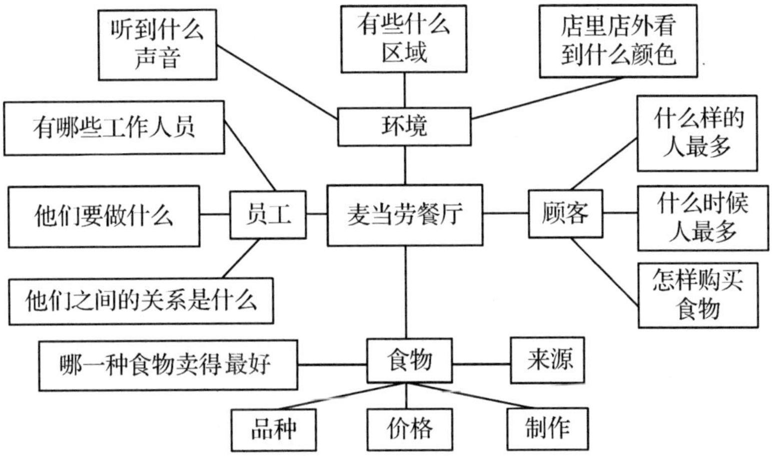

图 5 麦当劳餐厅主题网[①]

这个项目活动的主题是“麦当劳餐厅”，设计的思路直接从主题切入，思路朝着如何深化这个主题、凸显这个主题意义、形成主题网结构的方向拓展，不考虑这个主题能完成什么领域的目标等问题。

(2) 直接经验的价值取向

项目活动包括五种结构性的活动形式[②]。

① 刘焱：《幼儿教育概论》，中国劳动社会保障出版社，1999，P. 308。
② 冯晓霞：《幼儿园课程》，北京师范大学出版社，2001，P. 222~223。

第一，团体讨论。指全班或小组，针对各种议题进行讨论并分享想法和经验。

第二，实地考察。指走出教室进行现场参观、访问、调查，以获得第一手材料。

第三，发表。让儿童回顾与主题相关的园外个人经验，并将它表达出来。

第四，探究。探究的方式有：可以访问自己的父母、校外的朋友；可以通过实地参观和访问“专家”（对孩子来说，有行业的成人就是专家）的方式找到问题的答案；可以通过试验等方式来探讨与分析物品、材料或事物之间的关系；可以利用图书馆或其他渠道的书籍研究更深入的问题。

第五，展示。通过布告栏、档案夹、表演等形式的展示，让同伴来分享每个幼儿自己的工作与设想；让家长、来访者了解幼儿园的教育工作状况。

以上五种活动形式，都是直接经验范畴的，没有“教学”这种间接经验范畴的活动形式。

(3) 议题展开的生成性

我们暂且称主题以下维度的小主题为“议题”。一般来说，在项目活动中，也就是第一层面的几个议题，像 “麦当劳餐厅”这个项目活动中的环境、顾客、员工、食物四个议题，是可以在教师的比较充分指导下讨论、商议出来的，再下一层面的议题主要靠孩子们自己去发现。无论做成什么样子，都是孩子自己发现议题，然后去考察、去探究、去讨论、去发表。如果教师包办过多，甚至用教学方式去教这些议题的内容，那么最多仅是具有项目活动的设计思路，而非真正实施项目活动。

总之，过程取向的设计思路、直接经验、议题展开的生成性是项目活动的三个特性，只有在三者被同时体现出来时，才称之为项目活动。任何只是体现之一或之二的，也只能是具有项目活动之形，而非项目活动之质的“项目活动”，也就不是项目活动。

3. 单元主题活动

在实践中产生的教育用语的不具“科学性”，在这儿又一次得到充分的体现。项目活动是典型的单元主题活动，项目活动与单元主题活动的原本逻辑是从属关系，但我们这里想表述的却是并列关系。为了使这种并列逻辑成立，我们这样阐述：这里所指的单元主题活动是依目标模式编制的幼儿园课程，它是目标取向的、是预成性的、是带有东方思维特点的、极具中国特色的课程组织形态；而项目活动则是依过程模式编制的幼儿园课程，它是过程取向的、是生成性的、是带有西方思维特点的、极具西方特色的课程组织形态。

从根本上说，项目活动与单元主题活动都肇始于杜威的经验课程或活动课程，但在我国范围内说，单元主题活动追朔至陈鹤琴先生的“五指活动课程”。

(1) 陈鹤琴先生五指活动课程的教学实例[①]（例 4）。

---

① 冯晓霞：《幼儿园课程》，北京师范大学出版社，2001，P. 157~158

例 4

开 学 了

教的目的

1. 指导幼儿适应环境，利用环境。
2. 使幼儿“做”、“学”有一个好的开始。
3. 使新旧小朋友获得感情的联络。

学的纲要

社会活动	科学活动	艺术活动	语文活动	健康活动
1. 参观本园各场所。 2. 认识并学习使用各种设备。 3. 研讨环境的布置。	1. 计划本学期各班组人数，配合应有的设备。 2. 研讨各班组设备的使用和保管方法。 3. 拟定各场所生活规律。 4. 分配各班组活动室、工具、设备、材料等。 5. 规划并计算每天上学、放学时间。	1. 整理旧有设备及材料等。 2. 欣赏、比较各场所设置。 3. 搜集布置环境用的材料。 4. 拟划并进行各场所的布置。 5. 拟绘自己的标记。 6. 练唱早会、放学、升旗等歌曲。 7. 试选几个“同乐会”的表演节目。	1. 讲述一个好孩子的故事。 2. 练习通常相见的话语。 3. 能说出取放东西要小心（儿歌配合）。 4. 认写自己的姓名或号码、标记。	1. 清洁环境。 2. 自由运用各种运动器具。 3. 练习健身操。 4. 调配本周的餐点。 5. 做猜拳游戏。

做的步骤

第一天	第二天	第三天
1. 介绍新朋友、新老师。 2. 参观、比较各场所，并认识各项设备的使用方法。 3. 分配各班组活动室及用具、玩具等。 4. 分配整理清洁各活动室。 5. 清理计算餐橱、餐具并讲解餐点时的礼貌。 6. 练唱早会、升旗歌。	1. 讲述“一个好孩子”的故事，并讲述本学期大家要做些什么。 2. 研讨怎样帮助别人，并开始选请小老师。 3. 研讨每天要做的事情，并例行清洁检查，绘画日记图。 4. 分配每个人的工作柜，并自由绘制标记，书写自己的姓名或号码。 5. 练习健身操。 6. 拟划本周每天的餐点调配。	1. 研讨各种工作材料用具的置放地点，及搜集工作材料的方法。 2. 研讨各种材料的取放整理方法，并试用各种材料自制作品（以儿歌、工作配合）。 3. 讨论对新旧朋友的礼貌和态度。 4. 研讨怎样向新老师、新朋友表示欢迎。 5. 筹划同乐会并复习几个旧有表演节目。 6. 每人各认领一位新朋友一同游玩。
第四天	**第五天**	**第六天**
1. 研讨环境的布置。 2. 分组制作布置物。 3. 研讨举行同乐会的时间、地址。 4. 选定参加表演的节目，并继续练习表演。 5. 推选小主席、司仪、招待，并练习小主席的话语。	1. 计算并排定各表演节目的时间次序。 2. 选定并试作几个团体游戏。 3. 推选负责布置环境的人数，并开始布置。 4. 拟定同乐会上食用的点心。 5. 欣赏、比较新布置的环境。 6. 预演各表演节目。	1. 布置同乐会会场，并排定各班组座位。 2. 举行同乐会，节目包括：小主席说话、表演节目、分发点心及团体游戏。 3. 检评一周来的生活，每天应做的事是什么，是否都做到了。 (1) 玩过用过的东西，是否已放回原处整理好了。 (2) 各种用具玩具使用的情形如何。 (3) 对教师新朋友的态度、礼貌情况怎样。 (4) 选出谁是最乖的孩子，作为本周的好宝宝。

(2) 陈鹤琴先生单元主题活动的特点

第一，目标取向的设计思路。主题一旦确定，紧接着确定这一主题应该在五大领域中分配的目标，当五大领域目标基本保持平衡后，再根据目标选择活动内容。具体思路如图 6 所示。

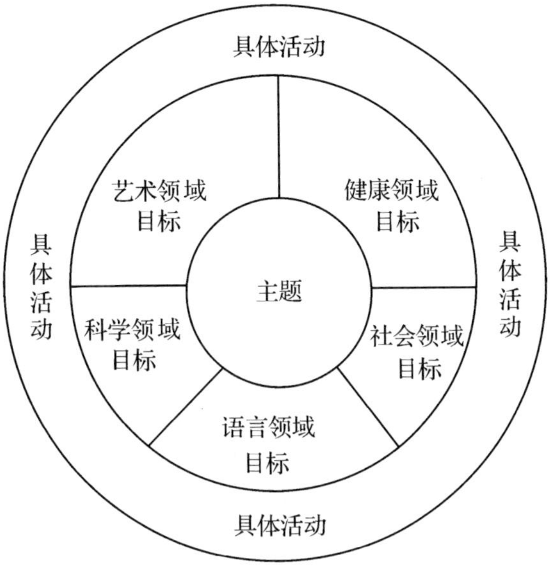

图 6　陈鹤琴先生单元主题设计思路

第二，直接经验的价值取向。陈鹤琴先生的课程编制思想中，有关课程实施他提出了以下六项原则：

① 计划性与灵活性相结合；

② 注意物质环境的创设和材料的提供；

③ 采用游戏式的教学方法；

④ 多采用小组教学形式；

⑤ 多提供户外活动的机会；

⑥ 教师应成为儿童的朋友，使幼儿不害怕、肯接近。

我们也回顾一下陈鹤琴先生在“开学了”这一主题活动的实施部分，即“学的纲要”部分的内容。

勿容置疑，陈鹤琴先生从课程的实施原则的制定到单元中每一活动的设计，其价值选择都是指向直接经验的。

第三，活动展开的预成性。因为是目标取向，主题以下的所有活动仅是内容领域目标的具体化，所以，这种课程设计的最大特色是预成性。还是以陈鹤琴先生的“开学了”这一单元为例，教师在活动开展以前，必须设计好“教的目的”（目标），然后设计好“学的纲要”（把目标具体化）。

(3) 我国20世纪八九十年代的单元主题活动的特点

从20世纪20年代末到新中国成立，我国幼教界基本通行陈鹤琴先生创立的以季节变换为中心的五指活动课程。其中经历学习苏联分科模式的30年的中断，从20世纪80年代开始，陈鹤琴先生的五指活动课程重新进入我国幼儿教育的“舞台”。经过二十年的复兴与改造，陈鹤琴模式的单元主题活动为我国幼儿教育既具国际化又具本土化的有序发展，做出了杰出了贡献。但是，不可否认，经过二十多年的冶炼，陈鹤琴模式的单元主题活动的局限性也日趋明显，其中致命的局限是设计思路中内容领域目标的先领性。

从理论上也许能够实现领域目标与具体活动这种手掌与手指的关系，但在实际操作中，只要先规定了领域目标，再想让具体活动逃脱领域目标的制约，这是具有理想色彩的，经过二十年的实践也证明是很难做到的。也就是说，在陈鹤琴先生的课程理论层面，“五指活动课程”是连着手掌的，而在实践层面“五指活动课程”是孤立的与手掌断裂的五指。比较图6与图7两张设计思路图，图6是理论上要求的，图7是实际被操作的。

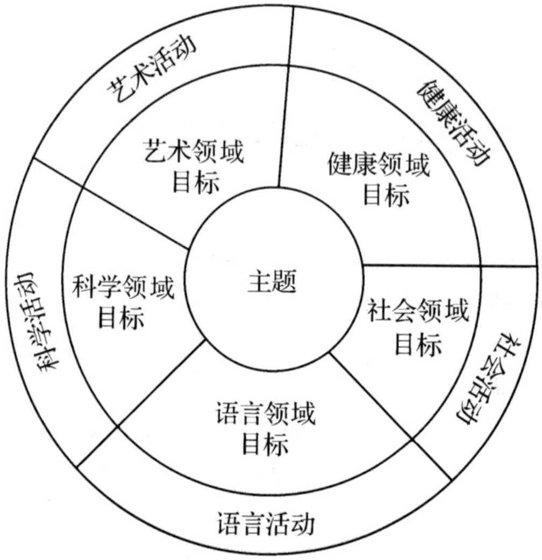

图7　实践中的单元主题设计思路

我国20世纪80、90年代单元主题活动具有以下两个特点。

第一，陷入领域目标的樊篱。

目标取向的课程编制是容易受到目标的制约的，但不至于完全陷入目标的樊篱之中，而我国单元主题活动却不幸地陷入了。追其原因大概有二：一是陈鹤琴模式的单元主题活动其设计思路上的先天不足（内容领域目标的先领）；二是经过三十年的分科教学，分的理念在我们幼儿园教师头脑中根深蒂固。当六大内容领域的目标出现以后，随之出现六大内容领域的教学活动，这是顺理成章、水到渠成的事。

第二，间接经验的价值取向。

经过三十年的分科教学实践，我们幼儿园教师对间接经验的教学方式或传授方式已经驾轻就熟，想在一朝一夕中改变这种习惯，即突然把所有的课程由间接经验的教学方式变为直接经验的活动方式，确实是不可能的。另外我国幼儿园还受着师幼比例、班级规模、物质条件等的制约。所以，在20世纪八九十年代，当由分科课程的组织形态，转变成为单元主题活动的课程组织形态时，虽然教师们有意识或无意识地已经体会到这种转变绝非只是名称改变而已，在名称改变的背后一定有着深刻的理论内涵，也意识到了让幼儿主动参与，让教学方式活动化、操作化、生活化的重要性，但要全面接受用直接经验的活动方式替代操练了三十年的“教”，是比较困难的。

所以，在20世纪八九十年代，尤其是90年代，我国幼儿教育普遍采用单元主题活动的设计模式，但实现课程目标的途径主要不是用直接经验的活动方式，而是用教学的方式。

（三）对三种组织类型的评析

我们用了很大的篇幅介绍我国幼儿教育实践中的课程组织类型，目的还是为了说明：虽然实践中的组织类型不全是我们所介绍的理论原理中的典型，有些甚至还有些变形，但其根本还是没有超出原理的。

1. 对学科课程的评析

学科课程，无论是分科还是相关综合，遵循纵向组织的原理，讲究纵向组织的连续性与秩序性。这种课程组织形态的力量来自其纵向逻辑的结构，即学科知识（如果是分科，那就是本学科个性的知识；如果是综合，那就是相关学科个性保留的前提下的共性的知识）的由浅入深，知识中的概念、原理的层层推进。这是典型的以间接经验为价值取向的课程组织形态，是几千年世界文化遗产得以传承的法宝。这种纵向逻辑的结构，是有利于人的发展的，在各种课程组织类型中一定会长期占有一席之地。但是，当它被惟一地使用、当它被不合年龄特征地使用时，它就会显出巨大的不足。

教育史上一度把学科课程作为惟一的学校课程的组织类型，这确实给教育带来了不小的灾难。但是，目前这种一统天下的局势在世界范围内已经消失，作为多元的课程组织形态中的一种，再加上学科课程自身已被不断地改革，所以，目前西方发达国家的一些学科课程教材还是散发出鲜活的生命力。

在西方国家，目前学科课程所具有的特点是：

第一，经典的或绝对的分科课程已经不存在，综合化是教育的时代精神；

第二，学科课程仍然重视教材、仍然重视学科知识要素的纵向逻辑，但知识逻辑的安排以教材呈现的心理化为前提；

第三，课程内容的综合化，无论是共性化的相关综合学科课程，如普通学校教育中的“自然科学”、“社会”等课程，还是个性化的相关综合学科课程，如普通学校教育中的“音乐”、“美术”、“数学”等课程，追求相关学科的经验整合；

第四，教学方式的活动化或操作化，虽然学科课程无法达到经验课程所具有的完全的直接经验的学习方式，但重视儿童的动手能力或实践能力，重视问题情境的设置，重视知识的自我建构是惟一的追求。

然而，学科课程在幼儿园使用，确实有不合幼儿年龄发展特征之处：

第一，学科课程虽然也会尽力增加或渗透直接经验的学习方式，但重视间接经验、以纵向的学科知识系统为课程的力量结构是它的本质特征；

第二，学科课程虽然也具有综合性，但它终究是一种领域性的综合，不是大综合。

所以，学科课程的系统性与分领域性的特征，多多少少还是具有学术发展的意味的，与幼儿教育强调幼儿一般发展的特征是相悖的。

因此，在幼儿园教育范畴内，学科课程的比例应该会越来越少。

2. 对项目活动的评析

项目活动遵循横向组织原理，讲究横向组织的整合性。横向组织的整合性，抛开学科相关综合这一维度，另外还体现为以下两个维度：第一，学生经验的整合；第二，社会生活的整合。

无论是幼儿自己生活经验的整合，还是与幼儿有关的社会生活内容的整合，当进行课程组织时，都需要以一个主题为切入口。以主题为切入口的横向组织的课程，与纵向组织为主的学科课程是一对逻辑对立体。它们的对立之处是：主题切入的课程，其逻辑力量来自于围绕主题进行的学生的一系列的主体性的活动，这些横向联系的主体性的活动把新旧经验在交互作用中不断整合起来，并推动学生经验的生长、人格的完善；而学科课程，其逻辑力量来自于纵向展开的学科系统，这种由浅入深、环环紧扣的知识结构，使学生原有的心理结构在不断同化新知识的过程中变化、发展。换句话说，主题切入的课程，以课程主体或学生的直接经验为关照的核心；而学科课程则以课程客体或文化知识如何被有效地接受为关照核心。所以，以主题切入的课程，原则上说只有经验课程，才是合理的。因为主题消解了课程组织的纵向逻辑，其目的就是为了取向于课程主体。

毫无疑问，项目活动是典型的经验课程。经验课程的横向整合性、直接经验性、生成性等特征，项目活动把它们展现得很到位。

在课程内容组织的主客关系上来看，学科课程与经验课程是一对矛盾的对立体，其中一方的价值是以另一方的存在来体现的。也就是说，正因为学科课程的存在，经验课程才显现出它迷人的魅力；也正因为有了经验课程，学科课程才有了它更准确的定位。这对矛盾的双方是互相依赖的，彼此以对方的存在为自己存在的保证。杜威想以经验课程彻底替代学科课程的愿望，似乎是实现不了的。经验课程与学科课程共存是这一百年来学校课程发展的选择。然而，在幼儿园范围中，经验课程却以“项目活动”的方式，成功地替代了学科课程，它独立地散发出迷人的芳香。我们不能不感叹，杜威的愿望终于在幼儿教育中得到了真正的实现。

心平气和地说，我们没有必要盲目赞羡项目活动在西方国家的成功，因为他们的成功也是经过近一百年的奋斗才得到的。那么他们成功的东西，我们是否只要“克隆”一下就万事大吉呢？绝对不是，项目活动是不适合现时的中国幼儿教育的。

主体性教育是当代中国教育追求的理想。在现有的条件下，我们努力使学生的主体性得到发挥，但发挥学生的主体性还受许多因素的制约，如：教育资料资源、教师质量、班级规模、师幼比例、社区资源等。

以其中教育资料中的学生资料一项为例。一些国家的学者经过研究认为①：一个国家在教材上所进行的投资，对教育质量产生的效果比其他任何方面都要明显。在教材上为每个学生一年花费低于1美元的国家，其教育质量水平最低，他们的学生很可能被限制在死记硬背一些简单含混的知识上。为每个学生花费3美元的国家，教育质量有所变化，学生可以学一些较为广泛有效的知识和能力。而为每个学生花费40美元~200美元的国家，其教育质量普遍较高，学生可以去探究新的思想，去认识和分析有争议的问题，并且最有条件成为将来社会的合格人才。中国列于为每个学生花费3美元的国家行列，而美国与北欧等国家列于为每个学生花费200美元以上的国家行列。近年来，美国中小学教材的年平均销售额一直保持在50亿美元左右，其中教师用书、学生用书等约占一半，而另一半是非图书类教材，其中包括各种学具教材、录音带、录像带、计算机软件、电子图书等。而中国列入中小学学生教材范畴的非图书类教材，几乎是空白。

3美元与200美元以上，这种量化的差距我们还是能一目了然的。另外，师幼比例的差距也是能量化的，西方发达国家为1:7左右，而我们是1:15左右。但是，

①《中国图书商报》，2001.8.14。

我们在教师质量、社区资源等因素上与西方国家的差距就很难用量化的方式来比较，但这些差距实际上比上述的数字距离要大得多。

合适才是最好的。原汁原味的或西方式的项目活动，在目前中国的幼儿教育中实施是不现实的，会导致财力与智力上的浪费。但是，吸收项目活动的先进理念，结合我国的国情，各种各样变通的、经过改良的“项目活动”肯定会应运而生。当然，这些新的产物，不应该再称之为项目活动。

3. 对我国 20 世纪八九十年代的单元主题活动的评析

从课程内容组织形态上论，我国的单元主题活动是学科课程与经验课程的“杂交”。杂交产品往往出现两种极端效果：一种效果是出现一种集两种原产品之精华，又服本地水土的产品；另一种效果是恰恰丢失了两种原产品之长处，出现一种不伦不类的东西。我国 20 世纪八九十年代的单元主题活动在内容组织形态上的走向，有点倾向于第二种效果。

首先，我们来谈服水土的问题，经验课程或项目活动（因为在幼儿教育中，成功的经验课程之实例，主要就是项目活动，所以，在本章中出现的经验课程这一称呼，实际上与项目活动是同义的）的直接经验性与生成性，由于受经济、师资、幼儿人数与社区等条件的制约，在我国还存在水土不服的问题。因此，我国的单元主题活动以教材为取向，即保留间接经验性与预成性，但同时努力去达到间接经验与直接经验、预成性与生成性的平衡的做法，是符合我国国情的。

其次，我们来谈两种原产品的精华问题。无论是经验课程还是学科课程，课程内容组织与实施的宗旨都是为了学生发展，即学生人格结构的发展或心理结构的变化。反过来说，学生内在的心理结构的变化是依赖其与环境交互的各种活动所具有的外在结构的，学生所从事的各种活动所具有的外在结构便是课程内容组织的意义所在。学科课程是依赖学科体系逻辑结构的推进来促使学生心理结构的变化的，学科课程的这种逻辑结构已被人们所熟悉。而经验课程是通过一个主题的切入，让幼儿去发现与此主题相关的各种问题（议题），幼儿在发现这些议题并解决这些议题的过程中，把要解决的主题层层探析，最后在议题解决的同时，主题得到前所未有的深化，人格由此得到提升。这种层层深化主题的各种议题，以及这些议题与主题之间无法割裂的粘力，就是经验课程的横向的外在结构。没有这种主题与议题之间层次丰富、粘力十足的外在结构，学生的人格结构也无从建构。杜威说“单纯的活动，并不构成经验，这样的活动只是分散的、有离心作用的、消耗性的活动”①。我们可以把这句话理解为：当学生从事一组活动，而这组活动之间并不具有充分粘力的结构时，学生从事这组活动后并不会使经验生长。杜威强调的“经验”，是一种身体

① （美）约翰·杜威：《民主主义与教育》，王承绪译，人民教育出版社，2001，P. 153~154。

活动与精神活动的有机体，是通过身体活动的此岸达到精神活动的彼岸。

我国的单元主题活动，既然以主题为课程组织的切入口，也就自然而然地破了学科课程的纵向组织的结构。原理上说，你破了学科课程的纵向结构，同时，你一定得立经验课程的横向结构，要不，就什么都不是。不幸的是，我国 20 世纪 80、90 年代的单元主题活动，就陷入了这种“不是”，即只破了学科课程的纵向结构，却不立该有的横向结构。

我国 20 世纪 80 年代到 90 年代的单元主题活动的设计结构，大概有以下几种。

(1) 单元主题为“可爱的秋天”的设计结构

完成时间　13 天

活动安排

第一天　常识——观察　秋天水果多
　　　　美术——泥工　一盘水果
第二天　音乐采果子
　　　　计算复习 2、3 的形成
第三天　常识——观察　大苹果
　　　　美术——写生　大苹果
第四天　美术——绘画　苹果树
　　　　音乐采果子
第五天　常识——观察　到公园找果宝宝，布置水果角
第六天　常识看菊花
第七天　美术——制作　菊花
第八天　语言——情景谈话　花儿好看不能摘
　　　　计算 4 的形成
第九天　常识——观察　秋天的悬铃木
　　　　音乐秋叶（一）
第十天　常识——观察　棕榈树
第十一天　半日活动　认识秋天的公园
第十二天　语言——儿歌　小树叶
第十三天　音乐　秋叶（二）
　　　　美术——印树叶　一棵大树

这种设计显然把对“主题”的理解表面化了，围绕主题开展的活动，不是对主题的探析与深化，而是对主题表面现象的罗列。这种单元主题活动的设计是不具横向结构的，这种设计思路的极端发展，就是把所有的活动安排仅是对主题名称的顾名思义，没有内容之实质。下面主题为“在农场”的设计，是这种类型的极端表现。

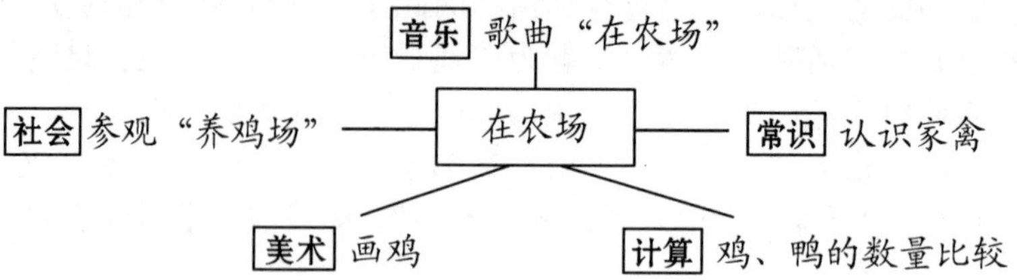

(2) 单元主题为“冬天的御寒物”的设计结构

活动安排

第一个活动　冬天的御寒物（社会——认知）

第二个活动　冬季服装的穿戴和整理（社会——探索活动）

第三个活动　雪花（一）（语言——复述故事）

第四个活动　雪花（二）（语言——复述故事）

第五个活动　认识 6、7 的数量（数学）

第六个活动　火车呜呜叫（音乐）

第七个活动　大象、大熊走，小兔、青蛙跳（音乐）

第八个活动　沙铃响起来（体育——投掷）

第九个活动　娃娃的围巾（美术——装饰画）

第十个活动　手套（美术——装饰画）

这种设计其十个活动的内容不空洞、不牵强，比上一种缺乏内容的设计要强得多，但对主题的深化与充满粘力的结构还是没有产生。

（四）我国幼儿园课程组织类型的新突破——整合性单元主题活动

1. 整合性单元主题活动模式

应该说，在学科课程、项目活动、单元主题活动三种幼儿园课程组织类型中，单元主题活动是既顺应世界教育的时代潮流又符合我国国情的。它是预成性、是间接经验与直接经验相结合的、是主题横向结构的。我国幼儿园在 20 世纪八九十年代开展的单元主题活动，从课程内容组织原理的角度来看，如果有问题的话，所有的问题症结都集中在围绕主题建构横向结构上。由于主题以下的活动本身之间、这些活动与主题之间缺乏应有的有机联系，所以，这些活动表现为分裂、拼凑、可有可无，大大伤害了单元主题活动这种课程组织形式本身的魅力。

进入 21 世纪后，我国单元主题活动的编制状况有了全新的突破，虽然课程编制者们，把这种突破后的单元主题活动课程用新的名称称呼着，如“幼儿园活动整合课程”、“幼儿园整合教育活动方案”等，但是，我们更愿意把这些课程方案看作是我国传统的单元主题活动设计的新生代。正如这些课程的名称所提醒的那样，这些新世纪的课程方案与20世纪八九十年代的相比，突出之处就是达到了课程横向组织的整合性标准，即建构了横向的课程内容结构。我们称这种新的单元主题活动模式为整合性单元主题活动。

整合性单元主题活动，从课程内容组织的角度考虑，其设计思路分为以下三个步骤，以“各行各业”单元主题为例[①]：

第一步：建立主题网

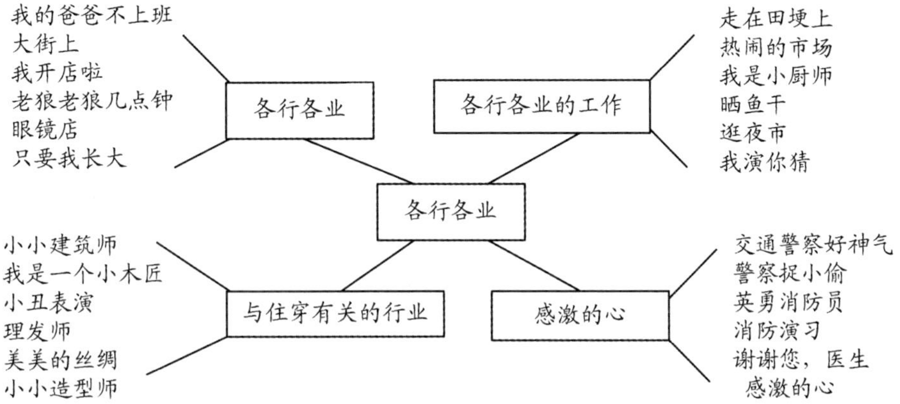

第二步：确立每一活动的活动目标与重点领域

（以前三个活动为例）

活动名称	活 动 目 标	重点领域
我的爸爸不上班	• 了解各种不同的行业，知道摄影师的工作特点 • 在阅读中体验故事内容和绘画风格的幽默感 • 根据个人经验用画和写的方式自做小书《我的爸爸不上班》	社会与语言
大街上	• 了解各行各业与人们生活的关系 • 学习运用自己居住小区的社区资源	社会
我开店啦	• 增进数数的能力 • 获得扮演开店游戏的乐趣 • 在游戏中学习以认真的态度工作	科学与社会

第三步：课程单元结构图

① 周兢，陈娟娟：《幼儿园活动整合课程指导》（大班下册），南京师范大学出版社、信谊基金出版社，2002。

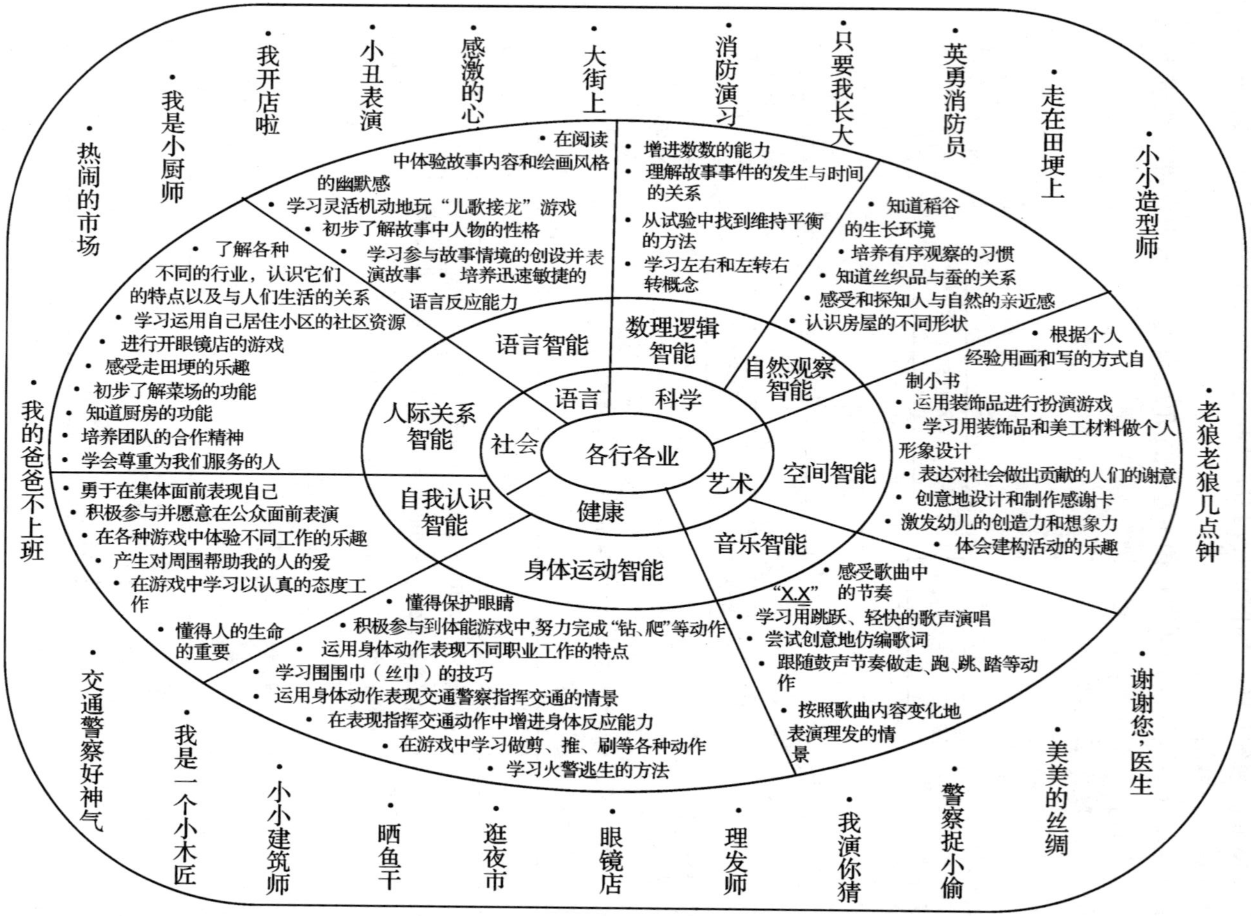
各行各业
语言
科学
艺术
健康
社会
语言智能
数理逻辑智能
自然观察智能
空间智能
音乐智能
身体运动智能
自我认识智能
人际关系智能
• 在阅读中体验故事内容和绘画风格的幽默感
• 学习灵活机动地玩“儿歌接龙”游戏
• 初步了解故事中人物的性格
• 学习参与故事情境的创设并表演故事
• 培养迅速敏捷的语言反应能力
• 增进数数的能力
• 理解故事事件的发生与时间的关系
• 从试验中找到维持平衡的方法
• 学习左右和左转右转概念
• 知道稻谷的生长环境
• 培养有序观察的习惯
• 知道丝织品与蚕的关系
• 感受和探知人与自然的亲近感
• 认识房屋的不同形状
• 根据个人经验用画和写的方式自制小书
• 运用装饰品进行扮演游戏
• 学习用装饰品和美工材料做个人形象设计
• 表达对社会做出贡献的人们的谢意
• 创意地设计和制作感谢卡
• 激发幼儿的创造力和想象力
• 体会建构活动的乐趣
• 感受歌曲中“X.X”的节奏
• 学习用跳跃、轻快的歌声演唱
• 尝试创意地仿编歌词
• 跟随鼓声节奏做走、跑、跳、踏等动作
• 按照歌曲内容变化地表演理发的情景
• 懂得保护眼睛
• 积极参与到体能游戏中,努力完成“钻、爬”等动作
• 运用身体动作表现不同职业工作的特点
• 学习围围巾（丝巾）的技巧
• 运用身体动作表现交通警察指挥交通的情景
• 在表现指挥交通动作中增进身体反应能力
• 在游戏中学习做剪、推、刷等各种动作
• 学习火警逃生的方法
• 勇于在集体面前表现自己
• 积极参与并愿意在公众面前表演
• 在各种游戏中体验不同工作的乐趣
• 产生对周围帮助我的人的爱
• 在游戏中学习以认真的态度工作
• 懂得人的生命的重要
• 了解各种不同的行业，认识它们的特点以及与人们生活的关系
• 学习运用自己居住小区的社区资源
• 进行开眼镜店的游戏
• 感受走田埂的乐趣
• 初步了解菜场的功能
• 知道厨房的功能
• 培养团队的合作精神
• 学会尊重为我们服务的人
• 热闹的市场
• 我是小厨师
• 我开店啦
• 小丑表演
• 感激的心
• 大街上
• 消防演习
• 只要我长大
• 英勇消防员
• 走在田埂上
• 小小造型师
• 老狼老狼几点钟
• 谢谢您，医生
• 美美的丝绸
• 警察捉小偷
• 我演你猜
• 理发师
• 眼镜店
• 逛夜市
• 晒鱼干
• 小小建筑师
• 我是一个小木匠
• 交通警察好神气
• 我的爸爸不上班

图8 课程单元结构图

2. 对整合性单元主题活动模式的评析

整合性单元主题活动模式与陈鹤琴先生单元主题活动模式相比，重大的突破就在于：它借用项目活动的设计思路，从主题内容切入，一切服从对主题进行层层探析的内容结构的需要，即各个活动的主旨是围绕主题、深化主题，从而建构出横向内容的结构。这样也就自然而然地冲出了陈鹤琴先生单元主题活动模式的内容领域目标先领的局限，使各个活动的安排不再受六大领域目标的限制。

同时，它又没有完全朝着编制项目活动的过程模式方向前进，当主题网建立以后，也就是当横向内容结构成立以后，它又折回来寻找内容领域的目标，使课程编制也不偏离目标模式的传统，因为它最终是属于预成性的课程设计（当然活动过程中的生成性作为教学智慧是必须的），是不能真正抛离目标的。

第三节　幼儿园课程的实施

本节我们着重考察以下几个问题：课程实施的涵义与取向、幼儿园课程实施的途径、影响幼儿园课程实施的主要因素。

一、课程实施的涵义与取向

（一）课程实施的涵义

课程实施（curriculum implementation）是指把一项课程计划付诸实践的过程，它是达到预期的课程目标的基本途径。就一般而言，被实施的课程计划往往是新的，而新的课程计划又往往蕴含着对原有课程的一种变革，课程实施就是力图在实践中实现这种变革，或者说，把这种变革由计划或理论的层面引入到实践的层面。这就要求课程实施者作出一系列的调整，包括对个人习惯、行为方式、课程重点、学习空间、课程安排等进行一系列的重新组织。

美国著名课程论专家古德莱德（Goodlad，J.）区分了课程的五个层次。他的课程五层次论有助于我们对课程实施的进一步理解。古德莱德认为，处于不同层次的课程，其涵义是不一样的[①]。

(1) 观念层次的课程（ideological curriculum）　这是尚处于观念之中的课程，课程的目标、内容和组织以其纯粹的形态被倡导。观念的课程往往由研究机构、学术团体和课程专家所倡导。古德莱德认为，有成千上万的观念课程被倡导，也有几乎同样多的课程被抛弃，这些被抛弃的课程在后来又往往以某种形式复活。这类课程是否产生实际影响，要看它是否为官方所采用。

---

① 张华：《课程与教学论》，上海教育出版社，2001，P. 333。

(2) 社会层次的课程（societal curriculum） 这是由教育行政部门规定的课程计划、课程标准和教材，也就是列入学校课程表中的课程，即正式的课程。该层次的课程远离学习者，课程目标、教学科目的确定是一个社会政治的过程，国家和地方经常通过各种政策法规和课程指南来确立教学科目、教学内容、教学时间、教科书和其他材料。

(3) 学校层次的课程（institutional curriculum） 该层次的课程被限定于日、周、学期、学年的确定的时间里，通常以学科的形式组织起来。这些学科源于主要的知识和认知领域，对每一学科而言，不同年级有不同的课题和主题。这类课程大部分源于国家和地方确立的“社会层次的课程”，并经过学校的修改。学校有关人员根据学校的特色和需要对社会层次的课程选择和修改，由此形成学校层次的课程。

(4) 教学层次的课程（instructional curriculum） 这是教师规划并在课堂上实际实施的课程。这类课程尽管也决定于社会层次的课程，但它更直接地导源于学校层次的课程。显然，教学层次的课程体现了教师对课程的理解，也体现了教师在课堂上对课程的实际操作，是“理解的课程”与“操作的课程”的统一。研究认为，“理解的课程”与“操作的课程”之间又有一定的距离，因为教师必须根据具体教育情境的变化对“理解的课程”作出调整。

(5) 体验的课程（experiential curriculum） 这是学生实际体验到的课程。尽管经历了同样的课程学习，但不同学生会获得不同的学习经验。古德莱德认为，这是所有课程中最重要的课程，是被内化和个性化了的课程，该层次的课程是对课程组织的最终检验——每一个学生究竟受到怎样的影响。

从古德莱德的五个课程层次来看，观念层次的课程和社会层次的课程属于课程计划阶段，而学校层次的课程、教学层次的课程和体验层次课程则进入课程实施阶段。一项课程变革不仅包括制定、采用课程计划，更根本的还在于课程实施过程。

（二）课程实施的取向

课程实施的取向是指对课程实施过程本质的不同认识以及支配这些认识的相应的课程价值观。课程实施的取向集中表现在对课程计划与课程实施过程关系的不同认识上。一般来说，课程实施有三个基本取向：忠实取向、相互适应取向与课程创生取向[①]。

1. 忠实取向

课程实施的忠实取向（fidelity orientation），指的是把课程实施过程看成是忠实地执行课程计划的过程。

① 张华：《课程与教学论》，上海教育出版社，2001，P. 336。

有人把课程实施的忠实取向比喻为建筑施工：课程计划是一张建筑的设计图纸；课程实施则是具体的施工。设计图纸要对如何施工作出非常具体的规定和详细的说明，而建筑工人则要忠实于图纸，严格按照图纸的规定或说明来施工。施工的质量是根据实际施工与设计图纸之间的吻合程度，即达到设计图纸的要求程度来考核的。

显然，在课程实施的忠实取向者看来，教师这一角色的实质是课程专家所制定的课程变革计划的忠实执行者。教师就是课程的“消费者”，他们应当按照专家对课程的“使用说明”，循规蹈矩地实施教学。作为课程的传递者，教师对课程的成功起着关键的作用。为了能使教师忠实地传递课程，持忠实取向的课程学者认为：在课程实施前，应对教师进行适当的培训；在课程实施过程中，应对教师的行为进行有效的支持与监督。

2. 相互适应取向

课程实施的相互适应取向(mutual adaptation orientation)，指的是把课程实施过程看成是课程计划与班组或学校实践情境在课程目标、内容、方法、组织模式各方面相互调整、改变与适应的过程。

有人把课程实施的相互适应取向比喻为球赛：课程计划是一场球赛的方案，这个方案是赛前由教练与球员一起制定的；课程实施则是球赛进行的过程。尽管球员要贯彻事先制定好了的打球方案，而完成这项方案的具体细节则主要由球员来处理的，即球员要根据场上的具体情况随时作出明智的反应。

如果说忠实取向视野中的教师不过是预定课程计划的被动的“消费者”的话，那么，相互适应取向视野中的教师则是主动的、积极的“消费者”。为了使课程计划适合具体实践情境的需要，教师理应对之进行改造。教师对预定课程方案积极的、理智的改造是课程实施成功的基本保证。

3. 课程创生取向

课程创生取向（curriculum enactment orientation），指的是把课程看成是教师与学生联合创造的教育经验，课程实施本质上是在具体教育情境中创生（enact）新的教育经验的过程，而课程计划只是供这个经验创生过程选择的工具而已。

在课程创生取向视野中，课程是教师与学生联合创造的、并且是教师与学生实际体验到的经验，那么这种课程的性质就是典型的经验课程。这种课程是情境化的、人格化的，因此，课程实施技术化、程序化的特性被彻底消除了，课程实施再也不是就原初的课程计划“按图索骥”的过程或稍事修改的过程，而是一个真正的创造过程。这使得“课程实施”一词在某种意义上说已经背离了其原始的涵义。

在课程创生取向视野中，教师是课程的开发者。教师连同其学生成为建构积极的教育经验的主体。课程创生的过程是教师和学生持续成长的过程。

4. 对三种取向的评析

课程实施的忠实取向、相互适应取向与课程创生取向构成一连续体[①]，如图 9 所示。

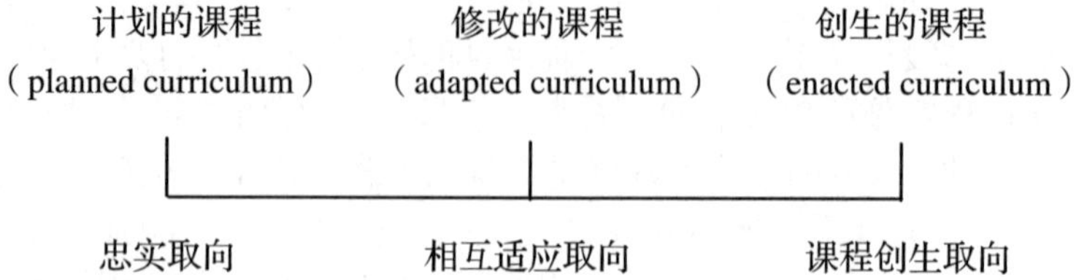

图 9　课程实施的三种取向的连续体

连续体的一端是“计划的课程”，对应于课程实施的忠实取向。忠实取向把课程变革视为忠实地、一丝不苟地实现“计划的课程”的过程，因此，“计划的课程”成为课程实施的惟一标准和尺度。制定课程计划的课程专家和行政人员是课程变革的核心和主体。

连续体的另一端是“创生的课程”，对应于课程实施的创生取向。课程创生取向把课程变革视为变革的参与者——学生与教师的个性变化、发展与成长的过程。因此，个性发展才是课程实施的标准。课程实施的过程是教师与学生共同创造适合其个性发展需要的积极的教育经验的过程。预定的课程计划不过是课程创生过程的资源之一，只有经过师生的共同解释，转化为真实体验到的教育经验的时候，它才有意义。具体教育情境中的教师和学生是课程变革的核心和主体。

连续体的中间是“修改的课程”，对应于课程实施的相互适应取向。相互适应取向把课程变革视为变革的计划者与执行者之间相互改变、相互适应的过程。因此，根据特殊情境的需要把“计划的课程”变为“修改的课程”是成功的课程实施的基本要求。具体实践情境之外的课程专家及行政人员与具体实践情境中的教师共同推动着课程变革的进行。显然，课程实施的相互适应取向兼容了忠实取向和课程创生取向的因素，是两种取向的中介。相互适应取向本身的研究观点因而也是复杂的，有些偏向于忠实取向，有些偏向于课程创生取向。

应该说，这三种取向各有其存在的价值，因为它们从不同方面揭示了课程实施的本质。忠实取向强化了课程政策制定者和课程专家在课程变革中的作用。课程创生取向则把处于具体教育情境中的教师和学生在课程开发、课程创造中的主体性解放出来。相互适应取向综合考虑了具体实践情境之外的专家所开发的课程与对这种课程产生影响的学校情境、课堂情境等因素。教育和社会情境是极其复杂的，教育变革的需求也是多种多样的，在不同的情境中，如在不同的国家、在同一国家不同

① 张华：《课程与教学论》，上海教育出版社，2001，P. 344。

的区域、在同一国家教育发展的不同时期等，三种取向的价值都有可能得以体现。

同时，这三种取向也各有其局限性。忠实取向把课程变革视为线性地实施预定的课程计划的过程，使课程变革成为一个机械的、技术化的程序，这就抹杀了课程变革的直接参与者——教师与学生的主体价值。相互适应取向本身是比较模糊的，带有折衷主义色彩，它在兼具另外两种取向的优点的同时，也不可避免地具有它们的局限性。课程创生取向具有浓厚的理想色彩，它要求教师不仅善于对专家开发的课程作出正确的判断、选择和解释，更善于根据具体情境的特殊需要创造自己的课程，并要求学生也成为课程的主体。这种取向对实践的要求是很高的，因此推行的范围是有限的。

二、幼儿园课程实施的途径

在教师层面，幼儿园课程是通过幼儿园一日生活中的教育活动来实施的，所以，对幼儿园教育活动类型以及每一类型之内涵的理解，是幼儿园教师有效实施幼儿园课程的前提。

（一）幼儿园教育活动的类型

幼儿园一日生活中的教育活动是完成课程目标或促进幼儿身心全面发展的基本途径，而一日生活中的教育活动我们又可把它分为三种类型：生活活动、游戏活动与教学活动。

1. 生活活动

生活活动是指满足幼儿基本生活需要的活动，主要包括进餐、睡眠和盥洗等活动。

生活活动是培养良好的生活卫生习惯，对幼儿进行健康教育，养成健康、文明的生活方式与习惯的重要途径。生活活动是在集体环境中进行的，因而，可以对幼儿进行集体生活教育、友爱教育等，使他们适应集体生活，能与小朋友友好相处，心中有他人。生活活动是培养幼儿生活自理能力，形成乐于为集体服务的态度，萌发爱劳动的情感，增强责任感、独立性的重要途径。

在进餐方面，幼儿园应制订科学合理的饮食制度，幼儿进餐必须定时定量，进餐时间一般间隔为 3 小时~4 小时。

在睡眠方面，一般来说，3 岁~6 岁幼儿一昼夜应睡 12 小时~13 小时，其中午睡为 2 小时~2.5 小时。冬季昼短夜长，午睡时间可缩短为 1.5 小时，晚上可提前半小时睡觉。睡眠时间的长短、入睡快慢有一定的个性差异，教师在组织幼儿睡眠时，要关注这些个性差异。

幼儿的盥洗活动包括大小便、洗手、洗脸、洗澡等。在盥洗方面，幼儿园要达到盥洗设备与盥洗要求的安全、卫生与清洁，让幼儿掌握盥洗的基本技能。

2. 游戏活动

游戏活动是指充分满足幼儿玩的需要的一种活动。

(1) 游戏的特征①

① 游戏的外部可观察的行为特征，表现为以下五个方面。

第一，表情特征。儿童在一起追逐打闹，或玩捉迷藏、躲猫等游戏时是有“玩相”的：张大了嘴巴，神情得意洋洋，眼里充满了笑意。不过，幼儿在玩时也并不总是只有一张“笑相”，有时表情也会很专注很认真，具有“认真相”。不同的表情，取决于游戏的性质、游戏活动的阶段、参加游戏的人数等不同情况。所以，幼儿游戏中的表情不是只有一种，而是多种表情构成一个情绪的连续体，如图 10 所示。

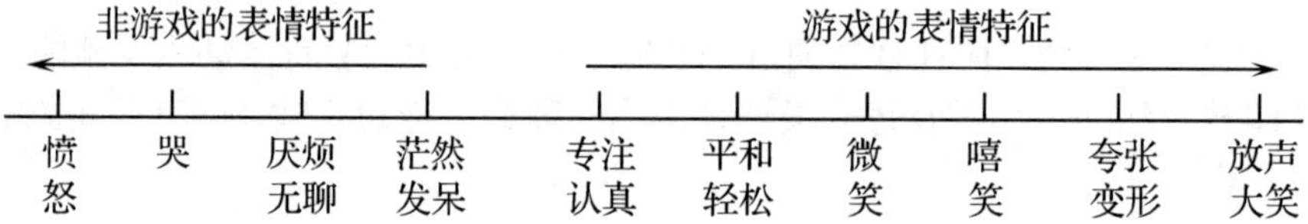

图 10　游戏的表情特征

第二，动作特征。游戏动作是幼儿游戏活动中最引人注目的部分。在游戏活动中，幼儿对物体或游戏材料的使用往往不同于日常生活中对物体的使用方式，具有非常规性、重复性和个人随意性的特点。

根据游戏动作的不同性质，又可把游戏动作分为三种基本类型。

• 探索类动作。探索是指幼儿对当前事物的考察，它可以是对物体性质的探索，也可以是对物体之间关系的探索。探索类动作无论是在个体发生上还是在游戏的时序结构上都先于象征类动作。

• 象征类动作。象征性动作是在表象作用支配下的想象性、虚构性的动作。它可以是以一物代替另一物，也可以是角色的扮演。

• 嬉戏类动作。嬉戏是故意做“坏事”或做某种动作来取乐，具有幽默、逗乐、玩笑的性质。

第三，角色扮演特征。角色扮演是一种特殊的游戏动作，是幼儿以自身或他物为媒介对他人或他物的动作、行为、态度的模仿。它也是一种象征性动作，因为它在幼儿游戏中占有重要的地位，所以，也作为一个单独的特征来介绍。

幼儿所扮演的角色，大致可以分为以下三种类型。

• 机能性角色。这是指幼儿通过模仿范例或对象，如司机的一两个最富特色的

① 刘焱：《幼儿园游戏教学论》，中国社会出版社，1999，P. 58~87。

典型动作——转动方向盘，来标志他所模仿的对象的一种角色扮演。

• 互补性角色。这是指角色关系中的一方以另一方的存在为条件的角色扮演，例如，有人扮演“医生”，就得有人扮演“病人”。这种角色主要来源于幼儿的日常生活，往往是他们比较熟悉的社会人际关系的再现。

• 虚幻性角色。这种角色往往在现实生活中不存在，来源于故事、电视等文艺作品中，如孙悟空、蓝精灵、奥特曼等。

第四，言语特征。幼儿的游戏往往有言语相伴随。注意倾听幼儿的言语，也可以帮助我们判断幼儿是否在游戏。

幼儿在游戏中的言语，按照功能划分，大致有以下三种类型。

• 伙伴之间的交际性语言。例如，“我们来玩过家家吧？”“这个能借我玩一下吗？”“这是我的，不给你玩！”这种类型的交际性语言具有提议、解释、协商、表达、申辩、指责等功能。

• 角色之间的交际性语言。例如，“医生，我的孩子生病了，请您给看看。”这种类型的交际性语言对角色游戏起到维系与支持的作用。

• 以自我为中心的想象性独白。这种独白表现为幼儿一边玩一边自言自语，例如，“这是小兔子的家，大老虎在睡觉，小黄狗在看家，它不会咬人的……”这种语言是幼儿在游戏过程中思维与想象的外化。

第五，材料特征。幼儿的游戏往往依赖于具体的游戏材料或玩具来进行。幼儿年龄越小，对游戏材料的逼真性程度要求越高。像象征性游戏、建构性游戏，没有材料也就没有游戏。所以，幼儿手上有无玩具或材料也是人们判断幼儿是否在游戏的一个重要指标。

根据上述对幼儿游戏的外部行为特征的概括，可以制定出如表 2 所列的游戏行为观察表。

表 2　游戏的观察判断指标（一）

类　别	概　　念	游戏指标	非游戏指标
表情	游戏者身心处于积极主动而非消极被动状态	正向的、肯定的情绪表现	无所事事，发呆厌烦
动作	游戏动作丰富多样，具有个人随意性和灵活性	非常规性、重复性、虚构性	工具性、常规性
角色扮演	通过角色扮演，幼儿再现自己的生活经验	模仿性	
言语	游戏有言语相随，或伙伴之间交际语言，或角色互动语言，或想象性独白	边说边玩	
材料	游戏依赖具体的游戏材料或玩具	有玩具或游戏材料	

② 游戏的外部条件特征。

在幼儿园环境中，幼儿游戏的顺利进行，还依赖于一定的外部条件，这些外部条件大概有以下四个方面。

第一，幼儿有自由选择的权利与可能。一方面，教师要允许幼儿并使幼儿知道他们可以根据自己的兴趣与愿望来决定干什么，不是由教师规定幼儿必须干什么。另一方面，幼儿园要有使幼儿实际上进行自由选择的物质条件。例如，当全班集体玩一种材料时，所谓的选择是不存在的。

研究表明，幼儿在活动中是否可以选择活动材料以及自选程度的高低，直接影响着幼儿游戏的积极主动性。在材料不可选的情况下，幼儿的无所事事率最高。

第二，活动的方式方法由幼儿自行决定。自由选择是幼儿游戏的一个必要条件，但不是充要条件。在蒙台梭利学校，幼儿可以自由选择活动材料，但是在很多情况下，幼儿并不是在游戏。因为幼儿使用的活动材料的方式方法是事先由成人规定好的，幼儿必须按照成人所演示的、允许的方式方法来操作材料。

所以，仅游戏材料由幼儿自由选择还不够，幼儿还需要主动控制活动进程，自主决定活动的方式方法。只有当幼儿可以根据自己的愿望与想法来使用游戏材料时，才有活动的方式方法的多样性和灵活性，幼儿才有主体的感觉。在幼儿园，教师要尽量减少对幼儿游戏的干预，更不可替代幼儿去游戏，对幼儿的指导以不改变游戏的主客体关系为原则。

第三，活动的难度与幼儿的能力相匹配。在自然条件下，幼儿往往根据自己的需要与兴趣去选择活动材料，自行决定活动的方式方法，因此活动的难度一般与幼儿的能力、兴趣是一致的。但是，在幼儿园，游戏的环境是由教师创设的，游戏的材料是由教师提供的，所以，教师在投放游戏材料时，在设计游戏内容时，特别需要关注幼儿已有的知识经验与能力。

第四，教师不能用奖罚方式干预游戏。如果教师经常使用外部奖罚手段来刺激或“鼓励”幼儿游戏，久而久之，就会造成幼儿对外部奖罚手段的依赖，从而缺乏游戏内在的积极性与主动性，同时，也会造成心理气氛的紧张。

综上所述，游戏的外部条件规定了幼儿与游戏材料、同伴、教师的相互作用的性质以及班级心理气氛的性质。作为一种外部条件，它也是可以被观察的。表 3 是关于游戏情景的观察判断指标。

(2) 游戏的本质

游戏的本质是一种主体性的活动，主体性表现为主动性、独立性、创造性。

首先，游戏是一种主动的活动。因为游戏是幼儿的一种需要、是直接动机，在游戏中，幼儿的身心总是处于一种积极、主动的状态。其次，游戏是一种独立的活动。因为幼儿可以独立地决定材料、伙伴、内容与活动方式。再次，游戏是一种创造活动。由于环境与情感的解放，幼儿自由创造着整个游戏过程。

表 3 游戏的观察判断指标（二）

概念	指标
1. 幼儿有自由选择的权利与可能性 2. 活动的难度与幼儿的能力相匹配 3. 活动的方式方法由幼儿自行决定	幼儿可自由取玩具
	幼儿可自选活动区
	游戏材料丰富多样
	幼儿可自选伙伴或单独玩
	幼儿可根据自己的想法使用材料
	游戏的主题、情节由幼儿自己决定
4. 教师不能用奖罚方式干预游戏	没有小红花等评比压力
	幼儿不经常去注意教师的脸色
	教师不大声训斥幼儿
	幼儿可自由交谈

(3) 游戏的分类

① 皮亚杰以儿童认知水平为依据，把游戏分为以下四类。

• 练习性游戏。这种游戏由简单的重复运动组成，主要获得驱力愉快，主要是婴儿期、幼儿早期的游戏。

• 象征性游戏。是幼儿借助于自己的身体或其他物品，来再现不在眼前的事物和生活情景。包括动作象征性游戏和角色游戏。

• 结构性游戏。是幼儿利用各种材料来建构某种物体的游戏。

• 规则游戏。是幼儿按照预先规定的规则进行的游戏。

在幼儿园环境中，幼儿从事的主要是象征性游戏与结构性游戏。

② 柏顿以儿童社会性发展水平为依据，把游戏分为以下六类。

• 无所用心的行为。如在房子里走动，东张西望等。

• 袖手旁观的行为。指看着别人游戏，自己不参加，有时发表一些口头意见。

• 孤独的独立游戏。指不与旁人发生关系的单独游戏。

• 互相平行的活动。指玩与其他儿童一样的玩具，但互相不作交往。

• 结伴游戏。指一种没有组织的共同游戏，可以互借玩具，可以加入也可以退出。

• 合作游戏。指有组织、有规则、有首领的共同活动。

皮亚杰认为，从认知的发展水平来看，幼儿阶段一方面还不能专心致志地从事个人的工作，另一方面在集体中还不能与同伴进行有效的合作。

在幼儿园环境中，幼儿从事的主要是互相平行的活动与结伴游戏。

(4) 游戏活动的实践要点与组织要点

① 游戏活动的实践要点

我们比较详细地介绍了游戏的特征、本质与类型，目的是为了让幼儿园老师们理解“什么是游戏”。理解“什么是游戏”不是一件容易的事，因为我们的幼儿教育实践中有太多对游戏的误解、曲解。只有当老师们对游戏有了一个比较一致的理解，我们才能进入下一个目标：实施游戏活动。

游戏活动的实施需要两个基本条件，或称之为游戏活动的两个实践要点。

第一，保证幼儿的自由活动时间。在一个一日活动全由集体活动构成的幼儿园环境中，是不存在我们所界定的游戏的。作为主体性活动的游戏，它以自由活动为前提条件，这是游戏活动实施的第一个规定性。

第二，创设活动区域。在幼儿园环境中，只有自由活动时间一个条件，对游戏活动的顺利开展还不足够。如果全班幼儿同玩一种材料或每天几乎没有变化地玩着同一些材料，这样的活动是不会具有游戏特征的。创设丰富多样且变化繁复的室内室外活动区域，真正赋予幼儿选择的权利，是作为主体性活动——游戏实施的第二个规定性。

② 游戏活动的组织要点

教师组织幼儿的游戏活动，一般经历三个阶段：准备阶段、观察阶段与参与阶段。教师在每一阶段工作中的合理性，是幼儿游戏活动顺利进行的保证。图 11 为教

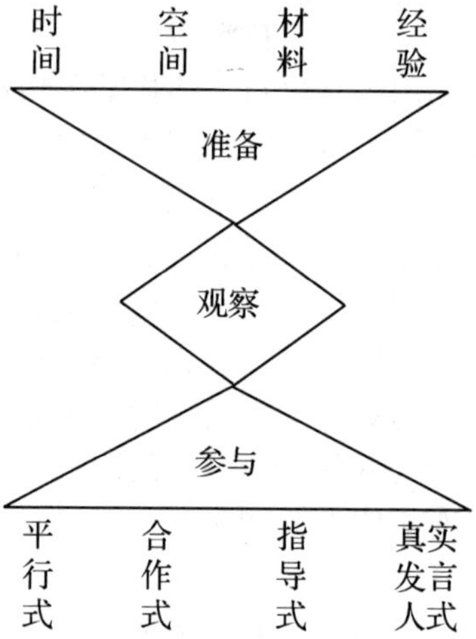

图 11　游戏活动组织阶段示意图

师组织游戏活动的三个阶段示意图[①]。

组织游戏活动的每一阶段都有其要求。

第一，准备阶段的要点。

• 时间准备：总的来说，幼儿需要充足的时间去游戏。具体的一项游戏活动需要多长时间，又与其年龄、游戏技能、游戏类型相联系。例如，幼儿园开展角色游戏，一次的时间大约需要 30 分钟~50 分钟，在这段时间里，幼儿需要选择玩伴、分配角色、寻找材料、设计情节、协商合作等。如果时间太短，幼儿就无法作好准备，长此以往，就会失去对这种游戏的兴趣。

• 空间准备：宽阔的空间是高质量的游戏所必需的，它对幼儿的游戏行为有很大的影响。史密斯（Smith）等人在 1980 年前后的研究表明：当空间密度从 75 平方英尺下降到 25 平方英尺时，幼儿的大肌肉游戏活动减少；当空间密度从 25 平方英尺下降到 15 平方英尺时，幼儿的侵略行为和否定反应大大增加。在户外游戏区域，如果面积有限的话，就要采取减少幼儿参加人数、或减少运动器械等手段来改善游戏空间；在室内游戏区域，每一区域的幼儿人数限制在四五名。

• 材料准备：丰富而准确的材料投放是高质量的游戏所需要的。幼儿的游戏在很大程度上受游戏材料的制约，不同类型的游戏材料会引发幼儿开展不同类型的游戏。所以，教师所投放的游戏材料，不仅需要丰富，而且需要准确。

• 经验准备：各类游戏，尤其是角色游戏与建构性游戏，幼儿是依赖头脑中对所要模拟的角色或所要搭建的实物的表象来进行操作的，如果让幼儿扮演他们不熟悉的社会角色或建构他们不熟悉的物品，这对幼儿来说是一件痛苦的事。作为教师应该清楚你班上幼儿的经验准备情况，也应该清楚在做具体一项游戏活动时，还需一些怎样的经验准备。

下面，介绍一个游戏活动组织的实例（例 5），从中我们可以了解，在组织幼儿游戏活动的实践中，容易发生的材料投放错误与缺乏表象积累的现象。

例 5

为什么会事与愿违[②]

老师：

您好！

我是中班的老师，听说《学前教育》开设了《教育诊断》这一栏目，特来求教。

在幼儿园里，活动区游戏是最受孩子欢迎的，建筑区更是男孩子的天地。他们在建筑区自由搭建、想象，高兴的样子能感染看到他们的每一个人！

① 李生兰：《比较学前教育》，华东师范大学出版社，2000，P. 34。

② 付永红：《为什么会事与愿违》，《学前教育》，2001，P. 12。

开学初，我和孩子们共同为建筑区增添了许多“设备”：有用废盒子做的楼房，有果奶瓶做的小花，有用碎皱纹纸贴成的草地，还有孩子们从家带来的小汽车……

我想，如此丰富的辅助材料一定能使孩子在建筑区的游戏上又上一个新的台阶，一定会对孩子的游戏有很大的促进作用！然而事实与我想的却很不同。

孩子们确实玩得比以前更加热火朝天，但游戏的内容却有了很大的变化：孩子们忙着把汽车开到东开到西，忙着把小花小草摆满一地，忙着把现成的楼房摆在高矮不同的积木上……但孩子们对搭建本身的兴趣却似乎减少了。

我走过去引导孩子们：“我们能不能给汽车搭建停车场，修建宽阔的马路，让汽车跑得更快？”孩子们对我的提议并没有多大的兴趣，还是自得其乐地玩着。

于是，我加入了孩子们的行列，和孩子们一起搭建马路、街心公园。孩子们在我的指挥和带动下高兴地玩着，一会儿功夫，我们的成果就初具规模了！我满意地看着我们的作品，高兴地对孩子们说：“我觉得，这里还应该有个警察岗楼，你们说呢？”“对！”孩子们应答着。“那好，我看你们谁能把警察岗楼搭建好！”说完，我就离开了建筑区，并期望着我的带动能给孩子们一个良好的开端，我的离开能给孩子们一个自我创造的良好的空间。

10 分钟后，我再次来到了建筑区，眼前的景象与我心中的希望形成了强烈的反差！孩子们不但没有建筑警察岗楼，而且把已经搭好的建筑群“一掀而光”！孩子们依然在快乐地玩着汽车，有的孩子干脆骑在大一点的积木上过着开车瘾！

面对眼前的景象，我不知该怎么办。我的引导不对、不好吗？我尊重孩子的兴趣，和孩子共同准备材料，可结果却使我的目标——促进孩子建筑能力的发展转移了！

老师，请您告诉我，我真的错了吗？我究竟错在哪儿了？

付永红

2001 年 9 月 20 日

第二，观察阶段的要点。观察是教师了解幼儿游戏行为的窗口。通过观察，教师不仅能知道幼儿当前的游戏兴趣，如幼儿喜欢进行何种游戏，喜欢使用哪些游戏材料，喜欢什么样的游戏场地，喜欢哪种主题的角色游戏，而且还能发现幼儿的游戏水平、性别特征等。

然而，所有的这些观察是依赖教师对游戏特征的了解、对游戏分类的清楚与对游戏是幼儿主体性活动这一本质特性的深刻的体会，要不观察就会沦落为“空洞的一双眼睛”。正因为如此，我们才用了比较大的篇幅来介绍游戏的上述内容的。

同时，真正意义上的观察又是教师伸展幼儿游戏进程，丰富幼儿游戏情节的重要手段。只有观察得到位，才能指导得到位，才能对幼儿的游戏锦上添花。

毫无疑问，观察是教师准备游戏与介入游戏之间的桥梁。一方面，通过仔细的观察，教师才能更好地为幼儿提供时间、空间、材料与经验上的准备；另一方面，也是通过观察，才能使自己对游戏的介入或干预建立在尊重幼儿兴趣与需要的基础之上。

第三，参与阶段的要点。教师参与游戏的形式有多种，不同的参与形式对幼儿有不同的影响，应适时加以选用。

• 平行式参与。指教师在幼儿身旁和幼儿玩相同的玩具，但没有直接与幼儿发生交往。教师的这种参与方式，一方面会使幼儿感到他玩的游戏是有价值的，所以他会玩得时间更长；另一方面会给幼儿提供模仿的范例，使其掌握新的玩法。

• 合作式参与。指教师加入幼儿正在进行的游戏之中，但仍让幼儿主宰游戏的进程。为了促进游戏的发展，教师会偶尔提出一些问题和建议，但不是直接教给幼儿任何新的游戏行为，幼儿可作出反应、予以接受；也可不予理睬、加以拒绝。在幼儿没有邀请教师参加游戏的情况下，教师可以根据游戏情节，利用角色的身份，主动参与进去。教师的合作式参与方式，能吸引更多的幼儿，给幼儿提供较多的谈话机会，提高幼儿游戏的水平和社会交往能力。

• 指导式参与。指教师教幼儿怎样进行游戏。教师通过发起游戏、控制游戏，教给幼儿一些新的游戏行为，对游戏加以指导。方法有两种：一种是外部干预式，教师作为游戏的局外人，从游戏的外部对幼儿的游戏进行评价、提出建议；另一种是内部干预式，教师直接参加游戏，通过扮演角色，以游戏的口吻，对幼儿的游戏进行指导。教师的这种参与方式有助于幼儿获得新的游戏技能，学会与同伴交往，发展语言表达能力。

• 真实发言人式参与。指教师从游戏的外部，引导幼儿把游戏和现实世界联系起来。这种方式，教师主要想让幼儿的游戏行为尽量与真实世界相吻合，而事实上，这种方式很容易打断幼儿的游戏，阻碍游戏的发展，所以，一般少用或不用。

3. 教学活动

教学是一种有目的、有计划的由教师对幼儿施加影响的活动。它更多地强调教师的作用，强调教学的结果，承担着向幼儿传递人类和民族文化遗产的任务。

幼儿园教学活动容易导致以下三方面偏差：

第一，把教学活动完全演变为以语言为媒介的言语讲授活动，即把教师的讲解、提问、解释等言语活动作为是幼儿获得知识、理解知识的惟一途径；

第二，把集体教学方式作为进行教学活动的惟一组织形式；

第三，让幼儿长时期静坐听讲，并把这种不太符合幼儿身心发展特点的行为，称之为守“纪律”。

应该说，教学活动的游戏化，或幼儿心理化，是幼儿园教学活动的新的规定性。它具有以下特征：教学情境生活化、教学内容综合化、教学过程操作化（活动化）、教学组织形式多样化。

（二）幼儿园课程实施途径的类型

1. 游戏活动为课程实施的主要途径

“游戏活动为幼儿园课程实施的主要途径”，这句话我们也可以这样说“幼儿园以游戏为基本活动”。这是幼儿教育发展的国际潮流，有些西方发达国家，尤其是引领潮流的美国，已经真正达到了这一状态。我国从 1996 年开始也倡导“幼儿园以游戏为基本活动”，但想实现这一目标，我国的幼儿教育还有很长的路要走。

我们以美国的“自我概念”课程的主题网为例，如图 12 所示来说明“游戏活动为幼儿园课程实施的主要途径”。

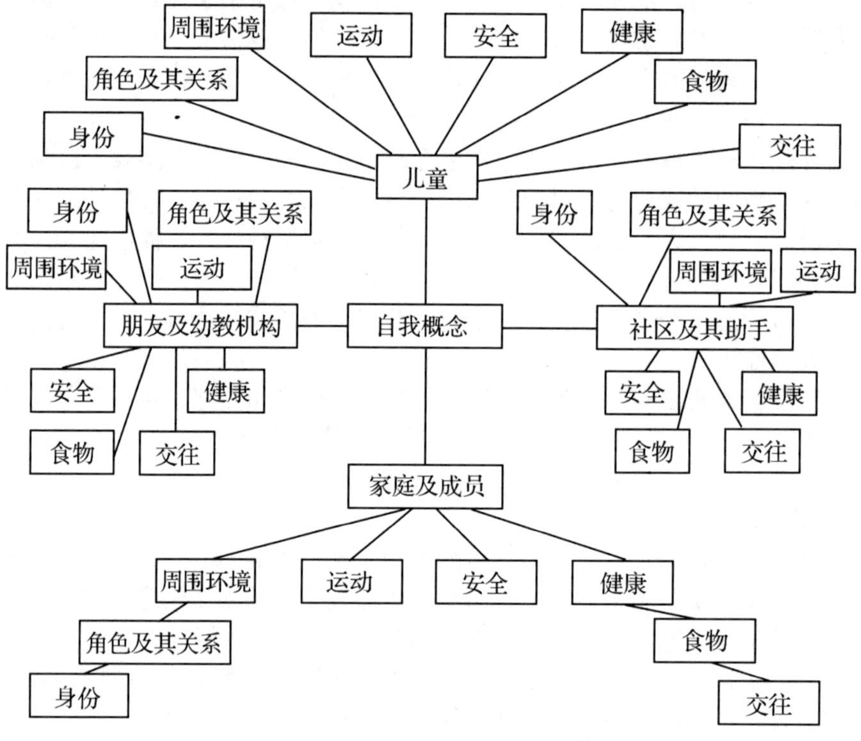

图 12　美国“自我概念”课程主题网①

① 李生兰：《比较学前教育》，华东师范大学出版社，2000，P. 36~37。

“自我概念”的主题先分四个维度或称为四个议题：儿童、家庭及成员、朋友及幼教机构、社区及其助手。每一个议题又分出八个活动内容。这个课程比较有特色的是每一维度的八个活动内容是一样的，它们是：身份、角色及其关系、周围环境、运动、安全、健康、食物、交往。

明确主题网后，确定每一活动的目标如表 4~表 7 所列。

表 4 关于“儿童”的活动内容与目标[①]

目标 内容	年龄	
	3 岁~4 岁儿童	**4 岁~5 岁儿童**
身份	认识到只有一个“我”	认识到“我”是独特的
角色及其关系	认识到我是男孩子还是女孩子	认识到我与男孩子或女孩子有所不同
周围环境	认识到自己的身体	认识到身体的各个组成部分及其作用
运动	认识到身体的某些运动	认识到身体的各种运动
安全	认识到如何不受伤害	认识到如何在多种情景下不受伤害
健康	认识到如何自我服务	认识到如何更多地自我服务
食物	认识到自己喜欢吃的一些食物	认识到自己喜欢吃的多种食物
交往	认识到能以某些方式交往	认识到能以多种方式交往

表 5 关于“家庭及成员”的活动内容与目标

目标 内容	年龄班	
	3 岁~4 岁儿童	**4 岁~5 岁儿童**
身份	认识到自己家庭的一些独特性	认识到自己家庭的多种独特性
角色及其关系	认识到家庭成员做不同的事情情	认识到家庭成员做不同的事情，有不同的职责
周围环境	认识到自己家庭的住房	认识到不同的家庭有不同的住房
运动	认识到自家有汽车	认识到自家有交通工具
安全	认识到自己的家是一个安全的地方	认识到自己的家在多方面都是安全的
健康	认识到自己的家是一个健康的地方	认识到自己的家在多方面都是健康的
食物	认识到自家烹调自家吃一些食物	认识到自家烹调自家吃多种食物
交往	认识到有多种方式与人交往	认识到有多种方式与人交往、获取信息

① 李生兰：《比较学前教育》，华东师范大学出版社，2000，P. 36~37。

表6　关于“幼儿园及其朋友”的活动内容与目标

目标 内容	年　龄　班	
	3岁~4岁儿童	4岁~5岁儿童
身份	认识到自己在某些方面和朋友很像，在别的方面则不像	认识到自己和朋友有相同点和不同点
角色及其关系	认识到自己在幼儿园和教师要做一些事情	认识到自己在幼儿园和教师一样要做许多事情
周围环境	认识到幼儿园是个特别的地方	认识到幼儿园在许多方面是个特别的地方
运动	认识到自己可乘园车上幼儿园	认识到幼儿园有园车
安全	认识到自己的幼儿园是个安全的地方	认识到幼儿园是个安全的地方
健康	认识到自己的幼儿园是一个健康的地方	认识到幼儿园是个健康的地方
食物	认识到自己在幼儿园进餐	认识到自己在幼儿园吃各种有营养的食物
交往	能彼此进行交流	能用多种方式进行交流

表7　关于“社区及其帮手”的活动内容与目标

目标 内容	年　龄　班	
	3岁~4岁儿童	4岁~5岁儿童
身份	认识到社区是个独特的地方	认识到社区的多种独特之处
角色及其关系	认识到社区内不同的人用不同的方式帮助自己与家庭	认识到通过社区帮手，人们分享社区服务
周围环境	认识到自己的社区范围很广	认识到自己社区的环境是独特的
运动	认识到社区中有多种不同的旅行方式	认识到社区中有服务设施帮助我们旅行
安全	认识到警察、灭火员维护社区安全	认识到社区帮手维护社区安全
健康	认识到医生护士保护我们的健康	认识到社区帮手保护我们的健康
食物	认识到我们在社区能得到食物	认识到在社区里生产、买卖食物
交往	认识到社区有邮电局、图书馆	认识到社区有帮助我们交往、获取信息的服务

主题网与活动目标确定后，就进入课程实施阶段。在美国，这个课程的实施是以游戏活动或以幼儿主体性的活动为主要途径的。无论是3岁~4岁年龄段还是4岁~5岁年龄段，每一议题中八个活动目标的实现，是通过幼儿的主动学习或直接经验的方式来进行的。

例如，表4“儿童”的活动内容与目标，在4岁~5岁年龄段，关于“角色及其关系”这一栏内容中的活动目标是：认识到我与男孩子或女孩子有所不同。为了实现这一活动目标，教师创设一个特别的活动区域。在此活动区内，教师放置一批裸体塑料娃娃，这些娃娃中有些有男性生殖器（男女之别的本质特征），有些留有长头发（男女之别的表面特征），有些既有男性生殖器又有长头发，有些既没有长头发也没有男性生殖器。另外，也放置了一批通常是女孩子穿的连衣裙与通常是男孩子穿的衣服与裤子。这个活动就是请幼儿给娃娃穿衣服。教师通过不断地观察来判断孩子对男女角色的理解程度，如有幼儿多次不准确给娃娃穿戴就进行个别指导或针对个别幼儿给娃娃的穿戴结果进行小组讨论。

再如，表5“家庭及成员”的活动内容与目标，在3岁~4岁年龄段，关于“周围环境”这一栏内容中的活动目标是：认识到自己家庭的住房。为了帮助幼儿理解“我的家是个特别的地方”，教师安排“我家的厨房”、“我家的卫生间”、“我家的客厅”等系列主题活动。

当然，在第四个维度“社区及其帮手”的所有活动，需要得到社区大量的帮助，好多活动都以实地考察、调查、访谈、参观等形式开展。这些主体性得到极大发挥的活动，当然是广泛意义上的“游戏”活动。

2. 教学活动与游戏活动相结合为课程实施的主要途径

坦率地说，我国幼儿教育目前的现状是以教学活动为课程实施的主要途径。还是以上述美国“自我概念”课程中关于 “认识到我与男孩子或女孩子有所不同”这一栏内容为例。在我国，绝大多数教师会以教的方式去完成活动目标。表现为：用集体组织的方式，即以教师有目的地引导幼儿观察男女小朋友有何不同特征开始，又以教师总结性地告诉幼儿男女小朋友有何不同特征结束来实施教学的。教师设置问题情境，让幼儿在自行或在教师指导下，在解决问题的过程中去掌握活动目标或学习内容——这样的一种实施方式，对我国幼儿教师还具有极大的挑战性。

对我国幼儿园教师来说，目前必须打破的一种思维定式是：课程目标的实现只能通过教学活动。我们应该做的是，在物质条件、幼儿人数允许的情况下，尽可能用游戏活动方式来实施课程。如上述的美国的“自我概念”课程，在美国，庞大的活动系列都是通过游戏活动来完成的。在我国，我们应该考虑，在条件成熟的前提下，有一部分活动用游戏活动的方式来展开。

应该说，幼儿园以游戏活动为课程实施的主要途径，其本质是实施“经验课程”。

而实施“经验课程”受国家经济水平、社会资源条件、教师质量、班级规模等众多因素制约，确实不是教育政策制定者与理论工作者提倡一下就能进行的。

从我国国情出发，提出“教学活动与游戏活动相结合为课程实施的主要途径”的口号，应该说，是比较切合实际的。对教育来说，合适的才是最好的。

三、影响幼儿园课程实施的主要因素

课程实施是把一项课程计划付诸实践的过程。一般而言，被实施的课程计划是新的，而新的课程计划又往往蕴含着对原有课程的一种变革，课程实施就是力图在实践中实现这种变革，或者说，把这种变革由计划或理论的层面引入到实践的层面。这就要求课程实施者作出一系列的调整，包括对个人习惯、行为方式、课程重点、学习空间、课程安排等进行一系列的重新组织。可以这样说，课程实施其实质是把教育理念落实到教育行为的一项活动。

翻开教育的历史长卷，可以发现，教育学的发展史是一部教育观念的解放史。从传统教育到现代教育，人们的学生观、人才观、发展观等核心教育观念都发生了翻天覆地的变化，正是以不断更新的教育观念为先导，才有了一次又一次的课程改革。但是，每次的教育改革都不可避免地出现教育理念与教学行为的落差现象。我国 2001 年启动的新一轮课程改革，由于改革力度较大，这种落差现象尤为突出。具体表现为教师在问卷中、座谈时表现的教育理念是先进的、符合时代要求的，而在日常教育行为中表现的教育观念则是守旧的、落后于时代发展的；教师口头上会说“尊重学生的主体性”，课堂里却依然以权威自居、有意无意地践踏着学生的主体性。

有些教育理论工作者把导致一线教师“理念——行为”落差的责任，完全归咎于一线教师本身，认为正是这些教师没能把教育理念的要义理解透彻，才导致这种“知行分离、言行脱节”的局面。我们认为，“理念——行为”的落差现象，主要是有两方面因素导致的，而不仅是一线教师一个因素。这两个因素是：课程计划的本身因素与一线教师的因素。

（一）课程计划因素

幼儿园课程计划包括：幼儿园教育大纲与幼儿园教材。从我国目前的国情来看，教材是一线教师接受新的课程变革理念的重要载体。对一线幼儿园教师来说，他们不可能有精力有条件像教材编制者那样去全面深入地研究理论，所以，他们获取新理念的主要途径是教材。如果教材编制者不能把新的课程理念充分体现到教材中去，即教材的呈现方式与课程新理念脱节，表现为或新瓶装旧酒，或杂乱疏松没结构，或不具实力、摸着石头过河。那么，在实施教材过程中，教师们怎么会凭空体会到新理念的要义？其结果是教师对课程改革的不认同，甚至会对改革产生反感情绪，更谈不上改变其原有的行为了。所以，教材编制者“理念——行为”的落差是一线教师不能有效实施课程的重要因素。

那么，教育理念是如何通过课程编制者的中介落实到一线教师的教学行为中的，这其中教材的作用又是什么？我们把教育理念转化为教学行为的流程用图 13 表示。

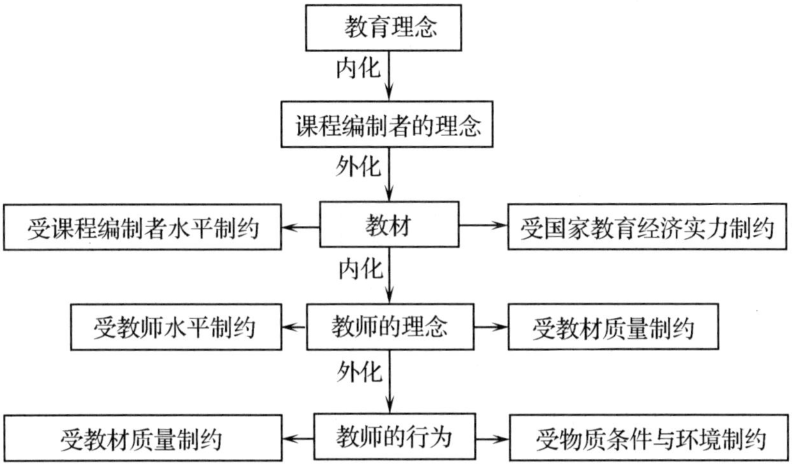

图 13　教育理念转化为教育行为的流程

由图可见，对课程编制者来说，他们的任务是把已经内化的教育理念通过课程的核心——教材外化出来；对课程实施者即一线教师来说，通过教材实施既内化理念又要把理念外化为行为。只有当课程编制者与一线教师双方的内化外化功能都发挥正常，才最终实现“教育理念——教育行为”的转化。

客观地说，我国的教材编制一直不尽人意。目前，新一轮课程改革出台的新教材，进步显著局限也很突出，而所存在的局限又与长期形成的教育研究格局分不开：

(1) 新中国成立后的教学论研究比较忽视教材领域的研究，侧重研究教师的行为、观念对学生的影响；

(2) 我国对课程论的研究历史太短，目前的研究者还基本分布在没有学科背景的教学论、课程论专业理论者群体中，还没有深入到学科领域。

基于此，我国的教材编制长期落在一个盲区：教育理论工作者对赋有较强操作性与实践性的教材编制没有热情；实践者对教材编制是热情有余，底气不足，往往不得理念之要义，停留于非理论先引的经验层面。

（二）一线教师因素

在我国，幼儿园教材的质量对幼儿教育质量有着举足轻重的作用。可以说，对教材好与不好的判断水平或识别水平，是教师教育水平的第一体现。这其中，对一线教师就提出了一定的理论学习的要求。教师真正地理解理论，即理解新的课程理念，再加上有好的教材，就会使课程实施进行得比较顺利。因为教师理解了理论，就会对参与新的课程计划投入热情，并能比较快地适应变革。事实表明，教师参与新课程计划的积极性与适应性是影响课程实施的第二个重要因素。

所以，对课程编制者来说，首先是编制出好的课程方案，其次是对教师进行培训。双管齐下，使课程实施名副其实。

第四节　幼儿园课程的评价

本节我们将围绕课程评价的定义与取向，以及幼儿园课程评价的四个基本问题——幼儿园课程评价的对象、主体、目的、标准与方法，展开讨论。

一、课程评价的定义与取向

（一）课程评价的定义

在课程评价发展的不同时期，人们对课程评价的界定是不同的。在 19 世纪末至 20 世纪 30 年代期间，评价在本质上是以测验（testing）或测量（measurement）的方式测定学生对知识的记忆状况或某项特质。所以，这时期评价的含义就是测验或测量。在 20 世纪 30 年代至 50 年代期间，评价在本质上是“描述”（description）。这一时期的代表人物，有“课程评价之父”之称的泰勒把课程评价看作是对课程目标实际达成程度的描述。20 世纪 60 年代以后，人们对评价是“描述”的界定开始批判，认为纯粹价值中立的描述是不存在的，评价要对被评价对象的价值或特点作出判断。美国“教育评价标准联合委员会”（Joint Committee on Standards for Education Evaluation）1981 年给评价下的定义是：对某一对象（方案、设计或内容）的价值或优点所作的系统探查[①]。新时期的对评价的界定并非完全抛弃了传统的关于“描述”的界定，而是认为，评价不只是根据预定目标对结果的描述，预定目标本身也需要进行价值判断。

对于教育集权制的我国来说，多年来教育目标的确定、课程的开发与编制等，

① 张华：《课程与教学论》，上海教育出版社，2000，P. 372。

都是国家有关部门以集权的形式统一进行，缺乏正式的评价机构和体系。因而普通学校教育质量的评估就自发地落在升学考试上，这种考试“无法客观地评定旨在帮助学生学习的各种学程设计的进展情况。而且……会使学生误以为这就是期望他们学习的东西。学生可能因记忆具体信息取得良好的测验成绩而受到奖励”[①]。我国总体上说还处于课程评价的测验或测量时期，这种测验方式的评价成了中国的学生、家长乃至整个社会的一种沉重而又无法摆脱的压力。新一轮的课程改革，已经明确提出了对课程评价的改革，但要扭转我国的评价现状并非一朝一夕之事，我们还有很长的路要走。

（二）课程评价的取向

课程评价的取向是指每一种课程评价所体现的特定的价值观，它实际上是对课程评价的本质的集中概括，支配着评价的具体模式和操作状态。我们把迄今为止各种纷繁复杂的课程评价归纳成三种取向：目标取向的评价、过程取向的评价、主体取向的评价。

1. 目标取向的评价

目标取向的评价是把评价视为教育结果与预定课程目标相对照的过程。也就是我们上述的“描述”时期的评价，把课程评价看作是对课程目标实际达成程度的描述。在幼儿发展评价视界内，这种评价取向所采用的评价类型主要是“等级量表评价”。为了使评价结果“客观”、“准确”，这种评价取向往往以行为目标的方式来陈述预定的课程目标。这种评价的直接目的是获得评价对象是否“达标”的数据。

目标取向的评价推进了课程评价科学化的进程，它简便易行，易于操作，因而在实践领域一直处于支配地位。它的缺陷是把人客体化、简单化，它忽略了人的行为的主体性、创造性和不可预测性，忽略了过程本身的价值。

2. 过程取向的评价

过程取向的评价试图使课程评价挣脱预定目标的藩篱，强调把教师与学生在课程开发、实施以及教学运行过程中的全部情况都纳入评价范围，强调评价者与具体评价情境的交互作用，主张凡是具有教育价值的结果，不论其是否与预定目标相符合，都应该受到评价的支持与肯定。这种取向的评价开始承认评价是一种价值判断过程，把人在课程开发、实施及教学运行过程中的具体表现作为评价的主要内容。在幼儿发展评价视界内，这种评价取向所采用的评价类型主要是“表现性评价”。这种评价的目的是给评价对象在具体情境中的合理表现予以支持与肯定，促进教育过

① 泰勒：《课程与教学的基本原理》，施良方译，人民教育出版社，1994，P. 152。

程更具个性、创造性。

过程取向的评价摆脱了目标取向评价的惟一性，强调对教育过程中的创造性、不确定性的尊重，关注人的高级心理过程，它是目标取向评价的强有力的补充。从解放主体的角度来说，它对个性差异的照顾还是不够。

3. 主体取向的评价

主体取向的评价认为，课程评价是评价者与被评价者、教师与学生共同建构意义的过程。在评价情境中，无论评价者还是被评价者，不论教师还是学生，都是平等的主体。在幼儿发展评价视界内，这种评价取向所采用的评价类型主要是“档案夹评价”。这种评价给予学生充分的空间去发挥人的主体性，倡导对评价情境的理解而不是控制，尊重与关照个性差异，培养学生的自我反省能力。

主体取向评价，或主体性评价不是依赖外部力量的督促和控制，而是要求每一个主体对自身行为具有反省意识和能力。每个人的命运由自己主宰，但对他人又有责任和义务，所以主体是“自主”与“责任”的统一。

二、幼儿园课程评价的基本问题

谈到评价，我们不可回避“评什么、谁来评、为什么评、怎么评”这四个基本问题。下面，我们围绕这四个问题展开讨论。

（一）评什么？——幼儿园课程评价的对象

我们在上面提到了 20 世纪 80 年代的评价定义，在这一定义中把课程评价的对象表述为：课程计划、活动以及结果等有关问题。我们用更通俗的话来说，课程评价的对象包括：课程方案、课程方案的实施过程与课程方案的最后效果三个部分。

评价幼儿园课程方案，主要要了解两个方面内容：第一，方案以及方案中的各个要素、部分是否依据了科学的原理、原则，是否以先进的课程理论为先引；第二，课程结构是否合理，各要素之间是否具有较高的内部一致性，是否符合原先的指导思想。关于这两个方面的评价，我们在课程目标与课程内容组织两节中都涉及了一些。值得注意的是，我们所说的幼儿园课程方案的范围很宽泛，大到课程的整体规划，小到具体的一个教育活动的设计。

评价幼儿园课程方案的实施过程，要了解的内容就比较多，包括：幼儿在教育活动中的反应，指主动性、参与程度、情绪表现等；教师的教育态度和行为，指对幼儿的控制程度、课堂管理方式、教育机智和技巧等；师生互动的质量；学习环境的创设与利用等。通过对课程方案实施的评价，我们一方面可以获得课程方案对幼儿适宜性的信息，另一方面可以了解影响课程方案效果的因素。

评价课程方案效果，一般是通过对幼儿的发展评价来确定的，包括：评价幼儿学习后的发展状况；发展状况与课程目标的符合程度；产生了哪些非预期的结果等。

事实上，课程评价绝大多数是针对学生的学习，特别是学习的结果进行的。在美国，课程评价的对象只限于学生的学习结果的局面一直到20世纪60年代中期才有所改变；而我国目前还基本处于课程评价的对象只限于学生的学习结果的状态。有关幼儿园的课程评价，在幼儿教育理论界才起步十年左右，在幼儿教育的实践中运用得还不是很普遍，一般只是涉及到一些幼儿发展评价的内容。

（二）谁来评？——幼儿园课程评价的主体

课程评价的主体指的是课程评价者。

我国教育部在2001年颁布的《幼儿园教育指导纲要（试行）》中明确提出："管理人员、教师、幼儿及其家长均是幼儿园教育评价工作的参与者"，"幼儿园教育工作评价实行以教师自评为主，园长以及有关管理人员、其他教师和家长等参与评价的制度。"在此以前，我国的幼儿园教育评价的主体是比较单一的管理人员评价，而课程评价的主体从单一的行政评价转向管理人员、教师、幼儿及其家长的多元评价，对全面了解幼儿园教育质量、改进幼儿园教育、促进幼儿发展都是非常有利的。

应该说，在这些主体中，教师与幼儿是主体中的主体。

对教师来说，评价的过程不仅是教师运用儿童发展与教育心理学、学前教育原理、社会学、学科知识等专业知识，审视课程方案和教育实践，发现、分析、研究、解决课程问题的过程，同时也是教师专业化成长的重要途径。幼儿园课程评价需要充分发挥教师作为评价主体的作用，以教师自评为主，园长、其他教师和家长参与评价，组成一个平等互助的合作群体，一起改进课程方案、促进幼儿发展。

对幼儿来说，作为课程评价中最重要的评价"对象"、课程评价的最终目的所在，其作为评价的主体体现在：一方面他们参与对学习活动目标与过程的设计，对学习目标是否实现的评估与反省；另一方面通过他们对课程方案实施过程的行为反应和发展变化来"发表"对课程的看法。他们的行为反应与发展变化是课程评价的重要信息与证据，是课程方案成功与否的核心指标。

（三）为什么评？——幼儿园课程评价的目的

一般说来，课程评价的目的可以分为以下两种。

1. 研究课程

以课程研究为目的的课程评价，要求在课程评价的过程中，不断地发现问题，即提出“为什么”，并尝试做出解释。这种评价过程即是研究过程的结果，不仅能发展和完善旧课程、开发新课程，而且会使评价者自身的专业化水平得到发展和提高。也就是说，评价者在发现问题、寻找答案和解决问题的过程中，不断加深对课程问题的认识，积累了新的课程经验，形成了新的课程思想。

美国教育评价专家斯克里文（L.Scriven）1967 年在他的《评价方法论》一文中，首次提出了形成性评价与总结性评价的概念，从此以后，教育评价就有了形成性评价和总结性评价之分。形成性评价指在教育过程中持续地进行评价，目的在于及时了解教育动态过程的成效，以便及时地作出反馈性调节，获取改进工作的依据，以促进教育质量的提高。总结性评价则是指在教育活动发生后对教育活动效果作出判断，目的在于全面了解该阶段教育的结果，对达到目标的程度作出总结性评鉴，常常与分等鉴定和考核有关。

应该说，以课程研究为目的的评价，就是一种典型的形成性评价，它担负着完善原有课程、开发新课程的重任，强调课程评价的过程性、调整性、促进性，是课程评价的时代趋势。

2. 管理课程

以管理课程为目的的评价，一般以选择、推广课程与鉴定幼儿园教育质量为其主要功能。

选择、推广一种课程模式，需要通过对课程方案进行理性分析，或者对其实际效果进行评定，对课程的性质、特点、适用范围等做出价值判断，然后才决定是否可以采用，是否值得推广，如果确定推广，那么还要指出推广中应注意的问题。无论对国内流行的课程，还是对从国外引进的课程，都需要做这种鉴别，然后决定取舍。所以，这是一种起鉴定功能的课程评价。

同时，课程评价也可作为幼儿园分级分类验收工作的一个鉴定手段，当然其目的主要地服务于对幼儿园管理、鉴定上面。

勿容置疑，以课程管理为目的的评价，更多地属于总结性评价，尽管也有形成性评价的成分，如提高、改进幼儿园教育质量等，但在实践中这些成分一直不占主导地位。

事实上，为什么评与谁来评是密切相关的。一般说来，当课程研究人员和幼儿园教师作为课程评价主体时，课程评价的目的就会指向改进、完善、开发、发展课程上面；当教育行政和管理人员作为课程评价主体时，课程评价的目的就会指向鉴别、选择、推广、管理课程上面。不过，从课程研究的角度来说，尤其是课程评价主体为幼儿园教师时，作为幼儿园教师也要很好地掌握课程评价的鉴定功能。因为教师在选择各种版本的教材和教育活动设计时，甚至在参考本园传统的教育计划和教案时，也需要进行高质量的鉴别。

（四）怎么评？——幼儿园课程评价的标准与方法

1. 幼儿园课程评价的标准

评价任何事物都要有一个衡量的尺度。课程评价标准是衡量课程设计、实施状况以及效果的尺度，而这种尺度首先是一种价值尺度，是衡量课程价值取向的尺度。

科学的课程评价标准应具有以下四个基本特征①：

(1) 准确性　指评价标准应能保证所获得的信息是需要的、可靠的；

(2) 有用性　指评价结果具有实用价值，能为各类对象提供丰富的信息，并对课程的发展、应用和推广有一定的影响作用；

(3) 合法性　指评价过程应符合社会道德准则、新生机构或个人的权益；

(4) 可行性　指切实可行，投入的人力物力适宜有效。

下面，我们列举幼儿园课程评价中课程整体、课程目标、课程内容、课程实施过程、课程效果这五个指标的有关评价标准，供老师们在制定课程评价标准时参考。

幼儿园课程整体评价标准②

1. 课程是否能促进儿童与伙伴、与成人之间的作用和学习，并有利于儿童运载于知识的建构？

2. 课程是否能促进儿童在社会性、情感、身体和认知方面的发展，有助于儿童掌握民主社会的价值观？

3. 课程在帮助儿童学习知识和掌握技能的同时，是否能够使儿童形成对学习的积极态度？

4. 课程对儿童来说是有意义的吗？是否与儿童的生活有关？是否注重与儿童个人经验的联系并强化这种联系？或者说能使他们从课程中获得直接的经验？

5. 对儿童的期望和要求是否合理、切实可行？或者说在以后学习或掌握这些内容会更容易、更有效？

6. 儿童和老师对课程都感兴趣吗？

7. 课程是否保持对多元文化和语言的尊重与敏感？课程是否期望、允许和欣赏个别差异的存在？是否有利于形成与家庭的良好关系？

8. 课程是否以儿童现在的知识和能力为基础，并促进他们的发展？

9. 课程是否在有意义背景中，帮助儿童形成对概念的理解？

10. 课程是否注重促进各学科之间的联系和综合？

---

① 冯晓霞：《幼儿园课程》，北京师范大学出版社，2001，P. 116。

② 冯晓霞：《幼儿园课程》，北京师范大学出版社，2001，P. 124。

11. 给儿童介绍的知识按照有关的学科标准来看，是否准确、可靠？

12. 儿童有没有必要学习这些知识？在现阶段学习这些知识是否有效？

13. 课程是否能促进主动学习，并且允许儿童做出有意义的选择？

14. 课程是否能促进和鼓励儿童探究和提出问题，而不是看重“正确”的回答或者完成任务的“正确”方法？

15. 课程是否能够促进较高水平的能力，如思维、推理、问题解决和判断能力的发展？

16. 课程是否能促进和鼓励儿童与成人间的社会性交往？

17. 课程是否尊重儿童对活动、感官刺激、新鲜空气、休息、健康和营养/代谢等的生理需要？

18. 课程是否有利于儿童形成心理安全感、信任感和归属感？

19. 课程是否能使儿童获得成就感和对学习的兴趣？

20. 课程对儿童和教师来说，是否具有灵活性？

幼儿园课程目标的评价标准①

1. 课程目标是否是在对具体教育对象观察的基础上制订的，是否适宜幼儿发展？

2. 课程目标是否体现了促进幼儿身心全面发展的原则？

3. 课程目标是否体现了保教结合的原则？

4. 课程目标是否有一定的体系？阶段性目标之间是否相互衔接，下层目标与上层目标或局部与整体目标之间是否协调一致？

幼儿园课程内容的评价标准

1. 选择的课程内容是否与课程目标相一致，是否能通过课程内容的实施实现课程目标？

2. 课程内容是否考虑了幼儿的年龄与发展特点，是否考虑了幼儿的能力与已有经验？

3. 课程内容是否正确、科学，是否按照一定的组织原则合理地组织起来？

4. 课程内容的范围是否包括幼儿发展的多个领域，是否包括全面、多样性的内容？

5. 课程内容的重点、难点是否清楚、突出？

6. 课程内容是否结合了本地区和本民族的特点？

幼儿园课程实施过程的评价标准

1. 课程实施过程是否与课程目标和课程内容相一致？

---

① 云南省教育委员会：《幼儿园课程设计》，云南教育出版社，1998，P. 217。

2.课程实施过程是否注意创造与课程目标、内容相适应的环境，为幼儿提供了适宜的活动材料和玩具？

3.课程实施过程是否以游戏活动为主要途径？

4.课程实施过程是否保教并重，活动内容是否符合幼儿实际，是否选择和运用生动、直观、形象的方法？

5.课程实施过程是否注意因材施教，是否能随机处理偶发事件？

6.课程实施过程是否充分发挥幼儿的主动性、积极性与创造性？

7.课程实施过程是否保障幼儿充分的自由活动时间，户外活动时间？

8.课程实施过程是否重视幼儿操作能力、实践能力的培养？

幼儿园课程效果的评价标准

1.课程的实施过程结束后，预定的课程目标是否达到，达到多少？

2.课程的实施过程结束后，幼儿得到了哪些发展？

3.课程支出的费用如何，支出与成效是否一致？

以上课程评价标准的具体化就是评价指标。事实上，课程评价标准的制定以及把课程评价标准具体化的工作是一项难度较大的工作，因为标准的具体化就是评价指标，这其实是一种把标准转化成指标的工作，也正是这种转化有较大的难度。对刚起步的我国幼儿园课程评价来说，多多借鉴发达国家已有的评价工具，可能是目前比较现实的路子。

2. 幼儿园课程评价的方法

我们在上文已经提到，我国目前还绝对处于课程评价的对象只限于学生的学习结果的状态。在中小学教育范围，对学生学习结果的评价还主要依靠考试测验这一工具，这在评价领域是相当落后的。在幼儿园范围，我们已经启动对幼儿的全面发展的评价，但只是起步阶段。下面，我们介绍在西方发达国家幼儿发展评价领域普遍使用的三种评价方法。

(1) 等级量表评价

① 等级量表评价的概念。

是指用数字或等级的形式来评定学生。一般它只限于对特殊的技能、具体的知识的测定，为进一步的描述性、分析性评价打下基础。它是行为目标评价的主要工具。如表8所列是一个等级量表的实例。

用等级量表来制定幼儿发展评价表，其发展评价体系与发展目标体系是一致的，充分体现了目标模式中目标的核心地位，即目标既是起点又是终点的内涵。本章第一节中我们已经讨论过幼儿发展目标的问题，现在我们把表1有关幼儿年龄阶段发展目标直接转化成表9幼儿发展评价表，请认真比较从表1到表9的转换。

表 8　幼儿园各班教育环境创设评价表[①]

项目	目标要求	好	较好	一般	较差	得分
墙壁	1. 体现目标内容	8	6	4	2	
	2. 幼儿参与性强，符合幼儿年龄特点	8	6	4	2	
	3. 可变性强，如体现季节性等	4	3	2	1	
	4. 布置新颖、美观、有特色	4	3	2	1	
活动区	1. 种类不少于五种	8	6	4	2	
	2. 内容丰富、可供幼儿操作的材料不少于十种，每月根据目标投放新材料	8	6	4	2	
	3. 材料投放体现层次性	4	3	2	1	
	4. 充分利用废旧物品	4	3	2	1	
	5. 有活动区标记	4	3	2	1	
	6. 充分利用环境条件设置角色游戏角	8	6	4	2	
自然角	1. 内容丰富，包括动物、植物等，品种不少于六种	4	3	2	1	
	2. 体现幼儿参与性	4	3	2	1	
	3. 布置美观，符合年龄特点，季节性强	8	6	4	2	
家园联系栏	1. 栏内布置美观、新颖	4	3	2	1	
	2. 内容丰富，向家长宣传的材料不少于两种，每月更换一次	4	3	2	1	
	3. 按时公布月、周目标及教育内容	8	6	4	2	
幼儿作品栏	1. 有幼儿作品栏，专栏布置美观	4	3	2	1	
	2. 设有幼儿作品收集袋，全部作品按时展览	4	3	2	1	
	3. 幼儿作品要及时更换（每月至少一次）	4	3	2	1	
总分						

① 霍力岩：《学前教育评价》，北京师范大学出版社，2000，P. 40。

表 9 幼儿发展评价表[①]

领域	项目	内容	Ⅰ 标准内容	Ⅰ 记录	Ⅱ 标准内容	Ⅱ 记录	Ⅲ 标准内容	Ⅲ 记录
运动与动作	大肌肉动作	走	上体正直自然地走		上下肢协调地走		听信号步伐均匀地走	
		跑	两臂在体侧自然地跑		协调、轻松地跑		听信号变方向、变速跑	
		跳	立定跳远 60 厘米		立定跳远 75 厘米		立定跳远 90 厘米	
		平衡	能单脚站立 10 秒		能单脚站立 20 秒		能单脚站立 35 秒	
		拍球	单手连续拍球 10 下		左右手交替拍球 15 下		单手运球 100 米	
	小肌肉动作	画	能用笔描出直线		会画圆圈并均匀地涂色		能完成点线画并涂色	
		剪	能沿画好的直线剪下		会剪简单的图形		会剪较复杂的图形	
		折	会对边折，对角折		会集中一角、双正方双三角折		会用两张以上的纸折出简单的组合玩具	
		穿珠	30 秒内穿珠子 5 个		30 秒内穿珠子 7 个		30 秒内穿珠子 8 个	
习惯与自理能力	生活习惯	入厕	能自己入厕		能自理大小便，便后会冲水		便后能整理好衣服	
		进餐	能用勺进餐，会清理桌面		会用筷子进餐，会清理干净		进餐时保持桌面、衣服干净	
		穿衣	能自己穿简单衣裤		能自己系扣子，拉拉链		会系鞋带，能穿各种衣服	
		个人卫生	在提醒下能做到饭前便后洗手		饭前便后主动洗手，会用手帕		经常保持手脸干净，服装整洁	
		环境卫生	会收玩具，不随地大小便		能将果皮、纸屑放在指定地方		公共场所不乱丢废物，不乱涂乱画	

① 霍力岩：《学前教育评价》，北京师范大学出版社，2000，P. 40。

（续）

领域	项目	内容	I 标准内容	I 记录	II 标准内容	II 记录	III 标准内容	III 记录
习惯与自理能力	学习习惯	学习兴趣	对新奇事物感兴趣		对较多活动感兴趣，问“为什么”		喜欢动手摆弄，自己寻找问题答案	
		注意力	学习活动中需提醒、暗示		学习活动中能自己调整注意力		学习活动中能保持注意力集中	
		任务意识	几经老师提醒能完成任务		一经老师提醒能完成任务		能主动按时完成任务	
	自我意识	躲避危险	不玩、不触摸危险品		知道躲避危险		不独自上街，上街不乱跑	
		安全意识	知道解决安全问题的正确方法		知道解决可能遇到的安全问题的正确方法		知道解决突发安全事故的正确方法	
认知与语言	感知能力	认识空间	知道上下、里外		知道前后、高低、远近		知道以自身为中心的左右	
		认识时间	知道白天、黑夜、早、晚		知道今天、明天与昨天		知道时间的某一点	
		观察力	能感知事物的明显特征分类		能感知事物的细微特征		能发现相似事物的细微差别	
	思维推理能力	分类	能根据事物的明显特征分类		能根据物体的功用分类		能根据概念分类	
		想象	能根据图形进行想象		能根据图形进行较丰富的想象		能根据图形创造想象	
		推理	能根据图形进行推理		能根据图形间关系进行推理		能根据图形间较复杂关系进行推理	
		守恒	5以内数的守恒		10以内数的守恒		长度和体积守恒	

（续）

领域	项目	内容	I 标准内容	记录	II 标准内容	记录	III 标准内容	记录
认知与语言	语言能力	词汇	掌握常用的名词、动词、形容词		掌握部分量词、反义词		掌握较多常用量词、反义词	
		讲述	能用完整的简单句讲述		能用完整的句子清楚地讲述		能用完整的句子连贯地讲述	
		回答问题	能针对提问回答问题		能针对较复杂的提问回答问题		能准确、简练地回答较复杂问题	
		理解作品	知道故事角色和发生的事情		能按顺序说出故事的情节		能概括故事的主题思想	
		阅读	会一页一页翻看画书		理解画书的主要内容		知道看文字书的方法	
	自我系统	自我认识	知道自己的姓名、性别与年龄		知道自己的爱好		知道自己的优缺点	
		自信心	完成简单事情或任务有信心		完成稍有难度的任务有信心		完成没有做过或有较大难度的任务有信心	
		独立性	在老师鼓励和要求下能独立做事		自己能做的事不请求帮助		喜欢独立做事情和独立思考问题	
		坚持性	能有始有终做完一件简单的事		能支持一段时间完成稍有难度的任务		经常在较长时间内主动克服困难实现目的	
		好胜心	在感兴趣的活动中努力做好		在竞赛活动中努力争取好成绩		做任何事情努力实现目的	

（续）

领域	项目	内容	I 标准内容	I 记录	II 标准内容	II 记录	III 标准内容	III 记录
品德与社会性	情绪情感	表达与控制情绪	情绪一般较稳定，经劝说后能控制消极情绪		情绪状态较好。一般能自己调节与控制消极情绪		情绪状态良好，用恰当方式对不同情景做出适宜反应	
		爱周围的人	热爱、尊敬父母		亲近班里的老师和小朋友		关心父母、老师和小朋友，喜欢帮助他们做力所能及的事	
		爱集体	喜欢幼儿园，愿意参加集体活动		在引导下能关心班里的事，为集体做好事		能主动关心班里的事，维护集体荣誉	
	品德行为	礼貌	在成人提醒下能使用礼貌用语		能主动使用礼貌用语		能在不同情景下，主动使用礼貌用语，举止文明	
		诚实	不说谎话，不随便拿别人的东西		做错事能承认错误，拾到物品主动交还		做错事能承认错误，并努力改正，不背着人做禁止的事	
		合作	能与小朋友一起游戏		喜欢与小朋友合作游戏和做事		能成功地与小朋友合作游戏和做事	
		遵守规则	经提醒能遵守规则		能自觉遵守规则		能自觉遵守并维护规则	
	交往行为	与老师交往	对老师的主动交往能做出积极的反应		有时能主动与老师交往		常主动发起与老师的交往	
		与客人交往	见到客人不害怕、不回避		对客人的主动交往有积极的反应		能主动与客人交往	
		与朋友交往	对小朋友的主动交往能做出积极反应		有时能主动与小朋友交往		经常主动发起与小朋友的交往	
		解决冲突	与小朋友发生冲突时，经成人帮助能和解		能用适宜的方式，自己解决与幼儿的冲突		能帮助解决其他小朋友之间的冲突	

无论是表 1 还是表 9，我们可以看到，幼儿发展目标先被分解为运动与动作、习惯与自理能力、认知与语言、品德与社会性四项指标，然后这四项指标进一步分解，具体如下：

- 幼儿发展目标
  - 运动与动作
    - 大肌肉动作｛
    - 小肌肉动作｛
  - 习惯与自理能力
    - 生活习惯｛
    - 学习习惯｛
    - 自我意识｛
  - 认知与语言
    - 感知能力｛
    - 思维推理能力｛
    - 语言能力｛
    - 自我系统｛
  - 品德与社会性
    - 情绪情感｛
    - 品德行为｛
    - 交往行为｛

两者之间的区别仅在于表格格式，由发展目标指标的格式，转化成为等级量表的格式。

② 等级量表评价的功能具有以下几个方面。

第一，能使教师对个别学生或学生群体所作的判断具体化。教师一般对自己班上的孩子的基本状态也是清楚的，不过不太具体与细致。等级量表评价不会给教师提供有关幼儿发展水平的新的信息，但是确实给教师提供幼儿发展水平的具体细节。

第二，能够快速而方便地被使用。用表格的方式，把幼儿发展的各个方面全都列出来，教师只要通过观察或测试的方式打勾或打分数就行了，操作极其方便。

第三，只适用于测定知识与特殊技能。行为目标体系的分解，是以外显行为为标识的，而能用外显行为的方式被观察的只能是知识技能范畴的东西，意识范畴的或高级心理层次的东西，很难用行为方式测定。

第四，当教师误解误用此类量表时，会导致教师对学生个性的压抑。等级量表评价其实是一种达标，像幼儿发展评价要求幼儿达到分解的各项发展目标的指标，其宗旨是为了幼儿的全面、平衡的发展。但是，这种全面、平衡的发展，是以幼儿个性得到充分发展为前提的，当幼儿个性被压抑的情况下，所谓的全面发展是无本之源的。所以，当教师把评价的目的全部指向幼儿是否达标，并为一些不达指标的幼儿懊恼、动气时，很可能践踏幼儿主体性的事件就发生了。

(2) 表现性评价

表现性评价是表现性目标评价的简称，指在真实情境中，根据幼儿在完成实际任务时的表现而进行的评价。这种评价类型与行为目标评价（其使用的主要工具为等级量表）恰好形成了鲜明的对照。

① 行为目标评价与表现性目标评价的区别。

第一，从评价目标上看，行为目标评价更强调结果；表现性目标评价强调评价的过程。

第二，从参与形式上看，行为目标评价的评价对象（被评者）是不清楚评价任务、标准的，甚至不清楚自己被评价着；表现性目标评价的评价对象对评价任务、标准、过程、结果都必须清楚。

第三，从评价主体上看，行为目标评价的主体是教师；而表现性目标评价的主体可以是教师，也可以是同伴与幼儿本人。

第四，从评价情境上看，行为目标评价一般是在课堂情境中进行；而表现性目标一定要在真实情境（可以是模拟的真实情境）中进行。

第五，从评价效果上看，行为目标评价更适合对知识技能的评价；而表现性目标评价则是对知识技能运用能力的评价。如当幼儿回答 7 可以分为 3 与 4 时，他或她已经完成行为目标，但是，要完成表现性目标，他或她可能要拿着 7 元钱真钞到商店买商品，以此评价其计算能力与交际能力。

② 表现性评价的设计步骤。

第一步，确定表现性任务的类型。表现性评价是在完成表现性任务的过程中进行的，表现性任务完成的过程就是表现性评价展开的过程，也是幼儿得到发展的过程。教学情境中的知识技能的接受任务等，都是不符合表现性评价展开的。一般来说，表现性任务的类型大概有以下五种：

• 小实验、小调查。首先，一个小实验的例子。在不同浓度的盐水中，幼儿动手操作，并试图得到答案，鸡蛋是在浓度低的水中还是在浓度高的水中浮起来。其次，一个小调查的例子。幼儿到小区实地调查垃圾筒的放置状况，认为哪些地方还需添放垃圾筒。

• 创作作品。任何形式的画画、任何形式的手工制作都特别适合进行表现性任务的布置，从而进行表现性评价。

• 口头表述。任何形式的语言表演，如辩论会、戏剧表演、故事会、儿歌朗诵、谈话等，都是很好的表现性任务类型。

• 文艺表演。

• 探究活动。探究活动指幼儿园环境中的科学探索活动，它是对科学家的科学研究活动的模拟。例如：用绘画的形式，记录小蝌蚪的生长发育过程；找到跷跷板平衡的奥妙；天气预报小组记录（用画的形式）每天的天气状况，获取有关阴晴、气温高低的数据信息，根据数据分析，给予班上幼儿添减衣服的建议。

第二步，设计表现性任务的真实情境。首先，确定真实情境的诸要素：时间、地点、设施、观察次数等。其次，明确设计表现性任务的要求：设计的情境以有利于幼儿能力的表情为根本。

第三步，确定评价标准。一般表现性评价的标准限制在 10 条左右。下面以口头表述中的语言表演为例：

- 站立姿势自然；
- 面部表情恰当；
- 适当运用肢体语言；
- 与听众保持良好的目光接触；
- 音量适中；
- 吐字清晰，表达连贯；
- 正确使用词组、句子；
- 有条理；
- 自信，不东张西望、东摸西挠。

(3) 档案夹（portfolio）评价

在生活与工作中，做档案夹、做记录并不是什么新鲜事，但把档案记录作为一种教育评价方法，却是近十几年的事。那么何为档案夹评价？它指根据课程目标，有意识地将各种有关幼儿表现的作品及其其他证据、信息收集起来，并通过对档案夹制作过程、记录、结果的分析与解释，反映幼儿在学习、发展过程中的优势和不足，反映幼儿在达到目的过程中付出的努力与取得的进步。

① 档案夹评价类型　针对幼儿发展的不同目标，选择不同的档案夹评价类型。应该说，选择合适的档案夹评价类型往往是档案夹评价成功的第一步，但是，我们同时又必须清楚档案夹评价非常随意灵活，其类型丰富繁杂很难一一界定。在这里，我们只是介绍五种比较成熟的类型，供老师们参考。

第一种——理想型

目标　教师帮助幼儿自己设计、思考、评价自己的整个学习行动过程。

构成部分　第一部分，幼儿产生活动计划和编制活动计划的过程记录。例如，幼儿制定自己的活动目标，确定完成这个活动目标所需的一些具体活动与时间。记录可以采用幼儿自己画画的方式，或用录音带记录的方式，或教师替幼儿进行文字记录的方式。第二部分，幼儿完成这一活动计划过程中创作与收集的各类作品与材料。这些作品与材料需要考虑两个纬度——深度与广度。以一个语言领域的活动为例，从广度上讲，收集幼儿所有欣赏或表演过的诗歌、演讲、角色表演、故事等；

从深度上讲，需要记录幼儿在每一阶段所做的语言表演方面的事，并反思所取得的进步与不足。记录一般采用录像或录音的方式。第三部分，幼儿的反省记录。每一阶段让幼儿自己评价自己的进步与取得的成绩，同时也指出还存在的离目标的距离。可以采用录音与笔录的方式进行记录。

特点　强调发挥幼儿学习的主动性、独立性与创造性，培养幼儿反思能力与对自己活动过程的监控能力。

第二种——目标型

目标　按教师列出的活动主题，幼儿在教师的指导下选择档案夹内容，提高幼儿运用各种方法搜集资料的能力。

构成部分　第一部分，与主题相关的所有资料、信息。幼儿收集的资料与信息必须符合主题相切性与合理分类的要求。第二部分，教师、家长、同伴的反馈意见。

特点　目标明确、主题紧扣，培养幼儿逻辑思维能力，适合在科学探究活动中使用。

第三种——展示型

目标　与他人共享自己的作品，培养幼儿自我反思与自我选择作品的能力。

构成部分　第一部分，由幼儿自主选择出来的最好的或最喜欢的作品。第二部分，每件入选作品被选的理由，由家长或老师用文字记录这些理由，或用录音记录方式。第三部分，幼儿自己或他人欣赏档案夹作品后的建议与感想。

特点　这是一种激励性的终极性评价，用以展示幼儿在某一学期在某一领域所取得的成果，特点适合艺术领域。例如，展示幼儿最喜欢的自拍照片，最满意的绘画作品、手工作品，参加文艺演出时的录音录像，最满意的歌唱录音，展示自己特长的录像（拉小提琴、弹钢琴等）。

目前，这种档案夹评价类型在我国也得到比较普遍的使用，下面我们介绍此类档案夹评价的一个案例（例 6）。

例 6

绘画档案夹

目标　让幼儿主动地了解、欣赏、鉴别艺术作品的创作过程，发现自己作品的长处与不足，明确改进自己作品的步骤与目标，从而提高绘画技能与自我评价、自我反思的能力。

构成部分　第一部分，一学期放入 10 件作品，但是，把每一作品创作过程中不同阶段的初稿、修改稿与最终定稿同时放入，合起来算一件作品。第二部分，伴随每一件作品放入的反思调查表。第三部分，与教师、家长、同伴交流的记录。

附：反思调查表

A. 你喜欢此作品哪一方面？　　　　B. 你不满意什么？

C. 如何改进？　　　　　　　　　　D. 你需要老师什么帮助？

E. 下一步想怎么画？画什么？

第四种——文件型

目标　对幼儿的成长做一种系统、全面的记录。

构成部分　作品、等级量表、观察记录、分析文字、学期报告等。

特点　这可以说是各种评价与成果的汇总性的档案夹，是真正的幼儿整个成长过程的描述。这种类型的档案夹评价往往是幼儿园行为，即幼儿毕业时幼儿园时把幼儿的所有资料汇集起来，作为幼儿园的长期档案资料，供毕业的幼儿终生查阅。

第五种——评价型

目标　为某次幼儿园范围内或街区范围内的大型活动选拔作品或评选作品而进行的评价。

构成部分　第一部分，预先公布能被录用的作品的标准或要求。第二部分，收录符合标准或要求的作品。

特点　这是一种水平性或选拔性的评价。

② 档案夹评价的特点

优点 • 能够提供丰富多样的评价材料，了解幼儿的学习过程、方法与结果。

• 能够使幼儿体验自身的成长与进步。

• 关注幼儿的个性差异。

• 促进幼儿自我评价、自我反思能力。

缺点 • 工作量大，幼儿教师负担重。

• 如果教师不是真正理解这种评价的内涵，不是真正从心底接受这种评价，就容易走形式、走过场。

• 会出现教师过分注意资料积累，却忽视幼儿发展的本末倒置现象。

思考题

1. 与中小学课程目标相比，幼儿园课程目标有什么特点？

2. 幼儿园课程目标基本取向有哪些？

3. 幼儿园课程目标的基本来源有哪些？

4. 以发展领域为结构框架幼儿园课程目标的四个层次各有什么特点？以内容领域为结构框架幼儿园课程目标的四个层次各有什么特点？

5. 表述幼儿园课程目标要注意什么？

6. 幼儿园课程内容的取向有哪些？

7. 幼儿园课程组织的标准是什么？

8. 在幼儿教育实践中，有哪三种课程组织形态？它们各有什么特点？

9. 整合性单元主题活动有什么特点？

10. 幼儿园课程实施取向有哪些？

11. 幼儿园课程实施有哪些途径？每种途径的含义是什么？

12. 幼儿园课程实施的类型有哪些？各有什么特点？

13. 影响幼儿园课程实施的因素有哪些？

14. 幼儿园课程评价的取向有哪些？

15. 幼儿园课程评价的基本问题有哪些？

16. 在幼儿发展评价领域内，比较成熟的三种评价方法是什么？各有什么特点？

第三章　几种典型的幼儿园课程理论与方案

在幼儿教育发展史上，许多幼儿教育的先驱都有不少关于幼儿园课程的思想，形成了许多典型的幼儿园课程方案。在此，我们将重点剖析几种。当然，对课程方案的关注，出发点并不是判断哪种课程方案最为优质，而是希望从各种方案中得到启发和提示，从而为幼儿园课程的设计提供借鉴。

第一节　五指活动课程及方案

五指活动课程是由我国著名幼儿教育家陈鹤琴先生创造的。1923 年陈先生在南京创办鼓楼幼稚园，开始了他的探索中国化幼儿教育的改革之路，并以鼓楼幼稚园的课程编制为基础，提出了五指活动课程。课程的内容由五方面组成，它尤如人手掌上的五个指头，是活的，可以伸缩的，互相联系的。五指活动在儿童生活中结成一个教育的网，有组织、有系统，合理地编织在儿童的生活上。

一、五指活动课程的基本理论观点

陈鹤琴先生曾留学美国，师从克伯屈、孟禄、桑代克等名师，深受美国进步主义教育思想的影响，反对灌输式的教学，主张“做中学”。他针对当时国内幼儿教育的弊端，以自己的实验研究为基础，融合各家理论所长，提出了“活教育”的理论体系作为其课程编制的基础。

陈鹤琴先生的“活教育”理论体系包括三大内容，即活教育的目的论，活教育的课程论，活教育的方法论。

（一）活教育的目的论

陈鹤琴先生指出，活教育的目的就是在“做人、做中国人、做现代中国人。”那么这样的人应该具备什么条件呢？第一要有强健的身体；第二要有建设的能力；第三要有创造的能力；第四要有合作的态度；第五要有服务的精神。后来随着抗战的胜利，形势的发展，他又进一步提出了“做人、做中国人、做世界人”的目标，体现了他放眼世界的胸怀。

（二）活教育的课程论

针对传统教育书本万能、课程固定、教材呆板的死教育现象，陈鹤琴先生提出“大自然、大社会都是活教材”的观点。陈先生认为，大自然、大社会才是活的书，直接的书，应该向大自然、大社会学习。活教育的课程应该是[①]：

(1) 以大自然、大社会作主要的教材，以课本作参考资料，这是直接的活知识，是直接的经验；

(2) 各科混合或互相关联；

(3) 不受时间的限制，没有分节的时间表，时间为功课所支配；

(4) 内容丰富；

(5) 生气勃勃；

(6) 儿童自己做的；

(7) 整个的，有目标的；

(8) 有意义的；

(9) 儿童了解的。

活教育的课程编制遵循两个原则，一是根据部颁的课程标准，二是根据当地实际环境的情形。

（三）活教育的方法论

“做中教、做中学、做中求进步”是活教育的基本方法。活教育非常重视直接经验，强调以“做”为中心，主张儿童在学校里的一切活动，凡是儿童自己能够做的，就应当让他们自己做，因为做了就与事物发生直接的接触了，就能得到直接经验，就知道做事的困难，就认识了事物的性质了。所以陈鹤琴先生把教学过程分为四个步骤：实验观察，阅读参考，发表创作，批评研讨。同时，提出了活教育的 17 条教育原则：

(1) 凡儿童自己能够做的，应当让他自己做；

(2) 凡儿童自己能够想的，应当让他自己想；

(3) 你要儿童怎样做，应当教儿童怎么学；

(4) 鼓励儿童去发现他自己的世界；

(5) 积极的鼓励，胜于消极的制裁；

(6) 大自然、大社会是我们的活教材；

(7) 比较教学法；

① 唐淑：《中国学前教育史》，人民教育出版社，1993，P. 286。

(8) 用比赛的方法来增进学习的效率；
(9) 积极的暗示，胜于消极的命令；
(10) 替代教学法；
(11) 注意环境，利用环境；
(12) 分组学习，共同研究；
(13) 教学游戏化；
(14) 教学故事化；
(15) 教师教教师；
(16) 儿童教儿童；
(17) 精密观察。

以上 17 条教学原则可以综合概括为活动性（做）原则、儿童主体性原则、教学法多样化原则、利用活教材原则、积极鼓励原则和教学相长的原则等。它们基本上包含了当代教育心理学和教学论所倡导的主要原则，尤其适用于幼儿园教育。

二、幼儿园五指活动课程

（一）课程目标

陈鹤琴先生认为，课程是达到目的的工具，而确定目的，首先要确立儿童是主体的思想。他指出：儿童、教师和教材是教育上的三大要素。作为教师首先要测量儿童的个性，希望他们达到怎样的目的，然后选择最适宜的教材，使用最适宜的方法，以达到所希望的目的。五指活动课程的目的是：

(1) 做人　应有合作的精神，同情心，服务的精神；
(2) 身体　应有健康的体格，养成卫生习惯，并有相当的运动技能；
(3) 智力　应有研究的态度，充分的知识和表意的能力；
(4) 情绪　应能欣赏自然美和艺术美，养成欢天喜地的快乐精神，打消惧怕的情绪。

（二）课程内容

对课程内容的选择，陈鹤琴先生一贯倡导“活教材”的观点，要求幼儿园的课程内容要与幼儿的实际生活相结合，以“五指活动”来规定课程的内容，它们是：

(1) 健康活动　包括饮食、睡眠、早操、游戏、户外活动、散步等；
(2) 社会活动　包括朝夕会、周会、纪念日集会、每天的谈话及社会常识等；
(3) 科学活动　包括植物的培植、动物的饲养、自然现象的研讨、当地自然环境的认识等；

(4) 艺术活动　包括音乐（唱歌、节奏、欣赏）、图画、手工等；

(5) 语文活动　包括故事、儿歌、谜语、读法等。

陈鹤琴先生认为“幼稚园的课程全部包括在五指活动中，并采用单元制，各项活动都围绕着单元进行教学”①。

即便如此，儿童能够学和应该学的东西也还是很多的，应该如何选取？陈鹤琴先生提出，选择幼儿园课程内容应遵照三条标准：

(1) 凡儿童能够学的东西，就有可能作为幼稚园的教材，但有时在“能学”的标准之下，还要有点限制，比如，有些东西小孩子虽然能学，不过学习会妨碍他身心的发育，那就不必勉强他学习；

(2) 教材须以儿童的经验为依据；

(3) 凡能使儿童适应社会的就可取为教材。

（三）课程组织

陈鹤琴先生在幼儿园课程组织上反对分科教学，认为儿童的生活是整个的，教材也必定要整个的，互相连接，不能四分五裂。他主张幼稚园的课程应打成一片，应依儿童身心的发展，使五指活动在儿童生活中结成一个教育的网，有组织有系统，合理地编织在儿童的生活上。但这种有系统的组织应以什么为中心呢？“这当然要根据儿童的环境。”他认为儿童的环境不外乎两种：一种是自然环境，包括动植物和自然现象；一种是社会环境，包括个人、家庭、集社、市廛等类的交往。可确定的中心如节气，包括中秋、重阳、元旦、端午等；自然界的应时事物，包括秋菊、冬雪、春桃、夏荷等；社会性事件，包括纪念日、庆祝会、恳亲会等。自然和社会这两种环境是儿童天天接触到的，应当成为幼稚园课程的中心。幼儿园的课程可以从这两大类环境中选择儿童感兴趣的而且又适合儿童的人、事、物为中心，以单元主题来组织，各项活动都围绕单元进行，使各科之间构成内在联系，形成整体。这种课程内容组织的方法，陈鹤琴先生称为“整个教学法”，即把儿童所应该学的东西整个地、有系统地教儿童学。后来改称为“单元教学法”。那么如何设计与组织单元活动呢？陈鹤琴先生提出了单元活动大致要经过的过程与需注意的问题②：

(1) 本星期教师会议上讨论下星期大约可以做些什么？

(2) 把要做的活动拟定以后，于是商议它的内容，大约分几个步骤可以做的。

(3) 将各活动内应用的材料和可以参考的书，教师详细预备。不过所谓预备是教师自己的预备，不是替儿童件件装配停当，儿童可以不假思索的来享受。

---

① 唐淑：《中国学前教育史》，人民教育出版社，1993，P. 280。

②《陈鹤琴教育文集》（下），北京出版社，1985，P. 44~45。

(4) 寻找或布置一个适当的环境来引起这个设计。

(5) 儿童既然感到兴趣，教师顺着儿童的兴趣，引起各方面的活动，并且与各科联络。但是并不强求合乎预定的设计。

(6) 时间完全不限制。多做就多做，少做就引起别的设计来。

(7) 儿童如不能维持到做完设计的全部历程，教师急需考察一下，究竟是什么缘故，可以补救吗？

(8) 儿童临时发生特种兴趣，教师要尽力去指导，有时竟可以把全部预定的设计改变，做这个临时发动的事。

(9) 儿童急需看到结果，所以各个设计中当分做许多小段落，他们的兴趣方才可以维持。

(10) 同一设计单元里，各方面的活动很多，儿童愿意做任何一方面，应该由儿童自由去做，不希望每个方面都做到。

(11) 在同一设计单元中，有许多活动几个人合作的，有许多工作活动只需独做的。教师可以做他们的领袖，同时可以训练几个儿童来做领袖。

(12) 每个设计单元的每一个阶段或一方面的活动，得到结果，应当有极短的、简单的批评与讨论。

五指活动课程单元实例《开学了》见第二章第二节例 4。

（四）课程的编制与实施

关于幼稚园课程的编制，陈鹤琴先生提出了三种方法[①]：

(1) 圆周法 “就是各班预定的单元相同，研究的事物也相同，不过取材内容随着儿童年龄的不同而分别予以适当的教材和分量。”亦即各班课题相同而要求由浅入深。

(2) 直进法 “就是将儿童生活中可能接触到的事物，依照事物的性质和内容的深浅而分布在各个不同年龄的班级里，如小班研究猫和狗，中班研究羊和牛，大班研究马和虎。”亦即各班课题和要求均不相同。

(3) 混合法 “就是在编制课程的时候，以上二法均须采用。”亦即课题和要求有相同或不同。在编制课程时，通常运用混合法。

在课程的实施方面，陈鹤琴先生强调：

(1) 采用游戏式教学方法 陈鹤琴先生认为，游戏是儿童生来喜欢的，儿童以游戏为生活。幼儿园应当采用游戏式的教学方法去教导儿童，要以主动代替被动。使儿童在游戏中，在活动中学习，往往会收到事半功倍的效果。

---

① 唐淑：《中国学前教育史》，人民教育出版社，1993，P. 280。

(2) 采用小团体式教学法　由于幼儿的年龄参差不齐，智力各不相同，兴趣又不一致，因此在教学时应采用小团体式，区别对待，分组实施，使处于不同发展水平的幼儿都有所长进。

(3) 通过环境的创设和材料的提供引起幼儿的学习动机　陈鹤琴先生强调，教师要希望儿童做某种活动，或使儿童明了某种观念，就需要布置环境，投放材料以刺激儿童，而且在环境创设时要依据教育的内容变化。材料的摆放要适合儿童，高度以一米的视线为标准。

除此外，陈鹤琴先生还提出了比较法、比赛法、替代法、观察法等，通过多样化的方法，生动、形象、具体地向幼儿进行教育。同时教学中都以“做”为出发点，在做的过程中去学，在做的过程去教，在做的过程中去求进步。

（五）课程的评价

早在20世纪20年代，在陈鹤琴先生主持的鼓楼幼稚园课程试验之初，就将缺乏具体的课程评价目标作为当时中国幼稚园的四大弊病之一提了出来。陈鹤琴先生认为，没有具体的标准，就没有办法对课程的实施过程及儿童的发展进行督察与评定，也就谈不上对课程作进一步的改进。他说：“考察品行，应当有品行的标准；甄别习惯，应当有习惯标准；检验技能，应当有技能标准；测验知识，应当有知识标准。”[①]所以鼓楼幼稚园最初便把考察幼稚生的成绩——主要是幼稚生应有的习惯技能作为试验的主要内容了。1925年，陈鹤琴先生与张宗麟先生一道编制了《幼稚生应有的习惯和技能表》，包括卫生习惯、做人的习惯（个人的、社会性的）、生活的技能、游戏运动的技能、表达思想的技能、日用的常识等185项指标。每项指标都很具体、明确，如卫生习惯里要求儿童“不吃手指”、“不随地吐痰”；做人的习惯里要“不说谎”；生活的技能里要“会自己吃饭”、“会洗手”；日常的知识里要求儿童能“识别植物20种”、“会做十以内的加减法”、“要知道日、月、时间”等。要求幼稚园结合儿童心理和认识上的特点，运用形象、生动、直观的方法对儿童进行检查与督察，从而开创了我国幼儿园课程评价的历史。

从上述对五指活动课程方案的介绍中，我们可以明确地看出，该课程基本反映了陈鹤琴先生早期“做中学”的生活教育观。课程内容的“五指活动”、“整个教学法”也体现了他的“活教育”的思想。其课程内容取之于幼儿的生活，以幼儿的自然和社会为中心。在教学方法上注重幼儿的兴趣和主动的学习。围绕单元活动，幼儿主动的获取活的知识与经验。从中可以看出，进步主义教育思潮对五指活动课程的影响，但它又不拘泥于当时西方流行的设计教育法，而是结合中国幼儿园课程的

---

① 《陈鹤琴全集》（下），江苏教育出版社，1989，P. 124。

实际做了“本土化”的探索，以“一切课程是儿童自己的”，“一切课程是当时当地儿童自发的活动”的观点作为课程设计的出发点，从而开创了中国化、科学化的幼儿园课程改革运动。陈鹤琴先生五指活动课程的这些思想、观点和方法对我国现阶段幼儿园课程改革和编制仍有借鉴与指导意义。我国 20 世纪 80 年代中期开始的幼儿园课程改革中所形成的“幼儿园综合主题课程”就是对陈鹤琴先生五指活动课程的继承与发扬。当然，五指活动课程也有一些局限性，比如，在理论层面虽然努力避免课程中的知识中心倾向，但在实践层面上仍然比较注意教材，而对幼儿的注重程度不足；尽管陈鹤琴先生一再强调五指活动课程中的五指不是五个学科，应整合成一个有机整体进行，但在推行时，仍被误解而分科进行，这是我们在借鉴时所应注意的。

第二节　蒙台梭利课程及其方案

蒙台梭利（1870—1952），意大利医生，著名的幼儿教育家，曾被誉为世界幼儿教育史自福禄贝尔以来影响最大的人物之一。1896 年毕业于罗马大学医学系，进入精神病院做临床助理医生，开始研究智障儿童的心理与教育，为他们设计出一套训练的方案并获得了巨大的成功。智障儿童教育的成功给了她新的启示：既然智障儿童通过教育能够达到正常水平，那么正常儿童通过训练和教育，不是可以达到更高水平吗？同时，她认为人们的许多缺陷之所以成为永久性的问题，主要在于生命的初期，即 3 岁~6 岁缺乏良好教育的缘故，为此她开始了正常儿童教育的研究工作，并于 1907 年在罗马贫民区创办了“儿童之家”，开始实验她的教育思想与教育改革方案。经过不断的探索与总结，形成了自己独特的幼儿教育理论与方法，其所创立的蒙台梭利教育法虽然几经沉浮，但却在世界各地引起了强烈的反响，并形成蒙台梭利运动，至今仍然影响着现实中的幼儿教育改革。

一、蒙台梭利课程的理论基础

蒙台梭利深受卢梭、裴斯泰洛齐、福禄贝尔等人的自然教育和自由教育观点的影响，并根据自己的实践与实验，形成了自己独特的儿童观与教育观。

（一）儿童观

蒙台梭利认为要教育儿童，首先要了解儿童。她的尊重儿童身心发展特点，促进儿童发展的观点可以概括为以下几方面。

1. 儿童具有发展的内在冲动力——吸收的心智

蒙台梭利在其著作《童年的秘密》中指出：“存在一种神秘的力量，它给新生儿孤弱的躯体一种活力，使他能够生长，教他说话，进而使他完善……。”[①]“生长，是由于内在的生命潜力的发展，使生命力量呈现出来。它的生命力就是按照遗传确定的规律发展起来的”。她认为，正是这种内在的冲动力，促使儿童不断地发展。所以她在其另一本著作《有吸收力的心智》中指出，这种内在冲动力表现为儿童在 6 岁之前就具有一种吸收知识的自然能力，即所谓的“吸收的心智”。借助于这种“吸收的心智”，儿童通过与周围环境的密切接触和情感联系，在自发的活动中，获得了各种行为方式，生命力和个性也得到了进一步的发展。

2. 儿童发展具有敏感性

蒙台梭利认为，生命力不仅通过自发活动呈现和发展，而且还表现出生长的敏感期。所谓敏感，蒙台梭利认为是生物在发展时期所具有的一种特殊能力，是一种积极的活动力量。但这种力量只限于对特定的忍受能力的获得。所以蒙台梭利指出了儿童的几个发展的敏感期：语言发展敏感期（0~5 岁），感觉发展敏感期（0~5 岁）；行为规范的敏感期（2 岁~6 岁，肢体协调发展的敏感期（2.5 岁~5 岁）。蒙台梭利认为，儿童的发展有不同的敏感期，所以教育必须与敏感期相符合，从而促进儿童心理的正常发展，并避免由于延误时机而带来的儿童心理发展的障碍。

3. 儿童发展具有阶段性

蒙台梭利把儿童的发展分为四个阶段：1 岁~3 岁，3 岁~6 岁，6 岁~12 岁，12 岁~18 岁。她认为，儿童发展并不像松树，从小松树长成大松树。儿童的发展与蝴蝶的生长变化有类似的情况，蝴蝶的生长经历了四个阶段：卵——毛毛虫——蛹——蝴蝶，儿童成长也如此，阶段与阶段之间有质的不同，有不同的心理特点，因而要进行不同的教育。

4. 儿童的发展是通过工作实现的

蒙台梭利认为，儿童发展不是老师教出来的，儿童是在与环境相互作用中，通过自己自发性的活动，即工作完成的。她在《教育中的自我活动》一书中指出，儿童由于内在生命力的驱使和心理的需要产生了一种自发性活动，这种自发性活动通过与环境的交互作用使儿童获得有关经验，从而促进儿童心理的发展。但蒙台梭利认为，儿童最主要的活动不是游戏。她认为游戏不可能培养儿童严肃、认真、求实、责任感和严格遵守纪律的精神与行为习惯，只有工作才是儿童最主要和最喜爱的活动，也只有工作才能促进儿童的全面发展。

（二）教育观点

1. 主张自由教育

蒙台梭利主张自由教育，十分强调自选自导的学习和自动的教育。认为儿童的

---

① 蒙台梭利：《童年的秘密》，乌荣根译，人民教育出版社，1990，P. 30。

发展是自己活动的结果。只有在自由的条件下产生的“自我创造”才可能成功。她认为教育的目的包括生物的和社会的两个方面，生物的目的是帮助儿童个人的自然发展，社会的目的是为环境作个人准备，使个人能适应并利用环境。教育的任务就是给儿童提供一个适宜的环境，使其在此环境中发展自身的自然能力。正如她所说：“教育的基本任务就是使每个儿童的潜能能在一个有准备的环境中都得到自我发展的自由”。教师的职责就是建立常规和排除儿童自然发展中的障碍，观察儿童的表现和了解儿童的需要，以更好地承认、培育和保护儿童自身的能力，并给予间接的帮助。

2. 提供有准备的环境

蒙台梭利认为在教育上，环境所扮演的角色是相当的重要的，因为孩子从环境中吸收所有的东西，并将其融入自己的生命之中。所以教师要为儿童提供一个环境，一个有准备的环境。所谓有准备的环境，一方面是指充满爱与快乐的心理环境，另一方面也是指经过教师组织与安排的物质环境，主要指各种可供幼儿操作使用的材料或教具，以及有关的设备。在这个环境里，儿童可以自由地活动，自然地表现，充分地意识到自由的力量。在这个环境里，儿童可以获得丰实的感觉刺激，得到自由而充分的发展。同时，这个环境也是一个能够帮助儿童发展“生命的活动”的真实环境，是有规律、有秩序的生活环境。

二、蒙台梭利教育方案

（一）教育目标

蒙台梭利认为儿童均具备自我成长发展并形成健全人格的生命力，所以在对儿童天性、发展和环境的信念下，其教育的主要目标是帮助儿童发展出自发性的人格和养成一种独立、自信、自律、自足及自我管理的活动习惯。

（二）教育内容

为了达到上述目标，蒙台梭利根据儿童发展敏感期的特点，制订了由浅入深、由具体到抽象的课程内容，涵盖五个领域即感官教育、日常生活练习教育、语言教育、数学教育及文化科学教育。

1. 感官教育

蒙台梭利认为，感官活动是一切智能发展的基础，因而感官教育是她的教育内容中最重要，也是最富有特色的部分。感官教育的直接目的是使儿童感官敏锐，间接目的在于培养儿童的观察、判断、区别、比较、归类等能力。这也是个体适应环境的最佳准备。蒙台梭利为此精心设计出一套含有十六种系列感官教具，其目的主要是训练视觉、听觉、触觉、味觉和嗅觉五大类。

听觉训练主要使儿童习惯于辨别和比较声音的差别，使他们在听声训练过程中，培养起初步的审美和鉴赏能力；视觉训练在于帮助儿童提高鉴别度量的视知觉，鉴别颜色、形状、大小、高低、长短及不同的几何形体；触觉训练在于帮助儿童辨别物体是光滑还是粗糙，辨别温度的冷热，辨别物体的轻重和大小、厚薄、长短以及形体；嗅觉与味觉训练主要注重提高儿童嗅觉和味觉的灵敏度。同时，蒙台梭利在其感官教育中强调以下几点。

(1) 感官教育的刺激应孤立化　蒙台梭利主张，不同感官训练要采用不同的方法和材料，要使感官的刺激孤立化，使训练材料集中在“某种感觉”的某种属性上进行。如，触摸觉的训练采用限制戴指套的练习和闭目练习等，使用的材料有不同形状和光滑程度的木板，盛在不同形状的容器中且温度相同的水等。视觉训练主要通过镶块活动进行，采用大小、形状、长度和厚度不同的物体训练视觉；通过瞎子游戏训练儿童的重量、大小和形状感觉；通过图案和绘画让儿童进行颜色感觉练习等。听觉训练是运用形状相同、音色不同的小铃帮助儿童区别声音、并借助多种乐器对儿童进行音乐训练等。嗅觉训练通过让儿童嗅新鲜的紫罗兰和茉莉花等花的气味进行。味觉训练通过让儿童用舌头接触苦的、甜的、酸的等各种溶液的味道进行。立体感觉的训练是一种统觉训练，让儿童睁着眼睛和闭上眼睛来触摸物体。蒙台梭利希望通过这种感觉训练，使儿童成为更加敏锐的观察者，增进和发展他们的感受能力。

(2) 强调感官教育要把握“敏感期”　蒙台梭利认为，3 岁~7 岁是儿童视觉、听觉、触觉、味觉、嗅觉等感官能力发展的敏感期，所以在这一时期如不进行充分的感觉活动，长大以后不仅难以弥补，而且还会使整个精神发展受到损伤。感官教育一定要在这一时期进行；如果忽视了这一时期的感官教育，则无法进行任何形式的补救。

(3) 感觉训练要通过具体的步骤和程序　蒙台梭利认为，不论训练何种感觉,都要按照“三段式”练习法进行。

第一，命名。建立感知觉与其名称的联系。如向儿童出示红色物体，同时告诉他“这是红色”，再出示绿色物体，说：“这是绿色”，然后将其放在儿童面前让他们感知。

第二，确认。按老师说出的名称拿出相应的物体，如老师对儿童说：“给我蓝色的积木”，“给我黄色的积木”，儿童按要求分别拿出相应物体。

第三，记忆。自己说出物体的名称，如教师指着物体问：“这是什么？”要求儿童回答。

2. 日常生活练习

日常生活练习也是其课程方案中教育内容的重要组成部分。与儿童自身有关的日常生活练习主要是：

(1) 儿童的自我服务　包括穿脱衣服、刷牙、洗脸、洗手、梳头等盥洗活动。

(2) 儿童初步的动作练习　如坐、走、站及抓握等。

(3) 管理家务的工作　包括扫地，拖地板，擦桌椅、摆餐桌、端盘子、整理房间等。

通过日常生活练习，帮助儿童学会生活自理的基本技能，发展大小肌肉动作和肢体的协调，学习自我控制，培养独立、自主、专心、合作的态度，最终形成儿童独立自立的能力与精神。

3. 语言教育

蒙台梭利把语言机制看作高级心理活动的先决条件，认为语言能促进儿童智力的发展，因此她也非常重视对儿童进行语言教育。她还认为训练儿童的语言能力，必须先训练其听觉，为儿童注意更精确的语音做好准备。语言教育包括两部分。

一是读的教育，主要采用命名，辨认、拼音三段教法，增进儿童清楚而精确的语言能力。同时还通过为儿童提供阅读教材和交谈两种方式进行。阅读材料由清晰的书写好的单词和短语纸片与卡片组成，还有大量的玩具。例如，在百张卡片上面写好儿童的名字、城市和物品的名称，或是儿童从感觉训练中已经熟知颜色的名称，然后把它们放到一些箱子里，放在儿童可以自由使用的地方。儿童读完一箱又去读另一箱，表现出浓厚的兴趣。

二是写的教育，蒙台梭利认为儿童学习书面语言与学习口头语言不同，不能自然的获得。为此她以她对儿童的观察和研究为基础，为儿童设计了文字教育的教具，如金属嵌板、砂纸文字、书卡集等，为儿童进行书写活动练习，以发展儿童的书写能力。

同时，蒙台梭利认为，书写的练习应先于阅读的练习，应通过触觉的训练，帮助儿童发展书写动作，为此蒙台梭利设计了一套专为书写作准备的图画材料，让儿童在画画复制出几何图形的过程中，反复练习，直至熟练掌握运笔动作，为书写打好基础。

4. 数学教育

蒙台梭利认为，3 岁的孩子在进入她的学校已懂得数数，能数到 2 或 3，所以很容易学习计数。她为儿童设计了计算方面的内容，包括：数数，数字练习，用书写符号表示数，数的记忆练习，从 1~20 的加减乘除法，10 以上的算术运算等。蒙台梭利主张通过数学教具，帮助儿童学习数学。所以在数学教育方面，除了运用感觉教育的教具外，蒙台梭利还设计了一套数学教育的教具。而且数学教具的运用是与教学目的相匹配的，例如，为了让儿童理解 0~10 的数字和数量，可运用的教具有数棒，砂数字板，纺锤棒和纺锤箱，等等。为了让儿童认识十进位的概念，可运用的教具有金色串珠、数字卡片等。教学教育旨在增进儿童逻辑思考，解决问题及推理等能力。

5. 文化科学教育

蒙台梭利主张必须让儿童学习前人创造的文化财富即文化科学知识，认为透过学习文化科学知识可以发展智慧、丰富精神和增长教养。因此她主张应该充分利用3岁~6岁这个容易获取文化并自然成熟的时期让儿童初步地掌握一些简单的文化科学知识，主要内容包括地理、自然科学、历史及人类艺术等方面的内容。

（三）教育内容与过程的组织

蒙台梭利的课程是以儿童的内在需求为出发点，要求必须仔细观察儿童并充分了解可以帮助他们发展的活动。其教育内容的组织是以教具为中心，教具依据儿童各敏感期设计，其顺序性很清楚，儿童只要照自己的进度去操作；也不必特别按年龄计划，儿童可以按自己的能力去发展，不需他人指定。

教育过程的组织则是以环境为基础。蒙台梭利认为任何教育计划的施行，首要的是提供儿童安全、真实且适合儿童大小的环境，以激发儿童发展他自己的进步，尤其是能帮助儿童引起自我知觉、自我支配的动机。课室内外环境是根据课程的内容领域提供各种活动的区域，让儿童在不干扰他人的情况下，可以自由选择。适合儿童的“有准备的”环境应该是：

(1) 有规律、有秩序的生活环境；

(2) 提供有吸引力、美的、实用的设备和用具；

(3) 允许儿童独立地活动，自然地表现，使儿童能意识到自己的力量；

(4) 丰富儿童的生活印象；

(5) 促进儿童智力的发展；

(6) 培养儿童的社会性行为。

按上述要求设置的有准备的环境，儿童就会按照自己内部的需要、发展的速度和节奏来行动，并在这个过程中表现出热爱秩序，严肃认真，长时间的集中注意，尽最大的努力反复进行某种操作，而不感到疲倦等优秀品质和惊人的智慧。

（四）蒙台梭利课程中教师的作用

蒙台梭利认为教育不是教师自上而下的教授，而是教师协助儿童自下而上地自我发展，所以蒙台梭利把“儿童之家”的教师称为“导”师而不是“教”师，其在课程中发挥很大的作用。

1. 观察者

蒙台梭利认为教师扮演的角色首先是观察者，教师应该教的少而观察的多。教师观察的目的就在于了解孩子的发展和需要。所以教师在儿童摆弄和操作物体的时间里，主要是了解儿童的自由表现，观察他们面部表情，观察他们对教具材料的兴趣及持续的时间，依此作出判断，及时给予儿童指导或适当的刺激，为儿童提供相应的材料、教具与适宜的环境，通过适当的引导促进儿童的心理活动和身体的发展。

2. 示范者

在蒙台梭利课程中，由于教师在活动中很少直接传授知识，教师的示范作用就显得格外重要。如在儿童自由选择、使用教具材料之前，教师就要为孩子示范教具的正确操作方法，再如，当儿童模仿出现错误时，老师并不直接告诉孩子，而是再一次地示范或引导选择另一个新的教具。此外，教师要仪容整齐、清洁，仪态自然大方，态度要温和亲切。

3. 环境的提供者

蒙台梭利认为，儿童是在吸收环境的过程中发展的，所以教师的重要作用之一，就是为儿童提供适当有准备的环境，使儿童在丰富的物质环境与良好的人文环境中健康自由地成长。

4. 支持者与沟通者

蒙台梭利强调教师也是儿童的支持者，她认为虽然儿童是通过吸收环境而达到自我发展的，但其中必须有教师的协助。离开了教师的支持，儿童的发展是难以实现的。所以，当儿童需要时，教师应随时出现在儿童身边，成为孩子学习活动的支持者，此外，教师还必须时常与家庭、社区联络沟通，澄清父母的教育观念，使其与学校保持一致，以益于儿童身心的成长。

三、对蒙台梭利教育方案的评价

在世界学前教育史上，蒙台梭利教育方案是至今仍影响较大的教育方案之一，之所以具有如此的魅力，主要在于其重视儿童的内在需要，强调对儿童的尊重和信任，强调儿童个别化的学习，倡导教师耐心、细致的观察与指导。同时，又有完整成套的教具材料来具体实施，使儿童在操作的过程中主动学习，自我发展。然而，蒙台梭利的方案毕竟是脱胎于智力残障儿童的训练方案，因而存在一定的局限性①。

（一）孤立的感官训练

蒙台梭利强调孤立地训练各种感官。她设计的每一感官教具均是针对一个特定感官的，要求儿童在接受不同的感官刺激时，将注意力集中在特定的感官上，通过

① 冯晓霞：《幼儿园课程》，北京师范大学出版社，2000，P. 149。

对各种感官的“困难度孤立”的训练，发展儿童的感知能力。这是一种严重的脱离现实生活也脱离实际的做法。世界上仅具一种特性的事物几乎是不存在的，人在认知事物时，也总是把它当做一个整体而不是部分来反映的。从这个意义上说，孤立的感官训练也许适合那些智力障碍的儿童，却不适合广大发展正常的儿童。

（二）对创造力的忽视

首先，蒙台梭利虽然强调在操作教具时给儿童自由，但这种自由只是选择教具和选择操作时间上的自由，儿童在操作教具的方法、规则上则没有自由。因为蒙台梭利教具的操作步骤和方法是固定的，儿童不能改变，是机械死板的。儿童只能按照某种固定的步骤和方式不断地进行重复的练习，这十分不利于幼儿创造性的发展。

其次，在蒙台梭利教育方案中缺乏最能发展儿童创造力的自由的艺术教育。在蒙氏教室中，虽然孩子也使用艺术教具，但已被指定在既定的目标上创作，只强调技巧及实体复制的做法，这也反映了蒙氏教育对创造力的忽视。

（三）过于强调读、写、算，忽视幼儿实际的生活经验

（四）缺乏增进社会互动与发展语言的机会

蒙台梭利课程强调个别化的学习，强调每个孩子依据自己的需要选择教具、材料，自己进行操作，自我发展，因而缺乏与同伴协商和合作的机会。这对于儿童的社会交往技能和语言的发展显然是不利的。

从上面的叙述中，我们可以明确地看到，蒙台梭利教育方案是建立在对儿童天生的自发、自动、自我教育的信念上，教育就是把儿童的这种内在潜能发掘出来。但是该方案在多年的实施中并未真正实现蒙台梭利的教育思想。关键的问题就在于：蒙台梭利主张儿童的自由教育和自由发展，反对成人的所谓“干预”，但却又要求儿童按规则刻板地操作教具，给儿童创设格式化的环境，这二者之间本身就是矛盾的。同时我们还要看到的是，后人在学习蒙台梭利教育方案时，往往机械地搬用其形式，而未真正领会其教育理念与精神。这些给予我们的启示即是任何课程的借鉴不在于形式上的相似，重要的是掌握其教育的精髓和方法论。

第三节　皮亚杰主义的认知课程理论及方案

皮亚杰主义的认知课程是在皮亚杰认知发展理论的基础上建立起来的。自 20 世纪 60 年代中期以来，皮亚杰的发生认识论和儿童心理发展理论的研究成果给学前教育开辟了一个广阔的天地，以此理论为指导的学前课程的开发空前活跃起来，并且产生了一些专门的皮亚杰主义的认知课程方案。

一、皮亚杰认知发展理论的要点[①]

（一）发展是一种结构的重建，而不是简单的增长

皮亚杰认为，因为只是通过对环境的刺激进行同化（信息输入的过滤或改变）和顺应（内部的改变，以适应现实，叫做顺应）时，儿童的认知结构才能得到发展。他的公式不是从刺激直接到反应（S—R），而是同化刺激于结构的反应[S—（AT）—R]（AT：即同化刺激于结构之意）。据此，单纯的用语言注入式的教育方法，不能发展儿童的智力或提高儿童的努力程度。学习必须是一个主动过程，要创设让婴、幼儿主动摆弄和探索周围世界的环境条件和气氛，使之发生与环境各种刺激的同化和顺应的主动交互过程。儿童在与世界的主动交流过程中，获得有关世界的稳定而持久的认知。强调动作是思维的活动的源泉，知识不在词语之中，是运用词语进行建构和创造的结果。因此动作和活动是制定皮亚杰式方案的重要方面之一。

（二）发展的阶段论

在《儿童和青少年智慧发展阶段》一文中，皮亚杰首次论述阶段论思想，认为儿童从出生到成长的认知发展不是一个数量上不断增加的简单过程，而是伴随同化性的认知结构不断再建的过程。认知发展的 4 个阶段是：①感知运动阶段（0~2 岁）②前运算阶段（2 岁~7 岁）；③具体运算阶段（7 岁~12 岁）；④形式运算阶段（12 岁~15 岁）。

他认为每个阶段的发展顺序决不会改变，也不能超越或跳过其中任何一个阶段，因为每一个阶段都是对前一个阶段的进一步完善，并为下一阶段打好基础，前一阶段到后一阶段的发展，不是简单的量变，而是质变。

根据发展阶段论，各种认知性方案的制订者们都十分重视前运算阶段与感知运算阶段的联系，注意从动作思维到表象功能的发展，从具体形象思维，到抽象逻辑——数理思维的过渡；从自我中心单维向两维和多维思维发展，从思维不可逆性到可逆思维的进展。每一个教育者必须了解儿童在不同时期的学习兴趣和方法差别的界限。因此，根据皮亚杰的阶段发展学说，必须寻找形成认知结构更合适的起点，给以适时的指导和启发，这就要充分认识儿童思维与成人的区别，儿童不仅懂得较少，而且按与成人完全不同的方式思维；以及赋予每一时期适应的教育内容和方法。

（三）平衡原理

皮亚杰认为，影响发展的重要因素有三：一是成熟；二是物理经验；三是社会

① 黄人颂：《学前教育参考资料》上册，人民教育出版社 1991，P. 428~429。

经验。这三种因素是以一种复杂方式不断相互作用的，但三者本身都不能解释它们作为一个整体的性质，于是皮亚杰提出第四种因素——平衡，形成了著名的调节成熟与环境影响相互的平衡原理。他认为平衡是协调成熟、物理经验和社会经验的重要因素，并指出："平衡化"不是令人讨厌的第四因素，而是一种调节机制或一种重要工具，没有它，知识的获得是不可能的。另外，平衡过程是一种自动调节活动，通过自动调节，才能使认知结构发生变化。这种平衡是相对的，当认知不平衡时，通过自动调节达到平衡。

（四）三种知识与课程内容

皮亚杰提出三种知识类型：一是物理知识，是来自物的反馈的形成；二是社会知识，是来自人的反馈构成；三是逻辑——数理知识，则是儿童已建立的认知结构的反馈形成。根据这三种知识方案提出的教学内容，或 50 个关键经验（主动学习、数概念、时间、空间、序列……）就成为学前教育内容构成的主要依据。方案的总标准不是具体知识的获得，而是能否促进发展的变化的进程。

二、皮亚杰认知发展理论对幼儿园课程的指导意义

皮亚杰关于儿童认知的发展理论对幼儿园课程有重要的指导意义，其中，较为突出的是皮亚杰理论的下面几个方面。

（一）活动是经验的来源，强调活动的重要性

皮亚杰认为，活动、动作是联结主客体桥梁和中介，一切知识经验是主客体相互作用的产物。知识从本源上既不是客体发生的，也不是从主体发生的，而是从主体和客体之间的相互作用中发生的"。也就是说，为了发展自己的认识能力，儿童必须经常参加各种活动，在活动中对客体施加各种动作，从而获得各种实际经验，才能促进其经验的增长，智力发展。所以，从婴儿随着爬行寻找被藏的玩具，到建构起"客体永久性"的观念开始，到日后有了数的概念、序列的观念，这一切都是由于儿童对物体的动作，由于儿童自身的活动，从而在头脑中组织与思考的产物。所以皮亚杰强调活动的重要性，活动是儿童经验的来源，儿童学习决非坐在椅子上被动地学习，正如他们学游泳，不只是坐在看台上观察水中的成人游泳，而是必须自己跳入水中去游才可以。因此皮亚杰提倡活动教学，认为"好的教学必须包括向儿童提供这样一些场合，使他们可以亲自进行最广意义的实验，试验各种东西以观察结果，操作各种东西，操作象征物，提出问题并给自己寻找答案……"[①]。在这样

① 钟启泉：《国外课程改革透视》，山西人民教育出版社，1993，P. 441。

的活动与解决问题中，促进真正的发展。

皮亚杰曾强调过作为幼儿特殊活动形式的游戏的重要性，他认为，游戏在感知运动练习和象征性练习两种形式方面是把现实同化于活动本身之中，给活动提供必要的原料。同时根据自身的复杂需要转化为现实，所以，儿童游戏也是儿童取得知识经验，发展智慧的重要途径。

（二）儿童是主动的学习者

皮亚杰强调儿童认知结构的自发和自动的发展。他认为，儿童的智慧起源于主客体之间的相互作用，而这种循环往复的相互作用的动力来自于儿童自身。美国学者埃德·拉宾诺威克兹在其《皮亚杰学说入门：思维·学习·教学》一书中指出："儿童与其环境之间反复相互作用的这种循环，要靠儿童自己作为他自身发展的主要动力"。也即，儿童在与环境不断交互作用的过程中，形成和发展着自己的认知结构。在这一过程中，儿童起着主动的，积极的作用，所以，皮亚杰主义的认知课程反对传统的灌输式教学，强调儿童的主动学习，教师的作用就是要创造条件，让儿童主动地与周围环境相互作用，从而帮助儿童通过其活动，自己去发现、形成和结构自己的知识经验，促进智慧的发展。

（三）课程内容要适合儿童的认知发展水平与特点

皮亚杰认为，儿童的认知发展是有阶段性的，每一阶段具有自己的特点与相应的水平，而这些是考虑和设计幼儿园课程内容的依据。如果课程内容超越儿童的发展阶段，硬性地灌输给儿童在现阶段还不能理解的知识，那么结果只导致不理解其意义，鹦鹉学舌。因此皮亚杰主义的认知发展课程在设计时都努力遵循这样的原则：幼儿园课程内容应尽量适应儿童的认知水平与阶段，不人为地加速儿童发展。当然，这里所谓的适应，既包括对儿童发展的一般年龄特征的考虑，也包括对个别差异的关注；既包括使新的课程内容有利于儿童以原有经验和认知方式为基础同化之，也包括提供适当超前的有发展价值的经验和问题，引发儿童的经验重组和顺应行为，促进儿童认知向高一级水平发展。

三、皮亚杰主义认知课程方案

皮亚杰主义的认知课程在美国有不少具体的方案，这些课程方案在机构类型、适用范围、定型时间等方面是各有差异的，而且在对皮亚杰理论的理解、解释及坚持程度上也有差异。下面介绍两个在世界范围内影响颇大的皮亚杰主义认知课程方案：凯米—德佛里斯课程方案和海伊·斯科普课程方案。

（一）凯米—德佛里斯课程

凯米—德佛里斯课程与其他皮亚杰主义的课程相比，虽然定型较晚，但却被认为是比较纯粹的皮亚杰主义课程方案。

1. 课程的目标

凯米认为，幼儿教育的最终目标是儿童的“发展”。“发展”是获得高层次的认知和道德的惟一方法。由此，她把课程目标分为长期目标和近期两种。

(1) 长期目标

发展儿童的人格，特别是“自律”能力，培养未来具有批判性、创造性的思考能力，不盲目服从既成的权威从而成为有价值的人。

(2) 近期目标

主要从认知和社会性情感两方面来进行。

认知方面：

① 具有主动学习、积极探索的态度、兴趣和好奇心；

② 勇于提出各种问题，产生有趣的想法；

③ 发展思维能力和认知事物间的联系、异同、属性的能力。

社会性/情感方面：

① 在人际关系环境中情绪安定、愉快；

② 尊重他人的感情和权利，会协调自己与别人的看法；

③ 独立、敏感、好奇，能运用创造性来满足自己的好奇心；

④ 自信地考虑问题并自信地表达自己的思想。

2. 课程设计的原则

凯米和德佛里斯从皮亚杰的理论中最大限度地发掘出教育的内涵，引出了课程设计的三条原则。

(1) 能动性原则

知识的获得是能动的过程，儿童的学习必须成为儿童主动探索、自我思考、提问、比较、争论的过程，为儿童提供这样的机会，创造这样的气氛和环境是课程的根本原则。

(2) 充实性原则

课程的目的不是重在超越阶段“加速”发展，而是对应儿童的发展阶段，在打牢发展的基础上下功夫。通过让儿童在解决问题的过程中，充分地“犯错误”来充实、完善儿童前运算阶段的认知结构。

(3) 结构化原则

凯米认为，广义的知识是一个完整的结构，而不是单一技能的集合。结构化了的知识经验可以帮助儿童更丰富地、更正确地从现实中推测、判断、处理问题和信息。这样知识结构中的有关知识就更加系统化、更趋完善化。帮助儿童形成这样的知识网络是课程的重要任务。

3. 课程的内容

凯米根据皮亚杰的理论，认为儿童的知识结构应该由三方面知识组成，即自然的、社会的、数理逻辑的知识。这三种知识在课程内容中占据重要位置是凯米课程的特点之一。凯米课程由三方面组成。

(1) 日常生活

凯米认为日常生活有巨大的教育价值。儿童的进餐、散步、自由游戏中都应有意识地然而又自然地施教。餐桌上丰富的每日变化的菜肴是儿童认识、了解食品、蔬菜、水果的好教材，能看、能闻、能拿、能吃，能评论、能引出儿童有关经历的交谈甚至争论，是发展儿童自然知识、社会知识的极好机会；摆碗碟、配刀叉，通过动作儿童学习“分类”、“对应”等数理逻辑知识，教师有意识的巧妙的提问“碟子和调羹正好够了吗？”“刀和叉一样多吗？”等有极好的教学效果。

(2) 传统活动

凯米课程中吸取了许多幼儿教育中被经验证明有教育价值的活动，并赋予其新的意义。凯米指出，集体游戏，包括各种比赛、捉迷藏、猜迷语、合作游戏等，虽不是新东西，但是其教育价值远不限于平时所见的，来自皮亚杰理论的洞察力，使我们能从新的角度利用传统活动来刺激儿童的发展。如捉迷藏，作为幼儿喜爱的活动一直被幼儿园列为必选活动之一，但该游戏对儿童的发展究竟起什么作用，过去是比较模糊的。凯米明确地分析了该游戏的发展价值，将其作为发展儿童社会知识和认知结构的活动项目列入课程。

首先，捉迷藏促使儿童脱离自我中心。被捉到的孩子会懂得，自己觉得安全的地方其实在别人看来是容易被发现的，下次再藏时就会学会站在他人立场上考虑问题。其次，发展儿童的思考力。找人的孩子需收集处理各种信息，分析判断若干线索；藏的孩子需考虑各种条件，如空间位置、隐蔽程度、如何伪装等。同时游戏中儿童学会遵守规则、相互合作、相互依存，极大地增长社会交往能力。

(3) 来自皮亚杰理论启示的活动

凯米认为，传统活动在发展儿童的认知能力方面是有缺陷的，如表 10 所示。在发展儿童的逻辑数理知识方面几乎作用为零，所以她专门设计了一系列独特的活动，活动的原理则是皮亚杰关于知识分三种且类型不同构造方法各异的理论。

为使儿童获得物理知识为目标的活动是各种以儿童自身动作（推、拉、投、摆弄等）为基础的活动。如让儿童滚动大小、重量不同的球，用球去撞橡皮人，儿童通过用力程度的差别体验球的性质，体验力的大小与球的重量、大小和球滚动距离

表 10　用皮亚杰理论分析幼儿园活动[①]

	数理逻辑知识			物理知识	空间时间知识		社会知识	表象		
	分类	序列	数		空间推理	时间推理		记号	象征	符号
积木				0	0				0	
绘画				0					0	
美术制作				0	0	0	0		0	
娃娃家游戏						0	0		0	0
听故事										0
动植物栽培与饲养				0		0				
唱歌、演奏乐器				0		0				
炊事活动				0						
水、沙游戏				0						
户外大型器械游戏				0	0					
棋类等桌面游戏					0					

的关系；面壁投球，是儿童通过动作体验到力与距离的关系以及力与球反弹的关系；拉卡车活动是按定滑轮原理让儿童拉绳端操纵汽车。儿童发现，往前拉绳想使车往前，结果车反而往后，头脑中反复多次协调之后，掌握了往前、往后的操作；认识活动；向水中加各种物质（盐、矿、糖、米、乒乓球、积木等），让儿童观察不同物质的溶解和沉浮情况。同时给儿童各种容器、管子等，让儿童把水、矿、盐、小石头等物质混合、分离，反复摆弄、称量，以熟悉这些物质的性质和异同。凯米认为，儿童构成物理知识固然离不开观察，但动作比观察更重要。

使儿童获得社会知识为目标的活动主要是各种带竞争性或无竞争性的集体游戏，与一般幼儿园通常活动相似。

---

① 《学前教育学参考资料》，人民教育出版社，1991，P. 406。

让儿童获得数理逻辑知识的活动是各种分类、数教育游戏等。如给儿童提供各种长短粗细不一的圆筒积木，让儿童作滑旱冰游戏，儿童学会选出粗细、长短一样的积木；让儿童闭着眼睛用手摸出纸箱内的某种形状、质地的物体，与外面的另一物体配对等都是儿童喜爱的分类游戏。数的指导按年龄设计了不同程度的游戏，3岁~4岁儿童主要是在日常活动和生活中产生对数的兴趣，注意学会分辨多少，数数等。5岁开始，多在竞争游戏中让儿童使用数。如两三组儿童比赛投球、打保龄球，儿童自己数数、比较、记录、计算，教师作适当指导。

4. 课程教学活动形式

凯米的课程教学活动形式主要包括以下四种类型。

(1) 独自操作物体的活动

在单独摆弄物体（主要是非结构性的材料，如稻草、玻璃球、木头等形状、质地、重量、大小、颜色等物理属性各异的东西）的过程中，儿童通过观察自己的动作与物体变化（运动、位移、形状改变等）之间的关系，获得关于物体的性质、特点等物理知识，形成空间关系和逻辑因果关系的认识。

(2) 群体讨论

讨论的基本目的在于培养儿童与组内其他儿童的“共同感”。通过设计儿童共同感兴趣的活动主题，教师发起讨论，研究活动的计划、执行与所需要的条件，从而让儿童通过积极的个人参与，分享集体的责任感并协调组内的各种观点，同时也在对活动所需物体的讨论中对物体的类、数进行逻辑建构。

(3) 小组规则游戏

这种活动的主要作用是培养幼儿的规则意识，理解并且自觉遵守规则。同时，学习在规则情境中的相互交往和相互理解，并对于符合规则要求的任何结果都感到满意。

(4) 实验

凯米课程的实验，实际上就是一种有特定目的的物体操作活动或“工作”。儿童利用不同的物体，利用其在形状和数量上的关系，建构他预先想到的或搭建过程中逐渐明确起来的形象。

5. 教师的作用及凯米课程的特点

在凯米课程的设计和实施过程中，教师的主要作用有：创造有助于学习的环境和气氛；提供材料，对幼儿提出活动的建议，并明了幼儿应继续学习的内容；根据不同类别的知识，采取不同的方法，指导幼儿的学习；协调幼儿扩展自己的经验与知识。上述可见凯米课程的特点在于以下几点。

(1) 重视儿童的生活和自发活动

凯米认为幼儿教育是与儿童的生活融合在一起的，她反对脱离儿童生活实际的教育内容，针对皮亚杰的课题被大量引入课程中的现象，她提出的两条原则的第一条即为是否有利于儿童发展生活必需的技能。按此标准衡量，她认为“液体守恒”的课题是不适合引入的，因为它对儿童校内外的生活都没有实际益处。

(2) 重视儿童认知发展与社会性情绪发展的密切结合

这不仅体现在课程目标上，也落实在课程实践中。凯米大量使用集体游戏，正是由于该种游戏具有多重发展价值。

(3) 重视课程内容与过程的统一

凯米认为，认知发展是通过内容（具体的经验）和结构的相互依存关系而实现的，两方面均不能忽视。

(4) 重视课程内容的结构化

凯米反对把知觉、认知、语言、思维、守恒、分类、系列化等彼此孤立地列为课程内容，似乎认为这些目标会聚在一起就能造就人才，这是经验主义教育观的反应。她强调课程中各种单一技能应形成一个统一的结构才是有意义的，这种统一的基础正是儿童的实际生活和活动。

（二）海伊·斯科普（High Scope）课程[①]

海伊·斯科普课程是由美国儿童心理学家戴维·韦卡特创立的海伊·斯科普教育研究机构研制的，它也是一个以皮亚杰的认知发展理论为基础而形成的课程方案，这一课程方案不仅保留了皮亚杰的理论假设，强调了儿童积极主动的学习，强调了教师的作用，而且更为重要的是，该方案提出了作为课程“心脏”的主动学习的七个关键经验，并围绕“关键经验”创设环境，引发幼儿与环境相互作用的活动，支持与促进儿童的学习。

1. 课程目标

海伊·斯科普课程最主要的目标在于有效地促进儿童认知能力的发展，其课程目标是反映儿童认知能力的五类49条关键经验，即主动学习的关键经验，语言运用的关键经验，经验和表征的关键经验，发展逻辑推理的关键经验（分类、排序、数概念），理解时间和空间的关键经验（空间关系、时间）。关键经验是该课程的核心。而且强调关键经验之间有密切的联系，在任何实际的学习活动中，都应该综合为一体。而不是以孤立的形式让儿童获得和运用，也即，每一种经验都能通过适合儿童不同发展水平的多种活动来实现，而儿童在每一个主动学习的过程中综合各种经验。

该课程还强调，作为课程目标的每一类关键经验都应该让儿童主动获取：

---

① （美）玛丽·霍罗等：《活动中的幼儿——幼儿认知发展课程》，赫和平等译，人民教育出版社，1995。

① 运用所有的感官主动地探究；
② 通过直接经验发现事物之间的关系；
③ 操作、转换和组合各种材料；
④ 选择材料、活动和目的；
⑤ 掌握使用工具和设备的技能；
⑥ 进行大肌肉活动；
⑦ 自己的事自己做。

2. 课程内容

海伊·斯科普课程的内容不是明确规定的系统的学科知识，而是围绕关键经验所提供的各种类型的活动。所以课程的具体内容反映在课室内外的环境设置中，它们往往是以“活动区”为中介展开的，其中有：积木区、娃娃家区、美工区、安静区、音乐区、木工区、玩沙玩水区、动植物区、户外活动区等。

如积木区的设备材料包括了用来建造、拼拆、注满和倒空以及装扮物与建筑材料，许多装扮物可以是废旧品、赠送品，或大人与孩子一起制作的东西。幼儿在积木区拼的过程中，他们会达到平衡、围合等空间和结构的难题，他们还遇到相同和不同的问题，同时积木游戏也能给儿童提供探究、独立或合作性建造、分类、组合、比较和排列物体、表征经验等的机会。所以一个课室缺乏装备较好的积木区，将会剥夺幼儿获得这些重要的认知和社会性经验机会。

再如娃娃家区是象征活动和角色游戏的中心。在这里，幼儿会把他们在日常生活中看到的和经历过的人和事结合在一起并表征出来。如看医生、购物、参加晚会、给邻居打电话等。娃娃家区给幼儿提供了模仿，假想的场所，能使他们意识到周围现实的世界，并为他们提供大量的合作，表达情感和思想，语言交流、对他人的需要和要求做出反应等的机会，而这些都是儿童发展所需的关键经验。

……

所以海伊·斯科普课程特别注意教室物质环境的布置和各个区域材料的选择，强调环境及其材料必须引发指向关键经验的多种学习活动。在活动内容上，注重与发展过程有关的经验，而不是与行为结果有关的经验，也即通过创设各种活动区，为儿童提供一个主动学习的环境，提供给儿童不断选择与决定的机会，在此过程中获得各种关键经验，促进认知能力的提高。

3. 课程组织

海伊·斯科普课程的组织是具体落实在一日活动的安排中的，在安排时往往遵循由具体到抽象，由简单到复杂，由当时当地到较远的时间和场景的原则，把 49 条关键经验反复出现在许多不同的活动中，以滋润儿童认知能力的主动发展。具体的活动类型包括以下三种。

(1) 活动区（区域）活动　是幼儿自主活动的过程，幼儿自己制订计划，自己决定活动的内容、方法，自由选择活动的材料，在与活动材料，情境相互作用中建构知识，取得关键经验，整个活动过程由计划、操作活动、整理收拾、回忆四个环节组成。教师的任务即是鼓励和帮助幼儿自己学会计划自己的活动，并实现它。

(2) 小组活动　是 5 个~8 个幼儿在一组，完成教师事先计划好的，能提供“关键经验”的活动。教师往往要根据本组内幼儿的兴趣和能力来制订小组活动的计划，并注意幼儿的想法和个别差异，然后提供活动的内容与操作的材料，精心安排活动过程，从而保证每个幼儿都能获得对其发展来说是最必需的那些“关键经验”。当然，在小组活动中，幼儿有很多的机会探索、试验，也有很多机会与同伴交往和相互交流，同时，当幼儿有机会尝试操作新材料或解决问题时，老师则会通过创设更新的问题情境来延伸幼儿的想法与行为，以进一步激发他们的探索行为。

(3) 集体活动　是全班幼儿在同一时间里从事同样的活动，如一起玩游戏、唱歌、自编歌曲、学习跳舞、讲故事、演奏乐器、做手指游戏。再现回忆特殊的事件或简单地讲一下第二天的活动等。集体活动为幼儿提供了参与大组活动，交流和表达他或她的思想、尝试和模仿别人的想法和机会，以及了解、观察同伴和自我的机会。

该课程方案一日生活的主要环节及一日生活时间安排①，一日生活的每一个环节都应给幼儿提供一种不同的经验，其主要环节包括以下几方面。

计划时间—幼儿自己来决定在操作活动时间干什么。他们把自己的计划告诉教师，教师则帮助他们思考和充实他们的计划，记录幼儿的计划，并帮助他们开始执行计划。

操作活动时间—幼儿完成他们计划的项目和活动。教师在幼儿中间走动，指导和支持他们，并帮助他们充实活动内容。那些完成了第一个计划的幼儿可以重新开始另一个计划。

整理和打扫时间—幼儿把他们未完成的作品收起来，并把他们在操作活动时间用过的材料分类、整理和放回原处。

回忆、点心和小组活动时间——日生活中的这三个环节经常会放在一起。回忆时间是计划做一回忆这一联环的第 3 个环节。5 名~8 名幼儿和一位教师在一起，回忆和表征他们在操作活动时间的活动。这一活动经常是在幼儿吃完点心后进行。在小组活动时间，幼儿运用教师选择的材料来进行活动，在这些活动中，教师可根据特定的关键经验来观察和评价幼儿。如一个小组活动可能给每个幼儿一团泥，让他

---

①（美）玛丽·霍罗等：《活动中的幼儿——幼儿认知发展课程》，赫和平等译，人民教育出版社，1995。

们一边操作一边观察所产生的变化，或给每个幼儿一些盒子和积木，让他们探索物体的不同排列方式。

户外活动时间—幼儿和教师都参加富有生气的体育活动——跑步、投掷、荡秋千、攀、爬、滚。在所有的活动中，教师鼓励幼儿讲述他们正在从事的活动。

集体活动时间—全体幼儿和教师聚集在一起，唱歌、自编动作表演歌曲、演奏乐器、做律动、玩游戏，有时还讨论即将到来的一个特殊事件。

可由教师根据自己的时间和程序表的情况来把这些环节安排成一日生活时间表。如有的托幼儿机构根据进餐、午睡和游戏场地来安排时间表；有的机构上下午都有操作活动时间。有的教师喜欢早晨以集体活动开始；有的在幼儿吃完早饭后开始制定操作活动时间的计划。只要这几个环节都包含在内，具体如何安排并不重要，但计划时间、操作活动时间、打扫整理和回忆这样一种先后顺序不能变，而且操作活动时间应该是时间最长的一个环节。例 7 是一日生活表的实例。

例 7

半日制托一日生活时间表

上午	8:30~8:50	计划时间
	8:50~9:45	操作活动时间
	9:45~10:00	整理和打扫时间
	10:00~10:30	回忆、点心和小组活动时间
	10:30~10:50	户外活动时间
	10:50~11:10	集体活动时间
	11:10~11:20	离园

全日制托一日生活时间表

上午 7:30~8:30 当幼儿进入教室后，教师和幼儿制定计划，帮助幼儿从事一个短时间的操作活动

	7:30~8:30	早餐和刷牙
	9:00~9:20	计划时间
	9:20~10:30	操作活动时间和整理打扫
	10:30~10:50	回忆时间
	10:50~11:20	户外活动时间
	11:20~11:45	集体活动时间和午饭准备
	11:45~12:30	午餐
下午	12:30~1:30	午睡，幼儿午睡或安静地看书
	1:30~2:15	小组活动和点心时间
	2:15~4:00	有的幼儿离园。教师和留下的幼儿制定计划，这些幼儿在

活动区活动一直到离园

4. 教学方法

海伊·斯科普认知发展课程提出了如下四种教学方法。

(1) 保持一个舒适、安全的环境　具体做法是：向儿童提出一定的要求，并始终如一地要求儿童遵守；要向儿童解释或提供其他的选择，而不是仅仅说“不行”；及时解决出现的问题；对不遵守规则的儿童采取行动。

(2) 支持儿童的活动和语言　具体做法是：在观察和了解儿童的活动过程之后参与儿童的活动；当给儿童提出建议时记住儿童原来的活动目的；运用身体的接触来支持和鼓励儿童的努力；在一日生活中和儿童谈论他们正在做的事；通过儿童的示范和展示他们的成果来促进幼儿之间的相互支持和交流；在一日生活的各个环节给儿童提供时间，让他们能实现自己的想法；儿童不在场时成人方可进行交谈和议论。

(3) 帮助儿童进行选择和作出决定　具体做法是：在每个活动区提供多种多样的材料和器具；帮助儿童在自己可以选择的教室中探究各种可能性；在一日生活中设计能提供选择的活动；当儿童作出了选择和决定以后，成人给予肯定；如果没有选择的可能性就不要让儿童自己选择。

(4) 帮助儿童自己解决问题，学会自己的事情自己做　具体做法是：对于儿童通过尝试自己能解决的问题，成人不要替他们干；允许儿童犯错误，从错误中学习。

5. 教师的作用及其角色

在海伊·斯科普课程中，教师是幼儿主动学习的积极鼓励者与支持者，其作用体现在：

(1) 提供丰富的材料和活动，儿童可以对材料或活动进行选择；

(2) 明确地要求儿童运用某种方式制定计划，并在完成其计划的过程中找到和评判不同的解决问题的方法；

(3) 通过提问和建议，为有关儿童的思维过程、语言发展和社会性发展的关键经验的情景安排创造条件。

6. 家长工作

海伊·斯科普课程的另一重要组成部分是家长工作，其目的在于使家长理解、接纳和支持课程，达到家园共育的协调效果。家长工作以为家长提供的四条关键经验为内容。

(1) 发现教养即教育——家庭访问

教师们要帮助父母认识到：①教养就是教育；②他们已经了解了许多有关儿童的一般性发展的知识和他们自己孩子的特殊发展的知识；③教师并不是知识的供应

者，而是希望能支持和丰富家庭中已经开始的学习过程，使父母们获得这些观念的主要方法就是教师的家庭访问。

(2) 对托幼机构的课程作出贡献

通过让父母参与教室中的活动，让他们一方面了解自己的孩子在活动中的表现，尝试与自己孩子交往的方式。另一方面也给父母提供了改进课堂环境，直接影响课堂的目标和活动及与教师分享他们知识的机会。

(3) 计划和参加家长—教师会议

父母与教师共同承担会议的计划、组织及主题的选择，从而使家长—教师会议成为交换信息和思想以及提供双边支持的有价值的会议。

(4) 学习和了解儿童的发展和托幼机构的课程

给父母亲提供有关儿童发展和课程方面的阅读资料；鼓励父母到班上观察和参与孩子们的活动从而使父母加深对课程的了解。

总之，海伊·斯科普课程强调通过儿童的主动学习主动建构自己的经验与认识，因而与其他课程方案相比有自己显著的特点。

(1) 课程目标的制定与内容的选择立足于儿童认知发展所必需的“关键经验”，而这些关键经验反映的是“人类基本的智力过程和内容”。这些经验是儿童认知能力的形成和发展所必需的，以这些关键经验来组织活动，使教师真正把注意力指向了儿童的活动过程，指向了儿童能力的发展上。

(2) 强调教师和儿童在确定学习经验方面都有重要作用。在海伊·斯科普课程方案中，设计学习经验的责任由教师和儿童共同承担，从活动的类型来看，既有儿童自主进行的活动区活动，又有成人组织的小组活动和集体活动，这就既保证了儿童的主动学习，又平衡了他们的学习经验，不仅利于促进儿童全面、均衡的发展，同时，还较好地处理了在教育过程中师生相互作用的关系。

(3) 课程方案有较强的操作性。仔细全面地分析海伊·斯科普课程方案，我们会发现，课程的每一部分既有原则性的指导，又有大量供教师选择的具体应对的建议，而且还举了很多的实例予以说明。如教室物质环境的准备和布置，不仅提出了积木区、娃娃家区、美工区等几个区设置的原则指导，而且还就每个区能发展哪些关键经验，如安排在教室的什么位置，要摆放什么材料，如何摆放等问题，提出了具体的要求与建议以便于教师理解，也便于教师具体操作。正因为如此，其课程方案的影响越来越广泛。

海伊·斯科普课程也有局限性，其在于：

(1) 该课程目标重点指向了儿童的认知能力的发展，对儿童的情感和社会性方面的发展没有明确的目标，尽管该课程也说明了在能满足儿童发展需要和尊重儿童权利的教育环境中，师生之间的积极的、协作的关系对儿童的社会性和情感的发展至关重要，但在课程目标中却没有体现；

(2) 该课程对教师的专业素质和技能的要求较高，特别是对儿童发展心理规律与特点的掌握，以及观察与评价儿童的技能，这些都使该课程方案直接应用于幼儿教育领域受到限制。

第四节　学前知识系统化理论及教学

在苏联，以乌索娃、查包洛塞兹为代表的研究者，经过自己多年的实践与探索，逐渐形成了幼儿园颇具特色的课程体系——学前知识系统化教学。

一、基本理论观点

（一）学前知识系统化的实质

1. 系统化知识的实质是互相关联的知识组成的网络状知识团

苏联学前教学论专家乌索娃认为，学前知识系统化的关键在于深入评定每种知识，弄清知识间的联系，组织成有明确的系统，并充分利用儿童已有的经验，使儿童在掌握知识过程中，逐渐认识事物之间的简单联系和规律，从而使儿童的个别知识能结合成一个完整的体系。

在系统化知识体系里，儿童不仅要认识事物的外部特征，而且要理解其隐含的本质规律；不仅知晓个别零散的知识，而且要把握知识之间的联系，由此构成了由表及里、由此及彼的立体状知识网络结构。在这里，知识之间是彼此关联的，而发生联系的原因有两种：一个是千差万别的个别事物与内隐于其中的一般规律之间的联系，另一个是一事物与另一事物之间的依存关系。例如，动物与其生活的环境相联系，即动物要适应生活环境（这即是一个一般规律）与这个一般规律的个别事件（如猫能爬树、捉耗子，非常机灵敏捷；马跑得特别快；狮子和老虎既有力又灵活，善于小心翼翼地悄悄走近猎获物，突然袭击等）的知识之间相互联系，这样就把原本看似毫不相干的零散知识（动物、环境、动物要适应生活环境的各种具体表现的知识）连接成为一个彼此关联的网络状知识团，形成了系统化的知识体系。

2. 系统化知识的核心是反映事物和现象的简单联系和规律

在系统化的知识体系中，整个体系由作为该体系核心的最初的一定原理(即反映现实相应方面的主要联系的那些观念和初级概念)贯穿起来，这个原理就是整个知识系统的核心，其他的知识则是原理的具体表现，是围绕着这个原理组织联系起来的。例如以动物的身体构造依赖于生存环境作为了解野生动物的一个知识体系的核心；反映物体在空间运动的基本属性的知识是了解无机界的一个知识体系的核心；把构造的物体的形状和用途之间的联系当做儿童创造活动学习的一个核心等。

乌索娃指出，给儿童传授关于现实的某些实物和现象的知识时，重要的是引导他们理解简单的联系和规律性。在提供给儿童的关于现实的某方面的知识体系时，引导儿童抓住这核心是非常关键的。

3. 系统化知识的性质是在活动中，以表象形式反映知识的联系和规律

系统化知识以一个反映事物、现象的内在联系的规律的原理为核心。但这样的概念，一般说来，是复杂的理论分析和概括形式的结果，是学前儿童做不到的。

苏联著名心理学家查包洛塞兹、波特吉雅科夫对儿童把握系统化的知识的可能性做了深入的研究。他们指出，学前儿童的主要思维类型（即直觉行为思维和直观形象思维）就其认识潜力来说，并不比概念思维弱。在良好的教育影响下，学前儿童在直观的形象中也能反映事物的共性，也能发现事物的本质联系和相互依存关系。例如，水的三态变化，植物的生长与空气、阳光、土壤的依存关系都是可以在一种直观的形式中显示给儿童的。

这也就是说，幼儿园中作为知识体系核心的揭示事物本质联系和关系的知识，不是反映在概念的形式中，而是体现在儿童摆弄物体的活动中，呈现在表象的形式中。这样就从理论上解决了学前教育知识体系的性质问题。按照这一原则建立的知识体系既符合教育的科学性原则，也符合可行性原则。

（二）给予儿童的知识要系统化

乌索娃曾对20世纪50年代这一时期苏联学前教育的知识大纲作了详细分析后指出，这些教学大纲只罗列了事实，没能揭示它们之间的联系，因而降低了儿童的发展水平。所以乌索娃强调："现在最重要的是加深对每一类知识的介绍，确定其联系"，"我们希望儿童获得真正的科学知识，但同时这些知识又易于为儿童接受，并具有发展意义。"①

因为零散的、偶然的知识不具有发展价值，只有以一定的方式和结构原则组织起来的完整知识的体系，才能扩大儿童认识活动的可能性，使他们从认识现象的外部特征和联系过渡到认识一些不能直接感知的内部联系和关系，从而从本质上改造儿童认知方式，使他们能更自由地运用旧知识，更深刻地理解新知识，并逐渐掌握认识新事物，获得新知识的智力活动方式，以引起智力发展的重大进展。

同时，学前教育方面的研究发现，掌握系统化的知识对尚不具备抽象逻辑思维的学前儿童是必要的，也是可能的。因为，知识体系可以有不同深度和概念程度。它可以是以科学概念为核心组织起来的理论层次的学科体系，也可以是以表象或初

① 邓鲁萍：《简述苏联学前教育的知识体系理论》，《外国教育资料》，1987，(1)。

级概念为基础和核心组织起来的经验层次的“前学科”体系。学前儿童所能掌握、并对其心理发展有积极促进作用的知识体系正是后一种。当然，这种系统化知识应该根据最近发展区原则来建立，应该反映儿童在日常生活中所遇到的客观现象之间的重要联系和相互依存性。

（三）学前教学的重要形式——作业教学

如何将给予儿童的知识进行系统化，就涉及到作业教学。乌索娃认为，儿童的才能的基础主要是在学前期奠定的。所以在学前期一定要慎重周详地研究和最大限度地考虑儿童发展的年龄特征与心理规律。为此，她提出了学前儿童应该掌握的知识可以分为两类：一类是比较简单的知识和技能，儿童在与成人的日常交往中，在生活、游戏、劳动与观察中就可以获得，不需要专门的教学；第二类是比较复杂的知识与技能，这类知识虽然在学前儿童的知识总量中只占很小的比重，但对其智力发展却起着决定作用，而且掌握这类知识必须经过专门的作业教学。所以作业教学的任务就在于利用儿童自发经验，即第一类知识，引进轴心概念（表象形式的初级概念），以此为基础帮助学前儿童形成系统化的知识与相应的认识方式。因此，作业就是教学的组织形式。

乌索娃认为，学前期是儿童发展的一个重要时期，必须通过有目的、有计划、有组织的教学活动，才能完成其教育任务。因此乌索娃把“学前教学”引入了苏联学前教育理论，创立了学前教学论。乌索娃在 1952 年为“学前教学”做出了一个明确的定义。她所说的“学前教学”不仅包括教养员传授及儿童掌握一定的知识、技能和技巧，而且还包括给予儿童获得这些知识的方式，培养他们对待周围世界的正确态度；学前教学应当按照明确的方向形成儿童的心理和个性。通过学前教学使儿童达到以下几个主要目标：

(1) 给予儿童有关周围世界的具体知识；

(2) 培养儿童对待周围世界的正确态度；

(3) 向儿童传授具体的动作方式；

(4) 在全面发展的基础上做好儿童的入学准备。[①]

乌索娃认为：要实现这些目标，使儿童由认识现象的外部特征和联系过渡到认识不能直接感知的知识就要靠作业。所以作业就是学前教学的基本组织形式。作业就成为学前儿童全面发展的重要手段之一，在儿童智育中起着主导作用。也即对儿童进行的教学就是在作业这一组织形式中实施的。

作业教学属于专门化、正规化的教育教学活动。一般是组织的集体活动，在这

① 邓鲁萍：《简述苏联学前教育的知识体系理论》，《外国教育资料》，1987，(5) P. 65。

些作业活动中，学前儿童获得的是所谓第二类知识，即系统化知识。因此乌索娃要求，儿童在作业中应掌握的知识，要组织得明确、系统。同时，主要范围应该是关于周围生活的具体知识，如自然现象、人及其活动的各种形式和关系等，所以作业对儿童的经验影响是巨大的，因为全班儿童都能获得教学大纲规定的知识与技能，掌握智力活动的方式与方法，从而提高儿童的发展水平。在作业过程中，还可以提高儿童的积极性，培养儿童听力和观察力，培养儿童按照教养员的指示进行各种活动的能力，培养儿童寻找解决问题的合理方法和发挥想象力时所表现的主动精神。所以苏联幼儿园在大、中、小班分别设置了不同水平的各种作业课，如小班的音乐、体育、造型活动、认识环境、语言、绘画等；中班的音乐、体育、认识环境、语言、计算、绘画、手工、艺术文学等；大班的音乐、体育、认识环境，认识自然界、计算、语言、手工、文学作品、俄语等。

二、学前知识系统化教学

（一）教学的目标与任务

苏联学前知识系统化教学的思想主要反映在 1983 年《幼儿园预备班教育和教学大纲》及 1984 年《幼儿园教育和教学示范大纲》之中，下面简单加以阐述①。

苏联学前教学的目标是培养“个性全面和谐发展，能符合新社会的发展要求，有创造性，并且具有一系列对今后整个生活有重大意义的优良品质的儿童”。

具体任务如下。

(1) 保证和增进幼儿的健康；促进身体发育和机能发展；培养体育活动兴趣；形成运动技能和文明卫生习惯。

(2) 形成对周围生活中最简单现象的正确观念；激发认识兴趣，发展求知欲；培养智力活动的技能和技巧，发展认知能力。

(3) 培养幼儿热爱故乡和祖国，关心和尊重周围的人；形成集体主义和人道主义的萌芽；培养纪律和文明行为，以及诚实、勇敢、善良、正直等优良品质和个性特征。

(4) 教育幼儿认识并尊重成人的劳动；培养对劳动的兴趣和积极态度；形成最基本的生活和劳动技能；发展独立性。

(5) 发展幼儿感受美、发现美、表现美和创造美的初步能力。

而且在不同的年龄阶段，教育任务的重点不同。如小班 3 岁~4 岁主要以增进幼儿同伙伴间的接触、养成共同游戏习惯和合群性为重点；中班 4 岁~5 岁加重认识周围环境和道德教育的内容；大班 5 岁~6 岁及预备班 6 岁~7 岁则开始强调系统化知

① 根据苏联 1983 年《幼儿园预备班教育和教学大纲》及 1984 年《幼儿园教育和教学示范大纲》整理。

识的教学，强调责任感和学习自觉性的培养，强调入学准备教育。

（二）教学的内容

苏联1984年颁发的《幼儿园教育和教学示范大纲》把幼儿园的教学工作分成三个部分，即“儿童生活的组织与教育”、“节日和娱乐”、“作业教学”，各部分都有详细的教学大纲，对教学内容还有比较明确、详细的规定。

“儿童生活的组织与教育”大纲包括“关心儿童的健康和身体发展”、“培养文明行为，形成良好的人际关系”、“认识社会环境，培养对社会生活现象的兴趣”、“介绍自然界”、“发展语言”、“游戏”、“劳动”、“独立的艺术活动”等内容领域。

“节日和娱乐”部分包括“节日集会”和“娱乐”两方面。

“作业教学”部分则包括“认识周围环境和社会生活现象”、“形成关于自然界的知识”、“发展语言”、“发展初步的数概念”、“文学艺术”、“建筑活动”、“造型艺术”、“音乐”、“体育”等内容。大班与学前班进行一定的识字教学。

表11以“作业教学”中“认识自然”的一部分内容“形成关于植物世界知识”为例来介绍幼儿园在小、中、大班的不同教学内容与要求。

表11　幼儿形成关于植物世界知识的教学内容与要求

班　级		教学内容与要求
小班		1. 区别蔬菜和水果的名称、味道、颜色、大小和形状并说出它们突出的特征。 2. 区别茎、叶、花各部分，并说出它们的名称。 3. 认识树的结构。
中班	第一季度	1. 知道5种~6种蔬菜、3种~4种水果的名称，颜色、形状、味道、制作食物的方法等特征。 2. 知道蔬菜在菜园里培植，水果在果园里栽种。 3. 了解成人在培植蔬菜和水果方面的劳动知识。
	第二季度	1. 形成关于用种子栽种植物的知识。 2. 了解关于植物生活和生长的特殊条件的知识。
	第三季度	1. 明确和巩固关于植物结构的知识。

（续）

班 级		教学内容与要求
中班	第四季度	1. 能根据叶子、树皮认出树、灌木，根据花和花的形状认出草本植物。 2. 知道森林里的蘑菇、浆果等。 3. 知道植物生长的特点。 4. 记住熟悉的植物名。 5. 了解关于在菜园里栽植蔬菜的知识。
大班	第一季度	1. 知道 5 种树木的名称和区别。 2. 知道 4 种灌木的名称与区别。 3. 知道 6 种~8 种蔬菜、4 种~5 种果实的名称、颜色、形状、味道的典型特征和食用方法。 4. 根据蔬菜、水果的食用和栽种方式等特征形成关于蔬菜和水果的概括性概念。
	第二季度	1. 巩固和扩大关于植物结构、它们各个部分的功能的知识。
	第三季度	1. 了解插枝法。 2. 认识早开花的草本植物。 3. 利用阔叶树和针叶树集合名词。
	第四季度	1. 知道植物是用种子栽培出来的，了解植物生长和发育的基本阶段，栽培植物和照料它们的基本方法。 2. 能根据叶、花、果实、树皮、根来区别树、灌木、草本植物。 3. 了能禾木农作物的栽培。 4. 了解关于各种植物生长地区的概念。

从上面的介绍中不难看出，《幼儿园教育和教学示范大纲》不仅明确规定了作业教学的目标、内容和要求，而且在小、中、大班的内容上要求不断提高，同时系统性也很强。

（三）知识系统化的教学实例

下面以苏联尼科拉耶娃和法勃尔关于形成学前儿童动物保护性适应的知识体系的系统化教学为例说明①。

动物是学前儿童感兴趣的事物，也是自然界的重要组成部分。如何通过作业教

① 冯晓霞：《幼儿园课程》，北京师范大学出版社，2001，P. 171~172。

学帮助幼儿形成关于动物与其生存环境关系的系统化知识？对此，尼科拉耶娃和法勃尔进行了深入研究。最终发现，可以以“动物的防卫机制”作为“核心概念”，将有关的知识联系起来。

研究者认为，对大班儿童来说，选择“动物的防卫机制”作为核心观念进行知识系统化教学是适宜的。

(1) 动物的防卫机制是“动物的身体构造和行为特征依从于其生存环境”这一基本生物学制是“动物的身体构造和行为特征依从于其生存环境”这一基本生物学规律的具体体现，掌握这个知识能使儿童对动物及生物圈的认识不再停留于表面，而开始触及本质。

(2) 动物的防卫机制有比较明显的外部特征和表现（不同的身体结构，如乌龟的坚硬外壳；不同的行动方式，如羚羊的快速飞跑；各种伪装，如枯叶蝶以假乱真的外形；等等）能够被幼儿感知和理解。

(3) 幼儿的自发经验中已有大量有关动物防卫机制的表象性经验，比如，幼儿一般都知道兔子的耳朵和后腿很长，跑得很快；田鼠的皮是褐色的；鸭子的嘴是扁的；刺猬身上长满了“钢针”；啄木鸟的嘴比较长、比较坚硬等。

但这些知识是零散的，彼此之间没有联系，而且往往不清楚动物这些特征与其生存环境之间有什么关系。在这种情况下，通过作业教学，帮助儿童发现各种现象之间的联系，理解“动物的外部结构和行为特征是和它的生活环境相适应的，是保护自己的手段，否则就很难生存”这样一条动物世界的规律并不十分困难。而且，教学时无须增加多少知识量，只须利用儿童的这些已有经验，稍加引导，便可整理成系统。

教师可以通过放映电影、录像，组织实地观察、讲故事等活动来激活幼儿的旧经验，增添有关的新知识，特别是与幼儿的旧经验相矛盾的知识，以引导他们去注意和关心二者之间的关系和联系。例如，不少孩子知道动物各有自己的本领，却不知道这些本领只能在一定条件下显示出来，如跑得很快的马在光滑的冰面上常常摔倒，而看起来很笨的海豹却可以借助鳍和腹，很快地超过马；鸭子的扁嘴能很方便地捕捉水里的鱼，但难以吃掉盘中的饭菜。这无疑会引起儿童的思考：为什么动物原来的本领变小了，甚至消失了？教师的适当引导逐渐使孩子们认识到动物的身体结构、生存方式和本领都是与它们的生存环境相适应的，“动物对环境之适应性”的观念逐渐形成。当儿童真正形成了这一观念时，有关动物的零散经验也就构成了一个初级的知识体系网。凭借这个网络，儿童不仅能灵活地再现已有知识，使旧知识条理化、精确化，达到新的认识程度，而且能处理、解释、推测新问题和新现象，由此及彼广泛移植，从而促进智力发展。

在这个教学即将结束时，教师进行了几项测验：其一是出示一张画有以丛林为背景的老虎图片，问幼儿：“为什么老虎身上长着条纹？”绝大多数儿童都能从适应环境这个角度给予回答：老虎身上的条纹使它在森林中不易被发现，而易于偷偷靠近猎物。虽然在这之前，并没有人向他们讲过有关老虎的任何知识，不少孩子甚至还可以根据动物的身体结构推测出它生长的地方和生活习性（陆地还是水里，丛林还是草原，食肉还是食素，凶猛还是温顺等）。相对比的是没有经过专门教学的孩子则无人能正确回答这类问题。

因此可见，知识系统化教学在引导儿童整理、提升原有零散经验的作用，它能在儿童先前知识的基础上，通过教学，让儿童发现知识之间的联系并概括出它们的规律，故系统化的作业教学是苏联幼儿园课程实施的重要手段与途径。

（四）教师的作用

在知识系统化教学中教师的作用是十分重要的。可以说儿童能否形成概念，构建知识体系主要取决于教师的作用。教师的主要任务是：

(1) 选择教学内容，设计适应儿童现有水平和发展可能性的各种知识系统，恰当地确定各系统的中心环节；

(2) 教学中灵活地组织多样化的活动，巩固扩大儿童的知识范围；

(3) 引导儿童围绕知识系统的核心积极思考，发现事物之间的内部联系和规律性，帮助儿童建立知识体系；

(4) 巩固形成的知识体系，并帮助儿童将之移植到更广阔的范围里去。

在教学中，教师有一定结构的讲解非常重要，教师往往要以此为引线，循序渐进地引导儿童认识事物的各个方面，以使儿童在此过程中获得完整的知识体系。

第五节 方案教学

20 世纪 90 年代，意大利瑞吉欧的幼儿教育实践影响了世界上的幼儿教育，为世界的幼儿教育提供了一个优秀的教育典范。在瑞吉欧·艾米利亚的幼儿学校中，令人印象深刻的即是方案教学（project approach）。然而，方案教学并不是一种教育儿童的新方法，实际上它是进步主义教育运动的一个重要组成部分，它因瑞吉欧·艾米利亚幼儿学校的闻名而又被重新受到关注。

一、方案教学的基本理念

方案教学是一个译名，方案（project）一词还可以译为“设计”、“项目”、“计划”等。早在 20 世纪初，方案教学就与美国的进步主义教育运动及科学化的儿童研究有关。杜威因在其思想中特别注重通过儿童的“活动”、“主动作业”来训练儿童的思维，促进儿童智能的发展，于是在当时美国的教育界就倡导通过教师精心设计、组织儿童的活动，使活动成为激发儿童兴趣的教育过程。通过活动使儿童获得经验，重组经验，促进儿童的生长。在杜威思想的影响下，杜威的学生克伯屈于 1918 年在哥伦比亚大学发表《方案教学法》(我国学者一般把它译为“设计教学法”)。倡导方案教学这一新的教学形式。克伯屈方案教学法的一般程序是：决定活动目标（包括引起动机）——订立活动计划——具体实施——对计划是否按照目标实施进行评价。所以每一种方案都具有四个特点：

(1) 它是一种要求师生共同合作计划的活动；

(2) 它是以一个问题为中心的活动；

(3) 它是一种生产的探索的活动；

(4) 它是一种评价的和有目的的练习。

总之，方案（设计）教学法主张由儿童自发地决定学习的目标和内容，在儿童自己设计、自己负责实行的单元活动中获得有关的知识和解决实际问题的能力。它主张废除班级授课制，打破学科界限，强调儿童在活动中的主动性，强调教师的任务在于利用环境以引起儿童的学习动机，帮助儿童选择活动的材料，教师是活动的提供者、参与者。所以从 20 世纪 20 年代开始，在美国的一些学校就开始出现了方案教学。在美国 60 年代末，70 年代初的“开放学校”也是以方案教学为其主要特征的。所以，方案教学由来已久。

（一）什么是方案教学呢？

美国幼教专家凯兹等人认为方案是一个或一群孩子针对某个主题所做的深入研究。方案教学不只是教学法、学习法，也包含了教什么，学什么的问题。就教的角度来言，方案教学强调要以合乎人性的方式，积极鼓励儿童与环境中的人、事、物产生有意义的互动；从学的观点来看，方案教学强调儿童要主动参与他们的研究方案，以取得直接的第一手资料。而方案的内容或主题，通常要取自儿童所熟悉的生活世界。因此，设计方案教学就是要将儿童的学习由学科的明确界限中解放出来，而且，儿童的年龄越小，方案教学的统整性就应越高。当然就如凯兹所言，方案不应该完全取代现有的幼教活动，也不应当成幼教课程的全部，它只是课程的一部分，也即，方案如能在课程中占有一定的比例，将有助于儿童的发展，有助于平衡课程。

（二）方案教学与结构教学的区别

方案与自发性游戏的结构一样都是非正式的，都是非正式课程，而结构教学是正式课程，二者是有明显区别的[①]。

① 凯兹等：《探索孩子心灵世界》，陶英琪等译，台湾：心理出版社，1998，P. 19~25。

(1) 学习的动机是内发还是外诱的 一般来说，结构性教学常常是教师利用外在奖励来增强儿童的学习与活动意愿，尤其是在进行一些读、写、算等基本技能的学习时更是如此。方案教学则是依赖于儿童自己的内在动机，强调儿童对活动、工作的兴趣以及活动本身的吸引力。由于方案往往来源于儿童周围的生活，选择又是多样化的，所以在方案教学里很少是由教师要求儿童被动去做的，儿童的主动性很强。

(2) 选择权来自儿童还是教师 进行结构教学时，一般由老师选择程度适合的教材、活动，指定教学的进度，帮助儿童学习各种技能。而进行方案教学时，一般由儿童根据自己的兴趣去做选择。可以做简单的工作，也可以做有挑战性的工作，一切视儿童自己的背景。

(3) 专家是老师还是儿童 谁是专家，是方案教学与结构教学的另一种不同处。方案教学与结构性教学二者对学习者的假定是不同的。进行结构性教学时，是以假定儿童不会，没有能力为前提的。而进行方案教学则假定儿童是有能力的，教师应该鼓励他们在有意义的情景下应用自己的技能。因此，在结构性教学中，教师负责评估儿童的学习程度，再依次进行教学。教师是主导，监控儿童的学习进展，教师是专家，他知道他要教什么。在方案教学时，教师鼓励儿童一边应用技能，一边自己评估能力，选择适合自己的工作去做，儿童成为自己学习上的专家。当然教师也会给儿童提供建议，但儿童可以有权驳回，自己做决定。即使儿童做错了，也无妨，因为对于儿童来讲这也是一种经验。

(4) 谁应为儿童的成就负责 在结构性教学中，就教儿童读、写、算等基本技能而言，老师应负责绝大部分责任，因为他们是专家，只有老师才知道如何帮助学习有困难的儿童。进行方案教学时，儿童要与老师共同负责，以培养儿童反省、评估自己对方案的贡献，以及为自己的所做所为负责的态度。

二、方案教学的组织和实施过程[①]

方案教学的组织和实施过程没有固定的程式，一切应根据时间、地点和条件而灵活地确定活动操作步骤。一般而言，方案教学可以包括以下三个步骤。

（一）方案的起始阶段

1. 方案教学主题的选择

主题可以来自许多方面。教师可以根据幼儿园计划，安排设计适合班级的主题，也可以参考课程指导手册而选择相关的主题，也可以通过观察和讨论而产生主题。

① 朱家雄：《幼儿园课程》，华东师范大学出版社，2002，P. 265~267。

方案活动主题的选择应遵循以下的一些原则：

(1) 选择的主题应与儿童的生活相贴近，并能被用于他的日常生活；

(2) 应能引起儿童的兴趣，并能运用已学的技能；

(3) 应能为儿童未来的生活做准备；

(4) 应有益于平衡幼儿园的课程；

(5) 应能充分运用幼儿园和社区的资源。

方案教学的主题可以选择的范围十分广泛，凯兹在她的《探索孩子心灵世界》一书中介绍了一种基本的分类方法：

(1) 儿童的日常生活，家、食物、电视节目、玩具、游戏等；

(2) 当地社区，医院、商店、交通工具等；

(3) 当地大事，重要节庆、市节、名人等；

(4) 地理，道路、河流、山丘、森林、住家附近；

(5) 时令，钟点、日历、季节、历史事件；

(6) 自然环境，水、风、植物、动物、天气、海等；

(7) 抽象概念，颜色、形式、对称等；

(8) 普通常识，太空旅游、车船、河流、沙漠；

(9) 其他。

2. 主题网络的编制

主题网络是由许多与主题相关的下位主题（小子题）编织而成的，教师可以使用他人设计的主题网络，也可以凭借自己的教学经验编制主题网络。

凯兹在她的《探索孩子心灵世界》一书中以“医院”这一主题为例，介绍了编制主题网络的“头脑风暴法”，为缺乏经验的教师编制主题网络提供了具有可操作性的方法：首先，准备一些小纸条，将与“医院”这一主题有关的东西，如：救护车、担架、医生、病房、光、护士、候诊室、挂号病人、病床、绷带、针筒，等等，分别写在小纸条上；然后，将同类的纸条放在一起，成为一组；再取不同色的纸条做成每一组的标题，如果同一标题下的内容太多，可再细分为数个标题；最后，在大的纸张的中央写上主题，在主题周围画上辐射状散出的短线，使之与每一组的标题相连接，再与这些标题下的内容相连接。

下面是凯兹编制主题的几种技术。

(1)“拉近技术”（zooming in）是一种用来放大主题网内某一内容的一种技巧，藉此，主题网络内的某一内容可成为一个新的主题网。以“医院”的主题网为例，救护车可以被“拉近”成为另一新的主题网，即可以从中分化出发动机、轮子、指示灯、喇叭、紧急救护设备，等等。

(2) 特殊化（specificity）或一般化（generality）是用来决定主题范围的一种技

巧。如 A.帽子—衣裳—衣物；B.乌龟—爬行动物—野生动物；C.我的房间—我的房子—我的城市，等等。对幼儿而言，尽可能避免从脱离现实生活的、太抽象的主题中衍生出细节。

(3) 具体化是决定主题范围的第三种技巧。如对年幼的孩子来讲，直接讨论“食物”是比较困难的，但如果赋予“食物”一个特定的情境，如买食物、准备食物或提供食物那就容易理解了。

（二）方案活动的执行阶段

在方案教学主题网络编制完毕以后，即可开展方案活动。方案活动开始时的讨论，应给儿童深刻的印象，激发儿童的好奇和兴趣，引发儿童开放式的讨论；提供儿童相当比例的与主题有关的非结构化活动对于帮助教师了解儿童的发展水平及已有的经验也是十分有益的，这些非结构化活动包括戏剧扮演活动、绘画等。凯兹等人认为，在执行方案活动阶段，往往要采用多种类型的活动，这样才能保证教师与儿童处于一种积极的互动状态。所以凯兹按活动目的将方案活动分为三类①：调查活动、建构活动与戏剧扮演活动。这三类活动基本上覆盖了各大课程领域，不仅涉及语言、音乐、艺术，也涉及教学，科学及肌体动作等。

1. 调查活动

其基本目的是让幼儿利用各种方法取得资料，形成概念。调查的策略可分为行为与接受两类。行动式策略有提问题、估算、假设、实验、探险和实物操作；接受式的策略有观察、倾听、阅读、看图片、观察实验、触摸实物、检验、观察与主题相关的事情与项目等。因此每进行一个方案，儿童往往就在学习运用各种实用的策略，同时也扩展了知识，增进了技能与能力。如儿童在参观农场时，发现了许多鸡蛋与鸡，就开始发问“一只鸡蛋怎样孵出小鸡来？”“是什么决定它将来会变成小鸡而不是小鸭子？”（因为鸭蛋与鸡蛋相似）“我们怎样才能把小鸡从蛋壳里取出来呢”……等一大串问题，在此过程中，通过老师的介入，与儿童接下来的一系列活动，儿童也就逐渐了解了与此相关的一些知识，尤其是参观访问、校外教学让幼儿有更多的机会与专家面对面地交谈，协助幼儿准备问题。练习发问，也协助儿童发展沟通的能力。同时，观察活动，不论是短期的农场参观，还是长期的持续的诸如每天观察天气变化等，都能使幼儿有所收益。

2. 建构活动

指幼儿利用木头、厚纸板、各种盒子、积木、棍棒等进行的木工绘画、素描、剪纸、粘贴及道具制作等活动，如一群 4 岁的儿童利用大木箱、废弃的楼梯、半扇

① 凯兹等：《探索孩子心灵世界》，陶英琪等译，台湾：心理出版社，1998，P. 19~25。

旧门及许多纸板拼成一辆救护车，还为救护车加上方向盘，车身涂上了适合的颜色，包括救护车的标志——红十字。因此，不论是制作道具，建造小模型、彩绘还是粘贴，剪纸，每一次活动都需要事先计划。建造什么，建造物体的尺寸大小，制作的材料等一系列问题，也就涉及到了科学、测量等方面的知识与技能。另外，在实际建构时，往往会涉及到材料的形状、面积、比例及外观颜色的各种指数，这时就运用了数学及科学方面的知识，同时也发展了社会协商、合作的社会技能。

3. 戏剧扮演

是指演出与方案主题相关的角色。儿童的年龄越小，戏剧扮演在方案中所占的比重就越大。对于学前儿童来讲，戏剧扮演通常是即兴的演出，然后边演出边修改剧本。而学龄儿童则往往是先讨论拟定演出计划，接着寻找或制作道具，然后才进行演出。经过戏剧扮演，儿童就可以把在方案活动中所获得的新知识与旧经验融合在一起，如在“医院”这个方案的戏剧扮演中，儿童借着扮演医生、护士、病人等角色就可以了解各个角色所承担的职责，了解与之相关的知识，对角色之间的关系及合作、协商、乃至冲突及其妥协、解决等过程有了实际的体验。同时也体验到剧中角色所带有的情感，如医生对病人的关心、爱护，护士的艰辛等。

另外，戏剧扮演也包括了化妆、操作、道具安排，与其他演员互动及参与一系列的活动。在这一过程中，儿童必须不断地协调每个场景的演员阵容，寻找更多的标示或制作收集更多的道具。经过这些，儿童的头脑会变得更为灵活，儿童随机应变的能力也在逐渐增强。

在方案执行的过程中，除了常采用上述形式进行外，还要充分利用家长的参与和社区的资源，以利于主题的深入与拓展。在方案执行中还可以通过班级聚会，参观活动，展示成果，报告研讨等各种形式，来增强活动的活力。至于一个方案要持续进行多长时间，一般没有固定的时段，即可以在较短时间内完成，也可以持续一两个月，这主要看儿童对方案探索的兴趣而定。

（三）方案活动的总结阶段

在这个阶段，教师可以运用多种方式对活动进行评估，以维持和强化幼儿理解的程度，并使儿童更自信地将自己的能力运用于新的方案活动中去。

赫尔姆和凯兹在《小小探索者——幼儿教育中的项目课程教学》一书中，用图例形式将方案活动三个阶段的各个主要步骤及它们之间的相互关系作了表述，如图14所示[①]。

① 赫尔姆，凯兹：《小小探索者——幼儿教育中的项目课程教学》，林育玮等译，南京师范大学出版社，2004，P. 22。

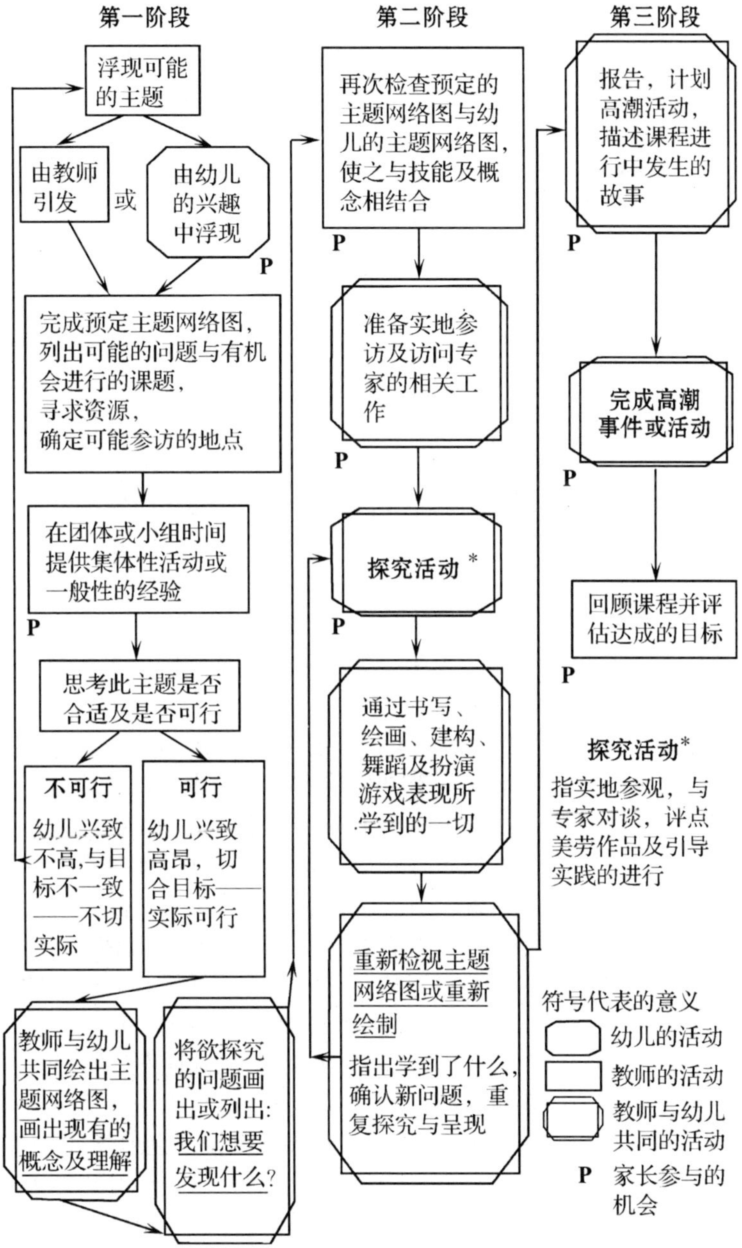

图 14　方案活动发展阶段

三、方案教学中教师的作用

由于方案教学没有统一的操作模式，在运行过程中具有较大的弹性，所以对教师的要求是非常高的，教师需要在与儿童不断互动的过程中运用智慧去把握。具体来讲，教师的作用更多地体现在：

(1) 激发儿童的兴趣，提升儿童行为的动机，使儿童积极投入到方案活动中；

(2) 尊重儿童的选择，关注儿童已有的经验，以此作为组织、实施方案活动的起点；

(3) 创设进行方案活动的良好环境和条件；

(4) 在与儿童的互动过程中不失时机地介入儿童的活动，指导儿童的活动并对儿童提出挑战；

(5) 与儿童一起学会共同生活、相互交流，认同和欣赏他人的工作。

第六节　意大利瑞吉欧的幼儿教育体系①

瑞吉欧·艾米利亚是意大利北部的一个小城市，其幼儿教育体系创建于第二次世界大战之后。经过艰苦的发展历程到20世纪80年代逐渐受到世人关注。1981年，瑞吉欧在瑞典的斯德哥尔摩举办了题为“如果眼睛能跃过围墙”的展览，介绍瑞吉欧前一年的幼托工作成果。其含意为：眼睛，代表儿童的心智、教学和教育，只有当眼睛跃过由平庸、浮夸、迎合、惰性及怯懦所组成的围墙时，才能真正的开始看、开始推理、开始更新。这意味着，只有冲破传统观念的围墙，才能真正地承认儿童的权利与潜能，实行适合儿童所需的教育。这个展览获得了巨大的成功。从此以后，瑞吉欧在世界各地又作了多次的展览，把对儿童的希望和儿童拥有潜能与权利的教育哲学的信念带向了世界各地。为了更准确、生动地反映其幼教经验，1987年在美国纽约的展览开始更名为“儿童的一百种语言”。其深刻的含义在于：儿童虽然不能像成人那样掌握纯熟的语言，但儿童表达自己对世界的认识却是独特的、多样的。它暗示着成人对儿童的权力、特点、精神世界的承认，向人们展示了一种新的儿童观及教育观。20世纪90年代，瑞吉欧的国际知名度直线上升。在1991年，美国最具影响力的杂志之一——《新闻周刊》把瑞吉欧学前教育系统评为世界十大最佳学校之一。以后其他的奖励与名誉也越来越多。后来在美国著名的学前教育专家凯兹、爱德华兹、福门等人的介绍与推广下，瑞吉欧的教育理念与经验逐渐被世界上许多国家和地区的学前教育工作者所接受。下面就简要地介绍一下意大利瑞吉欧幼儿教

① 屠美如：《向瑞吉欧学什么——〈儿童的一百种语言〉解读》，教育科学出版社，2002。

育体系的观念与课程。

一、瑞吉欧幼儿教育体系的基本观念

瑞吉欧教育体系的理念来源于三个方面，它不仅吸收了欧洲和美国的进步主义教育思想，也吸取了皮亚杰和维果斯基的建构主义心理学，同时，结合意大利自己特有的文化背景与教育实际，进一步发展与完善了自己的教育经验，从而形成了独具特色的瑞吉欧教育理念。

（一）儿童观

(1) 在瑞吉欧人的眼里，儿童是社会的一分子，是社会与文化的参与者，是他们共同历史的演出者，也是他们自己文化的创造者，他们有权利发表自己的看法，与成人一样，是拥有独特权利的个体。

(2) 儿童是主动的学习者，他们在入学之前就已拥有了一定的知识，经验。他们有自己独特的学习方式。

(3) 儿童具有巨大的潜能，他们并非只有单纯的需求。他们富有好奇心，创造性，具有可塑性。他们有强烈的学习，探索和了解周围世界的愿望。他们是在与外部世界的相互作用中主动地建构自己的知识与经验，主动地寻求对这个复杂世界的理解的。

(4) 儿童是坚强的，他们有能力担当自我成长过程的主角，儿童之间尽管有着一定的差异，但他们都试图通过与别人的对话互动与协议来找到自己的定位，找到与别人的共同点与不同点。

(5) 儿童天生都是艺术家，他们能够广泛运用不同的象征语言和其他媒介来表达自己对世界的认识。《儿童的一百种语言》本身就揭示了儿童运用绘画、动作、雕刻、粘贴、构建、音乐等“语言”所发展的事物的魅力，表达的是一种颇具艺术性的认识。

（二）教育观

瑞吉欧学校的教育观是和他们的儿童观联系在一起的。其教育观直接来自于杜威进步主义教育思想，同时也吸收和借鉴了皮亚杰、维果斯基、加德纳等的理论思想。瑞吉欧人教育观具体如下所述。

(1) 教育的目标就是要创造一个和谐的环境，使在这个环境中的每一位幼儿、教师都感到自在、愉悦，生活得幸福。教育并不仅仅追求什么外在的目标，而是更多的注重内在的品质。教育要发展幼儿的创造力，使幼儿形成完满的人格。

(2) 在教学方法上，他们反对传统的单向灌输，反对把语言文字作为获取知识的捷径，他们认为教育就是要为幼儿带来更多的可能性去创新和发现，教育在于给儿童创设学习的情境，帮助儿童在与情境中的人、事、物相互作用的过程中主动建构知识。

(3) 教育应以儿童为中心，应从儿童的兴趣、需要及经验出发。儿童在教育过程和课程决策上应有参与与发表意见的机会。但非绝对儿童中心主义，除儿童之外，教师与家庭在幼儿教育上也扮演重要的角色，起重要的作用。

(4) 瑞吉欧人认为在“教”与“学”两者之间，更应尊重后者，所以瑞吉欧人一向是以学定教的。在主题网络编制的过程中，尽管有教师的预设的成分，但主题的开展往往是以幼儿为中心的，幼儿决定主题进行的空间与时间。幼儿的学习也是教学中最为关键性的因素，它往往为教师补充教育的资源、提供多元的选择及做出建设性的想法提供支持与来源。正如瑞吉欧学前教育系统的创办人马拉古奇所说的：“站在旁边等一会儿，留出学习的空间，仔细观察幼儿在做什么，然后，假如你也能透澈了解，你的教法也许与前大不相同。”

(5) 在儿童的探索活动中，教师应掌握正确的时机，找到正确的方法，适当地介入，协助儿童发现问题，帮助儿童提出问题。教师不能过多地介入，正如瑞吉欧人所讲的：“与其拉着儿童的手，倒不如让他们靠自己的双脚站立着”。

(6) 幼儿学校是社会生态大系统中的一个组成部分，是一个整合的生命有机体，是一个幼儿与大人可以彼此分享与关系的地方。社区、市镇对学校有一定的义务与权利。社区、市镇的生活型态、发展模式、机构组织也对学校有一定的影响。实际上，他们认为教育机构就是一种幼儿、教师、家庭及社区之间沟通、交流与互动的体系，从而整合成为更大的社会系统的。

(7) 环境是重要的教育因素。在瑞吉欧的教育取向中也把环境作为教育的一个重要因子。用瑞吉欧人形象的说法即是：环境是第三位老师。因为在其学前学校中，每班有两位老师。由此可以看出。他们把环境也作为教育的“内容”，包含着丰富的教育信息和资源，对幼儿的学习起着促进、激发的作用。

（三）注重关系的建立

在瑞吉欧人的眼里，关系是幼儿教育得以完善的渠道，与他人建立关系是教育的基本目标及学校的基本工具，关系涉及到以下三个方面。

(1) 幼儿与教师平等、对话的关系　在瑞吉欧的学前学校中，教师与幼儿之间的关系是相辅相成的，他们互相提问、倾听与回答。教师与幼儿完全是平等的。用瑞吉欧人喜欢的一种隐喻：“接住孩子抛过来的球”。其含义即是指教师对幼儿的倾听、关注，并且教师要以真诚的态度与幼儿对话，教师与幼儿之间的关系就如教师与幼儿一起参加乒乓球游戏一样，一方把球抛出去，另一方把球接回来，然后再把球抛给对方……双方是平等、合作的关系，双方都是主体，彼此没有地位的高低、显卑的差别。虽然教师与幼儿双方的社会角色不同，地位有别，但在教育过程中双方的人格是平等的。

(2) 学校与家长沟通、合作，共同管理学校的关系 在瑞吉欧学前学校中，家长一直是重要的角色。家长对学校有知和参与的权利，家长与教育工作者共同承担教育子女的责任，要经常就教育及孩子的问题交换意见，进行沟通，家长在很大程度上要与学校合作，共同负责学校的决策及推行，共同管理学校。

(3) 教师与教师集体协作的关系 在瑞吉欧学前教育学校中，教师是在集体协助方式下工作的。每一间教室都有两位教师协同教学，学校所有的教职员一星期开会一次，教师每周有6个小时在一起，呈现幼儿的作品及记录，一起讨论、交流。除此之外，教师们还有不正式的午餐会进行讨论。因为瑞吉欧教师已经体会到了，专业的成长一部分来自于个人的努力，但更重要的是来自于同事以及专家之间的讨论。在讨论中通过认知冲突的发生与解决，最终获得教师的进步。

（四）优质的空间设计

瑞吉欧人认为，优质的教育需要有理想的学习空间。所以在空间的设计上，不论是装潢设备的品质，空间的规划还是建筑物本身都考虑颇多。在瑞吉欧的学校中，没有一处无用的环境。校门口精心布置成一个“会说话”的长廊，贴在那里的公告、记录以及预告有关学校的整体形式与组织事务的海报，给每一个来访者传达着学校的大致概况，一目了然。再往内走有一个餐厅，可以很清楚地看见厨房，从大厅入口处的另一个方向进去的是一个共同的空间，称之为“广场”，是一个以社区为基础的空间设计理念的体现。因为在意大利社区的广场是人们见面、聊天、讨论及参与政治、街头艺术或是抗议示威的地方。学校的广场同样具有这一意义，即幼儿之间接触，友谊、游戏及其他活动的场所。在这里，幼儿与同伴、幼儿与不同成人或成人之间经常碰面，就会发出更多的想法与点子，促成更多的教育活动。幼儿的教室与其他空间设施、广场虽然隔一段距离，但也都与其相连接，每间教室被区分成两个紧邻的空间，主要是考虑让幼儿可独处或与老师在一起，更为重要的是，教室的空间可作为小型工作坊或实验室，幼儿在此可以巧妙地运用各种材料，独自或与同伴进行更具深度的方案探索活动。校园内的所有墙壁都是会“说话”与“记录的。因为它们是幼儿或教师作品临时或永久性的展示空间。除此之外，每一个年龄层幼儿的教室隔壁都有一间“工作坊”。总之，瑞吉欧优质的空间设计让幼儿能以自己喜欢的形式一起与小伙伴表达、反思方案探索活动中的想法与问题，一起重温自己的经验，从而使他们找到其中所蕴涵的意义与秩序。

（五）教学记录的影响力

在瑞吉欧学前教育系统中，教学记录的运用是其教育的又一理念。对于瑞吉欧的教师来说，通过持续、细心地观察、倾听幼儿，通过采用如笔记本、照相机、录音机、幻灯机，录像机等不同的工具，从不同的角度对幼儿在不同主题的探索活动进行原始材料收集、记录。在整理记录的过程中，要对各项记录进行选取，同时也要不断的反思，包括对策略的思考，对幼儿认知方式的把握，方案在不同阶段的进展状况，幼儿使用多种符号表征世界的方式等等进行诠释与反省，使教师再一次地聆听与回顾教学工作中的任何对话，给教师提供更加了解幼儿想法与做法的机会，帮助教师进一步地决定方案的下一个步骤与路径。

（六）“工作坊”的设置与运用

瑞吉欧的“工作坊”是一个类似于我们平常所说的活动室之类的空间环境。里面配备有丰富多样的材料、工具，同时又拥有专业能力的人士——驻校艺术教师进行指导。然而这个“工作坊”又不同于我们所说的“活动室”，因为在这个环境中，幼儿可以更自由地利用各种可用的材料自主地学习、探索，也可以更充分地展现自己对世界的认识，“工作坊”是幼儿双手和心智探索的空间，是课程整体设计的一个组成部分，其功能更多。所以，马拉古奇说“工作坊是激发幼儿的地方。”

(1)“工作坊”为幼儿的学习，为幼儿展现自己对世界的认识提供了一个场所。

(2)“工作坊”可以帮助幼儿熟练各种不同的技能、技巧。

(3)“工作坊”协助家长与学前学校进行沟通。

(4)“工作坊”协助教师们互相切磋，教学相长。

(5)“工作坊”为记录提供了一个场所。

（七）用图像文字表达儿童自己对世界的认识

瑞吉欧人认为，儿童表现自己对世界的认识方式是多种多样的，用马拉古奇的话说就是，孩子有一百种语言，一百个想法，一百种思考、游戏、说话的方式，如语言、绘画、雕刻、泥工、建造、肢体动作等。对于幼儿来讲，图像表现是一种比文字简单且清楚的沟通工具，运用它就可以使他们多样化的想法、意念得以形象化，而且，幼儿也喜欢用这种独特的方式来表达。所以瑞吉欧人极力倡导让儿童运用多种语言，尤其是图像文字来表征他们对世界的认识。一方面帮助儿童回忆，解说、分享主题探索中所做的一切；另一方面，儿童在此过程中，也愉悦了，成长了。

（八）注重意义、经验的分享

瑞吉欧教育强调儿童、教师及父母共同分享事物、经验的意义。瑞吉欧人认为，父母在孩子学习、建构知识的过程中已成为了他们的学习同伴，父母透过“工作坊”，透过“教学记录”，不仅了解到了自己孩子的学习结果、工作成品，而且也了解到了自己孩子的学习过程、学习方式，增强了父母对孩子学习过程的兴趣与投入，这样父母就可以与孩子一起分享他们所获得的经验，分享所获得事物的意义。教师在儿童的学习过程中也参与在其讨论中，如教师经常请幼儿解释他们在图画中画了什么和为什么，或要求幼儿回顾所发生的事，一起与他们谈话并捕捉幼儿所说的与所做的，在与儿童一起发现，一起惊叹，在平等的师幼互动中一起分享，一起成长。

二、瑞吉欧幼儿教育体系的课程

（一）瑞吉欧幼儿教育体系课程的目标取向

瑞吉欧幼儿教育的创始人马拉古奇写了这样一首诗：

《不，一百种是在那里》

孩子，是由一百种组成的。
孩子有一百种语言，一百双手，一百个想法，
一百种思考、游戏、说话的方式。
一百种总是一百种倾听、惊奇、爱的方式。
一百种歌唱与了解的喜悦。
一百种世界等着孩子们去创造。
一百种世界等着孩子们去梦想。
孩子有一百种语言，但是，他们偷走了九十九种。
学校和文化把脑袋与身体分开。
他们告诉孩子：不要用双手去想，不要用脑袋去做。
只要倾听不要说话，了解但毫无喜悦，
只有在复活节与圣诞节的时候，才去爱和惊喜。
他们告诉孩子：去发现早已存在的世界，而一百种当中，他们偷走了九十九种。
他们告诉孩子工作与游戏、真实与幻想、科学与想象、天空与大地、理想与梦想不是同一国的。
因此他们告诉孩子，一百种并不在那里。
孩子说，不，一百种是在那里。

——罗里斯·马拉古奇

马拉古奇以诗意的语言揭示了世界上许多国家教育中存在的问题，即教育总是以科技理性去规范孩子，割裂理性和感性、工作与游戏、现实与梦想的关系，泯灭了孩子的想象和创造，使他们的个性丧失原本具有的完整性、多样性，使他们丰富多彩的生活变得枯燥、乏味。同时这首诗也以儿童坚定的口吻“不，其实真的有一百种”道出了瑞吉欧幼儿教育的价值追求，即他们要还给孩子曾经被学校和文明偷走的99种语言，要给予孩子完整的感觉，恢复他们快乐、富有个性的童年生活，落实儿童作为文化享有者和创造者的权利，使他们积极参与自我的发展和建构。

这种价值追求体现为瑞吉欧幼儿教育课程的目的定位在“有利于儿童经由连续不断的与他人及其他文化的区别和融合的过程，而形成创造性的智慧，使孩子有机会透过自己的学习方式而获得个人独特的思考方式和对事物的敏感度。”瑞吉欧课程的目标着眼于儿童整体人格的发展，注意激发和丰富孩子的感觉经验、审美体验，特别凸显对儿童想象力、创造力的开发和提升，这在当今社会显得尤为重要。而且，目的中鲜明的体现了促使儿童成为自我探索、自我发展的学习主体的价值取向。他们重在儿童求知的过程，求知方法的获得，重在儿童通过互相合作实现认知结构的自我建构和个性的全面发展。

（二）瑞吉欧幼儿教育体系课程的特点

瑞吉欧教育体系课程的主要特色之一即是它的方案活动。它往往是儿童以小组活动形式为主，与教师一起合作针对某个大家感兴趣的问题，进行研究、探讨，在共同的研究活动中建构认识，理解意义。方案活动的主题可以始于儿童对周围物质世界与社会生活的好奇心，也可始于儿童一个观点，可以是成人的一个建议，也可以是儿童的某种主张，还可以是一件不期而至的事件，所以在瑞吉欧的教育者看来，一个方案就是一种研究，就是一种冒险，每一个方案研究什么、怎样研究，何时告一段落，往往要依赖教师与儿童双方的互动、交流的情况而定。以下为瑞吉欧的方案活动的特性及教学方法。

1. 方案活动的特性

(1) 计划性与随机性的统一

瑞吉欧幼儿教育体系的创始人马拉古奇曾这样说过:“我们是真的没有计划或课程，但若说我们只依赖那种令人羡慕的技巧。像临时起意的课程，那也不正确，我们并不依赖机会，因为我们深信我们也可以期待某些我们尚未了解的事物。我们知道的是，与幼儿一起共事，是三分之一确定，以及三分之二的不确定和新事物。”[①] 在马拉古奇看来，所谓三分之一确定，主要是对儿童发展的一般规律、教育基本原

① 埃德华兹等：《儿童的一百种语言》，罗雅芬等译，台湾：心理出版社，1998，P. 133。

理的把握，是老师心目中不变的激发孩子的潜能，发展创造力、想象力的目标定位。它作为灵魂和宗旨贯穿于教学活动始终，成为教师如何选择孩子的兴趣点、如何组织和鼓励学习、如何准备良好的学习环境等重要决策的依据。而三分之二的不确定与新事物又使教师们时刻在观察、探索，反思在回顾与互相讨论，以便及时应对课程的变化，对原有的计划进行修改，补充调查。在一学年的开始，每所瑞吉欧幼儿学校会根据总的课程目标大略草拟出一系列长期或短期的相关方案计划，这些方案主题成为学年师生活动的主要支持框架。在每个方案开始之前，老师都会在一起规划，列出一般性的教育方针，但不事先明确表达出每个方案活动的特定目标。他们根据对幼儿的了解、以前的经验以及对儿童的活动观察、倾听等记录资料，充分讨论方案发展的多种可能性、多种方向，并预留应对临时变化的空间，尽量对整个活动作出周全的计划。然后依据这些假设，老师定出具有弹性，并随着孩子的兴趣和需要而作调整的目标。在具体实施过程中，老师决不会刻板地执行既定计划，而是更关注展开、达成这些方案的有效途径和方法。他们尊重并有选择的追踪儿童的现实状态，把握课堂出现的各种新事物、新情况，适时、即时地与原定计划进行沟通和协调，或者修正、改变预定方案，使其朝着更有利于儿童发展的方向延伸。同样在师生的共同活动中，也可能激发出一些事先没有预料而大家感兴趣的新话题。由此看出，瑞吉欧方案活动的产生和发展决不是毫无准备的突发奇想，而是“以原先假设和整个方案的发展作为基础来预测行动的程序”是计划性与随机性、确定性与不确定性的有机统一。

(2) 整合性

从课程的横向组织来看，瑞吉欧方案活动鲜明地体现出整合性。这种整合性主要包括两方面：情感领域（情绪、态度、价值）与认知领域（理智的知识和能力）的整合以及相关学科在某一方案统领下的综合。第一方面的整合突出了课程在培养情感与认知均衡的健全人格方面的价值。第二方面的整合强调了学科之间的整合。受科学主义影响的分科课程是幼儿教育中一种主导的课程形态，它最主要的弊端在于往往呈现给幼儿的是一科一科缺乏联系、与他们的生活和身心发展水平相脱节的知识。而方案活动则从儿童身边的自然和社会环境中选取主题，以此为中心自然的融合常识、图画、手工、语言、计算等各学科内容，在各种知识间形成有机的联系。下面从恐龙方案中即可看出。

恐龙方案[①]是瑞吉欧开展的一个长期活动。开学时老师注意到一些五六岁的小朋友把许多恐龙玩具带到学校，而且孩子之间游戏的内容也常常围绕恐龙的话题。老师把这些情况记录下来，发现孩子对恐龙的兴趣很高，于是决定开始与感兴趣的孩子进行深入的恐龙研究。方案刚开始时有约一半的孩子聚集在工作坊，老师告诉

① 埃德华兹等：《儿童的一百种语言》罗雅芬等译，台湾：心理出版社，1998，P. 248~266。

他们即将进行的方案，并以画恐龙作为活动的开始。孩子们围着大圆桌，画出各种自己喜欢的恐龙样子，而且纷纷评论彼此的画。有一位幼儿纠正同伴说："喔，那不是恐龙啦，恐龙应该有四只脚。"在孩子的对话中衍生了许多有意思的话题。完成画后，老师与每位幼儿谈论他们的作品，然后集合小组进行讨论，并提出了一连串开放性的问题：恐龙住在哪儿？恐龙吃什么？恐龙如何照顾他们的小宝宝？恐龙如何诞生？现在恐龙还活着吗？公恐龙母恐龙之间有什么不同？这些问题大部分来自于先前孩子的讨论，所以引起了他们极大的兴趣和回应。有的说："世界上再也没有恐龙了，……因为在所有动物诞生之时，就已经有恐龙了；因此恐龙有两种……"，另一位说："但是恐龙全都死光了，他们把恐龙杀光而且把他们全都埋起来。"……在讨论后的第二天，老师发现孩子的兴趣有所降低，经过对记录反思，他们决定等几天再进行此方案。在下星期与孩子见面时，老师鼓励他们用黏土来制作恐龙，此时孩子的兴趣再次升高了。在制作过程中，孩子们通过各种渠道收集了更多有关恐龙的资料，并邀请亲朋好友一起分享他们的成果。4 个小男生共同制作了一个大型的黏土恐龙，这个共同合作的活动引起了酝酿制作了一个真正大型恐龙的讨论。此时，有关恐龙的尺寸和特征的话题成为了讨论的焦点。沿着这项主题，老师询问孩子用什么来作一只大恐龙，这又引起了热烈的讨论，大家对于材料与技巧的使用以及究竟作什么样的恐龙有许多的想法和建议。然后幼儿分成男生和女生小组分别制作一种恐龙。经过几天，在老师协助下，他们都满意的完成了作品。在与儿童持续的交流中，老师留意到有关恐龙尺寸的话题一再出现，于是决定给幼儿一个挑战，即请他们绘制出一只实体大小的恐龙并把它们悬挂起来。这个提议引起了强烈的回应。师生一起讨论图画的大小，在哪儿工作，画什么恐龙等。然后 6 位小朋友开始了实际的制作，在此过程中他们遇到长度、体积的概念、如何计算、用什么测量工具、同比例放大等许多数学方面的问题，通过查找资料、分析讨论以及老师的指导，这群孩子凭着自己的努力终于成功地绘制了真实大小的恐龙。在这个长期方案结束时，恐龙小组为全校筹备了一个展览，详细展示了他们所完成的活动和过程。他们非常愿意将自己的喜悦、收获传达给其他小朋友。另外还筹备了一个全校及家长参与的闭幕仪式，在仪式上他们绘制的恐龙站起来了，这成为最激动人心的时刻，也标志着他们的活动画上了一个圆满的句号。

这样一个来自儿童生活的话题，不仅深受儿童喜爱，而且有机地综合了绘画、手工、生物学、地理、数学等学科的内容。在整个方案的进行中，幼儿积极主动地获取丰富的资料和信息，以发现、解决问题为中心自然而然地了解和掌握了许多知识，实现了各种学习经验的整合。

(3) 生成性

生成性体现了瑞吉欧方案活动纵向的动态发展特征。它强调课程能超越事先的计划性，诞生于及时的情境、突发的事件中，也可以根据儿童在活动中的兴趣、需要和提出的问题，适时向各种有利于儿童发展的方向延展。这种生成性课程的产生和良好发展既不是由教师也不是由孩子来控制的，而是教师和儿童互动、合作的结果。通过自由的发展想法、建议，提出问题，讨论、相互启发，在思维的碰撞中产生火花、新的主题。尽管新生成的教育契机产生于教师与儿童积极的互动过程中，但对时机的把握依赖于教师敏锐的观察力和丰富的课堂记录以及对记录的整理和反思。请看“人群”的方案活动。

《人群》的方案是这样诞生和发展的①。学期快结束时，老师与一群四五岁的孩子讨论如何将他们在假期拥有的记忆与时间保存下来，最后每个孩子赞成在假期旅游时随身带一个空盒子，收集一次次的发现与填充情感经验的记忆。到了秋季孩子回来时，老师已准备以问题的方式帮助孩子回顾他们所带来的记忆：你们的眼睛看见什么东西呢？你们的耳朵听到什么声音呢？等等问题。老师期待听到孩子述说在海边看到浪花、帆船或在山林里踏青的日子，结果这个班的孩子带来了非常特别的记忆。一个小男孩与大家分享了他的经验：有时候我们去码头，我们走过一条很长、很窄的街道，叫做羊肠街。那里的商店一家接一家，到了晚上，到处都是人挤来挤去的，你不能看见任何东西，只看到一大堆人的腿、手和头挤在一起。这时老师立刻抓住“人群”这个词，并询问其他孩子对这个词的理解，就这样一段有关此话题的学习探索开始了。“人群”这个词语对孩子们而言，变成一个丰富而奇妙，几乎具有爆炸性效果的意思。孩子们七嘴八舌的表达他所理解的人群：一个装满人而且全部都挤在一起的袋子；一大堆人都粘在一起，而且每个人都靠得很近；有人跳到你身上，也有人推你，等等。团体讨论后，老师要求孩子把他们对人群的想法都画出来。看了孩子的作品后，老师发现孩子所画的与他们的语言文字表述有差异，于是等了两天她再把前天孩子说话的录音重新放给他们听，使他们对自己第一次的画作些反思，结果孩子第二次绘画呈现的内容更精细与详尽了。在方案的展开过程中，老师发现孩子有一个共同的愿望，就是希望学习如何画出人的背影和侧面。于是老师请一位小女生站在教室的中间，其他小朋友围绕她身旁，从不同位置观察她，从前后左右四种角度画出她，这时孩子学到了不同观点的复杂概念。后来老师又带学生到市中心的广场，让他们观察和拍下来来往往的人流，并加入人群。回到教室后，孩子们高兴的看着自己所拍的人群录像，并画出了更多的画。这时使他们自豪的是自己能画出多种角度的人群。

由此可见，这个方案的诞生不是老师预设的，它完全来自孩子的生活经验，而且它的延续和展开也是一步步跟随着儿童的需要和兴趣的。这就是生成。

① 埃德华兹等：《儿童的一百种语言》，罗雅芬等译，台湾：心理出版社，1998，P. 136~138。

2. 方案活动的教学方法

(1) 对话法

这是瑞吉欧方案活动中最主要的一种教学方法，它表现为教师与幼儿、幼儿与幼儿就某一话题共同交流、讨论，以深入方案的开展。这种对话不是传统灌输的变通形式，即老师以隐蔽权威者的角色操作着的对话的过程，最终向儿童灌输确定的知识。其实这时儿童仍是一步步按着老师预定的轨道前进，是被动的接纳者。真正的对话是建立在对话双方平等关系的基础上，他们不是教训与被教训、征服与被征服的关系，而是尊重、融洽的双方交流关系。对话的目的不是要获得某种已知的确定知识，而是期望发现新的事物、新的想法，指向未知的领域，寻求新的意义。瑞吉欧老师认为人的潜能是在对话和碰撞中不断生发出来的，他们把这种与孩子的互动关系比作打乒乓球，打球的目的不是决出输赢，而是力求与孩子的对话能够持续的进行。他们要求自己必须能够接住孩子丢来的球，并以一种让孩子想继续与老师玩，并在进行中有可能渐渐发展出其他游戏的方式，把球抛回给孩子。

在瑞吉欧不存在教师的话语霸权，在他们眼里老师与儿童人格上是平等的。比如，在一次捏塑陶土的活动中，当一位非常幼小的小孩遇到困难时，老师问这位小男生："我可以帮你清理一下吗？"简单的一句问话，体现出师生间的尊重和平等。其次瑞吉欧的老师真正全身心投入孩子的世界，和他们一起玩游戏、工作，一起体验活动中的困惑、惊奇与欢乐，他们认为与幼儿的关系正重新唤起他们对于自己童年的感觉和记忆。因此他为幼儿营造了充分表达自己想法的自由、宽松的氛围。老师并非自我定位为法定的知识权威，而是带着赞赏、呵护的目光，以无知的心态、以向孩子学习的诚恳面对极具创造潜能的幼儿，与孩子对话和交流。通过对话，师生的思路都得以扩展，相互启发，产生新的看法，达到教学相长。

一个好的对话往往要遵循以下原则①。

第一，在对话进行之前就要先想好适当的问题。试着先和其他的同事一起脑力激励，想想看什么样的问题会引起孩子的兴趣？会激发他们去想象、去做假设、去发现新的东西，以及去比较。

第二，将对话活动安排在一个老师或孩子都不会被打扰的安静的地方。

第三，要慎选对话的成员。什么样的组合是有利的？会产生最好的成效？老师要考虑各种理由。举例来说，将兴致勃勃和兴趣缺乏的孩子安排在一起、或将很会说话的与比较沉默的孩子安排在一起可能会有很好的效果。在可允许的情况下，要多花心思考察参与对话的孩子的组合，有些很好的机会自然而然就会产生了。以一个小团体的对话来说，5 个人似乎是很理想的人数。

---

① Louise boyd cadwell：《带回瑞吉欧的教育经验》，光佑文化事业股份有限公司出版，2000，P. 173~175。

第四，要想清楚你要怎么记录。当然这并不容易。有些人可以写得很快而赶得上对话的进度，有些人则不然。如果有另外一位老师可以一起做伴，那就是一个带领整个对话，另一个做记录。

第五，要立刻让孩子知道你不是要给他们测验，也不是要得到所有的答案。你只是要和他们一起探索找答案，并要让他们了解你对他们的想法非常有兴趣，同时相信他们也是这样的。

第六，透过你的声音，你的语调来沟通，让孩子知道你对他们所富有创造性又严谨的思考能力，是多么有信心，而且感到惊奇！让他们体验到你对能有这样的机会和他们对话，讨论他们认为重要的想法，是何等的兴奋！

第七，要尽可能地使用之前已经准备好的问题，并要维持整个对话进行的开放性！它可能会演变至一种你所不曾预期到的有趣境界！就另外一方面来说，当对话的内容偏离主题太远的时候，还是要将它拉回来。

第八，要孩子记住一些东西。每过一阵子，如果可能的话，就将孩子所说的话，用孩子的名字，把它们归纳整理一次。这可以帮助他们了解你的确在用心倾听，还有他们的想法依然一直被记录下来。这也有助于他们去回顾自己所曾经说过的话，并进一步发挥新的想法。

第九，当孩子们开始交谈、辩论，并互相发问的时候，老师应当尽量站在幕后。这样一来，这个对话便属于孩子自己的！他们会更加投入，同时开始学习在没有老师介入的情况下，互相讨论问题。

第十，参与孩子的对话，把它当成是一种享受！和他们一起哈哈大笑！去体会他们观念的惊奇之处！当然，也和他们分享一些你的想法。

第十一，好好运用这个对话。你可以在同一天或是过几天，和整个团体的孩子共同分享曾经在对话里说到的事情。然后再重复运用这些内容。他们可以是同一群孩子，当然也可以是不同组的孩子。可以要求孩子延伸他们自己的想法，互相问问题，把他们所想的东西画下或用黏土做出来。记着将这些东西诠释或是转换成各种不同但属于孩子的语言。和同事一起分析孩子的想法，然后决定是不是应当要问更多的问题？该不该建议他们做进一步的探究和经历？应该用什么素材把它表现出来？图画或是黏土？还是两种都用？

第十二，要认清一件事实，那就是对于这种孩子和老师一起工作的方式，双方都需要时间及经验才能进入状况！绝大多数的孩子都必要经过一些时间，才能了解你真的非常认真地希望他们去思考去感受，并对任何事情表现好奇心！还有就是你对他们抱着很高的期望。

第十三，要勇于和其他成人讨论你与孩子对话的内容，这会让你学到许多技巧，并更有自信。

(2) 探究法

这是瑞吉欧所倡导并实践的另一个主要教学方法。所谓探究法是指基于孩子的兴趣，通过师幼共同设定问题情境，提出一个活动任务，让幼儿利用已有的学习经验，自主地查阅资料，获取知识，应用知识，解决问题的一种学习方式。瑞吉欧的探究法摆脱了过去研究性学习中“唯科学主义”的倾向，即仅仅关注智力的提高，一味强调科学研究的倾向，而是期望通过这种实践型的学习方式，不仅激发孩子主动的探索精神，培养其独立思考与创造性解决问题的能力，而且着眼于孩子健全人格的发展。同时，瑞吉欧鼓励孩子拥有开放性、个性化的探索学习，尊重每个孩子的独特个性和具体生活，为他们个性的充分展开创造宽松的氛围。每个幼儿可以根据自己的喜好、特长选用不同材料、方式，通过各种途径，进行富有个性的研究性活动。

瑞吉欧的探究主题不仅仅局限于科学领域而是辐射到与儿童生活紧密相联的许多领域；不仅仅关注求真的主题，而且放眼于求善、求美，具有生活意义、生命价值的主题。如在科学领域中，孩子探讨了“如何产生影子”、“影子的形状与大小的变化与光源的关系”等自然物理现象；在“事物的代价”的方案活动中，孩子通过模拟买卖，不仅亲身感受了买卖、交换这一常见的生活现象，而且使他们赋予了数学、数量、尺寸、重量、符号等实质性的含义。生物现象也是孩子最感兴趣的领域之一，如“迈向生物世界”、“猫性”等主题活动使孩子对各种生物的形状、大小、结构、色彩、生活习性、生长发育过程等有了更深的感性认识。让孩子接触社会、体验生活、感受人际关系也是瑞吉欧师生所关心和喜爱的话题，如“葡萄收成时”的主题把孩子带到了葡萄园，亲身接触了久违的乡村，接触长出果实的土地，认识各种农具，了解葡萄的种植，参与葡萄酒的酿制；“来来回回”通过实物的交换、信息的交换、文字的交换以及情感、思想的交流，帮助孩子建立了关系世界的意义；在“海是海浪妈妈生的”的主题活动中，孩子们以诗化的语言、用生动的图画展示了自己对生命诞生的理解。

众多的方案把孩子带进了一个丰富多彩的世界，为他们提供了自主的广阔天空。在这里，孩子可以尽情的发挥自己的想象力、创造力，发展语言、数理逻辑、空间、音乐、动觉等智能，而且可以丰富生活经验，感受理解他人的情感，发展道德，形成新的生活态度和价值观。如通过“葡萄收成时”的主题活动，大部分孩子还有了以下的发现“发现每一片土地在辛勤耕耘之后都会有它自己的丰收；发现在自己城市的历史背后，广大的农村及其文化占去了历史的大部分；发现农民的大手里，有着繁重劳动的烙印；发现自己的小孩子身份是根植于更长远的历史中，也根植于更多样但又不过时的世界里。”[①]孩子各种向外的探索过程，其实也是不断发现、自我

① loris Malaguzzid：《孩子的一百种语言》，光佑文化事业股份有限公司，1998，P. 98。

肯定的对内过程，他们以不同的方式证明了自己的力量和价值。

三、瑞吉欧幼儿教育体系中多样化的教师角色

在瑞吉欧幼儿教育体系中，教师是一个重要的角色。在这里，教师不是权威，教师不是传统意义上的知识、技能的拥有者、传授者，幼儿也不是被动地接受教师的语言文化传递，幼儿是行为活动的发起者、具体执行者，幼儿的兴趣、需要、经验是一切活动的出发点。所以瑞吉欧幼儿教育体系中教师的角色是多样化的。

1. 教师是幼儿的倾听者

瑞吉欧人认为，教师的重要角色就是倾听幼儿。“关注儿童并以行动来倾听他们的声音，是教师角色的核心。”他们认为倾听幼儿就是尊重幼儿，就是对幼儿的关注，就是对幼儿及幼儿意见敞开心扉的最好方式。所以教育的重要任务之一就是能通过倾听幼儿，更加了解幼儿，根据幼儿生活中的兴趣点为幼儿提供学习的情境，为幼儿带来更多可能性去创新和发现，为幼儿带来更多的探索。

2. 教师是幼儿的观察者

瑞吉欧人非常强调教师是否对幼儿了解，要求教师对幼儿的行为进行解码。要求教师适时去了解、观察幼儿，不仅需要敏感的眼睛、耳朵，而且还需要敏感的心灵，要能进入幼儿的内心，体察幼儿的心声。同时也需要利用一些先进的工具和策略。

3. 教师是幼儿的伙伴与向导

在瑞吉欧幼儿教育体系中，因为方案活动在很大程度上是由幼儿自主发起的，教师在活动中更多的是以参与者——伙伴的身份出现，与幼儿一起活动，教师在适当的时候或扮演某个角色，或设置某个情境，给予幼儿直接与间接、显性与隐性的指导，以维持幼儿高度的探索动机，与幼儿一起建构知识。

4. 教师是幼儿活动材料的提供者

教师要与幼儿甚至家长共同收集相关的材料，为幼儿的探索活动留出足够的空间，为幼儿提供相应的材料、工具与设备，让幼儿对即将进行的方案主题进行表现与展示。

5. 教师是幼儿活动行为的记录者与研究者

在瑞吉欧幼儿教育体系中，教师的另外一个重要角色就是对幼儿行为的记录。一方面通过记录帮助幼儿回忆、解说，帮助教师与幼儿讨论活动过程中所做的一切，便于教师了解幼儿、研究幼儿另一方面。更重要的是把这种过程作为与幼儿对话，作为生成下一阶段方案的基础。因此，教师的记录在方案活动中是非常重要的。

6. 教师还是一个实践的反思者

通过参与幼儿的活动，通过记录幼儿的活动，通过分析幼儿学习的活动、建构知识的过程，通过与教师之间的讨论来不断地思考自己实践的每个步骤，一起反省，建立共识，

从而不断地获得成长，不断地获得教学相长的经验。

四、评价

美国哈佛大学教授加德纳先生在《儿童的一百种语言》序言中在谈到当今教育中的矛盾冲击时，曾这样评价瑞吉欧："对幼儿的高度重视令我们感到自豪，然而对于由幼儿诚挚表达的事物，我们都没有给予充分的重视；我们要求幼儿园的合作学习，但是我们却极少维持教师与行政人员之间的合作关系，我们要求艺术性的工作，但是我们却很少用心塑造一个可以真正支持并激发幼儿灵性的环境；我们要求家长的参与，但却不愿与家长共同享有所有权、责任以及成就；我们了解社区的需要，但是我们时常只是立即分化为几个小的利益团体；我们欢迎探索式的方法，但是却没有信心让幼儿跟随着他们自己的嗅觉及预感；我们要求辩论，但却时常摒斥它；我们要求倾听，但却更爱说话；……在这些层面上，瑞吉欧是如此具有教育性的。当我们常倾向于诉诸口号的同时，瑞吉欧的教育工作者正不倦怠地工作，以解决许多根本的，而且是本质上十分艰难的课题。"[①]"世界上再也没有一个地方可以发现这种在革新性哲学理论与实践之间，能有如此紧密结合，共生共存的关系存在。"[②]

的确，瑞吉欧成功地挑战了相对立的两级，在艺术与科学，个人与团体，幼儿与成人，游戏与学习，家庭与社会等相对的方面达到了某种独特的和谐，为世界的幼儿教育提供了一种新的教育构架。在瑞吉欧，教师们知道如何倾听幼儿，如何允许幼儿自主活动，如何运用灵活的方式引导幼儿。"幼儿也不用盲目地去达到成人要求的标准，而是透过社区的贡献确保他们学习的品质，而这些学习的成果皆来自于对每一个存在事物各个层面所表现出的无限关注。"[③]可以这样说，瑞吉欧成功地解决了困扰东西方教育者的难题：幼儿教育既要顺应儿童发展的天性与一般规律，又要有效地将儿童的发展纳入符合社会需要的轨道。同时也较好地回答了幼儿园应该教什么和怎么教的问题，对于我们深入思考幼儿园课程的目标（儿童主体性，儿童和谐发展的人格，创造性培养）、幼儿园课程的内容（何种经验对幼儿最有价值）及实施途径（小组式的探究学习）都是具有借鉴和启发意义的。

第七节　行为主义课程理论及其方案[④]

在幼儿早期教育中，许多课程也直接反映了当代行为主义心理学的理论及其影

① 埃德华兹等：《儿童的一百种语言》，罗雅芬译，台湾：心理出版社，1998，P. 9~10。
② 埃德华兹等：《儿童的一百种语言》，罗雅芬译，台湾：心理出版社，1998，P. 8。
③ 埃德华兹等：《儿童的一百种语言》，罗雅芬译，台湾：心理出版社，1998，P. 9。
④ 虞永平：《学前教育学》，苏州大学出版社，2001，P. 236~243。

响，简要介绍如下。

一、行为主义课程理论的基本观点

行为主义作为一种心理学的理论流派，其最基本的观点是：人的行为是对外界刺激反应的结果，强调外部的影响是形成人的行为的重要原因，故行为可以通过各种外部强化方式（条件反射、强化、消退等）加以塑造和改变，这也就是儿童达到发展目的的原理所在。在行为主义心理学中，不同的理论派别，其观点还有一定的差异。

（一）行为分析学派

20 世纪 60 年代，斯金纳倡导的新行为主义学派主张行为的形式不只是刺激与反应的连结，还需对环境有所操作，不但赋予行为以更积极的意义，也因为它强调环境影响行为的重要，更蕴涵学习的可能，而在教育上具有更大的意义。

行为分析学派强调，一切教学活动都是期望受教育者的行为产生改变，而且这种行为是外显、可观察的。所以在课程的结构上，行为分析学派强调确立明确、具体且可观察的教育目标。课程的内容就是一系列事先安排好的，可见诸于行为的技能、概念、知识、态度和价值，且是简单而具体的。他们批评现实教育中教师不知道或不清楚他们教学的目标，不知道要教些什么，或要学生学些什么，认为传统的目标太抽象、太广泛、太含糊，如培养社会能力、启发创造力等等，没能给教师一个明确的行为方向。所以，教学应研究并制定行为目标（behavioral objectives），精确地叙述受教育者接受某一单元的教学之后，将能做些什么。斯金纳认为，学校教学之所以缺乏效果，是因为未能给学生足够的正强化，所以编序教学（programmed instruction）是合适的教学方法。这样教育内容细目分析精细，组织严密，易于学习，且可立刻核对，以起到强化作用。

在课程的组织实施进程方面，行为分析学派强调教室内的学习。教师根据教学目标，选择、组织和准备教材，设计有关教材内容的提示和问题，这些过程就是编序。所以编序是教师对教学策略的设计，目的在于使教学有效而经济。教师可根据教学情境的需要，采用个别、分组或集体教学。由于采用教学机器，因此，学习过程中学习者经常能受到强化。

此外，行为分析学派特别重视个别化教学，他们承认学生有个别差异，但坚信每一个学生的学习都会成功。他们承认学生以一种适合自己能力、需要的学习形式，去学习教师安排的教学内容。虽然这一学派的一些技术、技巧产生了一定的成效，但是由于他们在教学过程中不太重视行为的内在原因，较少强调学习者的自主性、人格的完整性和独立性，因而受到不少指责。

（二）社会学习理论

强调儿童通过观察他们生活中的重要人物的行为而学得各种行为的。这些观察以心理表象或其他符号表征的形式储存在大脑中来帮助他们模仿行为。在学习中，社会学习理论强调个人主动参与学习和积极的人际关系，重视个体的认知历程对行为形成和变化的影响，强调经过认知历程，可以解释、预测、进而有效地改变人的行为。

从课程内容结构上看，观察或模仿对象的选择及对这些对象特性的控制是非常重要的。教师是重要的楷模，教师的言行对幼儿的行为产生直接的影响。此外，父母、同伴、英雄人物，甚至文学作品中的角色均可成为幼儿的观察对象和楷模。楷模选择和呈现应从幼儿的发展需要出发。呈现的楷模性质的控制是确保观察学习有效性的重要因素。这些性质包括动作的大小、强弱、新奇程度，年龄大小、性别等等。楷模可以是活生生的人，也可以是通过图片、影片、语言描述、电视及其他视听手段呈现的人物形象。应根据需要适当选择和运用。楷模行为或动作越清晰，特征越明显，观察者越容易学习。因为楷模的选择及模仿不是真正的目的，真正的目的是幼儿行为的变化和幼儿的发展。

从课程实施进程看，社会学习理论重视个人和环境对学习的影响作用，强调个体的行为动机作用，强调替代强化、自我强化的作用。主张示范教学（modeling procedures），认为示范教学是一种观察学习的方式，它可以省去尝试错误和不必要的损失。注重观察学习过程的设计和安排，强调强化作用及奖惩的来源、方式、时间等因素对学习的影响，认为教育过程中，教师应善于运用奖惩原理。此外，教师行为的示范、楷模作用也被认为是十分重要的，并且强调建立良好的师生关系。教师的任务是直接教学，且在教学过程中起权威作用，帮助儿童修正错误。

二、行为主义课程实践方案——海抗普（HICOMP）课程

根据行为主义的课程思想建立的学前课程方案在日本、美国的学前实践中产生了一定的效果，美国宾夕法尼亚州立大学的海抗普计划中所开发的海抗普课程就是一个以行为主义课程思想为指导的课程实践方案，现简要介绍如下。

（一）课程的目标与内容结构

海抗普课程的目标和内容结构分为四个维度：交往、自我关心、运动技能和问题解决。每一个维度再进一步分为次级维度，作为课程目标的来源的四个方面：社会、儿童、儿童的发展研究及目标分析见表 12、表 13 所列。

表 12 在海抗普课程中被组织起来的发展目标的四个维度

交 往	自我关心	运动技能	问题解决
语言交往游戏	健康、安全和个人卫生	良好的运动控制（有技巧的运动）	注意
自我表达			模仿回忆
语言反应	自我能力、适应社会习俗和价值	嘴和下颚的控制总体运动控制（基础运动）	概念形成
对语言的模仿联系语言关联性注意	适当的和相称的情感反应		组合、排序、规则运用、创造

表 13 课程目标的四个来源

来 源	目 标 焦 点
社会（父母、社区等等告诉我们什么）	社会习俗。例如，说“请”，使用餐叉等。 入厕训练以及一定的年龄教会其他的独立技能。 价值认识。
儿童（儿童及其行为告诉我们什么）	正常的发展任务。例如，单足跳，跳跃，用完整句子讲话。 因儿童的兴趣而选择内容。例如，照料，生活在马戏团中
儿童的发展研究（专家告诉我们什么）	知道阅读的前提条件。例如，从左向右的眼睛运动，字母的发声。 科学方法。例如，观察，记录等。
目标分析（一个较大的目标分类和学习阶段，告诉我们什么）	将组成任务的独立的部分分别教授，然后把它们组合成一个较为复杂的行为。 发现任何一个学习阶段的问题，使用特定的技术解决。

（二）课程的进程

从课程的进程上看，大致要经历以下几个步骤。

1. 任务分析

通常在开始教学前，课程目标应分解为较少的任务。在分析任务时，考虑四个方面的问题：一是为了完成这一任务，哪些概念儿童必须知道？二是哪几种注意技能儿童必须拥有？三是哪些身体运动是必须的？四是儿童必须达成哪些行为结果？当然，并不是所有的任务都要进行分析。然而，在儿童学习一些困难的内容时，经过进行任务分析，使之将儿童的学习内容分解为小的教学阶段，儿童学习起来就要容易些。

2. 教学行为

当教师从课程体系中选择了适当的教学目标，并根据需要作了适当的任务分析后，就要针对教学的目标行为选择有关策略。其中有三个教学新行为的操作技术，它们是示范、激励和塑造。

(1) 示范（modeling）示范是教师或其他个体演示将要学习的行为的技术。示范可能是教授具体技能的有效方式。影响示范效果的主要原因有：第一，示范行为的个体必须是儿童所钦佩的，或者其示范是儿童乐意认同的。教师是儿童喜爱的，所以经常地作为行为范型。在教授入厕、书写、上桌就餐等技能时，同伴的楷模作用是极为有效的。第二，伴有示范或演示的清楚的言语指导能促进模仿，尤其是在学习一些困难的任务时更是如此。第三，从儿童的观点出发提供示范。第四，给正确的行为提供鼓励和奖赏。第五，使观察者模仿范型而实施强化。

(2) 激励（prompting）激励能够帮助儿童在适当时间呈现适当的行为。激励可以通过视觉的、触觉的或身体的渠道进行。当儿童对一个刺激产生了适当的反应，他们就被强化了。

(3) 塑造（shaping）或逐渐接近（successive approximation）塑造的主要使命是强化儿童在行为上的每一点进步。有时，非常小的进步也必须奖赏，并且，只有进步出现才出现奖赏。教师不可能总是预定何时给予儿童强化，但他必须仔细观察以便所给予的强化是适宜的。例如，如果想让儿童自己刷牙，可以给儿童一把已挤上牙膏的牙刷，并帮助他们刷下排牙齿；然后给他们已有牙膏的牙刷，让他们刷自己所有的牙齿；最后，教会儿童把牙膏挤在牙刷上，并在没人帮助的情况下刷牙。同样，帮助儿童对由四张图片组成的故事排序，先让儿童会对由两张图片组成的故事排序，然后会对三张图片的故事排序，最后会对四张图片的故事排序。

此外，连锁（chainning）技术在有序的教学行为中也是很有用的。大多数的行为都是一个连锁或序列中的部分，当儿童学着有序地做事时，他们就学到了一个连锁。如穿上毛线衣，进厕所解手，洗手以及收好玩具都是幼儿园中所教的典型的有序行为。当一个连锁被分析为相关的组成要素后，每一个部分分别地教和实践，然后综合成自然有序的行为。

同时，在行为练习的过程中，教师要把握强化适当行为和提供必要的激励的机会。当儿童在教师设计的练习中对某些行为已熟练了，就可以鼓励他们在真实的生活情境中练习这种行为，角色游戏即是行为练习的一种特殊类型。

另外，给予儿童正确的反馈，使用恰当的强化手段，教会儿童概括的方法等都是行为主义的学前课程所重视的。

第八节　结构化学前课程①

日本爱知教育大学教授西头三雄儿在他主编的《保育内容总论》（1983）中总结了长期实践经验，将结构化学前课程模式化。

一、结构化学前课程的基本观点

西头先生认为，幼儿园课程的内容应是与儿童发展相适应的直接、间接经验的总体。它既包括教师为儿童安排的必要的经验、活动，同时也包括幼儿自发进行的创造性活动。所谓课程内容结构化，即是将这些经验、活动按照幼儿教育的目标、幼儿身心发展的需要，以及幼儿园、社区的实际情况进行选择、排列、组合。但不同教育者在目标上各有偏向，结构的内容也因此不同。西头先生以儿童发展的目标为中心目标，将幼儿形成健全的人格所必需的经验、活动按其特点分类、组合，并顺应幼儿的发展水平将其系统化，在分类组合与系统化统一的基础上来把握课程内容的结构，以这一结构为基础再制定具体条件下的具体课程计划或教案。

二、结构化学前课程的基本内容

关于经验、活动的分类标准，实践中一般用两分法，即看是以教师为中心，还是以儿童为中心，这可从活动指导的目的与形态、活动的功能、对象等来判断。西头先生提出三分法，首先从形态上将幼儿的经验、活动分为工作、学习、游戏三领域；其次将各种经验、活动涉及的对象分为自身，自然的事物和现象，社会及社会现象三类；这六种因素相互组合，从而将幼儿的经验活动进一步细分为七个方面，如表 14 所列。

表 14　幼儿园课程结构内容

<table>
<tr><th>分类对象</th><th>工　作</th><th>学　习</th><th>游　戏</th></tr>
<tr><td>自身</td><td>A 基本的活动</td><td>B 基本活动所必需的知识、技能的获得</td><td rowspan="3">G 自发地反复选择和展开：热衷的活动、与物融合的活动、与人融合的活动</td></tr>
<tr><td>自然的事物和现象</td><td>C 对物体环境的相互作用</td><td>D 对物的知识和处理技能的获得</td></tr>
<tr><td>社会及社会现象</td><td>E 与人际环境的相互作用学习</td><td>F 对人的知识和处理技能的获得</td></tr>
</table>

① 李季湄：《国外学前课程的理论与实践》，《国外课程改革透视》，陕西人民教育出版社，P. 457~460。

（一）基本的活动

(1) 坚持和增进健康（依存—自律）。

(2) 基本生活习惯（进餐、睡眠、大小便、穿脱衣、清洁卫生）（依存—自立）。

(3) 个人生活节奏与集体生活节奏的调节（同步化—自立化）。

(4) 身体运动的活动，跑、跳、走、踢等（自发活动—有意识调节）。

(5) 自我表现活动（语言的、音乐、造型的、行为的表现活动）（模仿—自立—创造）。

(6) 安全（依存—自立、自律）。

（二）基本活动所必需的知识技能

(1) 对健康的认识和具体的行动。

(2) 对基本生活习惯的意义的理解和实行。

(3) 对集体生活节奏富有体验的理解和积极参加。

(4) 对身体运动的关心和基本技能的获得。

(5) 自我表现的基础技能：①语言的习得和基础技能；②对音乐造型的兴趣和基础技能；③实现或控制自我欲求的体验和方法。

(6) 对安全的认识和对付方法。

（三）对物质环境的相互作用

(1) 与动植物的积极接触和积极的行动（饲养、栽培等）。

(2) 对自然物质（石头、砂、土等）以及制品（工具、玩具等）的积极作用和行动。

(3) 对自然现象（四季、天气等）有对应方法。

（四）对物知识和处理技能

(1) 对动植物的关心、观察以及相应的基础技能。

(2) 对自然物质及制品的性质多方面的理解和处理办法。

(3) 熟悉日常生活中的工具、道具的使用并有意识的将之组合。

(4) 对数与图形的关心和认识。

(5) 对自然现象的惊异感和理解。

（五）与人际环境的相互作用

(1) 与保育者的关系（依存—自立）。

(2) 与乳幼儿的接触和有组织的活动（小组的——班级的—全园的）。

(3) 与社区的关系（与周围成人和社区的事情的接触）。

（六）对人的知识和处理技能

1. 对人际交往的体验以及基础技能的习得和运用（对话方法、参加集体活动的方法、对同伴的理解、自我欲求的调整办法）。

2. 对集体活动的认识和适应（对集体规则、自我责任的理解）。

3. 对幼儿园、社区活动积极关心、理解其意义。

幼儿阶段，由于工作、学习、游戏三者不分化，工作、学习均以游戏形态出现，所以游戏成为三领域中最基础的领域，工作、学习的成果是靠游戏而得以内化、稳定化的。

三、经验活动系统化、结构化的标准

与幼儿的发展阶段性相对应，其经验、活动、游戏也呈现出阶段特点和不同的发展水平，以发展水平为主线，并结合儿童的发展阶段（结合年龄）排列成序列即为系统化。按此系列配以各阶段相应的具体内容便构成系统化经验、活动序列。

这样将前述的经验活动的分类（七个方面）和系统化结合起来，把握这两个维度设计学前课程，就是西头先生的结构化课程。在两者统合中要注意两点：

1. 幼儿的经验活动理论上划分为七个方面，而实际上在发展的最初阶段各方面并未分化，随年龄增长逐步分化，配置具体活动时不能机械地将这七个方面割裂；

2. 列出各年龄段七个方面核心经验活动的全部名称，如在0~2岁阶段的核心游戏名称和其他尚未分化的六个方面的活动名称，教养员就容易编出结构化的课程。

思考题

1. 陈鹤琴先生五指活动课程的理论基础是什么？

2. 五指活动课程的内容及实施方法是什么？整个教学法的特点是什么？

3. 蒙台梭利是如何看待儿童的？

4. 蒙台梭利教育方法包括哪些内容？

5. 蒙台梭利教育有什么特点？其优势与局限是什么？

6. 凯米课程强调以日常生活、传统活动为主要内容的思想给我们什么启示？

7. 海伊·斯科普课程方案具有哪些特点？

8. 怎样理解学前知识系统化？

9. 在知识系统化教学中，作业教学的主要任务是什么？其与幼儿园的日常生活活动之间的区别与联系是什么？

10. 瑞吉欧教育中所体现出的教学特色有哪些？你对这些特色是如何认识的？

11. 海抗普课程的特色是什么？给予我们的启示是什么？

12. 日本结构化学前课程的内容与特点是什么？

第四章 幼儿园教育活动的设计

《幼儿园教育指导纲要（试行）》（以下简称《纲要》）第三部分“组织与实施”中指出：“幼儿园的教育活动，是教师以多种形式有目的、有计划地引导幼儿生动、活泼、主动活动的教育过程。”教育活动有广义和狭义之分，广义的指幼儿园所有教育工作的总和，类似于广义的“幼儿园课程”；狭义的主要是指在或长或短的一定时间内进行的教与学的活动，类似于一般意义上的“幼儿园教学”。在本章中，若没有特殊说明，幼儿园教育活动是指狭义的。

构成幼儿园教育过程的基本要素主要有儿童、教师等，从一定意义上可以说，幼儿园教育活动就是这些要素之间相互作用的过程。对这些不同要素作用的不同看法、这些要素之间相互作用的方式的不同等，便导致了教育活动的不同。因此，学科活动、单元主题活动、方案教学、区域活动等不同教育活动之间的界限不是绝对的和泾渭分明的，而是相对的和模糊的。这些不同教育活动在产生之初，由于各自所依据的理论基础和时代背景等因素的不同，相互之间的区别比较明显，但随着时间的推移，随着新的儿童观、教育观等的出现和被大家所接受，这些教育活动本身也由于理论基础等的影响而发生了许多变化，相互之间的区别更多的不再是精神实质方面，而是活动的组织形式方面了，这就导致了不同教育活动之间的界限逐渐变得模糊和相对。因此，不同教育活动之间不再是非此即彼的敌对关系，而是可以相互补充、相得益彰的对话关系。本章正是从此角度来阐释和分析幼儿园教育活动的设计问题。

第一节 学科活动的设计

自20世纪50年代起，受到苏联的影响，我国幼儿园基本都采用学科教学的组织形式，特别是于1952年3月颁布的《幼儿园暂行规程》初步确定了学科教学在幼儿园教育中的地位，该规程将幼儿园的教育活动暂定为：体育（包括日常生活、卫生习惯、体操、舞蹈、律动和游戏等）、认识环境（包括日常生活环境、社会环境和自然环境）、语言（包括谈话、讲述故事、谜语和歌谣）、音乐（包括唱歌、表情唱歌、听音乐和乐器表演）、图画手工（包括图画、泥工、纸工和其他材料作业等）、计算（包括心算、度量和认识数目）。1981 年 10 月颁布的《幼儿园教育纲要（试行草案）》又将幼儿园教育内容分为六科，即语言、常识、计算、音乐、体育和美术。

改革开放后，受西方儿童观、教育观等多种因素的影响，加上学科教学自身所暴露出来的问题日益引起人们的广泛关注，从 20 世纪 80 年代中期开始，许多专家、学者、一线教师等开始对学科教学进行反思、批判，积极探索、尝试其他课程形式，打破了原先那种学科教学一统天下的局面，开始出现了“百花齐放，百家争鸣”的局面。但是，不可否认的是，迄今为止，学科教学仍然是我国幼儿园教育中普遍使用的一种课程形式，至少是一种主要形式。

随着社会的发展，儿童观、教育观和知识观等的转变，以及受到心理学、教育心理学、教育哲学和教育社会学等众多基础学科最新研究成果的影响，目前的学科活动已经发生了许多变化，在许多方面已经与以往的学科活动有了重要不同，不断焕发出了新的活力，并且不断出现了许多新的组织形式。例如，为了改变原先那种各科之间划分过细的局面，出现了按照领域进行组织的领域活动，如目前所说的五大领域，即健康、社会、语言、科学和艺术；美国哈佛大学“零点方案”的重要组成部分“光谱方案”也划分了语言、数学、运动、音乐、常识、力学和构建、社会认识以及美术等八大领域[①]。总之，目前的学科活动已经融入了许多新的理念。

因此，在当前大力提倡综合化，多种所谓的新课程纷至沓来的情况下，在对待学科活动的问题上，要注意避免那种简单否定的做法，同时也要避免那种固守传统的做法。比较可取的做法是认真研究学科活动自身存在的问题，认清其长处和不足，扬长避短，借鉴其他课程的优点，使学科活动不断超越自身原有的不足之处，进而不断趋于完善。

一、幼儿园学科活动的特点

众所周知，幼儿和中小学生在身心等各方面存在许多差异，正是这些差异使得幼儿教育和中小学教育表现出了许多不同。与中小学的学科活动相比，幼儿园的学科活动具有一些独特之处，主要表现在以下几方面[②]。

（一）幼儿园学科活动中的“学科”只是一种“前学科”

学科知识体系可以有不同的概括程度和深度，如可以是以科学概念为核心，按照严格的学科内在逻辑组织起来的理论层次的学科体系，也可以是以表象或初级概

① 这里的“领域”实际属于广域学科，需要说明的是，本节中所说的学科活动包括这种领域活动，是一种广义的用法。为了行文方便，下面不再区分领域活动和传统意义的学科活动，而统一使用“学科活动”。

② 冯晓霞：《幼儿园课程》，北京师范大学出版社，2001，P. 238～239。

念为基础和核心组织起来的经验层次的“前学科”体系。从一定意义上可以说，经验层次的“前学科”体系和理论层次的学科体系之间是一个连续体，二者之间还有许多过渡层次。如图 15 所示。

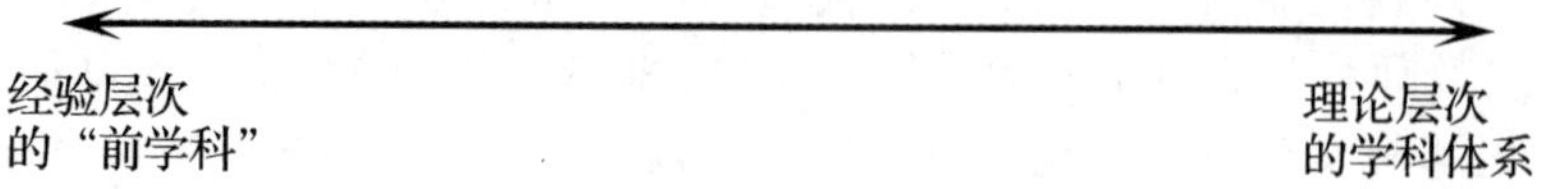

图 15　不同层次的学科组成的连续体

在这个图中，经验层次的“前学科”和理论层次的学科体系分别处于两极，这两极之间是连续的，还有许多具有不同概括程度和深度知识体系的多个层次的“学科”。所有这些不同层次的“学科”共同组成了从经验层次的“前学科”到理论层次的学科体系之间的连续体。

正是在这种意义上，美国学者布鲁纳断言:“任何学科都能够用智育上是正确的方式教给任何发展阶段的儿童”。他认为，儿童的心理发展经历着动作式表征、映象式表征和符号式表征三个阶段，教材中知识的组织和呈现需要与处于不同阶段的儿童的接受能力相匹配，因此知识的组织也需相应分成动作、映象和符号三种水平，同一知识在不同阶段的教材中，应是逐步升高并在更高的水平上反复出现，从而呈现出一种螺旋式上升的趋势，这即是“螺旋式课程”的基本思想。例如“杠杆原理”这一知识，对处于第一阶段，即动作式表征的儿童，就可以通过演示身体运动如何使游戏场上的跷跷板平衡来教；对处于映象式表征阶段的儿童就可以借助于一张画有平衡杠杆的图片来教；而对处于符号式表征阶段的儿童，则可以直接用语言和数据演算的形式来教。

总之，幼儿园学科活动中的“学科”不是理论层次的学科，而是一种“前学科”。这种“前学科”虽然也需要从学科角度考虑其系统性，但是学科内容的逻辑体系相对来说比较松散。

（二）幼儿园的学科活动强调和幼儿的生活相联系

在幼儿园的学科活动中，幼儿所要学习的主要是“前学科”，这种“前学科”是以表象或初级概念为基础和核心组织起来，这同时也就决定了幼儿所学习的“前学科”与幼儿的生活之间充满了千丝万缕的联系，因此幼儿园的学科活动也就必须紧密结合幼儿的生活。一些直观形象的事物和幼儿自身的直接经验是幼儿园学科活动必不可少的坚实基础，如幼儿在学习“杠杆原理”知识时，就需要调动诸如幼儿玩跷跷板游戏的相关经验，还可以借助于一些相关的小实验等，总之，要密切联系幼儿的生活。

但是需要注意的是，在强调学科活动和幼儿的生活紧密联系的同时，要避免另一种极端的倾向，即将学科活动等同于幼儿生活经验的简单堆积。学科活动要在密切联系幼儿的生活的基础上，帮助幼儿将自己的一些经验进行整理和提升，形成一些简单的、初步的概念，最终形成一种系统化的知识体系，更确切地说是形成一种系统化的“前学科”知识体系。这也正是苏联以乌索娃、查包洛塞兹为代表的研究者所提出的“学前知识系统化教学”给予我们的重要启示。这可以从下面的学科活动案例（例 8）窥见一斑。

例 8

常绿树与落叶树（大班）①

一、教学要求

1. 巩固幼儿对梧桐、松树、枫树、柳树、棕榈、黄杨树等常见树木的认识，使幼儿知道树木变化与季节的关系。（落叶树到秋天树叶就开始变黄或变红，一片片地落下来，到了冬天成了光秃秃的树枝；常绿树一年四季都长着绿色的树叶）初步形成常绿树与落叶树的概念。

2. 丰富相应的词：常绿树、落叶树。

3. 发展幼儿观察、比较、分析的能力。

二、教学准备

1. 梧桐、松树、枫树、柳树、棕榈、黄杨树的树枝各几枝，每种选一枝钉在绒布板上。

2. 梧桐与黄杨树的叶子各 30 张，分放在两只竹筐里。

3. 组织幼儿在校园中散步，观察落叶。

三、教学过程

1. 复习巩固对梧桐、松树、柳树……的认识。

(1) 小朋友认识了许多树，今天就请大家讲一讲：认识了哪些树？它的叶子是怎样的？（幼儿讲述）

(2) 小朋友能清楚地讲出自己所认识的树了，这很好。今天老师带了几段树枝，我把它们钉在绒布板上，请大家看一看、认一认，这是什么树的树枝？它的叶子是怎样的？像什么？（边讲边揭去绒布板的遮布，让幼儿观察）

教师请七八个幼儿按树枝的摆放顺序讲述。

2. 引导幼儿注意季节变换与树木生长变化的关系，启发幼儿的求知欲。

(1) 现在是秋季了，天气渐渐冷了。你们可知道院子里树的叶子有什么变化？（秋天到了，树叶变黄了，叶子从树上落下来了）

(2) 教师根据幼儿平日观察积累的知识经验，进一步告诉幼儿：秋天到了，天

---

① 上海市幼儿教育研究室：《幼儿园各科教案举例》，上海教育出版社，1982，P. 92～94。

气渐渐冷了，有的树叶就开始变黄、变红，一片片落下来，到冬天树枝变成光秃秃的，这种树我们叫它落叶树。有的树，不管春、夏、秋、冬，树上都长着绿油油的叶子，这种树我们叫它常绿树。

(3) 什么叫落叶树？院子里哪些树是落叶树？

(4) 什么叫常绿树？院子里哪些树是常绿树？

3. 区分落叶树与常绿树。

(1) 教师分发给每个幼儿两片叶子（一片梧桐树叶，一片黄杨树叶），要求幼儿看一看、摸一摸、比一比落叶树的叶子与常绿树的叶子有什么不一样？让幼儿仔细观察、比较。教师可巡回指导，提出些补充性的启发问题，指导个别幼儿观察。如：比比它们的厚薄怎样，摸上去感觉怎样，看上去颜色有什么不同等。

小结：落叶树的树叶比较大些、薄些，摸上去比较粗糙，看上去颜色浅些。天气冷了，这些树叶要变黄或变红，一片片地飘落下来，最后树枝变成光秃秃的。常绿树的树叶比较小些、厚些，摸上去很光滑，看上去颜色深些，有的像针一样，这些树叶一年四季常绿。

(2) 组织幼儿做看谁排得对、排得快的游戏，巩固对常绿树与落叶树的认识。

教师边发树枝边讲：给你们每人一枝，小朋友仔细看看自己拿的是什么树的树枝，再想一想这种树是常绿树还是落叶树。

问个别幼儿：你拿到的是什么树的树枝？是常绿树还是落叶树？

大家都看清自己拿的是什么树枝了吗？都知道这种树是常绿树还是落叶树吗？我们来做看谁排得对、排得快的游戏。听我吹哨子后落叶树排左边，常绿树排右边。

教师吹哨子，幼儿迅速分站两队，看谁排得对，排得快。

这个活动较好地体现了学科活动在密切联系幼儿的生活基础上，帮助幼儿整理、提升自身经验，形成一些简单的、初级概念的特点。在活动中，教师首先调动幼儿有关一些树木的相关经验，此时正是秋天时节，院子里有一些树木，幼儿在日常生活中虽然对这些树木有一些了解，如不同树木树叶的不同变化等，但这些经验只是零散的。因此，教师在调动幼儿这些相关经验的基础上，引导幼儿探究季节变换和树木生长变化之间的关系，进而初步了解了什么是落叶树，什么是常绿树。在此基础上，教师进一步引导幼儿观察比较落叶树和常绿树的树叶有何不同。在此之前，幼儿在日常生活中见到过许多树木的树叶，知道秋天时有些树叶会变黄或变红，而且还会落下来，而有些树叶则不会变色，并且即使到了冬天也不会落下来。很多幼儿都有一些类似的经验，但并没有将这些经验串联起来，在这个活动中，教师引导幼儿将这些经验与落叶树和常绿树以及树木生长变化和季节变换之间的关系联系起来，形成了关于落叶树和常绿树的初级概念，初步了解了季节变换和树木生长变化之间的关系。这些就是在幼儿已有相关经验基础上不断提升的结果。

（三）幼儿园的学科活动强调促进幼儿素质的提高，为幼儿以后的终身学习和终身可持续发展奠定良好基础

幼儿阶段是人生的起始阶段，因此许多父母都强烈渴望“不要让孩子输在起跑线上”，希望自己的孩子能够学到各种本领，能够识字，能够知道很多知识，为此不惜花费大量精力、财力让自己的孩子学习各种知识，技能。认为这样就可以“在起跑线上处于领先地位”。殊不知，此时也许恰恰已经“输在了起跑线上”，因许多孩子虽然掌握了大量知识和技能，但却丢失了对他或她以后发展更重要的东西，即兴趣和各种良好的习惯，其基本的素质遭受到了摧残。

通过对许多世界著名科学家成长的研究和对一些青少年科技爱好者成才的研究发现，知识固然重要，但更重要的却是某些从小形成并对终身起作用的东西，如对科学的兴趣，敢于探索和创新的勇气，初步的动手和观察能力，实事求是的态度和正确的思维方式等①。“正因为科学精神科学方法是科学成功的秘密，又因为早期教育会对个体科学精神的形成和科学方法的掌握能产生决定性影响，所以对儿童进行科学教育便应当在科学精神和科学方法两方面下工夫”②。

《幼儿园教育指导纲要（试行）》（以下简称《纲要》）第二部分“教育内容与要求”部分就将“科学”领域的目标规定为：

1. 对周围的事物、现象感兴趣，有好奇心和求知欲；
2. 确良能运用各种感官，动手动脑，探究问题；
3. 能用适当的方式表达、交流探索的过程和结果；
4. 能从生活和游戏中感受事物的数量关系并体验到数学的重要和有趣；
5. 爱护动植物，关心周围环境，亲近大自然，珍惜自然资源，有初步的环保意识。

从上面的目标表述中也可以发现，幼儿园教育中的科学教育最重要的不是学习掌握一些科学方面的知识，而是培养幼儿的科学精神和科学方法。这些才是能够促进幼儿以后可持续发展和终身学习的宝贵财富。当然，中小学教育，甚至大学教育中的科学教育也重视培养学生的科学精神和科学方法，但相对于幼儿园教育而言，更重视科学知识技能的培养。

这里主要以科学领域为例进行了分析，在其他领域中情况也是如此。总之，幼儿园的学科活动在帮助幼儿学习一些初步的学科知识技能的同时，更强调促进幼儿基本素质的提高，为幼儿以后的终身学习和终身可持续发展奠定良好基础。

---

① 刘晓东：《儿童教育新论》，江苏教育出版社，1998，P. 173。

② 刘晓东：《儿童教育新论》，江苏教育出版社，1998，P. 173～174。

二、学科活动与指导大纲

这里所说的指导大纲，即平常所说的教学大纲、课程标准等，之所以用“指导大纲”这一术语，主要是为了强调这种“大纲”对幼儿园教育的“指导作用”。《基础教育课程改革纲要（试行）》中谈到“课程标准”时指出：“国家课程标准是教材编写、教学、评估和考试命题的依据，是国家管理和评价课程的基础。应体现国家对不同阶段的学生在知识与技能、过程与方法、情感态度与价值观等方面的基本要求，规定各门课程的性质、目标、内容框架，提出教学和评价建议。”这虽然主要是针对中小学基础教育而言的，但幼儿园教育作为基础教育的有机组成部分，也应包含其中。

《纲要》可以说类似于中小学基础教育阶段的“课程标准”，是一种“指导大纲”，主要阐明了幼儿园教育的目标，提出了一些教育内容与要求，说明了在组织与实施过程中的指导要点和应注意的事项，并对教育评价问题进行了说明。《纲要》第二部分“教育内容与要求”是分领域进行阐述的，分别阐述了健康、语言、社会、科学和艺术五大领域各自对幼儿身心发展的价值和意义，指明了各领域的目标、内容与要求，并提出了一些指导要点。这可以结合下面的“五、艺术”领域进行理解。

五、艺　术[①]

一、目标

1. 能初步感受并喜爱环境、生活和艺术中的美；
2. 喜欢参加艺术活动，并能大胆地表现自己的情感和体验；
3. 能用自己喜欢的方式进行艺术表现活动。

二、内容与要求

1. 引导幼儿接触周围环境和生活中美好的人、事、物，丰富他们的感性经验和审美情感，激发他们表现美、创造美的情趣。

2. 在艺术活动中面向全体幼儿，要针对他们的不同特点和需要，让每个幼儿都得到美的熏陶和培养。对有艺术天赋的幼儿要注意发展他们的艺术潜能。

3. 提供自由表现的机会，鼓励幼儿用不同艺术形式大胆地表达自己的情感、理解和想象，尊重每个幼儿的想法和创造，肯定和接纳他们独特的审美感受和表现方式，分享他们创造的快乐。

4. 在支持、鼓励幼儿积极参加各种艺术活动并大胆表现的同时，帮助他们提高

① 《幼儿园教育指导纲要（试行）》，北京师范大学出版社，2001，P. 7～8。

表现的技能和能力。

5. 指导幼儿利用身边的物品或废旧材料制作玩具、手工艺品等来美化自己的生活或开展其他活动。

6. 为幼儿创设展示自己作品的条件，引导幼儿相互交流、相互欣赏、共同提高。

三、指导要点

1. 艺术是实施美育的主要途径，应充分发挥艺术的情感教育功能，促进幼儿健全人格的形成。要避免仅仅重视表现技能或艺术活动的结果，而忽视幼儿在活动过程中的情感体验和态度的倾向。

2. 幼儿的创作过程和作品是他们表达自己的认识和情感的重要方式，应支持幼儿富有个性和创造性的表达，克服过分强调技能技巧和标准化要求的倾向。

3. 幼儿艺术活动的能力是在大胆表现的过程中逐渐发展起来的，教师的作用应主要在于激发幼儿感受美、表现美的情趣，丰富他们的审美经验，使之体验自由表达和创造的快乐。在此基础上，根据幼儿的发展状况和需要，对表现方式和技能技巧给予适时、适当的指导。”

《纲要》虽然是分领域进行阐述的，但这并不意味着《纲要》只适用于学科活动。事实上，《纲要》对学科活动、单元主题活动、方案教学、区域活动等所有幼儿园教育活动都具有指导意义。这是因为，即使是在单元主题活动、方案教学等幼儿园教育活动中，教师也需要了解幼儿在不同方面身心发展的特点和规律，还必须了解各学习领域对幼儿身心发展的价值、意义以及幼儿在不同领域中的学习方式、学习特点等。“只有教育工作者能根本上理解各学科科目之间的共同之处和差异，理解综合能够实现的价值和所起的作用，那么综合性课程的计划才有可能实现。没有各种学科科目的基础，早期儿童的综合性课程很快会蜕变为快乐而无意义的活动或琐碎的东西。”①

从一定意义上可以说，指导大纲是许多专家、学者研究成果的集中体现，是将各种新的儿童观、教育观、知识观等理念真正落实到具体的幼儿园教育活动中的一个重要中介。因此，指导大纲的制定是非常重要的，是顺利有效地开展幼儿园教育活动的前提。与此同时，对于一线幼儿园教师而言，更重要的是在组织与实施包括学科活动在内的所有幼儿园教育活动之前，必须认真学习和了解指导大纲的基本精神。当然，在强调指导大纲对具体幼儿园教育活动指导作用的同时，也应该看到问题的另一面，即指导大纲仅仅是指导具体教育活动的组织和实施，只是一个“大纲”，在具体组织和实施教育活动过程中，教师需要在认真学习了解指导大纲基本精神的基础上，因地制宜，创造性地组织和实施教育活动。在此过程中，教师还可以对指

① 朱家雄：《幼儿园课程》，华东师范大学出版社，2003，P. 206。

导大纲提出疑问和改进的建议，以便于使指导大纲不断趋于成熟和完善，更好地指导幼儿园教育活动的组织和实施。

三、学科活动的设计

幼儿园学科活动的历史比较悠久，相信大多数教师对学科活动的设计并不太陌生。这里将要探讨的学科活动的设计已经不同于传统的学科活动设计，而是融入了许多新的儿童观、教育观和知识观等理念，具有了一些新的特质。需要说明的是，学科活动的设计可以有一些不同的方法和切入点，如可以借鉴课程设计中的目标模式进行设计。下面将结合“社会”领域简要探讨学科活动的设计问题，这只是为广大幼儿园教师提供一种可能的建议和参考，在具体进行学科活动设计过程中，一线教师需要因地制宜，大胆探索，创造性地组织和实施学科活动。

（一）初步确定适合本班幼儿的学科教育目标

1. 从整体上了解指导大纲的基本精神，特别是幼儿园总的教育目标

教师首先需要认真学习有关文件和理论，如《纲要》等，了解幼儿园教育的总目标，对幼儿园教育有一个整体认识和宏观把握。

2. 了解自己从事的某一学科对幼儿可能具有的发展价值和意义，以及该学科的目标

教师可以通过查阅一些文件（如《纲要》等）、著作或教材，结合自身已有知识经验，把握自己所从事的某一学科的教育目标。例如，由虞永平主编的《社会》（大班）中将“社会”领域的教育总目标规定为[①]：

1. 引导幼儿初步形成自我意识；培养幼儿的自信心、自尊心及独立性；培养幼儿诚实、勇敢、守纪律、不怕挫折等品质；培养幼儿基本的自我控制及应变能力。

2. 引导幼儿接触、观察和关心周围的社会生活环境、社会事件及社会成员。

3. 使幼儿产生与他人交往的愿望；指导幼儿学习人际交往基本规则，使幼儿初步掌握分享、合作、谦让、互助等基本的社会技能。

4. 引导幼儿逐步适应并喜欢集体生活，学会关心集体，逐渐形成集体荣誉感和责任感。

5. 引导幼儿养成讲文明、讲礼貌的好习惯，使幼儿习得必要的社会行为规范。

6. 激发幼儿热爱劳动的情感，使幼儿懂得珍惜劳动成果、爱护公共财物，乐于参加力所能及的劳动。

7. 培养幼儿爱家乡、爱祖国、爱人民的情感，并萌发幼儿热爱世界和平的情感。

---

① 虞永平：《社会》（大班），南京师范大学出版社，1996，P. 4～5。

8. 引导幼儿初步了解中华民族的和世界各国的优秀文化，并激发幼儿热爱民族文化及世界文化的情感。

书中在阐述了社会领域总目标的基础上，又分别从社会环境、社会行为规范、人际关系和社会文化四个方面阐述了“分类目标”，并且还分别阐述了小班、中班和大班各自的“阶段目标”①，这里仅将大班教育目标摘录如下②：

1. 引导幼儿进一步了解自己所在的集体，知道自己是集体中的一员，主动地做对集体有益的事，使幼儿具有初步的集体荣誉感。

2. 引导幼儿主动、正确地使用礼貌用语，以恰当的方式与他人交往，与同伴友好相处；使幼儿学会主动照顾、关心中小班的幼儿。

3. 引导幼儿自觉遵守幼儿园的各项规章制度，控制自己的情绪和行为；引导幼儿自觉遵守社会公共规则；鼓励幼儿热爱劳动，爱惜劳动成果，珍惜公共财物。

4. 进一步引导幼儿正确评价自己与他人，愿意学习他人的优点，不讥笑他人的缺点，不自满，敢于承认并改正自己的缺点。

5. 引导幼儿大胆地表达自己的意见，学会独立地解决碰到的问题和困难；引导幼儿做到做事有信心、有耐心，认真地完成老师布置的任务。

6. 使幼儿学会分辨简单的是非，懂得要学习好的榜样，不模仿不良行为，激发幼儿初步的爱憎感。

3. 在综合考虑各种具体情况的基础上，初步确定适合本班幼儿的学科教育目标

一些文件、著作或教材中阐述的幼儿园教育的总目标、学科目标等只是一般的，具有指导意义和参考价值。在具体进行学科活动设计过程中，教师需要考虑自身、本园及本班幼儿的实际情况，以及社区中可以利用的教育资源，幼儿家长的一些情况等，进而初步确定适合本班幼儿的学科教育目标。

（二）初步考虑与制定整个学期甚至学年的活动计划

教师可以借鉴一些文件、著作或教材中有关学科内容的相关阐述，在综合考虑自身特点、幼儿可能的需要和兴趣、幼儿园和社区中可以利用的教育资源、幼儿家长可能提供的帮助等的基础上，结合对幼儿园教育总目标和学科目标的认识与把握，初步考虑整个学期甚至学年的活动，各个活动可能达到何种目标或哪方面的目标，以便于从总体上把握。下面仍然结合《社会》（大班）进行分析。

书中将社会领域的教育内容划分为 4 个方面，即社会环境（包括家庭、幼儿园、社区、行政区划、祖国、世界知识、重大节日和重大社会事件）、人际关系（包括自

① 虞永平：《社会》（大班），南京师范大学出版社，1996，P. 5～8。
② 虞永平：《社会》（大班），南京师范大学出版社，1996，P. 7～8。

己、同伴及同伴交往、集体）、社会行为规范（包括文明礼貌的知识和习惯、公共规则、集体规则、交往规则和基本道德准则）和社会文化（包括社区人文景观、民间节日、民间艺术、文化精品、英雄人物和世界文化）[①]。从这 4 个方面入手，结合幼儿园总目标和学科目标，确定了一些活动，如表 15 所列。

表 15　教育活动计划安排建议表（上学期）[②]

周次＼教育活动	活动名称		教育活动类型	
			前者	后者
一	我是爸妈的小帮手	我是幼儿园的小主人	人际关系	人际关系
二	家乡的变化	我喜欢×××	社会环境	人际关系
三	我有一个幸福的家	梨子小提琴	社会环境	社会文化
四	我是小记者	参观银行	人际关系	社会环境
五	纸工艺品	我们班的荣誉多	社会文化	人际关系
六	美丽的祖国	宝岛——台湾	社会环境	社会环境
七	祖国各地	家乡的未来	社会环境	社会环境
八	十二生肖	他为什么哭	社会文化	人际关系
九	参观轮船码头	农民真辛苦	社会环境	社会规范
十	热闹的马路	向谁学习	社会规范	社会规范
十一	中秋家家乐	五彩刺绣	社会文化	社会文化
十二	我们都来关心她	做个诚实的孩子	人际关系	社会规范
十三	温暖的大家庭	夸夸我的好朋友	人际关系	人际关系
十四	今天我是值日生	快乐的休息日	社会规范	人际关系
十五	一个小宝两个样	做个勇敢的人	社会规范	人际关系
十六	让我帮帮他	高兴的事儿大家听	人际关系	社会规范
十七	××的朋友真正多	快乐的元旦	人际关系	社会文化
十八	参观电信局	小公鸡历险记	社会环境	人际关系
附加活动	参观文化馆 庆祝“十一”国庆节 联合国 去日本旅游	参观农贸市场 你吃过西餐吗 国旗	社会环境 社会环境 社会环境 社会环境	社会环境 社会文化 社会环境

① 虞永平：《社会》（大班），南京师范大学出版社，1996，P. 8～11。

② 在“教育活动计划安排建议表（上学期）”（虞永平主编《社会》（大班），南京师范大学出版社，1996，P. 15）的基础上，添加了“教育活动类型”栏目，这一栏目主要是说明教育内容属于社会环境、人际关系、社会（行为）规范和社会文化中的哪一类，关于教育活动的分类具体可以参见以上该书的第 222～223 页。

结合前面有关“社会”领域总目标、分类目标、阶段目标、教育内容等的论述，从上面的“教育活动计划安排建议表（上学期）”中可以透露出以下几个比较明显的特点。

1. 整体意识比较明显

显然，作者是在对幼儿园教育总目标、社会领域总目标、分类目标、阶段目标及 4 个方面的教育内容有了整体了解和把握的基础上，设计这些教育活动的。其中，4 个方面的教育内容和分类目标之间有密切的联系，都是从社会环境、人际关系、社会（行为）规范和社会文化 4 个方面进行分析和阐述的，而分类目标又是在社会领域总目标统摄下的。表 15 中设计的教育活动充分考虑了教育内容的 4 个方面，以便于保证社会领域 4 个分类目标的实现，进而实现社会领域总目标，而这种社会领域总目标和其他领域的总目标之间相互整合，又可以进而实现幼儿园教育总目标。

2. 密切联系幼儿的生活，由近及远逐渐扩展

从表 15 中列出的教育活动名称就可以明显感觉到，这些教育活动和幼儿的生活之间是密切联系的，如“我是幼儿园的小主人”、“我是爸妈的小帮手”等活动所可能涉及的教育内容显然是幼儿所熟悉的，贴近幼儿的生活。

在此基础上，逐渐向外扩展，如从幼儿园（如“我们班的荣誉多”等）到社区（如“参观银行”等），到家乡（如“家乡的变化”等），到祖国（如“祖国各地”等），甚至扩展及外国（如“去日本旅游”等），这也体现由近及远的原则。随着幼儿知识经验的增多，特别是当今信息获取的途径非常丰富和便捷，可以适当让幼儿接触和了解一些其他地方、地区和国家的相关知识。

3. 具有一定的灵活性

首先从“教育活动计划安排建议表（上学期）”名称中的“建议表”中明显可以感觉到其中所蕴涵的“灵活性”思想，特别是表中还列出了一些“附加活动”，这更表明了其“灵活性”的思想。这还可以从赵寄石写在本书前的“总序”中对幼儿园教师如何使用本教材提出的如下建议中窥见一斑：“首先要对本套教材进行整体研究，了解其结构，把握各个领域和每个领域各部分之间的关系。同时总结分析本地区或本园原有的课程，找出两者之间的差异和共同点。然后确定采用本课程的方式：全面实践验证，部分实践验证（一个或几个领域），吸收创新（将某些观念纳入原有课程使其更新），部分选用（将某些活动纳入原有课程），模仿尝试（对本课程结构感到生疏的幼儿园联系本园实际作一点尝试）等等。不管采用哪种方式，都要从本园实际出发，通过试用最终建立起有本园特点的课程。”①

① 虞永平：《社会》（大班），南京师范大学出版社，1996，P. 6。

（三）活动目标和内容的选择与确定

教师初步设计的学期或学年活动计划仅仅是一个计划，在具体教育过程中，完全可以而且需要根据幼儿的需要、兴趣，社区或幼儿园中的偶发事件，本班幼儿目标达成情况等，及时调整活动内容和计划，进而选择并确定当时适合本班幼儿的活动目标与内容。但是，这种“调整”必须以教师对幼儿园总目标、所教学科总目标及阶段目标有比较清晰的了解和整体把握为前提。例如：××幼儿园陈立老师组织的活动案例[①]较好体现了这一点。

幼儿在看了一部警察抓坏人的电视片后，对警察叔叔敬佩之至。一连许多天，天天谈论、模仿他们，而模仿中又有一些偏差——仅仅是一些追追杀杀的打斗动作，以至于搞得班里闹哄哄的。陈老师意识到从孩子们对警察叔叔的兴趣中可以引申出这样的教育目标：帮助孩子更全面地了解人民警察的职责，感受他们热爱人民、服务社会的品质和严密的组织纪律性。于是她及时调整了《社会》领域的教育内容，组织开展了“警察叔叔怎样工作”的活动，收到了极好的效果。

活动目标和内容之间是一种相互影响、制约和碰撞的互动关系：一方面，初步选择的活动目标在一定程度上影响着活动内容的选择与确定；另一方面，活动内容又反过来制约着达成什么样的目标，特别是选择的活动内容除了能够达成预定的一些目标外，还很有可能会生发出一些意想不到的新目标，而这些新生发出来的目标和原来预定的目标又会进一步影响活动内容的选择与最终的确定。总之，正是初步选择的活动目标和内容之间多次相互影响、制约和碰撞的互动过程，最终确定或说生成了具体的活动目标和内容。从一定意义上也可以说，这种互动和生成过程贯穿于活动计划的设计和实施的全过程。

（四）活动过程的设计

在初步选择和确定了活动目标和内容后，就进入了活动过程的设计阶段。在此过程中，教师在关注内容中蕴涵的本学科或领域的教育价值和意义的同时，也要注意挖掘其中蕴藏的其他学科或领域的教育价值与意义；在考虑通过语言讲解直接传递有关知识的同时，尽量多设计一些有趣的游戏活动，让幼儿通过游戏活动了解与掌握相关知识；此外，教师还需要注意的是，活动过程的设计要有一定的弹性，留有一些变化和发展的空间，特别是问题的设计尽量是开放式和启发性的。可以结合活动案例（例9）进行理解[②]。

---

① 冯晓霞：《幼儿园课程》，北京师范大学出版社，2001，P. 249～250。

② 虞永平：《社会》（大班），南京师范大学出版社，1996，P. 25～26。

例 9

家乡的变化（大班）

活动目标

1. 使幼儿知道家乡有了许多新的变化。

2. 巩固幼儿对家乡的认识，激发幼儿爱家乡的美好情感。

活动准备

1. 事先联系参观地点。

2. 操作卡片《家乡的变化》。

活动过程

1. 带幼儿参观幼儿园附近的新建小区，让幼儿感受家乡的变化。

(1) 参观小区的一幢幢新楼房。启发幼儿观察。

这是什么地方？叫什么名字？

这里的房子是什么样子的？

(2) 观察小区内的各种辅助设施：传达室、街心花园、车棚、小吃店、理发店等。引导幼儿思考。

在小区里你看见了什么？

它们是干什么用的？

参观完小区，你感觉怎么样？

(3) 访问小区的住户。

① 请住户介绍原来的住房情况：都是平房，房子很小，但要住许多人；有的房子还会漏雨；没有传达室、街心花园、车棚等设施。

② 住户讲述原来的居住条件：没有自来水，没有卫生间、厨房和煤气；许多人住在一起很拥挤……

③ 带幼儿参观现在的居住环境：明亮宽敞的房间；有厨房、卫生间和阳台；家里用上了煤气和自来水，用电也很方便。

(4) 组织幼儿讨论。

你喜欢小区吗？为什么喜欢它？它好在什么地方？

启发幼儿讲出新建筑是人们辛勤劳动的结果；人们通过创造，把家乡建设得很美丽；家乡越变越好。

2. 参观后请幼儿看操作卡片，启发幼儿思考：

以前的家乡是什么样子的？它现在变成什么样子了？

你喜欢什么时候的家乡？为什么？你还看见了什么？

教师小结

我们的家乡变化很大。有高高的立交桥、一排排新楼房、许多新公园、新商场；人们辛勤地劳动，生产出许多新产品，把家乡建设得更美、更好。

活动建议

让幼儿当小导游，开展“家乡一日游”的活动，向同伴、家长等介绍美丽的家乡，进一步激发幼儿爱家乡的美好情感。

活动延伸

1. 家乡的变化包括很多方面。教师可以装订一本“家乡的变化”的画册，请幼儿随时注意见到的新建筑、新事物，然后把它们画下来，游戏时向同伴介绍。

2. 可以组织各种建筑游戏和角色游戏，让幼儿利用游戏的形式认识和反映家乡的变化，激发幼儿爱家乡的美好情感。

四、对学科活动的评价

（一）学科活动的长处

相对来说，学科活动具有以下几方面的长处。

1. 有助于幼儿了解一些学科中的知识技能以及这些知识技能之间的联系

总体来说，学科课程比较强调学科内在的逻辑结构，重视学科中一些核心概念的学习，强调学科中知识技能的系统化。幼儿园的学科活动虽然不同于中小学的学科活动，主要是一种以表象和初级概念为基础和核心组织起来的“前学科”知识体系，但同样强调学习掌握这些作为基础和核心的“表象和初级概念”及其相互之间的关系，进而形成系统化的“前学科”知识体系。从一定意义上说，这有助于幼儿较快地学习掌握一些比较系统化的学科知识体系。

例如，在前面引用的活动案例“常绿树与落叶树（大班）”（例 8）中，就明确将一些知识的掌握作为教学要求提出来，如“巩固幼儿对常见树木的认识，知道树木变化与季节的关系，初步形成常绿树与落叶树的概念；丰富相应的词：常绿树、落叶树。并且后面的教学过程也是紧紧围绕这些知识的学习和掌握一步步展开的，表现出了很强的计划性和控制性，可以说，整个教学过程是在教师的控制中有条不紊的展开的。这同时也就使得学科活动具有了另一个长处。

2. 具有较强的可操作性

相对来说，学科活动具有较强的计划性和控制性，教材中设计的活动过程环环相扣，甚至将幼儿应该如何回答都做出了提示。因此，即使对于刚从事幼儿园教育事业比较缺乏经验的老师，也可以在一些教师参考用书以及幼儿园教材的帮助下开展教育活动。

3. 运用的历史比较久远

由于自 20 世纪 50 年代开始，学科活动就逐渐在我国幼儿园教育中占据重要地位，虽然学科活动自身也发生了许多变化，但总体来说，幼儿园教师对学科活动比较熟悉，具有一些设计学科活动的经验。这就使得学科活动具有比较广泛的基础，相对来说比较容易推广。

（二）学科活动的局限性

事情往往具有两面性，事物的长处往往就是其局限性所在，这对于学科活动而言也不例外。

学科活动虽然有助于幼儿学习学科中的知识并形成比较系统化的知识体系，但这同时也使得学科活动将着眼点局限于某一学科，在一定程度上弱化甚至忽视了学科之间的相互联系。例如，前面引用的几个活动案例其实都不同程度地存在这个问题，在“家乡的变化（大班）”（例 9）中，基本上都是从社会领域的角度设计活动的，虽然在“活动延伸”部分也涉及到了艺术领域，但从总体来看，整个活动过程基本是局限于社会领域中，和其他领域的联系是微乎其微的。对学科之间内在联系的重视不足是学科活动的一个重要局限性所在。

学科活动的另一个局限性表现在过于强调活动的计划性和控制性。活动计划缺乏足够的弹性，在极端的情况下，活动过程的展开就是教师按部就班和有条不紊地展示事先制定好的活动计划的过程，致使有时无法很好满足幼儿当时的兴趣和需要。目前，这种过于强调活动计划性的做法在一定程度上得到了改变，开始重视活动过程的弹性。但总体来说，学科活动相对来说比较强调活动的计划性和控制性，这是由其自身特点所决定的。

和前面两点密切相关的另一个局限性表现在，学科活动不能很好顾及并满足幼儿当时的需要和兴趣，并且不能很好地顾及不同幼儿在发展水平、学习方式、已有知识经验等方面的差异。

当然，学科活动还存在其他一些局限性。但是需要说明的是，随着时间的推移，在各种新理念的影响下，学科活动自身也发生了很大变化，正在不断超越自身存在的一些局限性，并日趋完善。

但是，学科活动自身特点决定了它很难从根本上完全克服自身具有的一些局限性，只能是不断改善自身。因为这些局限性同时也是它的长处之所在，而这些长处和局限性共同构成了学科活动区别于其他幼儿园教育活动的特点。当它力图从根本上克服自身存在的局限性时，它往往也就同时失去了其自身原有的长处，并且发生了质变，不再是学科活动，而成了诸如单元主题活动、方案教学等其他活动了。这同时也说明了幼儿园不同教育活动之间的区分其实只是相对的。例如，当学科活动试图从根本上克服“学科之间缺乏内在联系”这一局限性，强调各学科之间的相互联系，借助于单元主题的形式实现各学科之间的整合时，它就已经变成了单元主题活动，而不再是学科活动了；当它试图完全克服“计划性较强”和“不能很好顾及幼儿当时的兴趣、需要和不同的学习方式等”这些局限性，进而强调“生成性”和幼儿的经验、需要、兴趣在活动中的重要性，强调照顾不同幼儿的不同学习方式、发展水平等时，很有可能会变成“方案教学”了。

第二节　单元主题活动的设计

在中国学前教育百余年的发展历程中，幼儿园课程改革中有代表性和发生了较大影响的主要有三次①，其中第一次和第三次都和这里所说的单元主题活动有密切关系。

一、单元主题活动的内涵

什么是单元主题活动？相信许多教师对此并不太陌生，顾名思义，就是在或长或短的一段时间内，围绕事先选择的主题组织教育活动。

第三次幼儿园课程改革一个重要的出发点就是要改变学科课程那种过分强调学科自身知识体系，进而割裂了各学科之间的有机联系的弊端。因此，南京师范大学率先提出的“综合主题教育”力图在这方面能有所突破，寻求各学科之间的内在联系。这其实也正是单元主题活动的一个重要特点，即打破各学科之间的界限，围绕着选定的主题，将各种学习内容有机联系在一起，加强知识之间的横向联系。如果我们将幼儿园教育分为健康、语言、科学、艺术和社会五大领域，可以图 16 来说明单元主题活动。

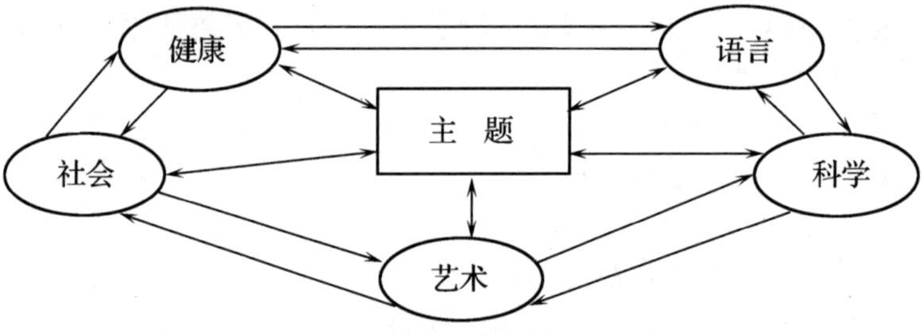

图 16　单元主题活动的横向结构示意图②

在上图中标出了五大领域，并非说明单元主题活动就是将这五大领域联系在一起。事实上，如果将幼儿园教育划分为其他的领域，如“光谱方案”中的八大领域

① 关于这三次改革后面还将专门介绍，故此处不再赘言。

② 此图在“单元主题活动示意图”（见冯晓霞主编《幼儿园课程》，北京师范大学出版社，2001 年 8 月第 2 版，第 207 页）的基础上作了修改，将原图中“主题”与五大领域之间的“直线”改为了“双箭头直线”。

等，则图中就需要作相应改动了，这同时也说明了领域的划分是相对的。图中透露出了这样的信息，即通过主题将各种学习内容有机联系在一起，故图中五大领域两两之间用两个带箭头的直线相连。

图中的“主题”和“五大领域”之间是用双箭头直线相连的，这说明了“主题”和各个“领域”之间是相互影响的，如主题的选择与展开受到领域目标、内容等的影响，同时主题又会反过来影响领域目标、内容等方面的实现情况以及各领域之间的联系情况等。

需要说明的是，在单元主题活动中，主题虽然会或多或少的涉及各种学习内容，如这里所说的五大领域，但具体到某一“主题”，不同学习内容（如不同领域等）在主题中所占的比重并非均等，可能会有所侧重。这是由“主题”自身的特点以及当时可以利用的教育资源，幼儿的需要、兴趣等多种因素决定的。此外，各种学习内容之间的联系必须是自然的、水到渠成式的、实质性的和内在的有机联系，避免将各种学习内容简单堆积到一起的“拼盘”现象。

二、主题的选择与确定

在整个单元主题活动中，可以说“主题”是处于核心的位置，起着统帅的作用，因此主题的选择和确定就显得特别重要。在选择和确定主题时需要考虑下面几个方面。

（一）指导大纲

前面曾经指出，指导大纲对幼儿园所有教育活动的组织和实施都具有一定的指导作用，在单元主题活动中也是如此。在选择与确定主题过程中，需要首先了解指导大纲的基本精神，如幼儿园总目标等。

（二）儿童

在选择和确定主题过程中，需要考虑儿童的需要、兴趣、生活、已有知识经验等众多因素。关于儿童的需要、兴趣和生活的重要性大家也许并不陌生，很多地方都谈到过这一问题，此处主要分析一下已有知识经验在主题选择与确定中的重要性问题。

美国学者奥苏贝尔在对接受学习与发现学习、机械学习与意义学习作了分析后发现，接受学习并不一定就是机械学习，而发现学习也并非一定就是意义学习，进而提出了意义学习的两个先决条件：首先就是个体表现出一种意义学习的心向，即一种在新学习的内容与自己已有知识经验之间建立联系的倾向；其次就是新学习的内容具有潜在意义，即能够与个体已有知识结构联系起来。需要注意的是，这两个条件中的“联系”必须是一种非任意性的、非字面上的实质性的联系，而非仅仅是一种牵强附会的或逐字逐句的。任何学习只要具备了这两个条件就是意义学习，反之就是机械学习，在此基础上他提出了“有意义言语接受学习理论”，并研究了“先行组织者”问题。这些研究给我们一个重要启示，即儿童已有知识经验是他们进一步学习的基础，后面的学习必须和他们已有的知识经验发生实质性的内在联系。因此，在选择与确定主题过程中，儿童已有知识经验是一个非常重要的影响和制约因素。

（三）教师

教师自身因素，如特长、知识储备、能力等也是影响与制约主题选择与确定的一个重要因素。这些因素在外界影响下也可以发生不同程度的变化，如知识储备这一因素就比较容易发生变化，教师可以通过查阅资料、向他人请教等方式弥补这方面的不足，从而对主题的选择和确定的影响与制约也不是很大。总之，教师自身因素是影响与制约主题选择与确定的一个因素，但非决定性的因素。

（四）可以利用的教育资源

单元主题活动的顺利开展需要具备一定的教育资源，例如，幼儿园的一些硬件设施、图书资料等。因此，在选择与确定主题的过程中，就需要考虑如果开展这一主题活动需要具备哪些教育资源，包括硬件和软件方面的，当前可以利用的教育资源有哪些？还缺少哪些教育资源？根据目前的情况，缺少的这些教育资源能否解决？等等。需要注意的是，教师需要充分利用社区、幼儿家长等方面的一些教育资源。

（五）已经开展过的主题

由于单元主题活动是围绕某一主题进行组织的，因此主题内部的联系比较紧密，但单元之间在内容方面的联系往往比较缺乏。这也是单元主题活动受到批评比较多的一个方面。因此，教师在选择与确定主题时就需要考虑前面已经开展过哪些主题了，这一主题与前面的这些主题有些什么联系，包括内容方面和儿童在主题活动中所获得的技能、能力等方面的联系。

此外，教师还需要了解已经开展的主题活动中完成了哪些目标？结合对指导大纲基本精神的把握，考虑还有哪些对儿童终身持续性发展非常重要的目标没有完成？等等，这些也将影响和制约主题的选择与确定。

（六）主题自身的特性

主题自身蕴涵的一些可能的发展价值和意义，可能涵盖的教育内容等，也是影响主题选择与确定的一个重要因素。特别是在有几个主题可以选择的情况下，更是需要在充分考虑主题自身特性的基础上，综合考虑其他方面的一些情况，以最终选择和确定主题。

三、单元主题活动的设计

单元主题活动的设计和前面有关内容，如幼儿园课程编制等关系密切，存在许多相通之处，下面将结合一个具体的实例“奇妙的水”（大班）[①]简单分析单元主题活动的设计问题。需要说明的是，下面的分析仅仅作为一种可能的参考和建议，并且已经融入了一些新理念，和原来的单元主题活动相比发生了一些变化，在具体进行单元主题活动过程中，教师需要因地制宜，创造性地开展活动。

（一）正式确定单元主题的名称

选择了适宜的主题后，就需要考虑给单元主题起一个幼儿能够理解，能够激发他们探索兴趣，并且能够突出单元活动的目的和重点的名称，如“奇妙的水”、“有趣的复制”、“兵器”、“亲亲阳光做运动”、“恐龙”等等。

（二）确定单元主题活动的目标

单元主题活动目标的确定需要综合考虑多种因素，如幼儿园总目标、单元主题中蕴涵的可能的发展价值和意义、本班幼儿特点等，并且目标要突出综合性和一般性。所谓的综合性就是要涵盖各种学习内容，虽然可以有不同的侧重，并且必须是实质性的和内在的有机综合，要避免那种简单罗列各个学科中内容的“拼盘”做法。所谓的一般性是指着重点放在促进幼儿终身持续发展的基本素质方面，如科学精神、科学方法等方面。如“奇妙的水”的主题目标[①]为：

1. 在玩水游戏中，积累有关水的特性（无色、无味、透明、流动的液体，有浮力、张力，有渗透性，能溶解某些物质等）的感性经验。

2. 通过科学小实验，感受水的三态变化，产生探索欲望。

3. 联系生活经验，初步了解在不同的天气状况下水的不同状态（云、雪、雾、霜、冰雹等），了解它们与人们生活的关系。

4. 了解水与人类的关系，增强节约用水、保护水源等环保意识。

---

① 浙江省《幼儿园课程指导》编写委员会：《教育活动设计》（大班上册），新时代出版社，2003，P. 19～37。

（三）设计单元活动内容

根据单元主题活动的目标、幼儿的需要和兴趣、可以利用的教育资源等因素，设计一系列活动内容，最好能够标明每个活动主要涉及哪些领域，还可以标出每个活动的主要目标等，如“奇妙的水”单元活动表内容见表16所列。

表16 “奇妙的水”单元活动表[①]

活动名称		涉及的主要领域					活动目标
		健康	语言	社会	科学	艺术	
1	看不见的水中大力士	√	√		√		1. 在戏水中感受水的特性，知道水有浮力。 2. 乐意与同伴交流活动的感受和发现，体验戏水的乐趣。
2	沉与浮		√		√		1. 通过探索，丰富有关物体沉浮的经验，并对科学现象产生兴趣。 2. 学习探索改变物体沉浮状况的不同方法，有探索的积极性。 3. 初步尝试实验的一般过程。
3	流动的水		√	√	√		1. 在活动中再次感受水的特性，知道水可以流动。 2. 观察水在自然状态下从高往低流的性质，学习用管道将水输送到不同的地方。 3. 发展探索、操作能力和与同伴合作完成任务的能力。
4	神奇的水滴		√		√		1. 通过观察，对水滴滴在不同纸张上出现的不同的渗透现象感兴趣。 2. 乐意与同伴交流实验中的发现。
5	水墨印染				√	√	1. 在分组活动中，丰富有关水的渗透性的认识。 2. 感受各色水粉颜料因相互渗透而发生颜色变化的奇妙现象，对印染活动感兴趣。 3. 发展动手操作能力。

① 此表是在参考“奇妙的水”单元中“活动内容”（见浙江省《幼儿园课程指导》编写委员会编《教育活动设计》（大班上册），新时代出版社2003年9月第1版，第19页）的基础上，添加了“活动目标”栏目。

(续)

活动名称		涉及的主要领域					活动目标
		健康	语言	社会	科学	艺术	
6	水讲述的故事		√		√	√	1. 利用无规则的水印、水影，发展想象和语言创编能力。 2. 丰富水具有流动性、渗透性的感性经验。
7	溶解的秘密		√		√		1. 通过实验，知道水能做溶剂使很多物体溶解的现象。 2. 发展细致的观察力，培养勇于尝试的精神。 3. 能在游戏中了解实验的一般程序：提出假设，通过比较、测量等方法检验假设，得出结论。
8	硬币小水池				√		1. 通过实验，初步了解水表面存在看不见的张力的奇妙现象。 2. 能进行初步的估算和数数，发展数概念。 3. 发展动手能力。
9	会变的水		√		√		1. 了解水由于温度的高低，会发生变化的物理现象：遇热会变成水蒸气，遇冷会结成冰。 2. 通过实验验证水的三态变化，发展探究能力。
10	小水滴旅行记		√		√	√	1. 倾听故事，初步了解水——水蒸气——水的变化过程。 2. 在角色扮演中，发展表现力和创造力。
11	下雨喽	√	√		√		1. 学习简单的测量，并对测量结果感兴趣。 2. 充分感受雨中游戏的乐趣，萌发热爱大自然的情感。
12	谁打碎了花瓶		√		√		1. 利用线索和已有经验去推理可能发生的事情，发展逻辑思维能力。 2. 能大胆、有条理地表述自己的想法。
13	看云去	√			√		1. 观察和记录云的变化，对观测自然现象感兴趣，初步了解云和天气的关系。 2. 能了解天气情况，适应天气变化。
14	云朵讲述的故事		√		√	√	1. 观察云的形状和变化，发挥想象能力和身体造型能力。 2. 利用棉花易撕扯变形的特点，发展借形想象的能力。
15	云彩和风儿		√		√	√	1. 理解散文诗的内容，了解“云彩”在“风儿”吹动下不断变化的自然现象，感受散文诗的意境美。 2. 乐意参加文学欣赏活动，发展想象力和仿编能力。
16	云					√	1. 掌握四三拍的强弱特点和演唱力度。 2. 感受优美柔和的乐曲旋律，并能大胆表现自己的感受。

需要指出的是，上表列出的活动目标仅仅供参考，这些在单元主题活动具体开展前列出的活动目标只是一种计划，一种可能的目标，对单元主题活动的具体开展具有一定程度的指导和参考价值。在活动具体开展过程中，由于幼儿各种意想不到的反应、各种偶发事件等因素的影响，这些目标很可能会发生不同程度的变化，这是很正常的，教师需要根据各种具体情况进行适当调整，还很有可能会达成一些意想不到的目标，并且不同幼儿最终达成的目标情况也会存在不同程度的差异。总之，事先制定的活动目标仅仅是一种可能性的存在，只有在具体活动过程中，每个幼儿才会最终生成个性化的目标。

（四）可以就整个单元主题活动的“环境创设”、“家长工作”及教育活动等方面提出一些建议

教师还可以想象一下整个单元主题活动开展过程中需要创设怎样的环境，如活动区需要投放哪些材料？教室中四周墙壁需要如何布置？为了能够顺利有效地开展活动，需要幼儿家长做哪些工作？等等，并提出一些相应的建议。如“奇妙的水”单元在开始阶段就列出了“环境创设”、“家长工作”和“教育建议”等方面的内容①：

环境创设：

一、活动区

1. 科学区：

(1) 设置一个小小气象台，提供幼儿做气象观测和记录的工具，如望远镜、纸、笔等。

(2) 投放实验材料：盛水的水盆、水桶、各种瓶罐等容器，舀水的勺子、调羹，各种沉浮材料、溶解材料。

(3) 提供放大镜、吸管，供幼儿做小实验，了解水的特性。

2. 美工区：

(1) 投放吸水性不同的纸、水粉颜料、棉絮。

(2) 提供毛边纸、生宣纸、皮纸、高丽纸、水彩颜料、玻璃、牛皮筋、木夹子等物品，供幼儿玩色活动。

3. 阅读区：

(1) 请幼儿收集有关天气、水的书籍，供幼儿互相观看。

(2) 提供有关水的碟片，供幼儿观看。

4. 角色游戏区：

---

① 浙江省《幼儿园课程指导》编写委员会：《教育活动设计》（大班上册），新时代出版社，2003，P. 20～21。

(1) 在娃娃家里，投放奶粉、果珍、糖、盐、一次性杯子、调羹、饮水机，供幼儿调制、品尝。

(2) 增设冷饮店，提供泡沫及自制玩具用的废旧瓶子。

5. 沙水区：

提供大小不同的水盆、水桶、瓶、罐、勺、塑料软管、弯管、三通管、海绵等供幼儿玩水的材料。

二、墙饰

(1) 张贴海水、江水、河水、湖水、溪水的图片。

(2) 张贴水的三态变化的图片。

(3) 张贴《小水滴旅行记》故事图片。

(4) 张贴小朋友实验记录的表格。

家长工作：

1. 请家长提醒幼儿关注天气预报，并观察伴随天气变化时出现的一些自然现象及其与人们生活的关系。

2. 家长可鼓励幼儿在家做科学小实验，并参与到幼儿的实验中，激发幼儿的探究兴趣。

教育建议：

1. 本主题以萌发幼儿的好奇心和探索欲望为重点，有关科学原理、专业术语的掌握不是本主题的任务。

2. 教师可以在平时的玩水游戏中，有意识地帮助幼儿积累有关水的特点的经验。

3. 水的浮力、张力、能渗透、能溶解某些物质等特性，需要水在与其他物质发生关系时才能被观察到。因此，教师应鼓励幼儿积极参与各种探索活动，仔细观察，动手动脑，积累经验。

4. 教师应帮助幼儿了解水在不同气候条件下不同的存在形式以及与人们行动的关系，增强幼儿的生活能力。

（五）设计每个活动

活动的设计可以包括这样一些内容，如活动目标、活动准备、活动过程、活动建议，还可以根据情况设计活动延伸等内容，具体每个活动需要包括哪些内容，教师需要根据具体情况具体分析，不要拘泥于一定的模式。“奇妙的水”单元中的活动一“看不见的水中大力士”[①]（例 10）是这样设计的：

① 浙江省《幼儿园课程指导》编写委员会：《教育活动设计》（大班上册），新时代出版社，2003，P. 21。

例 10

看不见的水中大力士

活动目标

1. 在戏水中感受水的特性，知道水有浮力。

2. 乐意与同伴交流活动的感受和发现，体验戏水的乐趣。

活动准备

1. 嬉水池或游泳池，水深以齐腰为宜。

2. 请幼儿换上泳衣，戴上泳帽、泳镜。

3. 各种嬉水玩具，如救生圈、泡沫垫、球等浮于水面的材料和石头、积塑、动物玩具等沉在水底的材料。

活动过程

1. 自由玩水，体验戏水的乐趣。

2. 在嬉水池中行走或站在不同的水位处，体验水的浮力。

(1) 站在不一样深的地方，你有什么不同的感觉？

(2) 在水中踮脚跳一跳，有什么感觉？

3. 游戏。

(1) 水上运输队。

请幼儿分成 2～4 组扮运输队队员，将泡沫垫当作“小船”，上面放“水果”、“蔬菜”等“食物”，要求幼儿手推“小船”把“食物”从同一起始点送到“对岸”。若途中“食物”掉到水中，必须捡起放回“小船”，才能继续前进。

(2) 水底探宝。

把石头、积塑、动物玩具等沉于水底的材料放在水底，请幼儿来寻宝、搬运。

4. 交流讨论，帮助幼儿梳理对水的特性的了解。

(1) 在水中搬动物体和在岸上有什么不同的感觉？到水底寻物取物和平时在地上捡东西有什么不同？你觉得可能是什么原因造成的？你有什么疑问？

(2) 生活中，水的浮力能帮助人们做什么事情？水的浮力与哪些事情有关？

(3) 有关水的浮力你还想了解哪些问题？

活动建议

1. 水中浮力的存在，是幼儿看不见的，只能通过亲身站在水中感受或观察水中物体的沉浮现象，才能感知、推断。因此，活动应在幼儿充分戏水、亲身感知的基础上开展。

2. 没有嬉水池、游泳池的幼儿园，可以利用周围的小溪、沟渠来开展活动。

（六）可以对设计的单元主题活动方案进行评估与调整

当整个单元主题活动方案初步设计好后，还可以从主题的选择、目标的制订、内容的选择、活动的设计、方法的运用、环境的创设、家长工作等方面对整个方案进行反思、评估，并在此基础上对整个方案进行调整与修改。对方案的反思与评估可以参考表 17 进行。

表 17　单元教学活动设计的整体检核评估表[①]

单元名称:	班		
项目	内　　容	是	否
主题的选择	1. 是否符合幼儿的兴趣与需要		
	2. 是否包含多方面的教育价值，有助于达成多项教育目标		
	3. 是否涉及各个学习领域		
	4. 是否具有可行性		
目标	1. 单元目标是否符合幼儿教育的目的和课程总目标		
	2. 目标是否符合幼儿的发展水平		
	3. 目标是否包含认知、情感态度、动作技能三大教育目标领域		
	4. 单元目标与具体活动的目标是否吻合		
内容	1. 内容与目标之间是否对应		
	2. 内容是否符合幼儿的发展程度（难易度）		
	3. 内容是否符合幼儿的兴趣与需求		
	4. 内容是否包含主要课程领域		
	5. 内容是否动静态的活动均顾及		
	6. 内容是否注意到季节性与地方性		
	7. 内容是否注意到文化的传承与介绍		
	8. 内容是否潜在地包含有歧视性倾向（性别、文化、阶层、种族等）		
方法	1. 采用的教学法是否能充分反映内容的特制		
	2. 教学方法是否符合幼儿的学习方式和特点		
	3. 活动流程的转换是否合宜		
	4. 教具或资源的使用是否合宜		
	5. 对活动过程中可能出现的问题是否有所准备		
注：根据陈淑琦《幼儿教育课程设计》366 页表改编			

① 冯晓霞：《幼儿园课程》，北京师范大学出版社，2001，P. 213。

需要注意的是，事先制定的单元主题活动方案无论多么完备和周密，都仅仅是一个计划，对即将具体开展的活动而言具有一定程度的指导意义和价值。在具体开展活动过程中，教师必须根据当时当地的具体情况，特别是幼儿当时的兴趣和需要，幼儿对事先设计的问题的不同反应，一些偶发事件等，适时适度地调整计划，以更好地促进幼儿有效地进行探究和学习。从这种意义上可以说，事先制定的单元主题活动方案仅仅是一种可能性的存在，需要在具体活动的展开过程中不断得以生成和实现。

四、对单元主题活动的评价

单元主题活动很重视各学科知识之间的横向联系，力求使这些不同学科知识能够围绕“主题”有机联系在一起，形成一个整体，并希望进而用这种整体性知识影响儿童，使儿童最终能够建构起完整的内部知识结构。但是，现实却往往事与愿违，对各学科知识之间横向联系的过分强调，并没有因此而自然导致儿童能够形成完整的内部知识结构。总体来看，单元主题活动偏重考虑外部各学科知识之间如何才能形成一个有机整体，不同程度地忽视了儿童主动建构的过程。

也正因如此，现实中的很多单元主题活动往往显示出了比较明显的知识中心，在本质上还是一种学科课程。这是因为，现实中的很多单元主题活动虽然也很强调综合，但这种综合更多强调的是“把同性质的学科或不同性质的学科有机结合成为一种具有新质结构的课程，”以加强“知识的完整性”[①]，此时的综合课程在本质上还是知识中心的，是一种学科课程。当课程的组织“不是以学科内容的逻辑结构为核心，而是以实际的问题为核心，按解决问题的逻辑线索组织课程内容”[①]时，就成了活动课程或核心课程了。

这种从学科课程向活动课程的转向，实际反映了在课程设计中的一个重心的转移，即从强调外部各学科知识之间的有机联系转向了对儿童内在整体心理结构建构的强调。当然，对后者的强调并非意味着排除前者，从一定意义上可以说，前者是后者的一个重要依据，对后者的实现具有重要的参考价值和指导意义。因此可以说后者是对前者的一种超越。下面将要谈到的“方案教学”就是这样一种活动课程。

第三节　方案教学的组织

前面曾经专门介绍过方案教学，本节将在前面内容的基础上，重点分析方案教

---

① 冯晓霞：《幼儿园课程》，北京师范大学出版社，2001，P. 8。

学的组织问题。

一、对方案教学的理解

结合前面相关知识，我们可以从以下几方面对方案教学进行理解。

(1) 儿童围绕某个主题进行主动探究的活动或过程。在此过程中，他们不断发现知识、理解意义，不断丰富、建构与完善自身内在心灵结构。

(2) 正是在这种心灵结构不断丰富和完善的过程中，儿童从中获得了极大满足，不再关心和在乎外在的奖赏，学习的动机是一种内在动机。

(3) 探究的主题必须是“一个值得作更多学习的主题”，是一个有意义的，其中内在蕴涵着丰富的教育价值，并且是儿童所熟悉的、需要的和感兴趣的。

(4) 探究的方式多种多样，可以是个体单独进行、小组合作进行、整个班级一起进行等，具体采用哪种方式要综合考虑儿童的年龄特点、主题特点等多种因素。

(5) 活动的组织不再以外在学科知识的内在逻辑为中心或主线，而是“着意地将活动的努力放置于寻找问题的答案”，是按照问题解决的逻辑进行的，并且这些问题不是教师事先规定好的，而是“由儿童、教师或师生共同对主题的探究而提出的”。

(6) 这种按照问题解决的逻辑组织活动的特点，同时就决定了探究过程中的活动不是教师事先规定好的，而是在儿童、教师和环境等众多因素的相互作用中不断生成的，不同活动之间的转换比较自然，给人一种水到渠成之感，各种活动之间具有内在的有机联系。

(7) 尊重儿童，强调教师要以“合乎人性的方式，鼓励孩子去和环境中的人、事、物产生有意义的互动”，教师和儿童之间真正变成了一种“我与你”的关系。

(8) 尊重儿童之间存在的差异，并强调这种差异中蕴涵着丰富的价值，对教育活动而言是一笔宝贵的财富。正是由于这种差异的存在，不同儿童才能从不同角度对主题进行探究，并进而在相互合作、碰撞和对话中丰富了对主题的探究和认识。因此，在“选择权”方面，方案教学强调“孩子在老师所提供的诸多活动中，选择适合自己的挑战”。

(9) 相对而言，更强调偶然性、不确定性和生成性，没有固定的模式，需要教师在具体活动过程中因地制宜，对教师提出了更高要求。所以，瑞吉欧教育体系的创始人马拉古奇在谈到瑞吉欧教育体系的课程时才会直言不讳的说:“我们确实没有什么计划和课程。如果说我们靠的是一种值得让人羡慕的即席上课的技巧，那也不正确。我们也不依靠机会，因为我们深信，我们在某种程度上可以期待我们尚未了解的事物。我们确实知道的是，与幼儿在一起，三分之一是确定的，三分之二是不确定的或新的事物。三分之一确定的东西使我们了解或可以帮助我们了解……我们可以相信的是，幼儿随时准备帮助我们，他们可以为我们提供想法、建议、问题、线索和遵循的路线……幼儿所有的帮助，加上我们对情境的付出，形成了一种十分完美的宝贵资源。”①

……

二、方案教学的组织

从严格意义上说，方案教学是在活动开展过程中不断生成的，事先无法准确计划，因此，设计和组织、实施之间的界限更加模糊。由于“设计”一词中蕴涵的“预成”意味比较明显，为此，这里用“组织”一词而非“设计”。

方案教学没有固定的模式，需要教师在具体开展过程中因地制宜，创造性地开展活动。这里为了分析的方便，粗略将方案教学划分成三个阶段，即起始、展开和结束阶段。需要说明的是，这种阶段的划分有时是很勉强的，并且是相对的。

（一）起始阶段

1. 主题的产生

方案教学中主题的产生方式是非常灵活的，可以是幼儿自发产生、教师通过创设环境等方式间接激发幼儿产生、教师和幼儿对话过程中闪现出的点子、教师提出某些可供幼儿参考或选择的主题等等。总之，教师不要拘泥于一定的模式，但是选择主题时需要考虑一些因素，如：

① 幼儿的生活、需要和兴趣；

② 可以利用的教育资源，包括幼儿园、社区和幼儿家长等方面；

③ 是否有利于促进幼儿的终身持续性发展；

④ 是否有利于平衡幼儿园的课程；

⑤ 教师自身因素。

……

相对于单元主题活动中主题的选择而言，方案教学中主题的选择更强调幼儿的生活、需要和兴趣，单元主题活动中在选择主题时虽然也要考虑幼儿的因素，但往往考虑的不够。

我们可以结合“鱼”②（例 11）这一方案主题产生的过程加深理解。

---

① 朱家雄：《幼儿园课程》，华东师范大学出版社，2003，P. 274～275。

② 毛美娟等：《走向方案教学——幼儿园方案教学探索及案例》，百家出版社，2001，P. 166～167。

例 11

<u>**鱼**</u>

星期一早上，我正期待着孩子们的到来。只见我班年龄最小的俞文杰兴冲冲地端着一个小盆脚步蹒跚地走来并叫着："徐老师，你看，我带来了一条鱼。"他妈妈跟在后面无奈地直摇头，说"这条鱼是他爸爸在河边抓到的，他偏要带来！"可就在这时，俞文杰早就把他的小鱼给安放在自然角的一边了。

"嗨，你们来看呀，有条鱼耶！"田田的小眼睛最尖了。

"好奇怪，他身上是黑色的，我爸爸养的可不是这样的。"

"你爸爸养的肯定是金鱼吧？"

"那这条是什么鱼呢？"梦梦皱着眉头自言自语。

"他身体扁扁的，是'扁扁鱼吧'！"文文似懂非懂地回答道。

于是，孩子们围着这条"扁扁鱼"七嘴八舌起来……宝宝们都到齐了，我便让他们介绍自己为自然角带来的东西。当我请俞文杰为大家介绍这条鱼时，只见每一位孩子的眼睛"刷"地都集中到了鱼的身上，竖起小耳朵仔细地听，俞文杰奶声奶气地说："这是我啊抓的鱼。"我问："在哪里抓的呀？"

"在河里。"

"它叫什么名字呢？"

"我也不知道。"

"徐老师，你知道吗？"只见孩子们用渴望的眼神看着我。

我一时愣住了，原因有两个：一是我不能肯定这是不是鲫鱼小时候的样子，二是孩子们既然这么感兴趣，何不让他们自己去寻找答案呢？那样会比我告诉他们更好！于是我抓了抓脑袋说："真不好意思，徐老师也不知道这是什么鱼？不过你们可以回去问问爸爸妈妈，也可以去书上找找知识老人，徐老师也去找找，我们下个星期再来说说，好吗？"

"好啊，我有《小美人鱼》书的。"苏宜说。

"我回去问爸爸。"小王辰最崇拜他爸爸了。

"……"

就这样，"扁扁鱼"的出现也伴随着我们"鱼"方案的产生。

在上面这个主题产生过程中，更多是幼儿兴趣驱使，教师只是稍加启发和引导。有时候，教师还可以根据幼儿的需要（包括幼儿用语言等方式直接明确表达出的需要和通过表情等方式间接流露出的需要等，一般情况下，教师比较容易对前面那种"需要"做出反应，相对而言比较容易忽视后面那种"需要"），通过提供材料等方式，激发幼儿和环境相互作用，并由此而引发幼儿的兴趣和需要。在这种方式中，教师的作用是比较积极的。这在下面这个主题产生的过程[1]中表现得比较明显。

寄宿制幼儿园的小班幼儿非常思念自己的父母，为此，我和小朋友们共同布置了一个“爸爸、妈妈和我在一起”的照片展览。活动室的墙面上贴满了每个小朋友的“全家福”，这儿成为了孩子们最爱看、也是最热闹的“中心地带”。他们天天涌到照片前，看不够，说不完。于是，我来到了孩子们中间，加入了他们的讨论：你们喜欢爸爸、妈妈吗？为什么呀？爸爸、妈妈有哪些本领？你们在幼儿园做游戏，爸爸、妈妈他们又在干什么？这一个又一个的问题让幼儿对父母充满了好奇，了解父母的愿望十分强烈。“那么，让我们一起来研究爸爸、妈妈好吗？”孩子们大声地欢呼“好！”方案活动的主题产生了。

总之，方案教学中的主题产生方式是多种多样的，教师在其中发挥作用的方式和程度也是千变万化。

2. 主题网络的初步编制

简单地说，主题网络就是由许多下位概念或主题编制而成的。教师在组织方案教学过程中，可以调动自身与主题相关的知识经验自己设计主题网络，也可以参考他人设计的主题网络进行再设计，还可以直接使用他人编制的主题网络。在编制主题网络过程中，教师可以采用个体的方式、与其他教师合作的方式、与幼儿合作的方式，或者综合使用几种方式。总之，教师需要灵活掌握，创造性地编制主题网络。

教师可以采用“头脑风暴”方法、拉近技术等策略[2]初步编制主题网络。之所以说是“初步”的，是因为教师事先编制的主题网络在方案活动具体开展过程中还会发生变化，是不断生成的。可以结合图17“兔子”主题网络图[3]进行理解。网络中的虚线是教师事先编制的，实线是幼儿在方案活动过程中实际做过的。

从“兔子”的主题网络中可以发现，教师事先编制的主题网络在方案教学过程中发生了不同程度的变化：有些教师设计的内容在实际方案教学开展过程中并没有涉及，如“鸡毛菜”、“大白菜”等；而有些事先没有设计的内容，在方案教学具体开展过程中，幼儿却涉及了，如“胡萝卜的颜色”、“圆萝卜的颜色”等。这在方案教学中是非常正常的，正体现了它的不确定性和不断生成性。

虽然事先编制的主题网络会在方案教学实际展开过程中发生不同程度的变化，但这并非意味着事先编制主题网络是没有意义的。事实上，编制主题网络的过程就是对主题进行初步探究的过程。在此过程中，无论教师采用个体、与其他教师合作、

① 毛美娟等：《走向方案教学——幼儿园方案教学探索及案例》，百家出版社，2001，P. 185。
② 关于这些策略前面已经专门介绍过，此处不再赘言。
③ 毛美娟等：《走向方案教学——幼儿园方案教学探索及案例》，百家出版社，2001，P. 103。

还是与幼儿合作的方式编制主题网络，教师都可以在编制主题网络过程中加深对主题的了解，可以对主题有一个更全面的了解。如果教师采用的是和幼儿一起编制主题网络的方式，则可以在此过程中了解幼儿关于主题的已有相关知识经验，对哪些内容感兴趣等，在此过程中幼儿还可以获得对主题的一些新认识。并且初步编制的主题网络可以对后面方案教学的具体展开提供参考和指导。

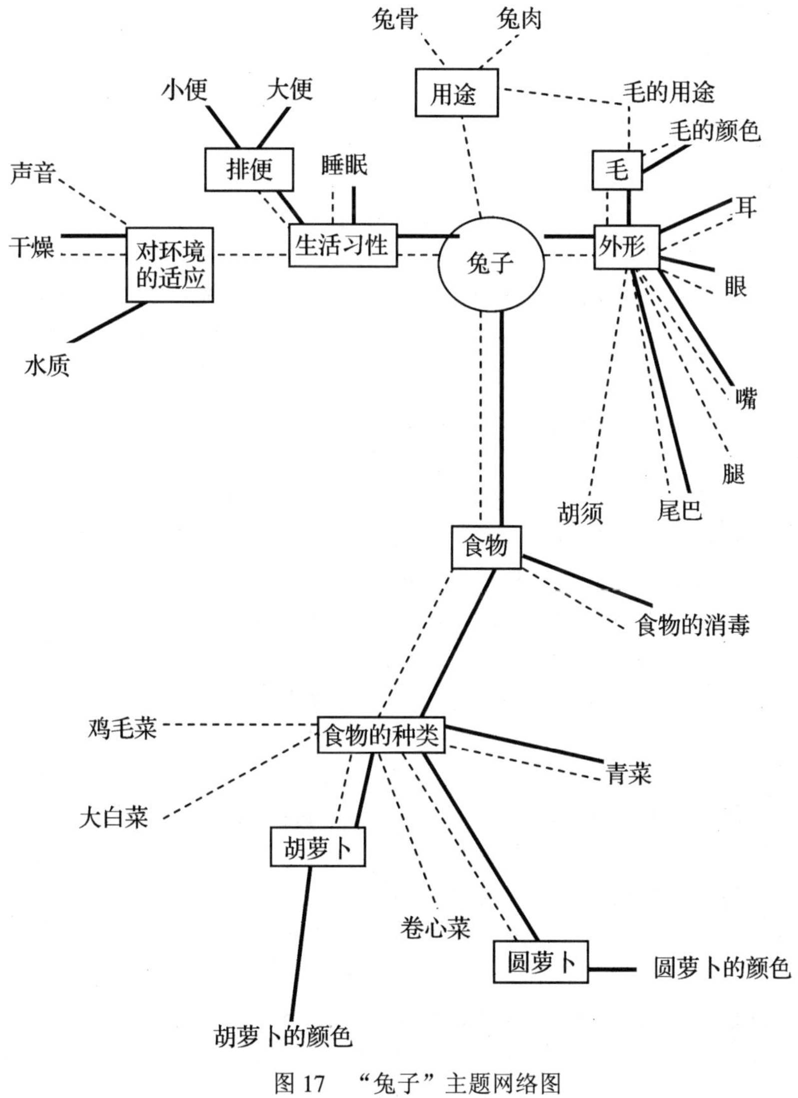

图 17　“兔子”主题网络图

（二）展开阶段

编制完主题网络后，便可以开展方案活动了。在方案活动展开阶段的开始，教师可以先引导幼儿围绕主题进行讨论，了解幼儿已经具有了和主题相关的哪些知识经验？对主题的哪些方面有兴趣？他们主要有哪些相关的问题或疑问？开始的讨论方式要多种多样，组织形式要活泼生动，给幼儿留下深刻的印象。通过讨论，幼儿逐渐明确了要探究的问题。

明确了要探究的问题后，可以通过参观访问、实地考察、多种途径搜集相关资料等方式进行探究，幼儿可以个体、小组等形式进行活动。在此过程中，要注意充分利用社区、幼儿家长等各方面的教育资源。例如：在开展“鱼”的方案时可以参观社区的“海底世界”或鱼市场、动员幼儿家长贡献一些相关的图片或文字资料，有时还可以邀请一些社区中这方面的专家和幼儿一起座谈，等等。

在此过程中，教师要善于观察，并在此基础上适时适度地进行指导。对此，曾有一个形象的比喻：幼儿和教师之间就好像在打乒乓球，教师要善于接住幼儿传来的球，更重要的是教师要善于将球再抛给幼儿。这里的“球”是一种比喻的说法，可以是幼儿就某一问题发表的自己的看法或观点，也可以是在探究过程中提出的问题，等等。幼儿向教师“抛”球的方式也是多种多样，有时是直接用语言表明，而有时则是通过表情、神态等间接方式流露出来。教师需要仔细关注幼儿才能及时准确地接住幼儿抛过来的各种“球”，然后才能再次将“球”抛给幼儿。教师的这种“抛”并非意味着不负责任或推脱责任，而是一种启发和引导，因教师再次“抛”给幼儿的“球”已经不同于幼儿开始时传给教师的“球”了，而是根据不同幼儿的特点进行了适当改变，是一种带有启发性的“球”。正是在这种不断的相互“抛”与“接”球中，幼儿的探究活动不断丰富与深化。

方案活动过程中，教师适时适度的启发、引导可以有效帮助幼儿不断深化和丰富探究活动。例如，在一次方案活动“龙”[①]的过程中：

几个幼儿做了一条惟妙惟肖的龙，非常兴奋，迫不及待地在龙身上插上了筷子准备舞龙，可前来观看的幼儿立即大叫起来：“龙的头在哪里呀？”这一问题的出现吸引了不少幼儿，他们开始画龙头，但龙头确实很难画，不一会他们就都放弃了，干脆举着无头的大龙在教室里舞了起来。此时，教师仿佛也被他们专注而又兴奋的神情所感染，但片刻之后，疑惑与不解在教师心头油然而升：为什么没有头的龙孩子们也舞得那么开心，孩子们不愿意画龙头是因为不感兴趣还是难度太大？龙头上有着丰富的内容，我该不该介入指导？该以什么身份介入？此时，教师没有贸然介

---

① 毛美娟等：《走向方案教学——幼儿园方案教学探索及案例》，百家出版社，2001，P. 153～154。

入，而是自己独自画起了龙头，这一举动立即吸引了不少幼儿前来围观和议论。有的说龙角画得真像；有的说龙的鼻子画得不对，又小又扁……此时，我就顺势找来一些图书，寻找龙的图案，用来临摹。孩子们很快明白了我的意图，也加入了寻找龙的图案的行列，但结果仍然令人失望。此时，教师忽然想起了城隍庙正在举办龙灯展，可以拍照临摹。这一想法得到了幼儿的一致响应。就这样，幼儿对“龙”的探究得以不断深化和丰富。

在幼儿不断探究过程中，教师要指导幼儿用一些方法记录探究的结果，如可以用绘画、照相、录音、录像、收集实物等方式进行记录，总之，要启发幼儿用“百种语言”进行记录。这种记录的过程本身就是一种创造的过程。

方案活动非常灵活，没有固定的模式，不拘泥于一定的形式，各种活动没有规定的先后顺序。例如，经过开始的讨论幼儿明确了探究的问题后，在对这些问题进行探究过程中，经常会出现许多新的问题，对这些新问题的探究过程中还有可能生发出很多新问题。这就是方案活动的生成性的一个重要表现。正是由于这种生成性和不确定性的特性，使得方案活动中的活动没有规定的次序，如先明确问题，再探究，然后解决问题，最后结束。在现实的方案活动中，很少按照这个顺序按部就班地进行，而是充满了生成性、偶然性、挑战性和创造性。其实这也正是方案活动的魅力所在。这就需要教师要因地制宜，灵活掌握。

（三）结束阶段

在方案活动结束阶段，很重要的一个任务或特点是，以多种形式与他人，如同伴、教师、其他班的幼儿、家长等分享成果和进行交流，如可以举办作品展览、戏剧表演等。例如，在一次方案活动“青蛙”结束阶段出现了一次“高潮”①：

活动临近结束，教师和幼儿一起将小青蛙放回了大自然。孩子们回到教室后，渐渐恢复了平静，而在教室的一角，围着几个孩子，原来其中一个幼儿正在学青蛙跳与叫。其中一个幼儿说：“你叫得太轻了”。另一个幼儿补充到：“嘴巴应该张得大一点，这样声音就会响了。”然后那个幼儿又跳了一次，但此时一个幼儿大声说道：“你跳得不像。”还找来了一本书，对他说：“你看你看，青蛙是这样跳的。”后来他们又想起了青蛙叫时气囊会鼓起来，然后他们就开始想办法找“气囊”，最后他们用袋子当作气囊，并用双面胶将袋子的边沿贴在“青蛙”嘴边。就这样，“小青蛙”又回来了。此时，又有幼儿建议需要有“小蝌蚪”，接下来他们又对小蝌蚪的尾巴和脚产生了争论，并最终通过查阅资料得到解决。最后，教室里简直成了“蛙的海洋”：有

① 毛美娟等：《走向方案教学——幼儿园方案教学探索及案例》，百家出版社，2001，P. 133～136。

的孩子身上披着一层橘黄的纸；有的头颈里挂着一个红色的马夹袋；还有的把铅画纸贴在胸前，又用记号笔在纸上画了许多线条。他们告诉教师自己的名字叫“箭毒蛙”，林林说：“箭毒蛙是有毒的。”教师问：“为什么你说它有毒呢？”他说：“以前妈妈讲过毒蛇身上是有花纹的，那么这种青蛙身上有花纹，它也肯定是有毒的。”“是吗？”教师还是表示出了疑问。此时，幼儿继续对这一问题进行争论，最后，一个幼儿说：“这还得去研究研究。”

这个例子除了说明结束阶段的一次“高潮”活动外，同时也说明了在“结束”阶段中同样可以生发出许多新问题，如关于青蛙的“气囊”、小蝌蚪的尾巴和脚等，并对这些问题进行探究。此外，这还说明了“结束”在这里只具有相对的意义，“结束”很可能同时就意味着新的开始，在这个例子中，不就有许多幼儿对“箭毒蛙”表现出了浓厚兴趣吗？并且当他们无法确定“箭毒蛙”是否有毒的情况下，一个幼儿表示“这还得去研究研究”。

三、对方案教学的评价

维果斯基曾经区分了儿童自己的大纲和学校的教学大纲或老师的大纲，认为 3 岁前儿童只能按照自己的大纲学习和发展，学龄儿童可以按照“老师的大纲”学习，而学前儿童的学习则是由儿童“把老师的大纲变成自己的大纲”的程度决定的。他在这里关于儿童的大纲和老师的大纲之间关系的分析，实际背后隐藏着一个由来已久的争论或难题，即如何在顺应儿童自然发展和满足社会需要两者之间实现统一。方案教学在一定程度上较好解决了这一难题，但这一难题的真正彻底解决还需要不断探索。

方案教学改变了传统学科教学中以学科知识为中心组织活动的做法，而是以问题解决的逻辑为主线开展活动。由于问题解决具有很大的不确定性，并且可以有不同的角度和难易程度，是一个开放的“文本”。因此，幼儿在问题解决过程中，可以按照自己喜欢的学习方式、需要和发展水平等选择感兴趣的角度和难易度、按照自己的速度进行探究。在这里，幼儿的个体差异，包括兴趣点和需要的差异、发展水平的差异等不仅没有阻碍问题解决的顺利进行，反而成了一笔宝贵的财富，是问题解决得以不断丰富和深化所必需的。同时，问题解决又为幼儿和教师之间的相互作用提供了一个很好的“平台”，可以在此自由自在地“打乒乓球”，在相互“抛”与“接”球的过程中，双方均可以不断超越自我，并在此超越中获得精神的极大满足。

但是，方案教学具有很大的弹性，在一定程度上可以说是“重意不重形”，不拘泥于一定的模式，需要教师在实际开展方案活动过程中要因地制宜，创造性地开展活动，这就对教师提出了更高要求。

第四节　区域活动的设计

区域活动，也称区角活动、活动区活动等，为幼儿提供了一个更加宽松、自由的活动空间。在这里，每个幼儿可以选择自己感兴趣和需要的活动，按照自己的学习方式和发展水平，自主选择内容和活动伙伴，主动进行探索、学习，可以找到适合自己学习的最佳方式，可以体验到快乐、成功和自信。区域活动具有的这些优越性使得它越来越受到人们的重视和广大幼儿园的普遍关注。

相对于学科活动、单元主题活动等而言，教师在区域活动中直接参与的成分较少，更多是采用提供材料、创设环境等间接方式对幼儿的学习活动施加影响。因此，区域活动的设计不同于学科活动、单元主题活动、方案教学等的设计，主要涉及这样一些问题：开设哪些活动区？如何创设活动区环境？在活动区中需要投放什么样的材料？如何引导幼儿积极开展活动？等等。

为此，可以把区域活动的设计大体分为两个阶段，即活动区的创设和区域活动的指导。这两个阶段的划分只是相对的，因为从一定意义上可以说活动区的创设贯穿于整个区域活动过程的始终；如果从宽泛的意义上说，活动区的创设过程中也包含着教师的指导，即一种区域活动的指导。此处之所以采用这种相对的划分方法，主要是考虑到这种划分方法虽然是相对的，但却能较好表明不同阶段中教师最主要的任务和工作重点，如在活动区的创设阶段，主要任务和工作重点就是为了活动区的创设，所有的工作，包括教师的指导都是为了更好地创设活动区；在区域活动的指导阶段，虽然也包含着活动区的调整与变化，但主要任务和工作重点在于如何指导，并最终促进幼儿更好的探究和学习。此外，这样划分的另一个原因是为了后面叙述的方便，也便于读者的阅读和理解。

一、区域活动的内涵

所谓区域活动，是指以幼儿的需要、兴趣为主要依据，考虑幼儿园教育的目标、正在进行的其他教育活动等因素，划分一些不同的活动区域，如积木区、表演区、科学区等，在其中投放一些适合的活动材料，制定活动规则，让幼儿自由选择活动区域，在其中通过与活动材料、同伴等的积极互动，获得个性化的学习和发展。

（一）区域活动的特点

从总体上来说，相对于其他幼儿园教育活动而言，区域活动具有一些独特的特点，下面主要分析其中的几个方面。

1. 自由性

一般情况下，区域活动是幼儿根据自己的需要和兴趣自由选择的活动，包括自由选择进入哪个活动区活动，选择活动区中的哪些材料进行活动，以及选择以何种方式和在何种水平上同材料进行互动，等等。在此过程中，教师一般不会干涉，只是在幼儿不遵守活动区规则妨碍了他人活动、可能发生危险等情况时，教师才会出面干涉。

2. 自主性

由于区域活动是幼儿自己选择的活动，并且幼儿还可以不同程度地参与活动区的划分、活动材料的提供以及活动区规则的制定等，因此幼儿在整个学习活动中有一种主人翁的感觉，自己对学习活动的过程和结果负责，更多关注的是从学习活动中获得的乐趣，外在压力比较小。

3. 个性化

区域活动主要是幼儿与活动材料、同伴等相互作用的过程，在此过程中，幼儿可以按照自己的需要和兴趣，选择自己喜欢的活动区、活动材料、活动方式，以及在哪种层次上进行探索和学习，等等，并最终获得一种个性化的学习和发展。因此，区域活动更关注幼儿的个别差异，并进而实现了一种个性化的学习。

4. 指导的间接性

在区域活动中，教师主要是通过创设活动区环境，投放活动材料等方式，间接影响幼儿的活动，而较少直接进行指导。

（二）区域活动的性质

从我国目前利用活动区的方法体现出来的性质大体分为以下三种。

1. 把活动区视为分组教学的场所

教师重点在某一区指导一组幼儿学习新内容，其余幼儿或者在其他区域自由选择，从事自己喜欢的活动，或者按照教师事先提出的要求复习学过的内容，然后交换。

2. 把区域活动当作作业教学的“延伸”

具体又包括以下三类。

(1) 在集体教学之外，在相关活动区对那些有特殊需要而在集体教学中又没有得到满足的幼儿进行辅导，满足其个别需要。

(2) 有些内容（如有些主题的活动）需要多种形式的活动相互配合和补充才能比较好的完成，促进幼儿的理解和应用。例如，在“城市交通”这样的主题活动中，只靠参观、讲解等集体教学形式显然是不够的，为此，教师在活动区中提供材料和场所，引导幼儿开展相关活动，如制作交通标志、搭立交桥等，帮助幼儿掌握相关内容。

(3) 有时，受到教师设备数量的限制，无法做到操作材料人手一份，此时教师就在集体教学之后将操作器材放到有关区域，让幼儿轮流操作。

3. 把活动区看作自由游戏场所，看作是在集体活动之外为幼儿提供的一个自由活动环境[①]

除了以上三种之外，随着新的教育观念、课程观等的出现和应用，区域活动又出现了一些其他的性质，例如，区域活动和作业教学之间成了一种互生、互补的对话关系。

在这里，区域活动不再仅仅作为正规作业教学的“延伸”、“补充”，而是和作业教学平等、互生、互利和互补的，二者之间的界限不再是泾渭分明的，而是变得逐渐模糊和相对了。例如，在方案活动中，当幼儿围绕某一主题（如“医院”、“龙”等）进行探究的过程中，可以在各个活动区中继续探索主题的相关方面，可以在图书区查阅相关图书，或者绘制与主题相关的图书等；与此同时，区域活动还可以生发出一些新问题，促进探究活动的深化和丰富，如幼儿在图书区查阅资料或绘制图书过程中，很可能会发现一些新的有趣的问题，而这又可以进一步促进幼儿对主题探究的不断丰富和深化。

此外，各个活动区之间不再彼此封闭，而是在主题的统摄下，相互之间成了一种互生、互补的关系。例如在对主题进行探究过程中，对主题不同方面感兴趣并进行探究的幼儿，很可能会到相应的区域中进行活动。此时，这些不同区域活动实际就成了幼儿对主题的不同方面和层面进行的探究活动，因此各区域活动相互之间也就可以紧密联系在一起了。例如在开展“商店”主题活动中，幼儿可以围绕主题在不同活动区中开展相互联系的活动，有的幼儿在相应活动区中制造不同的“商品”，有的幼儿在相应活动区中制作一些“钱币”开设“银行”，有的幼儿还可以在相应活动区中制造一些“运输工具”“运输”各种“商品”，等等。在此过程中，各个活动区有分有合，相互之间彼此密切联系在一起。

事实上，还会有许多其他利用活动区的方法，而这些不同做法都是有道理的。“活动区仅仅是一种环境，一个场所，或者更形象地说是一个舞台，在这个舞台上演什么戏、如何演、演得怎样，并不取决于舞台本身。导演完全可以根据实际需要灵活地运用它。换句话说，如何利用活动区并不是一个独立的问题，而是与教育者所采用的课程模式密切联系在一起的。在不同的课程模式中，活动区的性质、地位

① 冯晓霞：《幼儿园课程》，北京师范大学出版社，2001，P. 273～274。

和利用方式可以很不相同。”[①]因此，在实际教育过程中，教师不要将区域活动的性质绝对化，更不能将其与游戏、教学对立起来，而要根据具体情况，因地制宜，创造性地搭建和利用好活动区这一“舞台”。

二、活动区的创设

（一）确定活动区的种类

目前，活动区的命名和分类还没有统一规定，不同幼儿园有自己的习惯称谓，如图书角、阅读角、表演区、故事角、积木区、科学区、装扮区、美工区，等等；还有的根据《纲要》中五大领域的划分，将活动区活动划分为五大类：“运动·娱乐·健康”、“社会·生活·交往”、“尝试·发现·探索”、“倾听·阅读·表达”、“欣赏·表现·创造”，相应的活动区也可以大体划分为这样五大类。总之，目前幼儿园中关于活动区的分类和命名没有统一的规定。

在确定活动区的种类时，教师需要考虑这样几个因素：

①幼儿的需要和兴趣；②正在开展的其他教育活动；③幼儿园教育目标；④器材设备、活动材料等可以利用的教育资源；⑤活动室的面积、结构；⑥幼儿人数；⑦经费。

在不同的课程模式中，区域活动的性质、地位等存在许多差异，这也会影响以上各个因素在确定活动区种类过程中所起作用的大小，如有时候可能对“幼儿的需要和兴趣”这一因素考虑得更多一些，有时候对“正在开展的其他教育活动”这一因素考虑得又会多一些。这取决于教师所持的教育理念、课程观等。总之，在具体确定活动区种类时，虽然以上各个因素起的作用不同，但教师需要综合考虑多种因素，并且活动区的种类不是一经确定就不变的，而是需要不断变化的。

（二）确定活动区的空间位置

确定了活动区的种类后，教师需要仔细分析各个活动区的特点和特殊需求，以便合理安排不同活动区在活动室中的空间位置，如科学区、生物区需要有比较充足的光线，特别是生物区更需要自然光线，因此最好设在向阳的一面；美工区经常需要水，因此最好能设在离水源近一些的地方。教师在充分考虑各个活动区的特点和特殊需求的同时，还要考虑以下几方面。

1. 动静分开

为了避免活动之间的相互干扰，需要安静的活动区（如图书区等）和比较热闹

① 冯晓霞：《幼儿园课程》，北京师范大学出版社，2001，P. 274。

的活动区（如表演区等）要分开。

2. 开放性和封闭性相结合

区域活动的性质不同，对开放性和封闭性的要求也各不相同，如在“区域活动是和作业教学平等、互补、互利和互生”的观念指导下，因重视各个活动区之间的密切联系，所以各个活动区之间的开放性也相对比较大。

幼儿的年龄特点也是影响开放性和封闭性的一个重要因素，如小、中班幼儿由于易受其他刺激的干扰，所以各个活动区的设置可以相对比较独立，界限比较分明；但对于大班幼儿而言，考虑到他们的抗干扰能力有所增强，并且有进行合作学习的需要等，因此各个活动区之间可以相对比较开放。

在确定活动区的开放性和封闭性的程度时，活动区的特点和特殊需要也是一个不容忽视的因素，如图书区需要安静，因此相对而言比较封闭，但这并非意味着和其他活动区之间相互隔绝，事实上，图书区和其他活动区之间也可以具有比较强的开放性。这里所说的开放性更多不是空间方面的，而是内容方面。如在“区域活动是和作业教学平等、互补、互利和互生”的观念指导下，各个活动区之间可以密切联系，此时即使需要安静的图书区也可以和其他活动区之间实现开放，如幼儿可以和其他活动区的幼儿相互交流，和他们一起将探究成果绘制成图书或者查阅相关资料，等等。

3. 灵活性

活动区应该可以随时根据活动的需要进行适当变换，可以采用大角落与小角落兼而有之、暂时性活动区和相对固定性活动区相结合等方式。

4. 避免“死角”

如果活动区的空间位置特别隐蔽，教师的视线无法看到，那么幼儿在这样的活动区中活动时万一出现了紧急情况或发生了意外，教师无法及时发现和处理。因此，出于安全的考虑，各个活动区要在教师视力所及的范围内。

（三）布置活动区的环境

活动区环境的布置中最主要的就是投放材料，在投放材料时需要注意以下几方面。

(1) 确保材料的安全和卫生。这对每个年龄段幼儿和每个活动区来说都是首先需要考虑的问题。

(2) 材料要能激发幼儿积极主动地与材料进行互动。

(3) 材料的可操作性和功能的多样性。

(4) 充分开发和利用多种教育资源，丰富材料。例如：可以动员幼儿积极参与到材料的收集、提供或制作等过程中；可以利用社区中的资源；此外，在活动过程中有些活动区的“产品”可以作为其他活动区的材料，这样活动区彼此之间可以相互提供材料，这同时也加强了各活动区之间的联系。

(5) 材料的相对稳定性和变化性。一般来说，不同活动区有一些基本的和相对稳定的材料，如积木区要有一些不同型号的积木，操作区要有些桌面积木、积塑片等多种拼插玩具，木工区有锤子、钉子、各种木条，等等。但同时也应看到，材料需要随活动内容、幼儿需要和兴趣等多种因素而发生不同程度的变化。

(6) 材料的经济性和需要性。提供材料的目的是为了促进幼儿在和材料的互动中更好发展，因此，在提供材料过程中，尽量采用经济型材料，如一些经过消毒等处理过的废旧物品、半成品材料等，不要一味地追求高档化、逼真化和成品化。要知道，材料是供幼儿操作和探究的，而不是供成人看的，也不是为了摆样子或装点门面的，因此要根据活动的具体需要选择和提供材料。

可以结合下面这个活动案例（例 12）进一步理解活动区中材料的投放问题。

例 12

“商店”活动材料的投放①

“商店”里琳琅满目的“商品”常激起幼儿购买的欲望。他们在“商店交易”活动中，体验社会交往，发展口语能力，培养市场经济意识。开展“商店”游戏前，应该丰富幼儿有关货币和买卖交易方面的常识，同时准备“商店”游戏所需要的道具，如“商店”的“商品”、“售货员”使用的“秤”、包装袋、“零钞”、“顾客”使用的“钱包”、“篮子”、“货币”等。活动中，教师应提醒幼儿礼貌待客，主动为“顾客”介绍“商品”。还可根据活动状况，适时地给“商家”设置一些难题，启发他们改变“经营方式”，增添“商品”种类，增加“服务项目”，以深化活动主题。如开展“送货上门服务”、“优惠大酬宾”等。还可提供一些纸张画笔，让幼儿在“买卖”闲暇时制作“宣传广告”，开展“促销”活动。

“商店”里的“货源”可来自各类物品的包装盒，还可来自美工区或“加工厂”中幼儿自制的各种“产品”。为增进“商品流通”，避免“商店”无人问津，可以把“商店”的“商品”与其他区角活动的材料联系起来。如为“加工厂”、操作区、美工区“销售”材料，使“商品”成为其他区角材料，这样，“商店”的“买卖”就会兴旺起来。

“商场”的“货柜”很多，教师可根据幼儿日常生活中常接触的“商品”，开设幼儿熟悉的“柜台”，如“玩具柜”、“食杂柜”、“鞋帽柜”等。例如：

“食品柜”：

各种现成的空瓶子、食品盒、易拉罐、食品包装袋（内装泡沫塑料、纸团充当

① 魏敏等：《幼儿园教育活动案例分析》东北师范大学出版社，2003，P. 183～185。

"食物"）都可以成为"食品柜"里的"食品"。

"服装、鞋帽柜"：

可以收集幼儿穿过的小衣、小帽或用挂历、报纸、树叶等自制的各式"衣服鞋帽"来充实"货源"。

"玩具柜"：

玩具的种类繁多，无法一一列举。可将那些购买的、师生自制的、向幼儿收集的玩具分类陈列，幼儿一定会非常喜欢。

"花柜"：

用各种可乐瓶、易拉罐等制作成花篮、花瓶，用皱纹纸等制作"花束"、"花环"，若能从野外采集到鲜花绿叶，会吸引更多爱美的"小顾客"。

"洗涤化妆用品柜"：

可以将用完的空瓶、空盒清洗干净，陈列出来，再悬挂张贴一些"宣传广告品"，这里就会成为许多"家庭主妇"经常光顾的地方。

（四）制定活动区的规则

区域活动是幼儿的一种自由、自主的活动，相应的活动区就是幼儿一个自由活动的场所。但这并不意味着幼儿在活动区中可以为所欲为。事实上，活动区如果想真正成为一个幼儿自由活动的场所，内在地需要一些规则。单纯取消外部约束并无法真正保证幼儿的自由，而只能是使幼儿从一种外部控制的形式陷入另一种更加危险的外部控制的形式，此时幼儿成了自己欲望的"奴隶"。因此，规则是必要的，是自由的前提。但这种规则必须是适宜的。

适宜的规则不是外部强加的，而是由整个活动情境所决定的，是活动顺利开展内在需要的。"在一个有良好秩序的学校里，对这个人或那个人的控制，主要是依靠各种活动和维护这些活动的情境。""当有必要断然地讲话和行动时，那也是为了团体的利益，而不是为了显示个人的权利。"[①]例如，当我们进入一个安静的阅览室时，我们自然而然地就会保持安静。因此，教师要善于利用活动区环境来暗示规则，并且引导幼儿参与规则的制定。总之，规则的制定是为了更好地促进幼儿在活动区中能够自由、自主和顺利有效地开展活动，而不是为了其他外在目的，如有利于教师控制幼儿的活动等。

这同时也就决定了活动区规则是需要随活动情境的变化而不断改变的。但有一些活动区规则是由活动区的整个情境内在决定的，这样的规则就具有相对的稳定性，如关于进区人数的规则等。

---

①（美）约翰·杜威：《我们怎样思维·经验与教育》，姜文闵译，人民教育出版社，1991，P. 276。

可以鼓励幼儿一起参与规则的制定，还可以一起采用一些有趣的方式提醒进区活动的幼儿注意遵守这些规则。例如：可以采用进门挂牌方法暗示进区人数的规则；还有的幼儿园在积木区入口处贴上允许进入该区最多人数的小鞋印，幼儿进入该区活动时要将鞋子放在这些小鞋印上，当鞋印满了时就表明该区已经满员，不能再进去了。

材料取放、使用的一些规则也可以采用环境暗示的方法，如贴着红纸条的笔筒表示要将红色笔放在此处，放剪刀的地方可以贴上剪刀的图形等。

当然，活动区规则的建立途径、方法是多种多样的，除了环境暗示之外，还可以采用图画的方式，讲解等方法。在活动区规则的制定、执行中，方法本身并不是最重要的，最重要的是这些规则的根本出发点和归宿必须是促进幼儿在活动区中自由、自主和顺利有效地开展活动，而不是任何其他外在目的。

三、区域活动的指导

区域活动虽然是幼儿自由、自主的活动形式，但教师适时适度的指导可以促进区域活动的顺利开展和不断丰富与深化，并且可以不断调整活动区的环境，特别是材料的投放，这反过来又可以促进幼儿区域活动的不断发展。

（一）指导幼儿熟悉活动区

在开始阶段，幼儿虽然可能对活动区很感兴趣，想进去活动，但对活动区内的材料、规则等不太熟悉，影响活动的开展。此时，教师就要采用多种方法指导幼儿逐渐熟悉各个活动区的内容、材料使用方法、活动区的规则等。

（二）指导幼儿开展区域活动

当幼儿熟悉了各个活动区之后，就可以自愿选择活动区进行活动了。在此过程中，教师指导的主要目的或任务就是促进幼儿不断丰富和深化自己的探究活动，同时还可以指导幼儿一起根据活动需要对活动区进行适当调整。总之，教师的指导就是为了幼儿顺利有效地开展区域活动服务。但是，教师在进行指导前，首先需要进行观察和评估。

1. 观察和评估

根据目的的不同，可将活动区的观察和评估分为两类[①]。

(1) 对活动区设置情况的观察与评估，包括这样几方面：

① 各个活动区的使用频率；

---

① 冯晓霞：《幼儿园课程》，北京师范大学出版社，2001，P. 269～270。

② 活动材料的数量和难易程度；

③ 幼儿间的冲突与环境的关系，当发现幼儿间发生的一些冲突和环境有关时，如当活动区空间较小，而允许入内的人数又过多时，就要考虑对环境进行调整；

④ 事故与环境的关系，如果发现有的事故的发生是由于环境造成的时，必须立即对环境进行调整，以消除事故发生的隐患。

(2) 对幼儿活动状况的观察和评估，包括以下几方面：

① 幼儿的兴趣；

② 活动参与情况；

③ 社会交往水平；

④ 认知发展水平；

⑤ 遵守规则情况。

2. 活动指导

教师的指导可以采用个别指导和共同参与两种形式。所谓的个别指导就是指教师对不同幼儿给予具体指导，可以选择一段时间重点对某一区域进行指导，对发展水平不同的幼儿要给予不同的具体指导，如对于发展水平相对较高的幼儿，当发现活动区中的现有活动内容缺乏挑战性，从而不能激发他们的兴趣时，教师就要适时适度地对这样的幼儿提出更高难度的活动任务。所谓的共同参与是指教师可以和幼儿共同参与活动，在此过程中不断对幼儿的探究行为做出反馈，如赞许、强化、质疑等，以帮助幼儿根据这些反馈及时反思自己的活动，并进而对活动进行调整。

在区域活动中，教师的指导是多方面的，例如：指导幼儿制定活动计划，帮助幼儿执行、完成和不断丰富与深化计划，指导幼儿作好整理工作，引导幼儿对自己的活动过程进行回顾与评价，等等。下面介绍一些做法[①]供大家参考。

1）制定计划

制定计划是幼儿进行活动的起始，他们要决定自己怎样度过在活动区的时间。在幼儿制定计划过程中，教师可以随机寻找机会进行指导，可以主动询问他们希望做什么？如何做？帮助幼儿在头脑中形成一个比较明确的活动意向。

在指导幼儿制定计划过程中，教师需要重点帮助下面几类幼儿：

① 不知道做什么或不愿意表明自己计划的幼儿；

② 每天制定相同计划的幼儿；

③ 同时制定多个计划的幼儿；

④ 无法实现计划的幼儿。

① 魏敏等：《幼儿园教育活动案例分析》，东北师范大学出版社，2003，P. 186～194。

2）操作活动

操作活动是区域活动的核心，也是持续时间最长的环节。在这个过程中，教师的指导作用表现在以下三方面。

(1) 帮助幼儿实现自己的计划。教师要重点帮助下面这几类幼儿：

① 犹豫不决的幼儿；

② 不受欢迎的幼儿；

③ 做了与计划完全无关的事情的幼儿；

④ 在活动区里无所事事的幼儿。

(2) 接纳、支持、丰富和深化幼儿的活动。

(3) 必要的时候帮助幼儿处理区域活动中的一些争端。

3）整理和打扫

教师在指导幼儿进行整理和打扫过程中需要注意：

① 将整理工作渗透到操作活动的各个环节中，如当幼儿完成一个计划后，可以提醒和鼓励幼儿将所使用的材料整理好后再开始新的活动；

② 全部活动结束前几分钟提醒幼儿赶快完成自己手头的工作并将材料放回原处；

③ 全部活动结束时应有明确的信号，并明确整理和打扫的任务；

④ 教师与幼儿一起整理和打扫，同时和身边的幼儿一起谈论他们刚才的活动，以帮助他们对自己的活动进行回顾和小结；

⑤ 帮助那些动作快的幼儿找一些其他的事情做；

⑥ 对妨碍其他幼儿整理和打扫的幼儿提出具体建议；

⑦ 明确整理打扫完后集中等待的地方。

4）回顾和总结

教师在指导幼儿对区域活动进行回顾和总结时需要注意：

① 采用多种方式进行回顾和总结，如相互谈论和交流、展示活动中使用的材料、相互介绍自己的探究成果，等等；

② 可以利用计划制定板帮助幼儿回顾自己所做的事情；

③ 采用多种方式帮助那些对自己区域活动进行回顾有困难的幼儿，如可以用谈话的方式进行引导，鼓励他与同他一起活动的幼儿共同回顾；

④ 对那些不愿意对区域活动进行回顾和总结的幼儿，教师不要过于勉强，但需要找机会单独与其谈谈，了解情况。

区域活动是幼儿的一种自由和自主的活动，这同时也就决定了教师对区域活动的指导也必需是富于创造性的。因此，上面介绍的一些做法只是为教师提供了一些参考。严格意义上说，对于区域活动的指导没有固定的模式，而是需要教师在具体实践过程中，因地制宜，创造性地进行指导。

四、对区域活动的评价

活动区是一个“舞台”，而区域活动就是在搭建的这个舞台上进行的表演。因此，重要的是如何“搭建”舞台？如何“利用”舞台？这在根本上取决于搭建和利用舞台的人所持的各种观念，特别是“导演”头脑中的各种深层观念。从这个意义上可以说，区域活动本身具有很强的弹性，可以是高结构化活动，也可以是低结构化活动。例如，在制定活动区规则过程中，教师可以和幼儿一起制定规则，并且这些规则是由活动区的情境内在决定的，是为了区域活动更好的开展；教师也可以不让幼儿参与规则的制定，根据自己的需要制定规则，如为了保持教室安静、为了有利于自己控制幼儿的区域活动等，然后将这些规则从外部强加给幼儿；还可以有许多其他制定规则的方法。在这不同的制定规则的方法中，体现了不同的观念，在第一种方法中体现了一种“我与你”的平等关系、强调幼儿主动参与等观念；在第二种方法中，明显体现出了一种教师为中心、高压控制的观念。

区域活动的具体形式多种多样，很难对抽象的区域活动进行评价，只能对具体的、在一定观念支配下的区域活动进行评价。因此，上面有关区域活动设计的介绍也只是一家之言，教师切勿生搬硬套，机械模仿，关键是要了解其背后的观念，结合自己对幼儿园教育观念的把握对其进行调整，在实践过程中大胆创新，力争“搭建”出更好的“舞台”，并且在这个“舞台”上“导演”出更加精彩的“表演”。

第五节　小　结

通过前面分别对幼儿园教育活动的几种类型进行分析，可以发现以下几点。

（一）不同教育活动各有其不同的侧重点和自身固有的性质

学科活动、单元主题活动、方案教学等不同幼儿园教育活动各自具有不同的侧重点，例如：学科活动侧重于学科知识，活动设计的主线是学科知识自身内在逻辑，追求的结果侧重于学科知识的掌握，相对而言偏于教师中心，结构化程度较高；单元主题活动更强调不同学科知识之间的横向联系，教师中心的痕迹还比较明显；而在方案教学中，更强调儿童，偏于儿童中心，强调问题的解决，并主要以问题解决的逻辑为主线组织活动，强调活动的不确定性、偶然性和生成性。至于区域活动，虽然大家一般认为是一种自由、自主的活动，但由于活动区只是一个“舞台”，而在上面表演什么和如何表演，主要取决于人的观念，特别是“导演”的观念，因此区域活动可以具有不同的性质，其结构化程度也可以具有很大的变化，如图 18 所示。

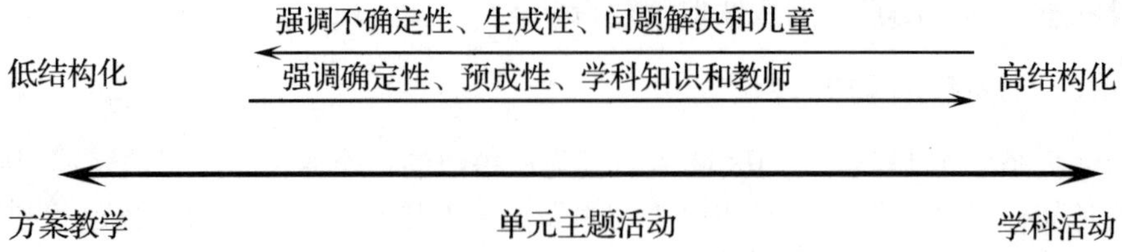

图 18　不同结构化程度的幼儿园教育活动组成的连续体

从上面的图可以发现，幼儿园不同教育活动之间在“确定性—不确定性”、“预成性—生成性”、“学科知识—问题解决”、“教师—儿童”等问题上各有不同的侧重点，正是这些侧重点的不同使得它们分别处于这个连续体的不同位置上。这同时也就使得不同教育活动之间可以相互转化，如当某种教育活动在“确定性—不确定性”、“预成性—生成性”、“学科知识—问题解决”、“教师—儿童”等问题上的态度和侧重点发生了变化，并且这种变化达到了一定程度时，就会转化为另一种教育活动。前面在对学科活动进行评价时曾经谈到过不同教育活动之间的相互转化问题。

需要注意的是，“确定性—不确定性”、“预成性—生成性”、“学科知识—问题解决”、“教师—儿童”等问题是相对的，并且每组后面一项（如“不确定性”等）在最初可以说是针对前面一项（如“确定性”等）而提出的，是为了克服前者的局限性。因此，在评价不同教育活动时需要结合当时提出的背景，特别是其针对性。这样才能更好地理解和把握不同教育活动在上面那些问题上的不同侧重点。例如，方案教学对于不确定性、生成性的强调，主要是针对单元主题活动、学科活动对确定性、预成性的过分强调。因此，方案教学实际上并非否定确定性和预成性，而是同时看到了确定性中具有不确定性、预成性中有生成性，实际是对确定性和预成性的扬弃与超越，而非否定与抛弃。

（二）不同教育活动之间具有一种相互借鉴、不断走向融合的趋势

幼儿园不同教育活动之间，在产生之初由于各自所依据的理论的不同，表现出了很大不同，但随着新的儿童观、教育观、知识观等不断被大家所倡导和认同，这些新的理念也不同程度地渗透进了不同教育活动之中，如学科活动现在也开始强调计划的弹性问题。正是由于不同教育活动所依据和体现的理念之间的差异越来越小，造成了不同教育活动之间的差异也开始逐渐缩小，并且这种差异现在更多是表现在活动组织形式方面。总之，不同教育活动之间正在开始取长补短、相互借鉴。

这在实践中表现得更明显。在理论上，不同教育活动之间的差异还是可以看出来的；但在幼儿园教育实践中，很难说某一具体的教育活动就是学科活动、单元主题活动或方案教学，事实上很可能不同程度地具有它们各自的一些特性。总之，在

幼儿园教育实践中，各种教育活动正在不断相互借鉴，走向融合。

（三）教育是最辨证的，教育改革的关键是观念的更新

在具体教育实践中，由于各种新理念的不断渗透，幼儿园不同教育活动之间的差异越来越多是体现在活动组织形式方面了。在这种情况下，从一定意义上可以说，它们只是一些不同的教育方法。

教育是最辨证的。在教育实践中，没有永远好的方法，也没有永远不好的方法。换言之，在某种情境中最好的方法，在另一种情境中可能会变成最坏的方法。方法的选择和运用要取决于当时当地的情境。

因此，在幼儿园教育实践中，教师更重要的不是机械照搬一些活动组织方法，而是更新自己的观念。只有当自己深层次的观念得到更新，教育实践才能真正得到改革，此时采用什么方法都是可行的，只要恰当；反之，即使方法再先进，如果骨子里的观念是陈旧的，那么就会出现“新瓶装旧酒”的现象。因此，可以把学科活动、单元主题活动、方案教学和区域活动等比喻为“多面剑”，使用这把“剑”最终将会产生什么后果，很大程度上不取决于“剑”本身，而是取决于使用“剑”的人。

思考题

1. 与中小学学科课程相比，幼儿园的学科课程有什么独特性？结合实例进行说明。

2. 结合实例谈谈如何设计幼儿园的学科活动。

3. 什么是单元主题活动？结合实例谈谈如何组织幼儿园的单元主题活动。

4. 谈谈自己对方案教学的理解以及对我国幼儿教育的启示。

5. 谈谈自己对幼儿园区域活动的理解，以及目前我国幼儿园区域活动中存在的问题，并提出自己的改进建议。

6. 比较幼儿园学科活动、单元主题活动、方案教学等不同教育活动之间的异同，进而结合已有知识经验谈谈如何在幼儿园中选择和开展教育活动。

第五章　幼儿园园本课程开发

“园本课程”是相对于“国家课程”和“地方课程”而言的。自20世纪90年代以来，园本课程开发就成为幼教领域令人瞩目的焦点。什么是园本课程，园本课程开发有没有必要，是不是每所幼儿园都要进行园本课程开发，开发园本课程究竟需要什么条件等等，本章将探讨上述问题。

第一节　园本课程开发的概念、背景、历史

一、校本课程与园本课程开发的概念解读

（一）校本课程开发

园本课程作为一个术语是从校本课程（school-based curriculum）借鉴而来的。所谓校本课程，也称学校本位课程，这一术语最早出现在20世纪70年代初期西方的课程研究领域。20世纪中期随着西方教育民主化进程的不断迈进，教育的决策权利也在不断地下放，教育决策逐步从集权化走向非集权化，学校有了一定的参与课程决策的权利。与此同时，追求教育的本体目的，强调关注学生个体的特定需要也成了教育领域的核心理念。此外，教师职业专业化的成长，教育水准的提高及教师从纯粹的“工匠”角色向“设计者”、“研究者”、“课程开发者”的转化，都成为校本课程开发的重要背景。

1973年，在爱尔兰阿尔斯特大学召开的“校本课程开发”国际研讨会上，菲吕马克和麦克米伦两位学者首先提出了“校本课程开发”的概念。这个概念一提出，便得到了广泛响应，学者们从不同的侧面与视角对这一概念作了不同的界定。以下将几个最常见的定义摘录如下[①]。

(1) 菲吕马克（1973）：校本课程开发意指参与学校教育工作的有关成员，如教师、行政人员、家长与学生，为改善学校的教育品质所计划、指导的各种活动。

① 崔允郭：《校本课程开发：理论与实践》，教育科学出版社，2000，P. 47～48。

(2) 麦克米伦（1973）：校本课程开发是以学校为基地的课程开发工作，该课程开发工作大部分依赖学校教职员以及学校的现有资源。

(3) 斯基尔贝克（1976）：校本课程开发是由学校教育人员负责学生学习方案的规划、设计、实施和评价。

(4) 经济合作与发展组织（1979）：校本课程开发是学校自发的课程开发过程，过程中需要中央与地方当局的权利、责任重新分配。

(5) 埃格尔斯顿（1980）：校本课程开发是一种过程。在这种过程中，学校运用有关资源，通过合作、讨论、计划、实验、评价来开发适合学生需要的课程。

(6) 黄政杰（1985）：校本课程开发是以学校为中心，以社会为背景，透过中央、地方与学校三者权力责任的再分配，赋予学校教育人员权责。由学校教育人员结合校内外资源与人力，主动进行学校课程的计划、实施与评价。

(7) 科恩（1985）：校本课程开发有狭义与广义之分。狭义上，是指学校少数人员，如校长、部分教师开发课程文件或成品；广义上，是指学校所有成员包括校长、教师、学生、家长、社区人士等参与课程规划、设计、实施与评价等课程开发的全部工作。

(8) 马什等人（1990）：校本课程开发是一种强调“参与”、“自下而上的民主决策”的课程开发口号；是一种重视师生共享决定，共同建构学习经验的教育哲学；也是一项需要课程领导与组织变革的技术。

(9) 张嘉育（1999）：校本课程开发是指学校为达成教育目的，解决学校教育问题，以学校为主体，由学校成员如校长、行政人员、教师、学生、家长与社区人士主导，所进行的课程开发过程与结果。

由此可见，校本课程开发的定义众说纷纭，分歧比较大。有的定义强调课程开发的过程，有的则重视课程开发的结果，有的认为校本课程开发应以学校教育人员为主，有的主张结合学校内外部人士参与……目前，对校本课程开发的界定在字面上往往把握两个基本点：一是学校为本，二是课程开发。即校本课程是以学校为基地进行的课程开发。强调课程开发活动是学校发起的，并在学校中实施的。强调对学校及当地社区的课程资源的利用，特别是与校外专家的交流与合作。因此校本课程开发实质上是一个以学校为基地进行课程开发的开放民主的决策过程，即校长、教师、课程专家、学生以及家长和社区人士共同参与学校课程计划的制定、实施和评价活动。

就我国而言，虽然有过校本课程实践的历史，但开始使用校本课程这一术语并进而进行较为专门的研究则是在 20 世纪 90 年代中期。1999 年 6 月，中共中央国务院召开的全国教育工作会议明确提出：调整和改革课程体系、结构、内容，建立新的基础教育课程体系，实行国家课程、地方课程与学校课程[①]。这表明我国基础教育课程政策改革的方向正在从原有的单一的国家课程模式开始走向国家、地方、学校三级管理体制的课程模式。课程的决策权部分地下放到了学校，从而改变了以前学校、教师在课程开发中完全被动、接受的角色。课程开发开始由集权式的、全国统一、自上而下的专家决策走向地方及学校、教师采用实践——评估——开发的课程开发模式。学校、教师有了一定的课程决策的权利。所以目前我国校本课程强调的是，在具体实施国家和地方课程的前提下，通过对本校学生的需求进行科学地评估，充分利用当地社区和学校的课程资源而开发的多样性的、可供学生选择的课程。

（二）园本课程开发

幼儿教育领域受校本课程开发的启发也在近几年开始使用园本课程一词。与校本课程开发的理念一致，园本课程也是以幼儿园为基地而开发的课程，是在幼儿园之“本”的基础上建立起来的课程。所谓“本”是指幼儿园的基础、现状，包括幼儿园的园风、教师、园长的状况，儿童发展的现状，现实的需要及社区、家长的状况。因此，园本课程是在幼儿园现实的根基上，以幼儿园的环境条件为背景，以幼儿现实的发展需要为出发点，以幼儿园教师为主体而构建的课程。

由于我国过去长期中央集权的课程管理模式，从而造成了我国自新中国成立后到20世纪80年代初期幼儿园单一的分科课程模式一统天下的局面。这种统一的全国一致的课程模式不仅不适合我国幅员辽阔的国情，而且更不利于促进儿童的发展。因为在统一模式下的国家课程或地方课程，是一种普适性课程，它是以特定年龄阶段儿童发展的一般规律与一般特点为依据而编制的，所以无法照顾到不同地区、不同幼儿园的实际情况。而园本课程则是在尊重儿童一般发展规律的同时，从特定的幼儿园出发，尤其是从特定儿童身心发展的水平出发来确定目标、选择内容，编制课程的。所以园本课程能充分考虑到自己幼儿园幼儿的发展特点，考虑到幼儿园教师的特点，考虑到幼儿园可供利用的资源。正如有的学者所指出的，园本课程开发理念的最大价值就在于：“让每个幼儿园教师群体都能认识到自己幼儿园的独特性（教师、儿童、家长群体的独特性，幼儿园教育文化传统的独特性，幼儿园内外环境资源的独特性，等等），都能接纳自己幼儿园的独特性，都能赏识自己幼儿园的独特性，都有信心不断去发展、完善自己幼儿园的独特性”。[②]

在这里需要注意的是，园本课程不同于本园课程[③]。本园课程一般是以特定幼儿园的人员为言说者时使用，这时，本园之“本”仅是人称指代，意指“我”或“我

① 中共中央国务院：《关于深化教育改革全面推进素质教育的决定》，1999。
② 许卓娅：《用历史生态的眼光看“园本课程热”》，《幼儿教育》，2003，(2)P. 8。
③ 虞永平：《园本课程建设之我见》，《幼儿教育》，2004，(5)P. 4。

们”。本园只是确定了幼儿园正在使用或实施的课程，没有确定幼儿园课程的性质。它可能是在多种课程中选择的一种课程；也可能是以借鉴为主，且有自己开发和构建成分的课程；也可能主要是自己开发和构建的课程，即园本课程。园本课程之“本”是对课程性质的限定。园本课程是从幼儿园的实际出发构建的课程。园本课程更强调充分挖掘幼儿园和社区的课程资源，充分地与现实生活建立联系，充分地关注特定幼儿园的幼儿及教师的发展状况。因而，园本课程追求的不是要有自己的课程，而是要有适宜于自己的课程。适宜性应该是园本课程最根本的特性。园本课程应该适宜于特定的幼儿园，更应该适宜于特定幼儿园中的幼儿。从这个意义上讲，良好的幼儿园课程应该是园本的，但并不是所有的幼儿园在近期内都能建成园本课程。对一些师资等条件差的幼儿园而言，以普适课程为基础，结合自己的特点，适当地作一些改造，是最好的选择。

（三）园本课程开发与校本课程开发的区别①

园本课程开发与校本课程开发作为教育民主化，课程决策权力下放的产物，二者反映了一些共同的理念，如打破了国家课程、地方课程一统天下的局面，教师不再仅仅是课程的实施者，而成为课程的研究者、开发者，课程也不再是计划好的统一方案，更成为教育情境与师生互动的过程与结果。然而，由于教育对象的不同，决定了园本课程开发与校本课程开发也存在明显的差异。对于小学及小学以上的儿童来说，其发展水平决定了他们有能力、也有必要进行相对系统的学科知识的学习，而学科知识具有的客观性，在课程中更多地表现为相似性、普遍性的内容，而且学校教育存在着不同程度的升学竞争的压力，学生仍免不了或多或少的统一考试，这都决定了校本课程只能是局部性开发，即在国家课程计划中预留一定的空间作为学校开发和实施校本课程的范围，其余的课程决策权不属于学校，而是在中央与地方。但对于幼儿来说，其身心发展特点决定了课程主要不是学科知识的学习。这从国家颁布的幼儿园课程纲领性文件《幼儿园教育指导纲要（试行）》（以下简称《纲要》）中可以看出，强调幼儿园课程的五大领域——健康、语言、科学、社会、艺术领域的内容要有机联系，相互渗透，注重启蒙性、全面性、综合性、趣味性、活动性，寓教育于生活、游戏之中；强调幼儿教育是为幼儿的终身发展奠定基础，把情感、态度的培养放在首位，各领域都强调良好习惯的形成，强调合作、参与、探索，强调通过“引发、支持幼儿与周围环境积极的相互作用”来促进幼儿的发展。知识、技能不再是第一位的东西，更多强调幼儿的前阅读、前书写与生活中简单的数学建构。而且，幼儿教育几乎不存在升学竞争的压力，幼儿不需要接受统一的考试，这

① 虞永平，孙琴干：《园本课程开发的思考》，《早期教育》，2002，(8)P. 8。

些都决定了园本课程可以是全局性的开发，即幼儿园对实施的课程整体都有决策权，在贯彻国家颁布的《纲要》精神的前提下，进行全新的园本课程开发与创造。当然，目前由于很多幼儿园在师资水平、课程哲学理念、开发课程能力差异及地方课程政策方面的不同，大部分幼儿园进行的只是局部的园本课程开发。

二、园本课程开发的必要性[①]

当前幼儿园园本课程的开发是幼教领域的一个热点问题。对此，业内人士所持意见是不同的。一种观点认为，幼儿园的课程早已是园本课程了，所以没有必要再提园本课程的开发问题。另一观点认为，大部分幼儿园目前根本没有能力开发相对完善的园本课程，所以在现有条件下，没有必要提园本课程的开发。

那么到底有无必要提园本课程的开发呢？幼儿园真的已经是名副其实的园本课程了吗？如果冷静地、理智地思考，我们就会发现，幼儿园的课程表面看来是百花齐放的，的确没有统一的课程，但仔细深入地分析就会发现：幼儿园的课程名称虽说是五花八门，但实质却大同小异。既反映不出地方的差异，更反映不出园所的差别。再仔细推敲就会发现，很多的幼儿园把自己的特色课程误以为是园本课程。事实上，园本课程与特色课程是不同的。园本课程是在幼儿园之“本”的基础上发展起来的，其核心是本园儿童发展的特点、现状、现实的需要、生长的环境及相关的课程资源。而特色课程往往是旨在培养儿童某一方面特长的课程。可见，真正的园本课程应是有特色的，但特色课程不一定是园本课程。

既然大部分的幼儿园目前暂时还没有能力与条件开发出相对完善的园本课程，是否意味着没有必要进行园本课程的开发了呢？的确，园本课程的开发对幼儿园提出了新的挑战，尤其是对教师的自身素质提出了更高的要求。然而，园本课程是从幼儿园的实际出发，根据本园幼儿的发展现状而设计的，因此它比国家课程、地方课程更能关注本园幼儿的个体需要，能更有效地促进幼儿富有个性的发展。其次，园本课程的开发过程也是教师积极参与课程研究的过程，园本课程开发可以提高教师群体的互动与对话，促成教师的实践性反思，促进教师的专业化成长。再次，园本课程的开发也打破了课程发展与课程实施分离的现象，减少了课程意图与课程实施的落差，能够缓和课程理念与实践的矛盾。因此园本课程的开发是幼儿教育民族化、科学化的必然要求。此外，园本课程的开发也是国家幼教政策、法规的要求。《幼儿园工作规程》（以下简称《规程》）指出，幼儿园应充分利用周围的教育资源，注意幼儿的个体差异，因地制宜地组织教育活动。《纲要》也强调：城乡各类幼儿园都应从实际出发，因地制宜地实施素质教育；幼儿园教育应关注个别差异、促进每

① 虞永平，孙琴干：《园本课程开发的思考》，《早期教育》，2002，(8)P. 8。

个幼儿富有个性的发展；教育活动目标要以《规程》和《纲要》所提出的各领域目标为指导，结合本班幼儿的发展水平、经验和需要来确定；教育活动的组织与实施过程是教师创造性地开展工作的过程，教师要根据《纲要》，从本地、本园的条件出发，结合本班幼儿的实际情况，制定切实可行的工作计划并灵活地执行；教育活动的组织形式应根据需要合理安排，因时、因地、因内容、因材料灵活地运用；教师应善于发现幼儿感兴趣的事物、游戏和偶发事件中所隐含的教育价值，把握时机，积极引导；尊重幼儿在发展水平、能力、经验、学习方式等方面的个体差异，因人施教，努力使每一个幼儿都能获得满足和成功。总之，《规程》、《纲要》不仅从政策、法规层面上给园本课程的开发提供了保障，也为园本课程的建设提供了理论上的指导。同时从实践中我们也能看到，很多的幼儿园也在不断地进行园本课程的建设，不仅从课程理念上， 而且更从幼儿园自己现有的水平、状况与资源方面分析加入到园本课程的开发中，尽管目前还没有相对成熟完善的园本课程。但我们相信，园本课程的开发不仅会彰显幼儿园的特色，而且定会促进儿童与教师的发展，所以开发园本课程是必要的，也是必须的。

三、我国幼儿园园本课程开发的实践历史与现状

园本课程开发作为一个从校本课程开发借鉴而来的概念虽然是近几年才被提出的一个术语，而且有关园本课程的理论探讨也刚刚开始，但园本课程开发的实践在我国却是早已存在的事实。

20 世纪二三十年代，我国幼稚园的课程非常混乱，课程基本处于照搬照抄外国课程模式的阶段，幼稚园课程的外国化、宗教化倾向突出。当时国内的幼稚园课程主要有三种类型：一是蒙养院的日本式课程，如谈话、手工、游戏、识字等，是一种小学注入式课程；二是教会幼稚园的宗教式课程，如唱赞美诗、听圣经耶稣的故事，行祷告礼仪等；三是福禄贝尔、蒙台梭利课程，通过“恩物”或“教具”开展游戏，在工作中训练儿童的各种感官。除此外，美国式的以儿童为本位的经验型课程也开始传入，强调以儿童的生活为主，教师的作用就是提供材料、布置环境、指导儿童的工作。课程包括工作、早点、音乐、游戏、文学、书写、算术、言语、社会自然研究、旅行等。总之，全国绝大部分幼稚园的课程与教材，不但没有从幼稚园现实出发，甚至都没有能从本国国情与地方特点出发，课程移植外国的倾向非常严重。正因为这样，陈鹤琴先生发出了“今日抄袭日本，明日抄袭美国，抄来抄去，到底弄不出什么好的教育来”的感慨。陶行知先生也猛烈地抨击旧中国的幼稚园犯了三种病：外国病、花钱病、富贵病。呼吁通过实验研究有关幼稚园的课程与教学，探索中国化、科学化的幼稚园课程。于是在 1923 年春，陈鹤琴先生亲手创办了南京鼓楼幼稚园，并从 1923 年秋开展了全方位的幼稚园课程试验。尤其是通过 1925 年

秋冬起的三个不同的课程试验期：散漫期、论理组织期、设计组织期形成了鼓楼幼稚园的“单元中心制课程”。课程目标涉及做人、身体、智力、情绪四个方面；课程内容以大自然、大社会为中心形成了五类活动，即健康活动、社会活动、科学活动、艺术活动及语文活动。课程从儿童生活中直接选择主题，事先预定计划，一周或几天安排一个单元，每个单元围绕一个中心主题。但课程又根据儿童的兴趣及临时发生的事改变原定计划，实施采用“整个教学法”，把儿童所应该学的东西整个地、有系统地教给儿童，很好地体现了以儿童为中心、为主体和强调教师主导作用的统一性。试验取得了一定的成效。1927 年开始在南京全城的 14 个幼稚园试行，以后又在其他地方推广，从而使单元中心制课程成为当时幼稚园的主要课程。

1927 年，在张宗麟的协助下，陶行知先生在南京燕子矶创办了我国第一所乡村幼稚园。其课程编定的试验研究也从 1928 年暑期开始。具体涉及到怎样编制幼稚园的生活进程，怎样选择幼稚园的生活材料等课程方面的课题。与鼓楼幼稚园相比燕子矶幼稚园的课程试验有两个明显的特点：第一，以“生活进程”代替幼稚园课程。燕子矶幼稚园是按陶行知先生的“生活即教育”的思想办园的，所以他们认为是儿童的生活就是儿童的教育，“全部的生活都是教育，即全部的生活也就是课程”，因此，“生活进程就是普通学校的所谓课程。”[①]这样儿童的活动，就大多为实际生活所决定。他们打破房屋教室的界限，“以幼稚生足力所到的地方为教室的范围。”认为“高山之颠可以写生，长林之内可以游唱，草坪之上可以谈心，这是神秘的大自然为我们设下的优美而富丽的教室”[②]。他们打破了时间的规定，不刻板地上课，也不规定上课的时间，“以儿童在园的时间为上课时间的范围”，幼稚园里的课程，就是上生活的课，动的课。第二，他们是从乡村儿童的生活实际出发，来编订试验生活进程，编订幼稚园课程的。一切活动应以实际生活环境刺激儿童的兴趣为依据，既不模仿外国，也不照搬城市，而是从农村实际出发，用最经济的手段，凭着各种生活的方法，寻求贫民的、省钱的、中国化的幼稚园课程。在为期两年多的课程试验中，总结出了四个材料：①燕子矶幼稚园生活纲要；②选择幼稚园的生活材料；③试用生活法；④编订生活进程的依据。从而对乡村幼稚园课程进行了可贵的尝试，提出了颇有现实意义的课程编订主张，充分反映了中国乡村幼稚园课程的特点。

这些课程试验的初衷虽不在于建设园本课程，而在于探索中国化的幼稚园课程。但从现在园本课程开发的理念来看却是名副其实的。因为幼稚园的课程不是外来的，

① 戴自庵等：《陶行知幼儿教育的理论与实践》，四川教育出版社，1987，P. 367。
② 戴自庵等：《陶行知幼儿教育的理论与实践》，四川教育出版社，1987，P. 158。

而是在幼稚园独特根基上生长起来的，与幼稚园的基础、资源、师资等条件相一致。幼稚园的教师不仅是课程的实施者，也是课程的研究者、开发者。可以说，他们的课程研究的实践为我国园本课程开发的理论与实践奠定了良好的基础。

20 世纪 80 年代以来，随着幼儿园课程的改革，各个幼儿园也都在积极探索适合自己幼儿园的课程园本化研究。可以这样说，20 世纪 80 年代以来幼儿园课程的改革就是与园本课程的开发、构建联系在一起的。而且由于幼儿教育不属于国家的义务教育范畴。所以迄今为止，园本课程的开发研究远远要比校本课程的开发研究深入广泛的多。在多元化理论指导下，进行了多种课程实践模式的探索。从 80 年代中期的“综合主题课程”，一直到 90 年代的“单元教育课程”、“情感课程”、“游戏课程”、“田野课程”、“生存课程”、“生态式课程”、“完整课程”等，幼儿园正在从单纯的课程实施者向同时又是课程开发者转变,园本课程的开发取得了很大的进展。

然而，进行了园本课程开发工作并不等于就开发出了园本课程。分析目前各地涌现出的形形色色的园本课程，大致有以下几种情况。

(1) 有相对独立的教育理念、课程目标、课程内容、课程实施和课程评价，这是相对比较成熟的园本课程。

(2) 教育理念和课程目标参照国家课程，课程内容增加了反映本地特色文化的知识学习，属于比较狭义的园本课程。

(3) 其他的课程要素均采用国家课程，只是采取了不同的教学组织形式，从课程概念看，仅此还算不上进行有意义的园本课程开发工作。

(4) 有的幼儿园在急功近利思想的支配下，打着园本课程开发的旗子，对幼儿的某一方面技能进行强化训练，占用了幼儿大量的游戏时间及其他时间，尽管幼儿获得了某方面较高的技能水平，并成为幼儿园所追求的特色，但由此幼儿牺牲掉了更多的东西，这是一种异化了的园本课程。

园本课程开发是一个极其严肃的问题，而绝不是一个简单的、随意的过程，因此开发者必须全面理解园本课程的实质，了解园本课程开发的条件及相关的问题。

第二节　园本课程开发的理论

园本课程开发是幼儿园根据自身的现状和发展目标，通过与外部力量的合作，采用选择、改编、新编教学材料或设计学习活动的方式，在园内实施以及建立内部评价机制的活动。因此它给幼儿园及教师提出了新的挑战。幼儿园是否有能力开发园本课程，教师能否胜任此项工作，园本课程的开发需要哪些条件，它有哪些特点，就是本节所要探讨的问题。

一、幼儿教师参与园本课程开发：合理性的辩护与意义

20 世纪 50 年代以来，我国的幼儿园课程基本上属于统一的国家课程开发模式，即研究——开发——推广模式，以国家课程为主，实施受苏联影响的幼儿园分科课程。幼儿园课程计划、教学计划、教材编写统为一体，由国家制定，并通过法令颁布执行，地方政府和学校无权变更。因而，直至 20 世纪 80 年代初，我国的幼儿园课程设置比较死板单一。严重地脱离了各地经济文化发展不平衡的实际，也极不适应儿童不同个性发展的需要。近年来，随着教育观念的不断更新，幼儿教师的角色发生了很大的转变，教师由课程被动的实施者转变成了主动的设计者，由权威者转变成了幼儿的合作者，而且课程教学的目标由过去的注重整齐划一转向了注重个体的发展。这些都为幼儿教师开发园本课程提供了前提。除此外，幼儿教师参与园本课程开发更重要的在于以下六点。

（一）幼儿教师最了解幼儿园的孩子，应有部分的课程决策权

课程开发的国家模式，使课程开发系统与课程实施系统相互分离，课程规划、设计和评价成为教育行政部门和课程专家的事，而课程实施则成为幼儿园与教师的事。幼儿教师只是国家课程忠实的执行者，也即最了解孩子需要的幼儿教师被排除在课程设计的范围之外。这样课程设计与课程实施的分离减弱了课程计划在幼儿园教育实践中的预期影响。幼儿园课程主要发生在幼儿园，而教师是最了解自己班里孩子的知识、能力、兴趣、个性等情况的，并且能按儿童的需要设计符合他们需要的教育活动，因而对于儿童来讲，也是最容易认可和接受那些由教师制定的课程决策。因此幼儿教师应成为幼儿园课程开发的一员，教师应有部分权力决定“教什么”，有资格也有条件承担幼儿园课程开发的一部分任务。

（二）园本课程开发是一个连续的动态过程，具有生成性

美国著名课程专家古德莱德在探讨课程时认为存在五种不同层次的课程①：一是观念层次的课程——在思考、研究、拟议中的课程；二是社会层次的课程——教育行政部门推行的正式课程；三是学校层次的课程——在国家和地方确定的课程的基础上，由学校组织起来的课程；四是教学层次的课程——教师所“理解”的，并在课堂上施行的课程；五是体验层次的课程——学生实际获得的经验和体验。也即后三个层次的课程就是进入了实施阶段的课程。从上我们可以看出课程最终要落实到儿童身上，被儿童所体验。因而，课程开发是一个连续的动态过程，任何国家开

① 施良方：《课程理论》，教育科学出版社，1996，P. 9。

发的课程只有通过教师在学校中的教学活动才能体现。而且，因为国家课程更多的是以儿童发展的一般规律作为课程设计的出发点的，难以照顾到不同地区、不同幼儿园儿童的具体特点，也难以满足儿童的兴趣、需要。所以当教师拥有了课程开发的自主权时，他们就能根据具体的情况经常评估、修改课程，根据儿童的兴趣、需要生成课程，使理想课程与现实课程较为一致。如果没有这种生成性，没有这种开发课程的权力，很容易导致理想课程与现实课程的疏离。

（三）园本课程开发最能动员教师、儿童和社区的参与

国家课程研究——开发——推广模式，注重全国性的课程计划和标准化的课程方案的建构，但对各地区、各个幼儿园的差异无法顾及，容易出现教育的僵化和“千园一面”的现象。园本课程的开发肯定了幼儿园及每所幼儿园儿童之间的差异，并能根据各社区的特点，挖掘其潜在的资源，按照每个儿童的特点，充分发展其潜能。因此园本课程开发以幼儿园为主体，幼儿园可以根据社区、幼儿园和儿童的需要开发多样化的课程，这样就使园本课程更能针对幼儿园的实际状况、特点，更能针对社区与儿童的差异性，有助于社区、家长、儿童的积极参与，提高课程的质量和社会的满意程度。园本课程开发注重课程开发中教师的参与，赋予了幼儿园、教师一定的专业自主权，充分调动了教师参与课程决策和实施的积极性。

（四）园本课程开发中，幼儿教师与自己的工作效能直接发生关系

国家课程严格执行外部评价，即评价是由并未参与课程实施的外部评价人员进行。而园本课程开发中，实行内部评价，课程设计、实施、评价这三项基本任务成为统一的三个阶段，基本上由幼儿园的教师来承担。与外部评价人员相比，教师能用更长的时间、更多的方法进行评价，从而了解影响课程实施的各种因素，教师工作与效能联系更密切。评价的结果不仅可以使幼儿园和教师及时了解课程实施的效果，为下一步课程开发提供依据，而且也使幼儿园内部所有人员了解园本课程开发的全貌，为园本课程方案的实施赢得广泛的支持。

（五）园本课程开发有助于幼儿教师自觉更新教育观念，促进其创新意识与能力的提高

传统的课程将教师置身于课程开发之外，课程变革所需要的教育观念或技能常常是外在的，要求教师去了解、学习、熟悉，并且要毫无疑义地掌握，因而通常有所谓的“吃透课程大纲的精神”一说，也有所谓的课程专家办个讲座，指导教师学习新大纲一说。虽然教师能说出课程改革所含的教育观念应如何转变，但这些教育观念并未同教师自身的教育实践发生联系，所以教育的显观念难以转化为教师的隐

观念，自然也就难以对教育实践产生指导作用。不仅如此，传统的课程及师资培训只强调教师践行技能的训练，这极易造成教师照本宣科和按部就班地遵循教学常规，其创造发展受到很大的制约。对于这种忽视教师创造性的做法，杜威曾严厉地批评说："传统的课程把未来教师的注意力固定在错误的方向上，即定在教学方法的外显形式上，而不是学生的思维过程上。他们学会的是如何管理课，但不会了解学生是如何思考的或如何确定他们是否在帮助学生思维。他们可以模仿教学实践，但不能解释这些教学实践背后的原理或理念。因为他们所学的只是教学的方法而不是教学的原理，他们将会沉溺于盲目的实验、武断的决定或生搬硬套、墨守成规的习惯中。"与上述相比，园本课程开发显然能给教师一个相对自由发挥的空间。一旦赋予幼儿教师以参与课程决策与开发的权力，他们就会根据教育现状、社会要求等方面来拟定课程目标，选择课程内容，并依具体的教育实际灵活改变；他们还能就各种问题发表自己的意见，提出自己的观点和方法，这些观点和方法不管正确与否都能受到尊重。这能极大地激发教师的创造欲和教育实践活动的积极性，有助于教师自主自觉地更新其教育观念，拓展其教学思路，挖掘其教育潜力。因此，教师通过课程参与可以有效推动其教育观念的转变、方法的创新。

（六）园本课程开发有助于幼儿教师形成"反思"的科研意识与能力

幼儿教师参与课程开发能使课程开发产生"副功能"或副效应。在"自上而下"课程开发模式中，课程方案都是由专家设计好了，幼儿教师没有参与课程开发、分享课程决策的权力。教师往往不会也不愿去反思教育活动中的种种问题，因为他要么对专家、权威深信不疑，要么因为理论与实际的差距以及其与专家的隔阂而放弃努力。因而，这种课程改革显示不出应有的"副功能"，幼儿教师的专业发展受到很大的局限。而在园本课程开发，幼儿教师更多地享有参与课程开发与决策的权力。当教师以主人翁的身份出现时，他才能更多地对自己的教育教学过程表示关注，对儿童学习发展的情况、对自己教学活动的质量、对自己与儿童的互动进行思考与探索，并提出改进的建设性意见，其主体性也就能得以充分发挥。正是教师的课程参与激发了教师对教育活动进行研究的兴趣，克服了其教育过程中的惰性与习惯，教师才会以一名"反思的实践者"、"反思的研究者"身份进入教育活动中。教师课程参与的内在价值不在于教师去学习某种课程理论或知识，获得某种技能，从而"忠实"地去执行课程决策者的意图，而在于其通过主动、积极地投入到课程开发中不断生成反思的能力。教师的反思性实践能力的形成要求教师不能站在课程之外的某一点来实施课程，而是存在于课程之中，在课程中反思。教师参与课程开发即意味着教师在课程中的存在，而这恰恰为教师生成"反思"能力提供了条件。

二、园本课程开发的基本条件

园本课程的开发目前在我国尚处于探索阶段，还没有形成科学的发展格局。总结相关的课程开发经验，大体上需要以下一些基本条件。而这些条件主要是通过幼儿园的结构功能具体体现的。

（一）明确而独特的办园宗旨和教育哲学思想

一般而言，国家对各级各类学校，包括幼儿园的培养目标和培养规格都有统一的规定，这种规定只是最基本的原则性方面的要求，不可能照顾到各地各类各级学校的具体特殊性，而且千人一面、千园一律的培养目标和培养规格也难以满足当今丰富多样的社会发展和个人发展要求。这就要求幼儿园要有自己独特的教育哲学思想和办园宗旨，即幼儿园要根据具体的师生特点、教育资源和幼儿园环境以及教育者的办园志趣确立自己幼儿园的独特的发展方向。同样是为幼儿创造活动条件的场所，不同幼儿园办园特色和办园品位很有可能大相异趣。有的幼儿园的办园宗旨突出艺术特色，兼顾其他；而有的幼儿园则强调情感培养，发展和谐人格；还有的幼儿园更注重基础、兴趣的培养，等等。在美国，不同幼儿园的办园宗旨与指导思想是不同的，有的宣扬自己主张福禄贝尔的理念；有的则强调自己是蒙台梭利的思想，而有的则打着杜威或皮亚杰的旗号。正是幼儿园自己的办园宗旨与教育哲学思想的贯彻落实，才开始了具体的园本课程开发的实践过程。反过来，没有明确的教育哲学与办园宗旨的幼儿园是没有可能进行园本课程的开发的。目前，我国有些地方的幼儿园在办园的特色方面已经迈出了可喜的一步，但还不成熟。至于说到教育信念、教育哲学思想，也往往比较空洞，因此在园本课程开发方面，也显得漫无目标。

（二）民主、开放和科学的幼儿园管理

园本课程的开发是根据国家、地方的规定、幼儿园的特点，由众多的参与人员共同完成的，不是单个人的行为，这就要求幼儿园要有一个民主、开放的组织结构，而不是“一个人说了算”。一系列的研究表明，一所幼儿园的园长要引导幼儿园进行变革和革新，就必须积极地建设民主开放的组织结构，具备个性化的管理风格和人格特征。这一点对于园本课程开发尤其重要。所以园本课程开发需要幼儿园园长纵向、横向的协调，需要幼儿教师广泛而积极的参与，需要家长的配合，需要社会主动而有力的支持。

园本课程的开发是幼儿园自主进行的，它的实施成效不可能依赖于国家用类似于外部统一考试等评价手段来检测。因此园本课程的开发更多地需要幼儿园自身的

科学的管理机制，确切地说就是自觉自律的自我评价机制。幼儿园不断反思园本课程开发过程中出现的各种问题，自我批评、自我改进、自我激励，保证园本课程开发的顺利进行。幼儿园的科学管理还包括对时间、场所、资金等的管理，使得开发与利用课程资源时能从各种渠道得到有力的支持。

（三）高素质的教师队伍

园本课程的开发需要高素质的教师队伍，而且有良好教师素质基础的幼儿园更容易开发出园本课程。对于幼儿教师来说，课程开发是一个全新的领域，因此要致力于这一活动，幼儿教师就必须具备相关的知识、技能，尤其是课程设计的专业知识。从目前的情况来看，一些优秀幼儿园的教师都进行了课程方面的相关学习，有一定的课程开发的技能，但大部分的幼儿教师还不具备承担课程开发的足够能力，需要有幼教的课程理论者或专家协助。因此在园本课程开发之前，对幼儿教师实行相关的知识，尤其是课程知识的培训，全面提高他们的素质就是非常必要的。

（四）有效的监督和服务机构

目前，有些地方在进行园本课程开发时，往往是由某位行政负责人（本地负责幼儿园工作的行政人员）召集几位园长或有经验的教师编撰完成，然后指令各幼儿园购买。这种看似带有地方特色的幼儿园课程，其实质并不是园本课程。这种课程的完成没有课程专家的指导，没有家长、幼儿的参与，没有考虑社区的特点，充其量只是其他课程文本的翻版。真正的园本课程应该有一套完备的服务和监督机构，一方面这个机构能为园本课程开发提供有效的服务，使社会各界广泛参与决策、管理，同时它又能起到监督作用，对于不符合课程原则的幼儿园课程活动、违反幼儿身心发展的课程能及时发现、及时纠正，使园本课程不至于盲目的“一哄而上”。当然，服务是主要的，监督是其次，只是在发生不科学的园本课程开发时，监督作用才凸显。

（五）幼儿教师工作时间的保证

园本课程开发的主体是幼儿教师群体，因此当幼儿园进行课程开发时，首先要考虑的是教师是否有空闲的时间可以支配。如果幼儿教师的工作任务已经够忙了，幼儿园还提出让她们去开发园本课程，显然这是一种不现实的决策。即使有的幼儿教师为了服从而去做，其结果也只是一种应付，没有多大的实质性的意义。相反，如果幼儿教师有自由支配的时间，他们就可以投入更多的精力去开发适合本园幼儿的课程。

三、园本课程开发的特点

（一）园本课程开发的民主性

园本课程开发是幼儿园根据自己独特的办园宗旨与教育哲学思想自主进行的适合幼儿园特点与条件的课程开发策略。从参与园本课程开发的人员来看，园长、教师、课程专家、幼儿、家长及社区人员都有权提出自己关于课程方面的意见，都会不同程度地参与到课程计划的制定、实施和评价活动中。因此，园本课程的开发过程必然是民主开放的决策过程，体现出一定的民主性。另外，园本课程开发作为一种民主决策的过程，它并不是仅仅局限在幼儿园这一小范围内自我封闭的进行，它要与其他有助于课程开发的机构之间相互交流协调而进行课程的设计、实施与评价，这也是其合作、民主的一面。

在国外，幼儿园的园本课程开发能充分考虑到各个方面的参与，美国在这个方面做的尤为突出。由于幼儿的年龄尚小，还不能对自己的行为进行决策，家长的意见常常成为幼儿园园本课程开发的重要依据。而且社区也会不同程度地参与到幼儿园的课程开发中。我国的幼儿园目前在这方面还比较欠缺，一方面，家长、社区人员参与课程决策的意识还比较差；另一方面，幼儿园也没有很好地考虑他们所具有的资源。今后课程开发需要改进的即是如何更有效地利用家长、社区的资源，更好地体现家长、社区民主参与园本课程决策的权力。

（二）园本课程开发的独特性

国家课程、地方课程开发一般是以特定年龄阶段儿童的一般发展水平和规律作为依据，注重基础性、统一性，是普适性课程。但不同地区、不同幼儿园、不同幼儿园的幼儿由于多方面因素的影响，存在诸多的差异。不考虑这些差异，把儿童都视为相同的教育对象，显然不能有效地促进他们的发展。园本课程开发就可以充分地尊重、满足广大幼儿园、社区独特的教育资源，充分地考虑特定幼儿园儿童的特点、需要，考虑特定幼儿园的教育环境，从而突出幼儿园的课程特色。长期以来，由于我国的教育体制及相关的因素，我国幼儿园的课程模式几乎是没有差别的。近几年，随着园本课程开发的浪潮，很多的幼儿园也在努力探索建设自己的园本课程，但长期的惯性作用及教师善于模仿而不精于创造的倾向，园本课程的独特性表现得还不是很明显。

（三）园本课程开发的多样性

园本课程开发没有统一固定的模式，园长、幼儿教师可以根据幼儿园环境、师资条件等具体情况对幼儿园的课程进行选择、改编、整合、补充、拓展和新编。也即园本课程的开发是灵活多样的，不是固定不变的。

当前，课程选择是众多幼儿园普遍进行的园本课程决策行为。幼儿园园长、教师往往根据自己对培养幼儿规格的要求及自身的条件从众多可供选择的课程中选择合适的课程，在具体的实施过程中，教师又可以对原有的课程进行一定的修改以适应具体的课堂情境。目前，由于综合课程在幼儿园占有较为突出的地位，幼儿教师也常常把跨学科的课程进行重新设计，把它们整合在一起。有时教师也会根据教学需要，补充一些课程材料以增加幼儿对课程知识的感知；有时教师还会把课程进行延伸、拓展以发展幼儿的个性，这方面的活动在幼儿园教育活动中比较常见。对课程进行新编是比较复杂且难度较大的活动，一般要请课程专家参与论证。目前，很多幼儿园的课程新编基本上处于浅表层次，通常是以专题形式进行，如园庆活动、三八妇女节、快乐的元旦、爱心大行动等，形式比较多样，既适合幼儿的特点又联系了幼儿园周围环境及家长的参与。但课程新编远不只是这些，它是课程的一个系统工程，大部分的幼儿园目前还没有这个能力。所以有的幼教专家指出：“作为课程的实施者，幼儿园园长和教师要学会去选择和运用社会上已有的、有品位的教育资源，特别是那些已通过政府有关部门严格审查的教育材料。也许这比自己化大力气去设计和编制自己的课程和教材更为重要。这就好比一个想要将衣服穿着得体的人一样，学会在林林总总的市场上不为广告所左右，能鉴别和找到适合自己的、有品位的衣服，并逐渐学会在一定的场合下穿着适合的衣服，这样的本领可能比自己化力气去制作更有意义。”①

（四）园本课程开发是教育制度内权力与资源重新配置的过程

园本课程开发是针对国家课程开发的局限性而采取的一种与国家课程开发相对应的课程开发策略。因为国家课程开发实质上是一种中央高度集权的自上而下的研究——开发——推广策略，周期性长，缺乏灵活性，很难照顾到不同地区的特点。而且，国家课程开发中，课程专家处于开发的核心位置，课程尽管能更好地照顾到学科的系统性、目标的准确性等方面的内容，但单一的课程专家的决策渠道却导致了课程难以多层次、多途径、全方位满足社会发展与儿童发展的需要。同时，由于国家课程开发的主力是课程专家，而实际执行课程的却是一线的幼儿教师，课程专家与教师之间缺少联系的状况，降低了课程革新对幼儿园教育实践的影响，致使课程改革不能在实际的教学质量上取得预期效果，容易导致所谓“革而不新”的现象。园本课程开发则可以弥补国家课程开发的上述局限性，不仅可以减少权力过度集中而带来的教育资源浪费与教育效益降低的情况，而且也可以提高教育、课程变革的能力。

① 朱家雄：《幼儿园课程中幼儿教师的角色定位》，《早期教育》，2004，(8)P. 4。

（五）园本课程开发是幼儿园课程理论与实践不断丰富和发展的过程

幼儿园课程理论是整个课程理论的重要组成部分。由于幼儿园课程理论作为一个专门的学前教育理论范畴来研究的历史不长，因此幼儿园课程理论总体上说还不够成熟、不够完善。同时，幼儿园课程的实践也存在着过于一致、缺乏活力及经验制导的现象。园本课程的开发则可以促进幼儿园课程理论的丰富、完善及带动课程实践的发展。因为园本课程与国家课程、地方课程相比，它的开发背景更复杂，涉及的问题更多样，对课程建设的目的更清晰，参与的人员更广泛，幼儿园课程实践的基础各异。而这一切则能导致多样化的课程研究和实践，也能引发多样化的问题解决方式。因此园本课程的开发必将引起幼儿园课程理论和实践上的新的突破，从而大大丰富与发展幼儿园课程理论和实践。

（六）园本课程开发是国家课程、地方课程开发的重要补充

国家课程、地方课程开发尽管存在一定的局限性，但它在涉及课程的基础性与统一性方面具有优势，这是园本课程开发难以达到的。然而，园本课程开发则可以尊重具体幼儿园、社区环境和师生的独特性与差异性，而这又恰恰是国家课程、地方课程开发所不容易兼顾的。他们是各有优势和相互补充的课程开发模式，其中的任何一方都很难完全取代另一方。所以，园本课程开发本身就是在试图弥补国家课程、地方课程开发的局限性的过程中而出现的一种课程开发模式。因此园本课程开发是国家课程、地方课程开发的重要补充。

四、园本课程开发中的几个误区

当前，在园本课程的开发中，出现了一些误区，主要表现在以下几个方面[①]。

（一）把园本课程开发等同于教材编写

在某些地方，幼儿园出教材几乎成了园本课程开发的代名词，衡量课程建设和改革水平的高低似乎就看有无出版教材。这是一种极不正常的状况。当然，园本课程的开发应该包括幼儿园课程文本的开发，但文本并不等同于出版物，更不能用是否出版来衡量文本开发的水平。当前，课程的理念早已发生了明显的变化，课程不再仅仅是文本，课程已成为是教师、儿童、教材、环境之间动态交互作用的“完整文化”，是一个动态平衡的“生态系统”。幼儿园的课程理念、课程计划、课程内容、活动设计、教师的观察记录和教育笔记、各种讨论与会议记录、家长的书面意见和建

---

① 虞永平：《园本课程建设之我见》，《幼儿教育》，2004，(5)P. 4～5。

议、各种评估的结果、教师的工作总结等都是幼儿园课程文本的重要组成部分，课程文本开发与建设应该关注所有这些文本的积累和提升。而且，衡量文本建设水平的主要尺度是看：能否体现课程观念的发展，能否反映幼儿发展的成效，能否看到教师和其他人员的发展和变化。与此相应，衡量一个幼儿园园本课程开发质量高低的标准，不是看其是否有课程的出版物，而是看其实践成效，看园本课程是否有利于幼儿的发展，是否充分利用了各种课程资源，是否有助于教师、家长的成长和幼儿园总体水平的提高。

（二）把园本课程开发等同于创建幼儿园特色

当前，有些幼儿园将彰显特色作为园本课程开发的主要内容。有的幼儿园在招生广告上赫然写着：课程特色——英语（有外籍教师）。这给我们提出了一个严肃的问题，即幼儿园课程特色是不是就是在现有的课程中加一项内容？如果这也是特色的话，那幼儿园还可以制造出很多特色，如计算机、识字、读经、珠心算等。所以，这种外在贴加的标签绝不是真正的特色。园本课程开发的核心不是简单的课程内容的增减，而是在实践基础上的优化。优化的标准是幼儿获得更好的、真正全面和谐的发展。对于幼儿园来说，当前最需要的不是挖空心思找特色，而是在踏踏实实地全面开发园本课程的过程中自然地呈现特色。特色源自课程内在的力量，而不是外在贴加的标签。

（三）把园本课程开发等同于自行其是

现在有一种错误的倾向，认为搞园本课程开发就可以由幼儿园自己说了算。有的幼儿园以建设园本课程为旗子，无视《纲要》中的基本目标和内容要求，课程的目标和内容出现了明显的缺损或过度的重复，或在背离幼儿一般发展规律的基础上过度扩张部分内容，致使课程出现严重的偏倾和失衡，幼儿的全面和谐发展受到严重威胁。如有的幼儿园外语课占 1/3，甚至占了一半；有的幼儿园每周数学活动 2 次，珠心算活动 3 次；有的幼儿园每周美术活动 5 次。这是与国家有关幼教的法规要求相背离的。的确，园本课程的开发与建设需要课程决策的自由度。而且，事实上，今天中国的幼儿园在课程开发上比以往拥有了更大的自主权。但园本课程开发不是自行其是，园本课程的开发是自由、创造的过程，也是规范和受约束的过程。这种约束来自于科学，来自于法规。一切违背科学原理的内容和做法都必须加以约束，一切严重背离法规精神的观念、内容都必须受到制约。因此，园本课程开发的过程，也是科学理论的作用得到发挥的过程，是国家的法规得到创造性地贯彻落实的过程。

因此，园本课程开发一定要避免上述误区，使园本课程能充分利用幼儿园的各项资源，针对幼儿园的具体特点，真正促进幼儿全面和谐的发展。

五、园本课程开发需要注意的几个问题

园本课程的开发是一项艰巨而复杂的工作，会涉及到多方面的影响因素及众多的问题。我国的幼儿园尽管多年来一直在进行着某种意义上的园本课程的开发工作，但由于各种原因，这种开发还不成熟、不科学，还存在很多的误区，因此科学的园本课程开发需要处理好以下几个方面的问题。

（一）以和谐发展为前提，建立科学的课程体系

园本课程的开发应在促进幼儿和谐发展思想的指导下，涉及幼儿教育的各个领域（健康、语言、社会、科学、艺术等），开展实质性的探索，形成科学的园本课程体系。这就要求幼儿园处理好园本与理论的关系。幼儿园应以自己特定的现实基础、条件、状况为出发点，在注重自己的“本”的基础上，还必须关注幼儿园课程理论及相关理论。只有形成了科学的儿童观、教育观、教师观、课程观、活动观、评价观等基本理念，只有在适宜的课程理论指导下，园本课程的开发才能站在一个新的高度，才能真正形成具有科学性、有效性的课程体系，所开发的园本课程也才能更为具有幼儿园“本”的特色，园本课程也才能真正促进课程的完善和发展。

（二）发挥园长与教师的积极作用，课程开发避免流于形式，增加教师与幼儿的负担

园本课程开发中，园长与教师是主力军。他们积极性的调动与发挥直接影响到所开发的课程的质量与效果。所以园本课程的开发要充分调动园长，尤其是广大的教师参与。因为，真正的园本课程是适合幼儿园的，而且首先是适合班级与幼儿的。只有园长、教师才是真正促进并衡量课程是否适合幼儿和班级的关键人员。所以，高素质的、具有科学理念支撑的、富有创造性的、充满热情与钻研精神的教师队伍，是园本课程得以生成的关键。

另外，园本课程开发一定要避免走形式。现在很多的幼儿园为了显示自己所谓的课程改革，往往盲目模仿别人，给课程“贴标签”，在课程上追求“花样翻新”，并没有考虑自己幼儿园的条件及幼儿的特点。结果，不但没有什么实质性的改进，反而加重了教师与幼儿的负担，给幼儿额外增加了不必要的课程。其实，园本课程可以通过多种渠道实现，如可以对现有课程进行改编，包括整合、选择、补充和拓展，也可以新编课程等，但一句话，必须从幼儿园实际出发，长远规划、分步骤逐步落实。避免急功近利，避免形式化。

（三）发挥课程专家的指导，充分利用家庭与社区的教育资源

园本课程的开发是在特定幼儿园办园宗旨与课程理念的基础上展开的，是以

幼儿园的内部力量为主体的。但也必须明确，单单依靠一个幼儿园自身的力量是难以开发出真正有价值的园本课程的。园本课程的开发必须发挥课程专家的指导，同时也必须注重幼儿园与家庭、社区的联系。《纲要》中明确指出："家庭是幼儿园重要的合作伙伴。应本着尊重、平等、合作的原则，争取家长的理解、支持与主动参与，并积极支持、帮助家长提高教育能力"。因此园本课程的开发应充分利用家庭及社区的教育资源。扩展幼儿园课程的实践空间和资源空间，使更多的家长、社区的人士参与到园本课程开发中来，通过幼儿园、家庭与社区的互动，使幼儿园更多地关注家长的需要，为家长提供更多的与园本课程互动的机会，关注社区资源在课程中的有效利用，真正使幼儿园、家庭及社区构成一个有效联系、密切合作的课程开发与实践的共同体，从而提高园本课程开发的实践成效。

（四）园本课程开发中，过程与结果的并重

园本课程的开发无疑要追求最终的开发结果，但同时也必须关注开发的过程。当然，园本课程开发应该形成一个比较完善的课程方案，但这只是园本课程开发的目标之一。因为园本课程的开发具有多方面的价值，它不仅是教师自我反思成长的重要桥梁，也是明确与凸显幼儿园课程理念的过程，更是幼儿园不断发现课程问题，不断进行改进，探索新方法、新策略的过程，而且也是优化幼儿园园风与科学管理的过程。因此，要充分珍视园本课程开发的过程，并努力优化这一过程，做到过程与结果的并重。同时，过程的重视也必然会带来优良的结果，优质的过程会有效促进课程方案的开发。

六、园本课程开发对幼儿教师教学提出的新要求[①]

园本课程开发不仅是幼儿教师参与课程决策、发挥其积极性的体现，而且也对幼儿教师教学观念与教学实践提出了新要求。

（一）教学观念方面的新要求

1. 幼儿教师由课程被动的实施者转变为主动的设计者

幼儿教师被动地实施课程主要表现在：将现成的课程原封不动或稍作修改的"拿来主义"或"按计划执行"，忽视本地区本园特点和本班幼儿的实际发展需要及兴趣爱好。园本课程开发则要求幼儿教师成为课程的开发者、设计者和实施者。教师可以根据本地区、本园、本班幼儿现状进行灵活、自主的课程安排。这给幼儿教师充

① 叶春梅：《园本课程开发对幼儿教师的新要求》，《山东教育·幼教版》，2002，(4)P. 8～9。

分的空间发挥能动性、创造性，使其真正成为课程的主人。这就要求幼儿教师以思考者、研究者的身分积极主动地深入到课程中去。要求幼儿教师首先应掌握扎实的课程开发理论，熟悉并运用这些理论指导实践；其次，教师还要树立以幼儿为主的意识，能正面分析、判断、反思幼儿的兴趣爱好和实际需要，灵活机智地调节课程；第三，具备开拓创新精神，勇于打破传统框架，积极主动探寻适合本班幼儿的课程，并循序渐进不断深入，坚持不懈。

2. 幼儿教师由权威者变为尊重幼儿的合作者

首先，在旧有的课程框架中，面对幼儿，教师是一切由他说了算的权威。在园本课程开发中强调以幼儿为主体，充分尊重幼儿的学习需要，学什么、怎么学都可以由幼儿来决定。因此教师必须学会观察、分析孩子，发现孩子的兴趣所在，并结合培养目标开发课程；其次，过去幼儿教师是知识的占有者、控制者和仲裁者，是幼儿获取知识的惟一来源，但在园本课程开发中，课程的开放性使幼儿多渠道地获取知识，使幼儿教师不再是权威，因此幼儿教师也必须放弃居高临下的心态把自己和幼儿放在同一平面上，以朋友的身分与幼儿共同合作。

3. 教学目标由注重整齐划一转向注重个体差异

过去幼儿教师常常用固定模式和划一的标准去要求幼儿，教学最直接的目的就是指向知识技能的掌握，并以同一水平的标准对幼儿进行选拔甄别，却忽视了幼儿个性化的发展和全面素质的提高。园本课程开发过程中，教师要摈弃统一标准，把促进每一个幼儿在原有水平上的发展作为目标，积极创设弹性环境、条件，提出弹性要求，注重个别指导，让每一个幼儿都有所发展。

（二）教学实践的新要求

1. 课程内容由单一的学科扩展为多领域、全方位

园本课程开发一改过去繁、难、偏、旧的分科教学现象，具有全面性、整合性，要求幼儿教师具有广博的文化基础知识。这一方面是由于幼儿对各种事物具有好奇心、探索欲，教师随时都面临着无数的提问，只有积极地储备丰富的知识，才有能力引导、帮助幼儿在知识的海洋里遨游；另一方面是由于各门知识本身就不是单独存在的，幼儿眼里的世界是完整的，为使他们完整地认识世界，园本课程更为强调课程内容由单一的学科整合为领域或主题等，这就要求教师能针对幼儿感兴趣、或具有更大发展价值的领域多进行一些知识的储备，以更大地发挥教师的导向作用。

另外，园本课程开发强调让每个幼儿富有个性地发展，应教幼儿掌握基本的生存技能，初浅的学习方法，帮助幼儿形成对周围环境和人的良好的情感态度，具有合作、宽容、承受挫折等健康心理品质，为幼儿今后可持续发展奠定坚实的基础。

这就要求幼儿教师要注重自身人生观、世界观、价值观、科学创新的思维方式及行动方式的修炼，以此影响幼儿。

2. 教学方法由过去以语言讲授为主转向直观感知、实际训练、引导探究活动为主

幼儿教师曾经习惯于以集中授课形式为主，采用灌输式教学。现在要做的不是将所知直接告诉幼儿，不是让幼儿成为一个知识的储存库，而是引导幼儿自己探究、自己寻找、分析，从而让幼儿通过解决问题学会如何学习，体验学习带来的成功感和乐趣。为了适应幼儿实际水平，幼儿教师必须全面地、开放地、灵活地安排教学进程、内容、方式，并从中发现幼儿的需要和兴趣，为幼儿创设所需要环境，提供所需材料，引发幼儿进一步的探索。活动组织过程中还应注意幼儿之间的互动，让幼儿与幼儿之间在活动中相互交流、合作，共同学习，分享成功。

3. 教育评价由单一呆板变为灵活多样

第一，由注重教学结果、形式转向注重教学过程。过去幼儿教师往往特别关注活动结果，注重外显形式。园本课程则要求教师观察幼儿的学习过程，研究幼儿不同的学习方式，注重评价幼儿在学习过程中触动的真正思维及操作上的努力。第二，由注重知识的获取转向注重情感、态度的发展。过去幼儿教师对幼儿的评价局限在知识技能上。而园本课程开发首先要以幼儿为本，以人的个性发展为本，要求幼儿教师必须注意为幼儿可持续发展奠定基础。培养他们对人、对事全面而公正的情感态度，以"做人"为先。第三，冲破统一要求和标准答案。过去教师提出一个问题或要求，希望幼儿能给出符合老师的标准答案，否则就是错误的。园本课程则强调幼儿个性的展现与张扬，强调采取灵活现实的评价标准。

4. 幼儿教师面对的人际关系应由单向转为多向

一方面从幼儿教师之间的关系来看，园本课程开发要求幼儿教师进行跨学科、跨领域的整合研究，进行课程建构，需要教师之间相互交流、合作、信任、欣赏，相互取长补短并共同努力；另一方面，老师与幼儿之间也由单纯的师幼关系变为游戏的伙伴，学习的朋友，生活的知己，教师是幼儿兴趣的发现者、材料的提供者、问题的协助者，成功的赞赏者、困难的点拨者；第三方面，园本课程资源开发还需要家长、社区等方面的配合。家长、社区都有责任与幼儿园配合开发园本课程。教师应主动取得家长、社区对园本课程开发的理解、支持，妥善处理、安排家长、社区做力所能及的配合工作。这就要求幼儿教师要大胆地从园内走向园外，具备沟通较复杂人际关系的能力与技巧。

园本课程开发是一项新的课题，具有极大的挑战性。它需要幼儿教师积极转变教育教学观念和教育新行为，从各个方面提高自身综合素质。它将吸引更多的幼儿教师投入其中，并锻炼出更多的具有创新能力的高素质幼儿教师。

思考题

1. 什么是园本课程？它与本园课程的区别是什么？

2. 园本课程与校本课程开发的不同点是什么？

3. 联系实际谈谈，园本课程有没有开发的必要性？

4. 结合自己的体会谈谈，幼儿教师参与园本课程开发的意义是什么？

5. 园本课程开发需要那些基本条件？

6. 在当前课程改革的过程中，园本课程开发的误区是什么？如何处理好园本课程开发中的一些关系？

第六章　中国幼儿园课程改革发展研究

美国教育史学家梅迪·那可斯丁说过："不了解过去，不仅现在毫无意义，将来也没有希望。"①幼儿园课程的发展也是如此。

在中国幼儿教育发展历程中，幼儿园课程经历了三次大的改革，分别发生在20世纪二三十年代、50年代和80年代以来至今。这些改革不仅奠定了中国幼儿园课程的基础，而且极大地促进了幼儿教育的新发展。在此分析这些改革，总结课程改革的经验、教训，挖掘课程发展背后深层的价值观念，对于我们更好地认识幼儿园课程的发展规律，建设具有中国特色的幼儿园课程体系具有重要的理论意义与现实指导价值。

下面我们具体分析新中国的两次幼儿园课程改革。

第一节　20世纪50年代的幼儿园课程改革

1949年10月1日，中华人民共和国诞生了。这一重大的历史事件改变了旧中国半殖民地半封建社会的性质，中国人民首次当家做了主人。自此，在中国共产党的领导下，中国经历了由新民主主义向社会主义发展的过渡时期。教育战线也在独立自主，自力更生的基本思想指导下，经历了以借鉴苏联教育经验为主到全面系统地学习苏联的先进教育经验之路。1951年，《关于改革学制的决定》规定了实施幼儿教育的组织为幼儿园。收3岁～7岁的幼儿，使他们的身心在入小学前获得健全的发育。自此，自1922年壬戌学制定名，沿用了30年的"幼稚园"从此改为"幼儿园"，开始了它的新生命。1952年在苏联幼教专家指导下，教育部颁发了《幼儿园暂行规程（草案）》、《幼儿园暂行教学纲要（草案）》，幼儿园课程在学习苏联的理论与实践中展开了改革。

一、20世纪50年代幼儿园课程改革的历史背景

（一）社会性质的变动，新民主主义教育方针的确立

随着新中国的成立，中国的幼儿教育也发生了革命性的变化，历史性的转折从

① M·Nakosteen：《The History and Philosophy of Education》，The Ronald Company，1965，P. 19。

根本上改变了旧中国半殖民地半封建的性质，幼儿教育成为人民大众的文化教育事业的一个重要组成部分，开始担负起为工农大众服务的重负。中央人民政府教育部成立不久，就在1949年12月第一次全国教育工作会议上明确提出了教育工作的指导方针："以老解放区新教育经验为基础，吸收旧教育有用经验，借助苏联经验，建设新民主主义教育。"[①]在这样的指导思想下，幼儿园课程也和其他课程一样，面临着全面的改造与发展。尤其是1951年，《关于改革学制的决定》规定了实施幼儿教育的组织为幼儿园。幼儿园教育和中、小学教育一样，成为社会主义教育事业的重要组成部分，与此相应的幼儿园课程也是如此，走上了一条改革旧的课程内容、旧的课程实施方法，建设新的幼儿园课程体系的道路。

（二）政府的行为，公众的趋同，以俄为师，重建课程体系

中华人民共和国建立初期，国内各项事业百废待兴。由于缺乏建设社会主义经验，再加上当时的中国处于一个特殊的政治、经济、文化背景中。选择以俄为师，就成为在当时特殊的国内、国际背景中所做出的抉择。

在"以俄为师"的思想指导下，1949年的全国第一次教育工作会议上，教育部副部长钱俊瑞明确提出：建设新教育要以老解放区的教育经验为基础，吸收旧教育有用的经验，借助苏联先进的教育经验建设新民主主义教育。正是在上述背景下，新中国的幼儿教育与其他教育一样，从教育理念到教育实践全面学习了苏联教育，成为当时的一种自觉也很自然的选择。教育部制定的《幼儿园暂行规程（草案）》就是在来华的苏联幼教专家的指导下制定的。自此，幼儿园课程拉开了改革的帷幕。

（三）对"活教育"理论及单元课程的批判

新中国在解放初，幼儿教育主要遵照全国第一次教育工作会议的精神，所以在课程安排上，既采用了老解放区幼儿园、保育院等托幼组织开设的看图识字、数数、图画、手工、游戏、唱歌、跳舞、自由发表意见等课程的经验，又吸收了著名教育家陈鹤琴先生在旧中国所创设的音乐、游戏、工作、常识、故事、读法、数法、餐点、静息等课程的经验。但在1949年～1951年上半年这一段时间，除了教会办幼稚园、私立幼稚园在课程上各行其是外，公立幼稚园的幼儿园课程主要是受陈鹤琴先生"活教育"理论及单元课程的影响，基本上沿袭了旧中国幼稚园课程设置而没有进行较大的变动。然而，从1950年底，由于抗美援朝活动及清理崇美、亲美、恐美思想，于是开展了对杜威实用主义教育理论和儿童中心主义的批判，并由于对电

① 《中国教育年鉴》（1949—1981），中国大百科全书出版社，1984，P. 684。

影《武训传》的批判而波及到对陶行知“生活教育”理论的批判，又由此牵连到对陈鹤琴先生的“活教育”理论的批判。于是简单地采取了一种以政治代教育的方式，全盘否定了以活教育理论为指导的单元课程，并将此作为旧教育与新民主主义教育的根本区别。新中国第一位教育部幼儿教育处长张逸园在一次讲话中曾这样说：“现在一般幼儿园的教育内容和方法，还严重地存在着从英美搬来的老教条、旧框子，最显著的就是单元教学。”“单元教学是来自于设计教学法，反映着资本主义社会的教育学说；它是以儿童为本位，一味强调儿童兴趣，把儿童看成自然物，顺其自然去发展，培养个人自由主义；它反映着杜威的‘教育即生活’的理论，强调实验，以周围生活环境、琐碎事物为教学内容，仅限于适应现实为止，而不能进一步启发儿童改造现实的思想。其教育方法就是单元教学的形式，各项活动都围绕着一个中心，强调了横的关系，割断了作业本身垂直的系统，否定了教材内容的整体性和连续性，并强调引起动机，以儿童为主体。”“这表面上好像是个方法问题，而实际上不只是个方法问题，乃是新教育思想与旧教育思想分清界限的问题。所以要彻底完成这一个改革任务，必须要从思想上彻底认清单元教学的本质而反对它。”①并在1951年以法令的形式规定废除单元课程，要求人们从思想上彻底认清单元课程的本质而反对它。于是在1952年由《人民教育》杂志社发起并组织了对单元课程及活教育的批判。对旧中国的幼儿园课程遗产没有采取批判继承的态度。这样旧中国以陈鹤琴为代表的本土化、科学化幼儿园课程探索实验的理论与经验就被全部抛弃，幼儿园课程的发展进入了一个否定历史积淀，完全空白，需要重新构建的境况。当然，这与当时中国特定的政治环境有关，与意识形态的思想改造有关。

二、20世纪50年代幼儿园课程改革的指导思想

20世纪50年代幼儿园课程改革是在全面学习苏联教育理论与经验的基础上进行的。从戈林娜到福辽莉娜，从马努依连柯到乌索娃，从苏罗金娜到查包洛塞兹，从学习苏联的幼儿教育理论到学习苏联的教育心理学及教学法，等等，都对50年代幼儿园课程的改变具有重要的影响。

然而，苏联四五十年代的幼儿教育理论主要源于凯洛夫、乌申斯基、克鲁普斯卡娅、马卡连柯、维果斯基等人的学说与思想。尤其要提到的是苏联教育家凯洛夫，他所主编的《教育学》及其教育思想曾在20世纪50年代大大影响了中国的教育。如果说杜威否定了以赫尔巴特为代表的传统教育，那么凯洛夫则在更积极的意义上否定了杜威的实用主义教育思想，并恢复了赫尔巴特倡导的以教师为中心，以课堂为中心，以教材为中心的“三中心”思想，他的新传统教育派的思想，如强调教师

① 张逸园：《新中国幼儿教育的基本情况和方针任务》，《人民教育》，1952，(2)。

在教学工作中的主导作用，强调集体主义教育，强调课堂及智育的重要性，重视人才培养的计划性等等确实影响了当时幼儿园课程的改革与发展。

（一）主张对学前儿童实施全面发展的教育

20 世纪 50 年代幼儿园课程改革主张对儿童实施全面发展的教育，即对儿童实施德育、智育、体育、美育及劳动教育，并且详细地规定了体、智、德、美、劳等几育的内容、意义和手段。总之，使儿童全面发展的各项任务是彼此联系着的，是统一在一个完整的教育过程中的，并且是在幼儿园中根据儿童的年龄特征和发育程度所进行的教育、教学的过程中实现的。这些思想鲜明地体现在我国当时的幼儿园课程理论与文件中。新中国第一位教育部幼儿教育处的张逸园处长在一次《新中国幼儿教育的基本情况和方针任务》的讲话中就明确指出："全面发展不是一个方法，乃是我们新的幼儿教育所要求达到的目的。这就是说，我们要根据幼儿年龄的特点，循序渐进地给予体、智、德、美全面的教养，使其身心获得全面发展。"所以在当时中国的幼儿园课程改革与发展中，对儿童全面发展的教育是坚定不移的。我们从当时颁布的《幼儿园暂行规程（草案）》（以下简称《暂行规程》）、《幼儿园暂行教学纲要（草案）》（以下简称《暂行教学纲要》）及《幼儿园教育工作指南》（以下简称《指南》）中可以明确地看出这一思想。如在《暂行规程》中规定幼儿园的任务是："根据新民主主义教育方针教养幼儿，使他们的身心在入小学前获得健全的发育；同时减轻母亲对幼儿的负担……"《暂行教学纲要》中提出幼儿园教学的总任务就是要有目的、有系统、有组织地对幼儿顺次传达知识，发展他们的体力、智力；并培养他们的优良品德和习惯。在《指南》中则更为详细地阐述了全面发展的指导思想："幼儿教育的目的是向幼儿进行共产主义教育，使儿童的身心在入小学前获得全面的发展，……幼儿园教育工作的任务是根据马克思主义教育学理论中所规定的体育、智育、德育和美育等各项教育任务的要求，结合三至七岁幼儿的年龄特征而规定的。"因而在《指南》中规定了儿童全面发展的任务，设置了实现儿童全面发展的课程内容，通过体育、游戏、认识周围环境和发展语言、计算、音乐、美术及一日的生活作息制度来保证达到这一目标。所以课程改革、发展中对儿童实施全面发展教育的指导思想不仅体现在当时幼儿园课程理念方面，而且在课程实施层面也是如此。

（二）强调教育在儿童发展中的主导作用

苏联的幼儿教育理论辨证地分析了遗传、环境、教育在儿童发展中的作用，对各种遗传决定论及环境决定论进行了深刻的批判，指出，教育在儿童的发展中是起主导作用的。所以在苏联的幼儿教育理论中特别反对西方的那种推崇儿童的先天能力和周围环境自发影响的“自由教育”论。凯洛夫就曾明确指出：“儿童的行为形成，是在学前时期就开始的，行为的规范则是在教学的过程中、在教育的影响之下积累起来的。”[①]认为“对促进儿童的发展起决定作用的并不是儿童周围的环境，而是能利用环境的有利条件和限制不利条件的影响的教育。”“如果没有教育，环境本身的作用就不能保证儿童获得健全的发展。”“教育是人们有目的的活动，是使人们掌握知识、技能、生产经验和了解社会关系的具有决定意义的重要条件之一。从广义方面来说，没有教育，儿童就不可能掌握人类积累起来的知识财富。因此，没有教育和教学，即使有其他重要条件，也不可能保证儿童的健全发展。”[②]

受苏联幼儿教育理论的影响，我国20世纪50年代的幼儿园课程改革也特别强调了教育在儿童发展中的主导作用。所以在我国的学前理论界，往往是以马克思列宁主义的思想为指导来看待这个问题的，既批判教育无能、遗传不变论，也否定教育万能、环境决定论，认为儿童出生时的禀赋并不是既成的知识、观念或见解，也不是性格或某种职业的倾向，而只是潜能，只是发展的前提条件。这些都要靠教育的力量来形成与完善。“以一个人在各个生长发育阶段的发展来说，人的个性的发展是在学龄前时期奠定基础的。这就说明教育在人的全面发展中的作用，而且教育的主导作用在人民的政权下，方可实现。”[③]从中就可看出当时幼儿园课程改革中对教育起主导作用思想的认识了。

（三）从教学与发展的关系中提出了教学对儿童发展的重要性

在苏联的心理学界，以维果斯基为代表的关于教学与发展的理论影响了当时的学前教学领域。对于教学与发展的关系问题，有不少的心理学家也作过探讨，维果斯基在分析了不同派别关于教学与发展问题的观点及其合理性、不足以后，提出了自己的假设：“教学与发展过程不是两个互不依赖的过程，也不是同一个过程，在教学与发展之间存在着复杂的关系。”[④]教学不仅可以跟随发展，不仅可以和发展齐步并进，而且可以走在发展的前面，推动发展前进，并在发展中引起新的形成物。为了阐明这一问题，维果斯基根据一系列实验研究的成果提出了在教学与发展问题上具有重要意义的新概念——最近发展区。为此，维果斯基指出，我们至少要确定儿童的两种发展水平。这两种水平是：第一种水平指儿童到今天为止已经达到的发展水平，即儿童在独立活动中所达到的解决问题的水平；第二种水平是指儿童在有指

① 凯洛夫等：《论幼儿教育的基本问题》，仲夏等译，大众出版社，1954，P. 5～39。

② 苏罗金娜：《幼儿教育学》，何清新等译，人民教育出版社，1960，P. 14～15、102。

③ 黄人颂：《幼儿教育的理论与实践》，江苏教育出版社，1954，P. 3。

④ 高文：《维果斯基论教学与发展问题》，《外国教育资料》，1982，(1)。

导的情况下借助成人的帮助，在集体活动中，通过模仿，所能达到的解决问题的水平。所谓最近发展区就是指两种水平之间的差异。维果斯基认为，“只有走在发展前面的教学，才是好的教学。”[①]教学不是发展，但是正确组织的儿童教学，即建立最近发展区的教学能引起并激发儿童的发展。这样维果斯基就从教学与发展的关系中明确地提出了教学必须促进发展的观点，提出了教学对于儿童发展的重要性。维果斯基提出的关于教学与发展的理论在 50 年代苏联幼儿园教育理论中引起了广泛的注意与重视，同时也影响了我国的幼儿园课程改革，重视教学对儿童发展的作用遂成为 20 世纪五六十年代及至 80 年代我国学前领域的一个新的课题。因而从《暂行教学纲要》中可以明显地反映这一思想，其中具体详细地规定了幼儿园六科教学的目标与教学大纲，包括每一科小、中、大班的不同教学要求与教学要点，要求教师运用讲解、谈话、练习、直观（观察、示范、演示）等方法来完成教学目标，促进儿童的发展。在当时，教学的目标尽管可以通过一日生活作息、游戏、作业、教学、劳动、散步等来完成，但更为强调集体教学的重要作用。所以教学是整个幼儿教育过程中不可缺少的重要一环，必须通过有目的、有计划、有组织的教学活动，才能完成对儿童全面发展的任务。

（四）注重知识的系统化与作业教学在儿童发展中的作用

关于知识系统化的问题，在苏联 20 世纪四五十年代至 70 年代一直是学前教学理论中的重要课题。苏联学前教学论的创立者乌索娃在对 50 年代苏联学前教学的知识大纲作了详细分析后指出，这些教学大纲只罗列了事实，没有揭示它们之间的联系，因而降低了儿童的发展水平。所以乌索娃一再强调，给儿童传授关于现实的某些实物和现象的知识时，重要的是引导他们理解简单的联系和规律性。在提供给儿童的关于现实的某方面的知识体系时，应该反映出这一方面的重要联系。因为零散的、偶然的知识不具有发展价值，只有以一定的方式和结构原则组织起来的完整知识体系，才能扩大儿童认识活动的可能性，从本质上改造儿童的认知方式，使他们能更自由地运用旧知识，更深刻地理解新知识，并逐渐掌握认识新事物，获得新知识的智力活动方式。因此在苏联的幼儿教育中特别强调教学要注重知识系统化。

如何使知识系统化就涉及到了作业的问题。乌索娃认为，学前儿童应该掌握的知识可以分为两类：一类是比较简单的知识和技能，儿童在与成人的日常交往中，在生活、游戏、劳动与观察中就可以获得，不需要专门的教学；第二类是比较复杂的知识与技能，这类知识虽然在学前儿童的知识总量中只占很小的比重，但对其智力发展却起决定作用，而且掌握这类知识必须经过专门的作业教学。所以作业教学的任务就在于利用儿童的自发经验即第一类知识，引进轴心概念（表象形式的初级

① 高文：《维果斯基论教学与发展问题》，《外国教育资料》，1982，(1)。

概念），以此为基础帮助学前儿童形成系统化的知识与相应的认识方式。因此，作业就是教学的组织形式。乌索娃把“学前教学”引入了苏联幼儿教育理论，创立了学前教学论。乌索娃认为，要使儿童由认识现象的外部特征和联系过渡到认识不能直接感知的知识就要靠作业。作业就是学前教学的基本组织形式。

乌索娃的作业教学及知识系统化思想也明显地反映在我国 50 年代的幼儿园课程改革中，因此在 1952 年我国颁布的《幼儿园暂行教学纲要（草案）》中明确规定了必修作业是幼儿在教师领导之下的集体学习，有明确的、统一的目标。全班儿童要在一定时间内，作同样的活动，并且是系统的，积极的。幼儿园各班每日都要有必修作业：小班每日作业时数 30 分钟，一周有 9 次；中班每日有两次作业，大约 60 分钟，一周 12 次；大班也有 2 次～3 次作业，每日作业时数 80 分钟，每次时间为 20 分钟～30 分钟，在最后一学期可以逐渐增加到每次时间 40 分钟，一周 15 次。除此之外即是选修作业与户外活动。这些课程思想都鲜明地反映了注重知识系统化及作业教学的思想。

（五）课程组织上的分科课程与实施上的分科教学

苏联幼儿教育理论中由于特别强调系统知识在儿童发展中的作用，强调作业教学的作用，强调教师的传授主导作用，所以其幼儿园课程组织采用纵向的发展序列，把需要儿童掌握的知识、技能大致分为了六科，这些科目包括体育、国语、认识环境、计算、美术、音乐等。每一科目各自按自己的体系，按照年龄大小顺次提出要求进行编排，然后制定严密的学科工作计划。在实施中利用幼儿园集中统一的教学大纲，要求通过有计划的作业教学，把《幼儿园教养员工作指南》上所规定的各科内容分门别类地、系统地传授给儿童，所以分科课程的模式是苏联幼儿园课程的典型模式。它直接影响了我国五六十年代直至改革开放前的幼儿园课程组织模式。在我国的《暂行规程》中也明确地把幼儿园课程分为体育、语言、认识环境、图画和手工、音乐、计算六科。而且，《暂行教学纲要》更为详尽地列出了每一科的具体内容、教学要点、方法及实施的细则，从而使学科课程及分科教学在五六十年代直至 80 年代初成为了我国幼儿园课程教学中的主要甚至惟一的模式。

（六）幼儿教育中重视集体主义教育

在马列主义指导下的苏联幼儿教育，特别重视儿童的集体主义与共产主义教育。早在 20 世纪 30 年代，克鲁普斯卡娅就曾在全苏幼儿教育工作大会上指出，苏联的幼儿教育工作者必须用共产主义精神教育儿童，这是由苏维尔幼儿教育的性质决定的。所以克氏始终不渝地重视对儿童进行集体主义思想的教育。马卡连柯则系统地论述了集体教育的意义及原则、方法。他认为健全的集体是最好的教育工具，“应当通过建立统一的、有力的和有影响的集体来组织正确的苏维尔教育。”[①]在他看来，个人对个人的影响是一种狭隘的、作用有限的因素，集体的影响则要大得多。教师必须把整个集体作为教育对象，把有组织的教育影响针对集体，个人必须保留在集体内，才能很好地受到教育，在集体中通过集体和为了集体而进行教育。

苏联幼儿教育理论中重视集体主义教育的思想正好迎合了中国社会传统文化中注重大一同的思想观念及计划经济体制的要求。所以在我国50年代的幼儿教育中也强调培养儿童的集体主义和友爱精神。《暂行规程》及《暂行教学纲要》都要求教养员从儿童年龄很小的时候起，就培养儿童善于把个人利益同集体利益结合，利用日常的事实，教育儿童掌握自己的行为，妥当地表达自己的愿望，使自己的行动不违反全体儿童的利益。要求在幼儿园里，儿童应该在同年龄的孩子当中，在集体当中受教育。使他们在幼儿园里逐渐养成共同游戏、学习、使用玩具和材料以及互助的习惯。所以教养员要注意利用集体的作用和通过集体发生的影响，给每个儿童以直接的影响。但在维持集体要求的时候，要注意提出的要求要合理，使集体中的每个儿童都可以完成，既不破坏儿童之间的友爱关系，又不妨碍和约束儿童的行为，使儿童在共同的作业、游戏、生活中得到发展。

三、20世纪50年代幼儿园课程改革中对各学科课程的研究

20世纪50年代的幼儿园课程改革中由于实行的是分科课程，因而在理论与实践层面进行较多的即是对各学科课程的研究，尤其是到了1960年以后，由于政治上的原因，批判苏联的修正主义理论，于是在幼儿教育领域中就出现了大规模的研究、编订我们自己的本土化的幼儿园课程的实践活动，形成了典型的幼儿园分科教材与学科教学的理论。如南京师范大学教育系幼儿教育研究室1960年编的幼儿园五科教材，江苏省教育厅1960年编写的幼儿园教材，北京市教育局幼儿教育研究室1957年编写的《北京街道幼儿园教养员学习材料》等等，主要涉及到了幼儿园的体育、语言（包括认识环境）、美术、音乐、计算等科目，从这些科目的分析中就可以明显地看出当时各学科的课程目标、具体的内容及特点。

（一）各学科的目标与内容

1. 体育学科

幼儿园的体育主要是保护和增进幼儿的健康，发展他们的基本动作，培养幼儿良好的生活习惯与卫生习惯，培养幼儿对体育活动的兴趣及敏捷的动作，同时锻炼他们坚强、勇敢、坚毅的品质。基于这样的目标，幼儿园的体育教学主要涉及到如

① 《马卡连柯教育文集》下卷，人民教育出版社，1985，P. 21。

下的内容：（1）日常生活习惯与卫生习惯的培养；（2）发展幼儿的基本动作和部分肌肉的活动；（3）活动性游戏；（4）舞蹈与律动；（5）三浴锻炼。

2. 语言学科

幼儿语言的发展与认识环境是分不开的。通过语言学科增加幼儿关于周围生活粗浅的知识，丰富幼儿的语言，发展幼儿的想象力、思考力及表达能力，同时培养幼儿对儿童文学的兴趣及诚实、勇敢等优良品质。幼儿园的语言主要是通过幼儿认识自然环境与社会生活来进行的。主要内容有：（1）谈话；（2）歌谣；（3）故事；（4）看图讲述。

3. 音乐学科

幼儿园的音乐教学主要是教会幼儿一定数量的歌曲、舞蹈和音乐游戏，教给幼儿一些最初步的音乐知识和技能，培养幼儿爱好音乐的兴趣及活泼、愉快、热情的精神，同时发展幼儿的音乐听觉与韵律的感觉。其内容主要包括：（1）唱歌；（2）听音乐；（3）音乐游戏与舞蹈；（4）乐器演奏。

4. 美术学科

通过美术教学，培养幼儿对美术的兴趣与爱美的观念，使幼儿学会初步描制物体的轮廓，掌握使用铅笔、毛笔、剪刀的技巧，发展幼儿的观察力、想象力与创造力，加深幼儿对事物的认识。其课程内容主要包括：（1）图画；（2）泥工；（3）纸工。

5. 计算学科

通过计算学科培养幼儿掌握简单的数、量、形的概念，了解数的实际意义，认识物体的大小、各种几何形体、空间、时间、度量等。教会幼儿简单的计算技能，并能在成人的帮助下在生活中运用。同时，还要培养幼儿初步的思考、分析与判断能力。其内容包括：（1）"多"与"少"的区别、认识；（2）认识并会数 20 以内的基数与序数；（3）认识平面图形：圆、方、三角、长方、椭圆、菱形等形状；（4）学会 10 以内数的组成、分解；（5）学习 15 以内的加法与 10 以内的减法；（6）懂得大小、长短、轻重等的比例及斤、尺、升等度量单位；（7）利用日历认识星期并认识钟上的时间。

（二）教学方法

幼儿的全面发展是通过上述五个学科的教学内容的完成来实现的，因此，如何进行教学就显得尤为重要。在 50 年代的学前学科教学中，比较常用的教学方法有讲解和讲述、范例和示范、提问和谈话、练习、游戏等。

1. 讲解和讲述 是当时幼儿园教学中最常用的方法，是指教师运用口语说明或解释，向幼儿较系统地讲解社会生活中或自然界某方面的知识、人物、事件，在计算、语言与认识环境学科中运用最多。如教幼儿学习数的组成、分解，认识物品的名称、给幼儿讲故事、童话等。教师的讲解应生动形象、耐心、清楚、具体、重点突出，注意幼儿的原有水平与存在的问题。讲解中也可以有适当的提问，以使讲解更富有启发性。

2. 范例与示范　是各科教学中常用的方法。是教师为幼儿更容易更好地完成学习任务所提供的直接模仿的榜样，它是教师通过自己的或幼儿的动作、语言、声音或经过选择的图画、剪纸和典型的事例，为幼儿提供模仿的对象，是一个很重要的直观形象的教学方法。如在美工教学中，教师运用示范和范例教会幼儿绘画、剪贴、塑造等技能，音乐教学中给幼儿范唱，体操或舞蹈课上给幼儿示范如何正确地动作以及语言课上让幼儿模仿成人的声音、语调和讲述等都要用到此种方法。

3. 提问和谈话　幼儿园各科教学都经常运用提问与谈话的方法。通过提问活跃幼儿的思维，引导幼儿回忆已有的经验与知识，帮助幼儿把零星的知识系统化。如语言课中关于“快乐的孩子”、“公鸡母鸡和小鸡”、“堆雪人”等看图谈话，故事教学中关于“故事中××好不好，怎么好，应向他学什么？”等等都是提问与谈话方法的运用。当然，要使谈话取得好的效果，提出的问题就要围绕主题，紧扣目的，具体明确并富有启发性，而且谈话必须在幼儿已具备的感性经验的基础上进行。

4. 练习　是各学科教学中常用的方法。因为幼儿学习什么，都需要经过自己的反复实践。不论是唱歌、跳舞、绘画，还是学习计算、讲故事、朗诵儿歌都需要不断地巩固、复习。所以五六十年代的作业教学中以复习旧知识为主的教学活动多采用练习的方法。

5. 游戏方法　幼儿园各科教学活动中，经常利用游戏的形式组织幼儿学习。当然，五六十年代学科教学中运用游戏方法的实质是游戏化的教学活动，与平时的游戏活动有所不同，其目的在于完成一定的教学任务，让幼儿获得知识与技能，并使幼儿有实际体验。同时，当时的学科教学法中也提倡，幼儿园各班运用游戏的分量要有所不同，在小班教学中需要大量地运用游戏方法，随着幼儿年龄的增长，知识经验的增多，在大班采用游戏的方法应相对减少，而增多讲解、谈话等语言的比重，以利于过渡到符号学习。

（三）体现的特点

1. 创立新中国本土化的幼儿园学科课程体系　五六十年代的幼儿教育理论与实践工作者经过自己的艰苦努力，对儿童的心理进行了研究，形成了关于儿童年龄特征、心理发展的较为客观、准确的认识，在此基础上创立了新中国本土化的幼儿园学科课程体系（尤其是农村幼儿园的学科课程体系），建立了较为系统的学科课程框架。不仅各学科有自己独特的课程目标与较为详细、完整的课程内容，而且也有较为科学的学科教学方法。各学科按照由浅入深、由简单到复杂的编排方式形成了小、中、大班的课程内容体系，可以说它们是新中国本土化的课程研究的结果。

2. 课程内容的计划性比较强 既有各科的计划，也有每一日的必修作业、选修作业及户外活动的计划，教师准备教学活动周全，必修作业中每一科的每一教学内容都有具体的教学要点与教学要求。

3. 学科课程更多地是通过幼儿园的集体教学活动——作业进行的 当时幼儿园所说的作业教学更多地是通过有组织的作业形式，传授给儿童知识与技能。要求教师在作业之前，认真备课，做好作业的准备，然后按导入、开始、进行、总结、结束几个阶段实施，所以作业是惟一的、有效的、有组织的教学组织形式。但不等于其他活动儿童就不进行学习。

4. 50 年代的幼儿园学科课程内容比较偏重于儿童知识技能的获得，强调课程的知识要点 尤其是音乐、美术等学科更是强调儿童艺术技法的学习，如《幼儿园音乐》教材大班唱歌教学要求：要求儿童学会正确地在唱完一句以后换气；要教会每个儿童唱会 14 首～16 首歌曲，并学会唱简单的民歌。音乐游戏与舞蹈的要求：教会儿童在音乐伴奏下，合节奏地做以下动作：踏跳步、跑跳步、垫步、交换步、秧歌步、手腕转圈等。而对儿童情感、态度及个性的培养则相对地薄弱。同时，有些学科的课程内容与儿童的生活距离也比较远，如关于认识领袖的内容，认识成人劳动的内容等。

总之，五六十年代的学科课程较好地促进了儿童的全面发展，也极大地推动了新中国幼儿教育的发展。但在当时，由于对以陈鹤琴为首的旧中国通过实验研究而形成的单元课程进行了彻底的批判，因而当时的幼儿园课程处于否定历史积淀、需要重新建立的境况，在学习苏联的基础上而形成的学科课程体系，不仅适应了新中国当时教育百废待兴需要建设发展的形势，而且也奠定了新中国乃至 80 年代前中国幼儿园课程的发展格局。今天返回头来看其作用确实是巨大的。可以说，没有 50 年代老一辈幼儿教育工作者辛勤研究而成的学科课程体系就不会有我们今天幼儿园课程的发展。

四、对本期幼儿园课程改革发展的分析与评价

20 世纪 50 年代的幼儿园课程改革与发展为建立新中国的幼儿教育奠定了良好的基础，而且也取得了丰硕的成果。

（一）以教师为主导的教育观

长期以来在我国的教育界，人们往往把教育视为：教育者有目的、有计划、有组织地对受教育者施加影响，以期改革、改造受教育者，使其达到教育者预期目的

活动，表现为以教师为主导的教育观。在50年代这一思想表现的甚为明显，由于受苏联教育界的影响，在教育上反对西方资产阶级的“自由发展”观，反对推崇儿童先天能力和创造力的“自由教育”，再加上凯洛夫“三中心”的影响，因此特别强调教养员对全班儿童的正确领导，强调教养员的主导作用。所以教师在教学活动中是占据主导地位的。这与二三十年代我国幼儿园课程改革中的“儿童中心”，充分强调儿童的主动、强调最大限度地满足儿童的兴趣与需要的观点是相左的。在50年代的教育过程中，强调多的是教师的领导作用，教师是教育活动中的主体，对教育活动起主导作用。诚如美国著名幼儿教育家斯波戴克所言：“在20世纪50年代的幼儿教育实践中，人们并不关心儿童自身的心理发展需求，即并不是以儿童能学什么或能做什么为依据的，而是把我们成人认为该教给儿童的教给他们。……儿童是幼儿教育的客体，他们如同一个容器，接受着幼儿教育工作者传授的概念和知识。”①

（二）知识形态的课程观

五六十年代幼儿园课程改革发展中表现的是一种知识形态的课程观。当时整个教育界把课程理解为学科，理解为教科书，课程成为一种典型的“教程”，教学就是把学科的知识、结论讲给儿童，备课最重要的是按照教学大纲和教科书，确定目标、找出重点、难点，钻研教材和设计教学成为教师最中心的任务，教学的过程就是完成教案预先规定的步骤和任务，教学结果的评价也是完全依据事先确定的目标来进行。我们把这种完全依据教科书，教师不参与课程设计，课程内容以知识为主，以儿童的认知发展为主要目标，通过讲解、演绎、直观、示范而最终使儿童获得知识结论的课程观定名为知识形态的课程观，它在五六十年代我国的幼儿园课程中表现得最为明显。因此我们就可以看到在当时的幼儿园课程实践中，教学大纲、教学计划与教科书都是标准化与程序化的，它们具体规定了教师必须做的每一件事情，这些材料在教师眼里犹如法律文书，不得随意更改与变动。教师惟一可行的就是根据教材的重点、难点，结合儿童的情况突出重点，化难为易，利用一些辅助手段、直观教具讲清讲透，便于儿童接受。教学的评价也大多是依据于教学大纲中标准化的行为来进行，游离于标准化的任何行为都被判为不合教学要求而遭到批评与指责。课程教学中把认知活动置于整个教学的中心地位，教学过程是教师单向的信息流动，知识是教学中惟一可探询、可分析的东西，儿童的情感、意志、态度、人格等等因素的价值在教学中都是为了“配合”认知发展，并没有受到足够的重视，往往处于依附的地位。因此50年代幼儿园课程改革发展中知识形态的课程观是与当时课程改革的指导思想联系在一起的，是凯洛夫“三中心”思想及知识系统化观点在课程观

① 周念丽：《探询幼儿教育在现代主义和后现代主义影响下的发展轨迹》，《幼儿教育》，2003，(2)P. 12。

上的典型表现。

（三）幼儿园课程在全国范围内真正具有了统一性，并形成了新中国以后课程发展的本土化的幼儿园课程目标与内容体系

经过20世纪50年代幼儿园课程的改革与发展，我国的幼儿园课程开始真正具有了全国统一的课程标准。在苏联教育专家戈林娜的指导下，我国教育部于1952年先后颁布了《幼儿园暂行规程（草案）》、《幼儿园暂行教学纲要（草案）》规定了幼儿园课程的目标、内容、方法与体系，在全国试行，并明令废除与禁止使用过去的“单元中心制”课程，开始统一使用以苏联为样板而构建的幼儿园分科课程，从此我国的幼儿园课程真正有了自己的本土化的统一的幼儿园课程标准。

在幼儿园课程标准中，初步确立了我国幼儿园课程的目标与内容体系。这个目标体系包括幼儿园最终的教育目标，小、中、大班各年龄阶段的中期目标及音乐、计算、美术等六科各科所要达到的切近目标，还有每一次作业或活动的具体目标。

从课程的内容上来讲，50年代所颁发的幼儿园课程标准与1932年的《幼稚园课程标准》相比，内容更为充实，难度更为加强，对儿童发展的要求也在提高，而且还更新了很多的课程内容。如《幼稚园课程标准》中没有计算方面的要求与大纲，而在《暂行教学纲要》中则要求儿童会数20以内的基数与序数，比较10以内的相邻数，学习15以内的加法与10以内的减法，认识1～10的数字。懂得大小、长短、轻重的比例，认识斤、尺、升等单位。利用日历认识星期等等。再比如，《暂行教学纲要》废除了旧有的《幼稚园课程标准》中的静默及一些宗教的、封建的、党化教育的不利儿童发展的内容，增加了新时期爱祖国、爱集体、爱家乡、爱父母、爱小朋友等“五爱”教育内容，并对儿童在德育方面的发展提出了新的要求，要求儿童具有诚实、勇敢、坚韧、顽强与克服困难的意志与性格等等，这些都是旧有的幼儿园课程内容中所没有的，对于儿童的全面发展确实起到了非常重要的促进作用。

所以从这个时候起我国的幼儿园课程第一次在全国范围内有了自己统一的、真正的本土化的幼儿园课程标准，其所确立的幼儿园课程目标与内容体系对新中国幼儿园课程乃至20世纪80年代以前的幼儿园课程实践产生了极为广泛与深刻的影响。

（四）确立了有目的、有计划的分科教学模式及教学的作业形式

分科教学模式的引进与确立在我国幼儿园课程史上是举足轻重的。因为自50年代开始，幼儿园分科教学模式一统天下的局面就影响了中国幼儿园课程整整30年，而且至今仍占有重要的地位，之所以如此，主要在于分科教学是经过了苏联教

育界的系统研究而应用于幼儿园实践的过程，又有一定的心理学、教育学理论的支撑。我国在 50 年代也引进了这种课程与教学的模式。整个课程按学科分为五类，包括计算、音乐、美术、体育、认识环境与语言发展，各科按照一定的价值标准，根据儿童的身心发展水平，从不同的知识领域进行选择，根据知识的逻辑体系，将所选出的知识组织为学科进行教育，各科的计划性比较强，也比较有系统，作业尤其是必修作业是教学的主要形式，通过必修作业教师按照计划循序渐进地向儿童传授一定的知识和技能，培养他们的学习能力，并促进儿童个性的发展。

（五）课程改革的局限性

20 世纪 50 年代的幼儿园课程改革其成绩是明显的，成果是令人瞩目的，对我国当时的幼儿园课程实践产生了巨大的影响，然而也存在一些缺点与局限。

1. **课程指导思想单一** 50 年代的幼儿园课程改革是在全面学习苏联的教育理论的基础上进行的，因此对于西方的教育理论，尤其是杜威的实用主义教育思想及在旧中国研究了 20 多年的单元中心制课程思想和活教育思想进行了彻底的批判与否定，致使课程的建设仅仅建立在单一的课程指导思想上。

2. **继承历史经验不足，结合中国实际不够** 与第一条相应的是，课程的重建在全面学习苏联幼教理论与经验的过程中，在全盘抛弃旧中国宝贵的课程经验中，又在某些方面犯了结合中国实际不够，全盘照搬的倾向，在未经系统实验的情况下，迅速引进与推广苏联的课程理论与教学模式，但在引进的过程中对一些关键的概念如对儿童的“作业”、“学前教学”、“教师主导”等缺乏科学的理解与指导，致使课程改革中出现了对苏联幼儿园课程理论与经验错误运用的情形，从而影响了课程建设的进行。

任何事物都有它的两面性，中国 50 年代的幼儿园课程改革与发展也是如此，今天返回头再看，并不是要挑毛病，也不是要否定它，而是在肯定它在中国幼儿园课程发展中所起重要作用的基础上，从中吸取经验教训，为我们今天以至今后的课程改革与发展服务。历史就是历史，我们不能更改，前车之鉴，后人该怎么做呢？这才是最为重要的。

第二节 20 世纪 80 年代以来幼儿园课程的改革

我国自 20 世纪 80 年代以来，幼儿园课程进行了轰轰烈烈的改革，这是与当时社会的政治、经济、文化的发展联系在一起的。可以这样说，20 世纪 80 年代以来的幼儿园课程改革是伴随着经济体制与教育体制的改革而逐渐深入的。而且，政府为课程的改革提供了很大的运作空间，在课程管理制度与课程运行机制上为幼儿园课程的改革与发展提供了充足的便利条件，同时也为幼儿园课程的改革作了政策上的向导。尽管有些地方在课程改革方面还带有一定的盲从性，但幼儿园课程却是在对原有课程的复原、回归的基础上进一步的螺旋上升，每一次改革都是一次新的提升。进入 90 年代以后，国际上的各种教育观念与思潮如潮水般涌了进来，幼儿园课程就在多种观念、多元理论的影响下逐步地发展，尽管课程改革的主线是纵横交错的，但课程的改革更为自觉，改革的深度更加拓进，从课程的理念到课程的实施都发生了实质性的变化，课程的改革取得了丰硕的成果。迈克·富兰说："有成效的教育改革就像有成效的生活自身那样，真正是一次旅行，只要我们起步就能达到目的地。"[①]的确，20 世纪 80 年代以来的幼儿园课程改革犹如一次长途旅行，旅行中尽管充满着不确定性，有困难、有坎坷，但更有对新景观的向往与期待，更有通过旅途探索后自身认识的提高，因而也就有了旅途中的种种收获与目标的达成。

一、20 世纪 80 年代以来我国幼儿园课程改革的动因

（一）时代的要求，经济发展的需要

教育要与社会的政治、经济、文化等相适应，这是教育工作的根本出发点，也是一个教育的价值观问题。自从卢梭提出浪漫主义的教育思想以来，一直有人在实践着这种超脱于社会之上的纯粹"自然"的教育，却从未有人成功过。因而教育要适应社会的要求，传递社会的文化，促进社会的延续和发展就成了教育的一个重要职能。

1978 年 12 月，中国共产党十一届三中全会胜利召开，会议明确提出了解放思想、开动脑筋、实事求是、团结一致向前看的指导方针，并做出了从 1979 年起将全党的工作重点转移到社会主义现代化建设上来的战略决策，从此我国的各项工作逐步走上了正轨。十一届三中全会对于国家来讲是一个伟大的历史性转折，全会以后，党和政府实行了一系列的改革开放的政策，国民经济得到迅速的恢复和发展，教育工作也经过拨乱反正，清理"左"倾错误的影响，逐步整顿恢复了各类学校的教学秩序，出现了一片大好势头，焕发出前所未有的生机与活力。尤其是 1985 年中共中央做出的关于教育体制改革的决定，是为适应和服务于经济体制改革而做出的教育体制改革的纲领性文件，文件要求从教育体制改革入手，逐步解决教育的其他问题。自此，整个中国的教育包括幼儿教育处于改革的状态之中。

---

① 迈克·富兰：《改革的力量——透视教育改革》，教育科学出版社，2000，P. 36。

（二）教育价值观的变化——由“应试教育”向“素质教育”的转变推动幼儿园课程的改革

“素质教育”就是针对我国基础教育在长期教育实践中普遍崇尚的“知识中心、分数至上”的偏向而提出的一种教育价值理念。其目的在于真正落实全面发展的教育，求得每个儿童个性和谐的发展，最终提高全民族的素质。

在幼儿园教育领域尽管不像中小学那样，受升学率的影响盲目地追求分数，但长期以来应试教育价值观带给幼儿园教育的负面影响也是巨大的。六省市幼教机构调查得出的结论[①]指出：通过对教师行为的观察表明，教师们较长时间讲授与短暂介入儿童发生频率最高的活动是知识传授类的数学、科学以及以教学为目的的语言活动和以传授技能为主的美工活动。在这些活动中，教师讲授与简短介入儿童活动的平均比重高于其他各类活动约 20 个百分点，儿童的情感与社会性的发展在教育过程中未被给予应有的重视。幼儿教育中不尊重儿童，不尊重儿童的个别差异，片面追求智力开发，注重知识的传授与专门技能的培养成了突出的表现。素质教育的提出，教育价值观的转变要求我们必须扭转上述教育的情形，在教育中尊重每个儿童，重新对儿童、对儿童的发展进行认识与理解。由应试教育向素质教育的转变，带来了教育价值观的变化，也进一步的引发了幼教领域的改革。这种改革是一种深刻的改革，也必然是一种整体的改革，它应包括教育观念、教育目标、课程、方法与评价等等方面。幼儿园课程作为幼儿园教育内容、目标、方法的系统，作为幼儿园教育活动的中心也自然担当起了从教育理念向教育实践转化的中介，也在逐渐地消除陈旧的观念与过时的不合儿童身心发展的教学方法的同时，代之以新的思想，新的课程模式，这样课程的改革也就被提升上了日程。

（三）幼儿园课程自身存在的问题促使课程进一步的改革

“现实问题的诊断是任何改革的出发点。”[②]20 世纪 80 年代以来幼儿园课程的改革也是随着人们对幼儿园课程领域自身问题的不断发现与批判而开始的。

20 世纪 70 年代末、80 年代初，随着教育战线的不断改革，我国的幼儿教育工作也在逐步走上正轨，1981 年 10 月教育部颁发了《幼儿园教育纲要（试行草案）》，（以下简称《纲要》）在这个草案中，对我国遭受十年动乱破坏的幼儿教育工作进行了全面的整顿，它是我国改革开放以后幼儿教育战线上的第一个幼儿园课程标准。

---

① 项宗萍：《从“六省市幼教机构教育评价研究”看我国幼教机构教育过程的问题与教育过程的评价取向》，《学前教育研究》，1995，(2)。

② 钟启泉等：《课程设计基础》，山东教育出版社，2000，P. 308。

这个课程标准继承了50年代《暂行规程》、《暂行教学纲要》的基本思想，规定了幼儿教育的新任务，把幼儿园课程内容划分为生活卫生习惯、体育活动、思想品德、语言、常识、计算、音乐、美术等八个方面，并强调幼儿教育目标的实现是通过游戏、体育活动、上课、观察、劳动、娱乐及日常生活等各种活动来完成。幼儿教育教学继续采用分科课程的模式。《纲要》的颁布，在当时确实起了拨乱反正，整顿教育教学秩序，提高幼儿教育质量的作用。但《纲要》却把以前的六科内容进一步划分为八个方面，使科目更加细化，如把生活卫生习惯从体育中抽出，思想品德又单独设置，其结果幼儿园课程被进一步的学科化和正规化，再加上《纲要》中把以前的“作业”改为“上课”，就使幼儿教育中的分科课程由于自身及外在的原因在80年代逐渐暴露出它的弱点与弊端，具体表现在以下几个方面。

(1) 由于重视了学科本身的系统性，而对各科之间的联系配合注意不够，从而造成了各科之间越来越来割裂。在70年代末、80年代初，由于教师素质的低下，很多教师不能正确地理解分科课程的内涵，许多教师只能教六科中的一科或几科，教学中单科独进的现象非常严重，科目之间相互割裂或彼此重复，从而忽视了课程内容的整体性与儿童发展的整体性，影响了儿童的全面发展。

(2) 由于《纲要》在教育手段上把“作业”改为“上课”，客观上突出了上课的作用，致使很多教师把重点放在各科的教材教法上，使幼儿园的教学活动脱离了儿童的现实生活，因而难以发挥“上课”以外的其他的教学手段的作用，严重忽视了游戏、日常生活、劳动、体育活动、娱乐等的教育价值。同时也形成了重“上课”，轻游戏的普遍倾向，甚至出现了用小学的“上课”概念去对待幼儿园的“上课”概念。上课时，教师讲，幼儿听的现象非常普遍。

(3) 80年代初，由于在幼儿园课程领域缺乏对各学科之间相互关系的研究，而各科的纵向研究又在不断深入，各科系统性逐渐加强，要求逐步提高，分量日益加重。但把它们全部贯穿到幼儿园的课程中，落实在儿童的教学中，付诸于一个班级的儿童身上，不但教师难以胜任，儿童的负担也非常严重，因而儿童是难以接受的。

(4) 幼儿园课程实践中，小学化的倾向非常严重。许多幼儿园把上课作为幼儿的基本活动，除了上午两节课外，下午也要上课，而且集体活动远远多于小组与个别活动，户外活动时间不足，游戏活动的时间不够，没有充分地体现游戏是幼儿的基本活动这一特征。

总之，80年代的幼儿园课程中，普遍存在着重上课轻游戏，重知识、技能、轻儿童的态度、情感，重统一要求，轻个别差异，重教师的教，轻儿童的学等倾向。我国的幼儿教育工作者对我国几十年的幼儿园课程进行了系统的反思，对陈鹤琴的单元教学作了重新的评价，对杜威的教育理论作了再认识，在总结苏联分科教学经验的基础上，开始了80年代幼儿园课程的改革实践。正如迈克·富兰所说的：“问题是我们的朋友，因为我们只有深入到问题之中，才能够提出创造性的解决办法。问题是通向更加深入的改革和达到更为满意的途径。”①

二、多元化理论与思想指导下的幼儿园课程改革

20 世纪 80 年代以来，随着我国的改革开放，国际间的交流日益频繁，西方先进的儿童心理理论、教育理论及各种教育思潮逐渐引入我国，对我国传统的幼儿园课程思想产生了极大的冲击。我国幼儿园课程理论工作者在重新学习、探讨陈鹤琴、陶行知等人的幼儿园课程思想的基础上，借鉴、吸收了西方的很多教育理论与课程理论，如皮亚杰的认知发展理论，人本主义教育理论；美国早期儿童教育方案；泰勒的课程设计理论，系统论等，通过反思形成了多元化的幼儿园课程改革与发展的指导思想。

（一）儿童发展的整体观

儿童发展的整体观是20世纪80年代以来幼儿园课程改革的一个重要指导思想。儿童发展的整体观，是把儿童的发展看作是一个整体，强调从儿童的身体与心理，从儿童的自然属性与社会属性，从儿童的认知、情感、态度、行为等方面去促进儿童的发展，从而培养完整儿童，塑造儿童的健全人格。这是人们在反思 80 年代以前课程现状的基础上得出的。

儿童发展的整体观体现的是一种完整儿童的教育观，是一种“整体人”的教育形式，它是从人的价值，从人的完整性方面出发的教育，目的是人，是完整人格的人。所以儿童发展的整体观旨在促进儿童人格的全面发展，以达其生命生态的平衡。然而，80 年代以前的幼儿园课程由于受唯科学、唯技术教育的影响，教学中重视儿童的认知，强调知识的获得，技能的训练，忽视了儿童情感的培育及个性的发展。80 年代以来随着人本主义教育思潮的兴起，幼儿园课程也逐渐开始关注儿童的情感教育，关注儿童人格的全面发展。体现在幼儿园课程的目标与内容上，即是摒弃过去的“知识中心价值”，仅注重传授知识的状况，开始注重儿童能力的培养；重视儿童情感的培育和社会性的发展，开始确立儿童的全面发展的价值。的确，在教育活动中，作为完整的人而存在的儿童，不仅具备全部的智慧力量，而且体验着全部的教育生活。也即学习的过程并不是儿童单纯的知识接受或技能训练，而是伴随着追求、交往、创造、喜怒哀乐的过程，不仅有认知，也有儿童的情感体验，更有儿童心灵的交融，是儿童整个精神世界全面参与的过程。完美的教育应该是完整人格的教育，也应该是注重情感培育及个性发展的教育。所以儿童发展的整体观体现了课

① 迈克·富兰：《改革的力量——透视教育改革》，教育科学出版社，2000，P. 37。

程改革中一种新的价值观。它要求课程改革把儿童作为完整的人来对待，反对割裂儿童人格的完整性，还儿童完整的生活世界，丰富儿童的精神生活，从身体与心理、认知与情感、理性与诗性平衡促进儿童的发展，使其人格得到和谐统一。

（二）儿童是教育的主体观

儿童是教育的主体观是针对80年代以前的传统教育中的弊端而提出来的。教育的对象是人，是儿童，儿童既是教育的起点，也是培养的最终目标。然而，在传统的幼儿教育中，往往教师是主体，一切以教师为中心，教师统率着教育活动的始终，儿童在教育中处于客体的地位、附属的地位，只需消极被动的接受教师的影响，教师是主体，儿童是客体。所以“教师主体”的观念带来了教育对象——儿童主体意识的淡漠和个性的重大缺陷，接下去的便是恶性循环效应：教师无论多么富于智慧和耐心，但由于儿童缺乏内在的主体积极性而使课程的收效甚微。我国的幼儿园课程理论工作者在反思80年代课程现状的基础上，借鉴杜威的儿童中心论思想，确立了儿童是教育主体的观念，并使它成了80年代课程改革的主流思想之一。课程强调要充分尊重儿童的兴趣、需要，充分调动儿童的主动性、积极性与创造性，强调通过儿童自身与环境的交互作用，让儿童主动选择、建构自己的经验从而来实现儿童的发展并达到课程的目标。

（三）整合教育观

我国的幼儿园课程经历了这样的分裂：20世纪60年代，受苏联卫星上天的影响，兴起“天才教育”运动，强调儿童的智力开发，重视知识的传授；70年代，又转向创造性的培养，强调思维训练与知识的难度；80年代，人文主义教育思潮兴起，课程的中心内容又转向儿童的情感、社会性的培养。对原来的课程内容进行反思，要培养完整人格的儿童，要在完整的世界中培养儿童，作为教育发生领域的幼儿园课程就有必要关注儿童的整体性及其和谐发展，使其真、善、美各个方面都得到自由的发展，这就要求幼儿园课程给予儿童的知识内容应该是整合的，而不是孤立的、无联系的。然而，传统的幼儿园课程中却把科学、艺术与社会知识视为互不相干的几个领域，各行其内容与目标，把各学科看成是彼此独立、互不相干的知识板块。尤其是分科课程使每一门学科深化、细化，而使学科、知识之间相互割裂，其后果不仅使儿童感性与理性失衡，使不同观念与知识之间互相抵消甚至冲突，更把一个完整的儿童割裂开来。从80年代开始，幼儿园课程改革的一个重要指导思想就是强调整合的教育观，强调采用各种整合的形式，将教学系统中分化了的诸要素之间形成有机联系的过程，整合教育观更多的是以内在的价值整合观念，如科学、艺术、社会学科的整合，认知、情感、需要、体验的整合，学科与儿童生活的整合使教学系统中分化了的各要素及其各成分之间形成有机联系的观点。所以整合教育的目的不是多学科的叠加，它更多代表了一种课程价值取向。整合教育追求的是儿童“完整人格”的培养，追求的是学科之间的统一联系，知识与儿童生活的联系，尤其是到了20世纪90年代以后，随着“整体教育”思潮的出现，人们则更加注重整合的教育观。正如整体教育所言：“人是一个活生生的机体，是相互联系的一切生命交织的现象，是拥有复杂多样的丰富性的一种整体，是不能断然地还原为任何东西的。学校中所教授的各门学科不过是从一个侧面切入这个整体的一种尝试。”[①]这样，注重各学科之间的横向联系，注重课程内容的整合，就成了80年代幼儿园课程改革的重要指导思想。

（四）活动与建构教育观

20世纪80年代，我国的幼儿园课程改革中树立的另一个指导思想即是活动与建构教育观。它主要是以苏联著名的心理学家列昂节夫的活动理论为基本构架，借鉴皮亚杰及维果斯基的研究成果，广泛吸收各家学说之精华而形成的一种关于活动与儿童发展的系统观点。这一观点认为，儿童是在与环境积极地相互作用的过程中实现自身的发展的，这一相互作用的过程就是“活动”。它是活动主体——儿童与活动对象、客体的相互作用。活动对儿童的发展具有决定性的意义，它是儿童发展的基础与源泉。所以皮亚杰说，儿童的认知、知识既非来源于主体，也非来源于客体，而是来源于主客体的相互作用即活动。儿童智慧的发展就是通过儿童主体的认知结构与物理环境之间的“同化”、“顺应”的相互作用而实现的。

列昂节夫在其《活动·意识·个性》一书中曾明确指出“活动是以心理反映为中介的生活单位”，活动“是具有自己的结构、自己的内部转变和转化、自己发展的系统。”[②]活动具有主体性和对象性的重要特征，因此它能将存在于内部的儿童的个体因素和存在于外部的环境因素联结起来。当儿童进行活动时，他作为活动的主体，凭借自身的现有条件，主动地作用于活动的对象（自然与社会环境中的人或物，或自己的内心），同时对来自客体的信息有选择的接受和反映，建构自己对外部世界的认识体系。与此同时，客体也以自身具备的性质、特征、社会的、阶级的属性等等向主体投射信息，发出刺激，或者制约主体的活动，从而影响主体的心理反映，进而影响主体的发展。所以活动就是儿童个体因素与环境因素联结的桥梁。它们以活动为载体进行相互作用，从而使儿童的发展成为可能。

进入90年代以后，人们在皮亚杰认知建构论及列昂节夫活动论的基础上，又进一步的吸收了维果斯基的社会建构理论。社会建构论认为，儿童的知识不仅仅是个

① 钟启泉：《“整体教育”思潮的基本观点》，《全球教育展望》，2001，(9)P. 13。
② 列昂节夫：《活动·意识·个性》，上海译文出版社，1980，P. 46。

体在与物理环境的相互作用中建构起来的，社会性的相互作用，包括人们之间的社会交往、沟通、合作的作用更为重要。每一个儿童都有自己的经验世界，不同的儿童可以对某个问题形成不同的看法与想法，而儿童学习者可以通过相互的沟通与交流，通过合作完成一定的任务，共同解决问题，从而形成更为丰富、更为灵活的理解。同时，儿童可以与教师、同伴及其他人展开充分的沟通。这种社会性相互作用可以为知识的建构创设一个广泛的学习共同体，从而为知识的建构提供丰富的资源和积极的支持。儿童知识的获得及很多高级心理机能的发展就是社会性相互作用内化的结果。

在上述理论的指导与启发下，80 年代以来，在我国的幼儿园课程改革中，已经高屋建瓴地将更多的活动论与建构论置于自己的理论视野之下，强调课程要促进儿童的发展，必须通过儿童自己与环境的相互作用。课程应为儿童的活动创设必要的环境，提供丰富的物质材料，同时，课程也要为儿童提供人际间的互动，使儿童积极地吸收环境中的信息，主动地作用于环境，最大限度地发挥儿童自身的潜能，使儿童得到最大限度的发展。

（五）可持续发展观

20 世纪 80 年代末，国际社会提出了“可持续发展”的新的发展观。联合国在《21 世纪议程》中也倡导：当代教育，无论是正规教育，还是非正规教育都必须面向可持续发展。把环境和发展问题作为重要的教育内容，努力培养学习者与可持续发展相一致的环境意识和道德意识、价值观以及技能和行为。所以可持续发展概念对教育的影响并不仅仅局限于把环境教育的内容引进课程，它更多的是给了我们一种关于发展的新观念、新视角，也即看待社会的发展要用可持续发展的观念，那么看待个体——儿童的发展是否也应该用可持续发展的观念呢？回答应该是肯定的。这就要求教育所培养出来的人应该具有可持续发展的动力与后劲。因此在 90 年代的幼儿园课程改革中，可持续发展观对幼儿园课程改革的影响主要表现在两个方面：一是对课程目标的影响，二是对课程内容的影响。

从可持续发展观对幼儿园课程目标的革新来看，幼儿教育是使人具有可持续发展的潜能、具有可持续发展的丰富的内在品质的奠基工程，是为提高人的素质而实施教育的基础阶段。幼儿园课程作为幼儿教育的心脏，理应具有这样的效应。所以社会可持续发展对人的素质与品质的要求，促使人们进一步从可持续发展的高度来审视幼儿园课程的目标。因此以可持续发展观念为指导的幼儿园课程目标也应该使培养出的儿童具有可持续发展的潜力，不能以牺牲儿童的长远发展来换取儿童眼前的成效。所以从以知识为目标转移到以培养儿童的良好品质、创新精神，如自立意识与独立性、竞争意识和不断进取精神，儿童坚强毅力与耐挫折能力以及儿童的交往能力、创造能力等为目标就成了 90 年代幼儿园课程改革的一个重要观念。

可持续发展观除了通过提高儿童可持续发展的品质外，更多的是通过传播与创造与可持续发展有关的观念、态度、价值、知识直接对儿童发生影响，直接对幼儿园课程内容改革发生影响。因此在 90 年代的幼儿园课程内容中就广泛地开展了与可持续发展直接相关的内容，如生态教育内容、和平教育内容、全球教育内容、合作教育内容等等，通过这些内容的教育，使儿童初步理解人与自然以及周围环境的关系，懂得人类生存对动植物的依赖以及保护生态平衡的重要性，激发儿童保护地球，热爱大自然的情感与意识。同时使儿童了解世界各国的文化、风俗习惯、生活方式、价值观念，学会相互尊重、相互理解、相互合作，帮助儿童树立全球观念，使“我们共有一个地球村”深入儿童的心灵，从而从小培养儿童可持续发展的意识。这样，可持续发展观就从一种社会发展观变成了指导我国 90 年代幼儿园课程发展与改革的教育观了。

总之我国 80 年代以来的幼儿园课程改革在广泛吸收邻近学科与理论的基础上，形成了崭新的儿童发展观、教育观与课程观。课程注重整合教育，关注儿童作为教育主体的积极性、主动性与创造性，用可持续发展观念来指导改革，追求儿童完整和谐人格的培养与塑造，从而使幼儿园课程理论与实践研究呈现出了新的局面。

三、丰富多样的幼儿园课程改革内容及分析检视

20 世纪 80 年代以来我国幼儿园课程改革的内容是非常丰富的，在幼儿园学科课程、幼儿园课程理论研究与实践探索方面取得了巨大的成绩，在此我们主要从两大方面来分析检视，一是 80 年代以来幼儿园学科课程的研究，二是 80 年代以来幼儿园课程理论的研究，以此来展示 80 年代以来幼儿园课程改革的内容。

（一）八十年代幼儿园学科课程的研究

80 年代以来的幼儿园课程改革是在对幼儿园各科课程进行专题研究，初步形成幼儿园各科教材教法完整结构的基础上进行的。由于遭受十年浩劫的影响，幼儿园各科教材缺乏，内容陈旧，各地就开展了对幼儿园各科原有的教材进行筛选及重新编撰的工作，进一步的探索幼儿园新的教材、教法。如南京师范大学与南京市幼儿园从 1978 年就开始合作进行了幼儿园各科的专题研究，到 1982 编写了幼儿园语言、计算、自然常识、音乐、美术等五科教材；上海市教育局组织研究并编写了幼儿园体育、语言、常识、计算、音乐、美术和游戏七种分科教材；北京市教育局幼儿教育教研室组织并编写了《北京市幼儿园教学大纲和教材》等等，到 80 年代初基本形成了幼儿园各科的教材、教法及教学要求的完整体系。80 年代中后期，各学科在纵向研究上进一步地拓深，从而使各学科课程与教学形成了完整的目标与内容体系，

使我国的分科课程研究在80年代达到了较高的水平。主要表现在以下几个方面。

1. 以体、智、德、美全面发展的目标研究与编订幼儿园的各科教材，从而形成了学科课程完整的框架与结构

80年代的学科课程研究以儿童身体与心理发展的年龄特点为依据，提出了各学科独特的学科课程目标与内容体系。体育要培养幼儿良好的生活卫生习惯与独立生活的能力，发展他们的基本动作，增强其体质，提高他们对自然环境的适应能力，以保护与促进幼儿的健康；语言要丰富幼儿的词汇，发展幼儿的口头语言的表达能力，使幼儿获得有关自然与社会方面的粗浅知识，初步培养幼儿对文学的兴趣及团结、诚实、勇敢、友爱优良品德与活泼的性格；计算使幼儿初步树立数、量、形的概念，并教给幼儿简单的计算方法，发展幼儿的记忆力、注意力、思考能力及严肃、认真的学习态度；音乐要教给幼儿唱歌、舞蹈的粗浅知识、技能，初步培养幼儿对音乐、舞蹈的兴趣和节奏感，发展幼儿的感受力、想象力及表现力，陶冶幼儿的性情与品格；美术要培养幼儿对美术的兴趣以及对大自然、社会生活、美术作品中美的欣赏力，发展幼儿的观察力、创造力及动作的协调性、灵活性，初步掌握使用美工工具及材料的技能。在此目标下，各学科形成了详细的小、中、大班的学科课程内容，去掉了旧有的不合时代性的内容，增加了新的内容与要求。如语言中关于数学家陈景润的故事，库尔班老爷爷见到了毛主席等；常识中认识南京长江大桥；计算中由过去会数20以内的数增加到会数100以内的数，而且要学会成组地数——学会两个、两个，以及整五、整十地数到100等。所以学科课程的内容随着时代的变化而发生变化，课程进一步提高了对儿童的要求，表现出了一定的动态性。

2. 儿童各学科心理年龄特征的研究

80年代中后期，随着皮亚杰儿童认知发展理论的兴盛，各学科都依据儿童的心理发展水平进行了关于儿童学科心理年龄特征的研究。在儿童的语言发展、数概念发展、音乐能力、绘画能力的发展方面做了大量的调查与实验研究，如：屠美如教授所做的关于儿童绘画心理发展的四个阶段及儿童绘画感受能力的研究；许卓娅教授所做的儿童音乐感受能力的研究；朱蔓姝教授所做的儿童语言能力的发展研究等等，基本上形成了儿童学科心理发展的理论体系，进一步丰富了各学科的内容。

3. 对儿童健康教育的关注

80年代的学科课程研究中也进一步加强了对儿童健康的关注。要求幼儿园注意儿童的营养卫生、生活制度的卫生及建筑、设备的卫生，提高儿童的抗病与预防能力，从而使儿童的健康行为水平更为提高。同时，儿童健康教育的研究不仅关注了儿童的身体健康，而且在儿童的心理健康研究方面取得了长足的发展，使儿童健康教育有了一套符合儿童的心理、行为与年龄特征的目标体系，丰富了儿童健康教育的内容。

4. 加强了对儿童德育的研究

关于儿童德育的研究是 80 年代以前幼儿园课程研究中比较薄弱的环节。1981 年国家教育部颁布《幼儿园教育纲要（试行草案）》的教育内容中把思想品德单独设立，于是 80 年代中后期则进一步加强了对其的研究；如北京师范大学关于“幼儿园品德教育大纲”的研究与制订，卢乐珍教授关于幼儿园爱祖国教育、幼儿自信心的培养与教育的研究，陈学超教授关于儿童道德教育中的自我评价研究；儿童社会性的培养与儿童道德启蒙教育的研究，等等，到 90 年代基本上形成了我国儿童德育的目标体系，不仅探讨了儿童的道德认知、道德情感、道德行为的发生、发展与教育，而且也具体勾划了不同年龄儿童道德发展的具体目标与教育的模式、方法，对我国幼儿园道德教育的实践产生了积极的影响。

5. 学科课程在 80 年代继续关注知识的系统化，而且对儿童知识、技能的教育是并重的

80 年代的学科课程在继承发扬五六十年代学科课程注重各学科纵向的知识体系的基础上继续进行了学科的研究，每一科的教学中都注重依儿童学科心理年龄的发展特征，纵向深入，由浅到深，由具体到抽象，使儿童掌握每一科完整的知识体系。在各学科的教学中也极为重视儿童知识的获得与技能的形成，它们二者是并重的，在学科的教学要求中所占的比重很大，远远超过了对儿童情感、态度、个性培养方面的要求，如大班音乐中关于舞蹈与音乐欣赏的教学要求是这样的：①在音乐伴奏下，按音乐节奏协调地做动作；②在音乐伴奏下学会变换几种队形；③学会 6 个～8 个舞蹈、3 个～4 个音乐游戏，会根据歌曲或器乐的内容和风格，整齐地、有表情地跳简单的舞蹈；④欣赏 6 首～8 首歌曲或器乐曲，能根据音乐的片段辨认出已听过的歌曲和器乐曲。显然，关于儿童对美的感受力、儿童热爱音乐的兴趣及参与音乐、舞蹈活动的积极性、创造性的培养重视不够，对音乐的知识与技能要求多于其他方面的要求。

6. 80 年代的学科课程更为关注教材文本

课程教学以教师“教什么”“怎样教”为出发点。教师在学科课程中考虑较多的就是：我将通过什么方法、手段让儿童达到教学的要求，完成教学的目标，尽管也想到了要促进儿童发展，考虑了儿童的个别教育，但在立足点上更多的是教育教学，我要教给孩子什么，通过这个课，我要达到什么结果，从教师的角度考虑的多，从结果的角度考虑的多。教师还没有站在儿童的角度，考虑儿童的学习特点，考虑儿童是否对这些内容感兴趣，考虑儿童建构知识的过程，所以关注文本、教材就成了 80 年代课程教学中显著的特点。这其实是人们课程观的不同而导致的结果。我们将在后文中分析。

总之，80 年代的幼儿教育中尽管开始了幼儿园综合主题教育课程的研究与实践

活动，但在我国的绝大多数幼儿园还继续应用与实施分科课程，因此对分科课程的研究构成了80年代幼儿园课程发展的一个重要组成部分，尽管在幼儿园教育中分科课程的实施出现了很多的弊端，但并不能就此否定当时分科课程的研究成果与作用，这是我们在今天应该看到的。

（二）幼儿园课程理论的研究

课程理论研究是规范、指导课程实践的前提。同时，课程实践又对课程理论有一定的反向作用。20世纪80年代以来幼儿园课程的发展与改革就是在理论研究与实践研究中同步进行的。理论指导实践，实践又推动理论，从而使幼儿园课程改革呈现出一派欣欣向荣的局面。

幼儿园课程理论作为整个课程理论体系中的一个部分，与其他类型的课程理论一样有共同点，有共同的概念、命题，甚至有共同的原理，这些共同点使幼儿园课程理论获得了与其他课程理论一样的课程属性。然而，幼儿园课程理论所面对的“学前儿童”也使得它具有自己的特性。正因为如此，普通教育的课程理论不能直接应用于幼儿教育，即，尽管幼儿园课程理论与普通课程理论在概念、原理等方面具有相同性，但并不具有一致性，它们之间还有一个转化、改造的过程。这样就使得幼儿园课程的理论研究成为80年代以来我国幼儿园课程改革研究的一个重要组成部分。其主要集中在幼儿园课程的实质、幼儿园课程的结构、幼儿园课程的类型及对幼儿园课程的设计与编制研究等方面。

1. 幼儿园课程实质的认识

20世纪80年代以来，对于幼儿园课程的界定主要有三种类型。

一种是学科倾向的界定。是以学科来组织课程的内容，如音乐、美术、语言、常识、体育、计算等，它在我国80年代的幼儿教育中是比较普遍的。进入90年代以后，随着整合教育观的影响，幼儿教育中的学科课程与以前相比发生了变化，课程不再是单一的学科，而是加强了学科间的联系，学科间的界限逐渐模糊了，整体性增加了。同时，以学科为基础的领域课程也普遍出现了，如音乐、美术构成艺术学科，常识与计算构成科学学科，那种单一的学科课程已经基本消失了。

第二种是活动倾向的界定。认为幼儿园课程是为幼儿安排的有组织有计划的各种活动总和。课程开始由注重学科转向注重儿童，注重儿童的学习活动，注重儿童在活动中的主动性，强调课程的动态过程。

第三种是经验倾向的界定。强调幼儿园课程是为促进儿童身心和谐发展所提供的有益的经验。这种界定也关心儿童的活动，但它更关心的是儿童在活动中所得到的经验，对于儿童发展来说有益的经验。所以这种界定比活动倾向的界定又多了一个参照——即儿童通过活动所得到的经验，尤其是直接经验。因此从上述对幼儿园课程的阐述与界定中，可以反映出80年代以来我国学者对幼儿园课程本质认识的变化，这些变化笔者认为主要有：①幼儿园课程重心的转变；②幼儿园课程态性的转变；③幼儿园课程价值取向的确立；④幼儿园课程的涵盖性增强了。

2. 幼儿园课程结构的研究

课程结构是指组成课程的各种要素、各个成分及其相互关系所构成的整体系统。它是课程要素或成分相互作用的产物，同时又制约着课程要素作用的发挥。分析归纳80年代以来关于幼儿园课程的结构探讨，主要有两种代表性的观点。

(1) 幼儿园课程结构四要素论[①]　认为幼儿园课程结构包括课程目标、课程内容、课程组织与课程评价四个要素。目标在课程中起着十分重要的作用，是课程结构中其他要素选择与确定的依据，对整个教育教学过程起指导作用。课程内容是幼儿园的教学内容，是一整套以教学计划的具体形式存在的知识、技能、价值观念及态度、行为。课程内容是为目标服务的，而目标又是课程内容选择的依据。课程组织是课程结构的另一个重要要素，它包括两方面：一是内容的组织，主要指对知识技能和学习经验的排列与组合的方式；二是教育过程的组织，包含对儿童的分组、时间安排、空间和设备的利用与布局等。课程评价是课程结构的要素之一，其目的在于检验课程的特点与效益，适时地对课程的有关要素与要素间的相互关系做出分析，并为调整与完善课程，了解课程的适宜性提供信息与服务。

这是从广义的课程角度来探讨幼儿园课程结构的，它比较清晰地描述了课程结构这个整体所包含的内容、成分，对于我们把握课程的实质，合理组织课程要素有一定的指导作用。

(2) 幼儿园课程结构表深层论[②]　认为幼儿园课程结构包括表层结构和深层结构两个层次。表层结构是有形的，显在的，深层结构是无形的，内隐的。然而深层结构作为基本的教育思想，是表层结构的基础，它决定着表层结构各要素之间的各种关系。因为任何课程活动总是有一定的教育思想指导，这种思想可能是很明确的，也可能是教育者本人没有明确意识到的，但这些思想总会在具体的课程活动中反映出来，从而影响课程的进行。从幼儿园课程结构的表层因素来看，主要由三个因素组成：即教师与幼儿之间的关系及其相互作用；教育任务、内容、手段、物质环境之间的关系及其相互作用；幼儿园与家庭、社会之间的关系及其相互作用。其中教师与幼儿的关系是三个要素中最根本的。在幼儿园课程结构中，由于深层结构是课程的指导思想或理论基础，因此在处理各个要素的相互关系及其作用上的具体表现也不同，这样相似的表层结构要素往往会形成不同的课程模式，因而幼儿园课程的特殊性或某一种课程模式的特殊性都是由深层结构决定的。不同的深层结构就使课

① 本观点以李季湄，肖湘宁为代表，见其所著：《幼儿园教育》，北京师范大学出版社，1997，P. 135～163。

② 本观点以赵寄石为代表，见其所著：《论幼儿园教育结构》，《教育研究》，1987，(6)。

程活动的内容、方法、组织形式等等表现不同。

这种幼儿园课程结构的探讨对于人们了解课程背后所隐含的教育观念、教育思想有重要的启发作用，便于人们从深层次挖掘课程的理论基础，理解课程观念与课程实践之间的关系，但却不能直观地反映幼儿园课程的框架与要素，而且也把课程的结构泛化了，因为表层结构中的三个要素其实也是教育中的三个基本要素，而深层结构所指的教育思想更是任何教育得以进行的基础，所以这种分析是一种抽象形态的课程结构的表述，不足以反映幼儿园课程结构独特的内涵。

3. 幼儿园课程特性的研究

从幼儿教育到小学教育、中学教育、大学教育，在不同的阶段由于教育所面对的对象不同，年龄不同，生长规律不同，发展任务不同就使不同阶段的教育具有不同的特点与规律，因而也使得不同阶段的课程具有不同的特质。幼儿园课程是为学前儿童专门设计与开发的课程，它所面对的是 3 岁～6 岁的儿童，这些儿童在学习与发展上与其他阶段的儿童相比有自己的特点，所以儿童的学习特点、发展特点就决定了幼儿园课程的特质（为避免重复，不在详细叙述，具体见第一章第二节）：①幼儿园课程的基础性、启蒙性；②幼儿园课程的全面性、生活性；③幼儿园课程的整合性；④幼儿园课程的活动性与直接经验性；⑤幼儿园课程的潜在性。

对幼儿园课程特性的探讨、分析，对于我们更好地认识幼儿园课程的本质，更好地进行幼儿园课程设计与实施有重要的指导与启发意义。

4. 幼儿园课程内容组织与课程类型研究

课程专家泰勒说过:“任何单一的学习经验都不可能对学习者产生非常深远的影响。”[①]也即要使经验对儿童发生有效的作用必须对经验加以组织，使之成为系统或整体。这就涉及到了课程内容的组织。

课程内容的组织是指对经验包括知识、技能的排列和组合的方式。人们在组织课程内容时往往有不同的逻辑起点与角度,因而也使课程内容的组织形式多种多样。80 年代以来，在我国学前课程领域研究中，最常见的是根据知识分类的强弱与考虑问题的逻辑把课程的组织分为以下三种形式：①以学科为中心的组织形式；②以儿童为中心的组织形式；③以社会问题为中心的组织形式。基于这三种组织形式，80 年代以来幼儿园常见的课程类型主要有学科课程、领域课程、单元主题课程（包括方案课程），真正的活动课程还没有。

(1) 学科课程　学科课程是对苏联分科课程的移植与发展，曾一度成为我国学前课程的惟一一种类型。虽然从 20 世纪 80 年代中期开始受到多方面的批评与其他课程类型的冲击，然而到目前为止，它在我国的幼儿教育界却是使用最为普遍的课

① （美）拉尔夫·泰勒:《课程与教学的基本原理》，人民教育出版社，1994，P. 60。

程类型。现在，有的幼儿园的课程虽冠上各种新鲜的名称，但其实质仍然是学科课程。

学科课程是以学科知识为基础而设计的课程，传统的学科课程是由音乐、美术、常识、语言、计算、体育等六门科目组成的。各科计划性比较强，比较系统，内容以知识、技能为纲，教学要求传授给儿童不同科目的知识技能，强调学科体系，主张知识的系统化及纵向联系，有统一的要求、统一的教材、统一的教学计划，所以通过学科课程，儿童所接受的教育比较全面，教师也便于组织领导。缺点在于，各科知识互不联系，相互割裂，不利于儿童真正的认识世界，容易脱离儿童的生活实际，容易忽视儿童的能力及情感、态度的培养。

当然今天幼儿教育领域的学科课程已不再是过去一成不变的学科课程了。随着人们观念的更新，人们越来越看到了它的不足，开始对学科课程进行更新与完善，所以在今天的学科课程中已融入了新的思想与理念，进一步优化了相关学科的内在结构，如现在学科课程内容的逻辑体系与以前相比是相对松散的，只提供了与儿童的生活、发展关系密切的知识，更加强了课程内容与儿童生活的联系，更多的考虑到了儿童的认识规律。而且也在课程中加强了情感、个性等因素的渗透，同时也注意教育教学形式的多样化。

(2) 领域课程　领域课程的综合水平高于学科课程，它是把需要儿童掌握的内容分成几个领域，每个领域可能包含两个或两个以上的学科，如"科学"这一领域就包括了地理、物理、环境、生物等学科的内容。领域课程不是几种学科的简单拼加，而是按知识之间的内在联系及儿童心理发展的规律所组成的有机整体，各学科的内容已充分的整合。当前在我国学前界的领域课程中，一般把领域划分为健康、社会、科学、语言、艺术。还有一些地方（如上海），把领域分为做做玩玩、故事、歌舞与游戏、体育运动与生活等等，完全是从儿童的学习特点与兴趣出发来整合知识的，符合儿童学习的特点。不过，应该看到的是当前我国的学前领域课程中，部分领域还存在内部各部分明显割裂，学科界限仍然存在的现象，如何克服它是今后课程理论研究的任务。

(3) 单元主题课程　单元主题课程在我国的幼儿教育界有悠久的历史，它对于我们来说并不是一个新的概念。早在 20 世纪 20 年代中期，陈鹤琴先生就与他的学生张宗麟协作，对幼儿园课程进行了实验研究，形成了幼儿园的单元课程（也叫中心制课程）。它以教育的计划性、整体性、灵活性三者结合的"整个教学法"为指导思想，从儿童的认识水平、能力、经验及兴趣出发，以大自然、大社会为中心，选择主题，各科（常识、音乐、故事、图画、手工）围绕一个中心单元开展活动。从 80 年代中期开始，南京师范大学率先推广了"综合主题教育"，它就是一种单元主题课程。到目前为止，在我国的学前领域、单元主题课程已经非常普遍了。

单元主题课程就是在一段时间内围绕一个中心内容即一个单元或一个主题来组织的教育教学活动的课程。它最大的特点是打破了学科之间的界限，将儿童的学习内容围绕他们生活世界中的某一中心来组织，它既可以是一个问题，也可以是一个自然事件或社会事件，让儿童通过该单元的活动，获得与中心有关的较为完整的经验。所以单元主题课程是一种从儿童的自身出发，从儿童本位出发的一种课程。因为在主题选择时，往往要考虑儿童的兴趣、需要，考虑主题所蕴涵的教育价值，所包含的教育内容，能否让儿童获得有益的经验，对儿童来讲可行性如何，单元与单元之间的联系如何等等问题。所以它与学科课程的知识本位是不同的。

另外在我国当前的学前课程中，还有一种与单元主题课程相类似的课程即方案课程。它来源于意大利瑞吉欧的教育系统，对我国 90 年代的学前课程产生了很大的冲击。其课程也是在教师的支持、帮助、引导下，围绕某个儿童感兴趣的主题或问题进行深入研究，从而在活动的过程中发现知识、理解意义，建构认识。但单元主题课程的主题尽管也考虑了儿童的情况，然而教师提前预设的成分比较多，每一主题都与单元目标的设计密切联系。而方案课程却更强调动态设计，强调随机生成，也即方案课程的主题不是完全预先计划与确定的，而是有一个大概的蓝图或框架，以后在儿童与教师的教学互动中不断根据儿童的兴趣、经验、问题等做出调整与修订，甚至生成新的主题。所以方案课程更加强调课程是一个动态的过程，是教与学互动的过程，课程不是由教师单方面设计，而是儿童与教师共同发现，共同发展，共同建构的，因此人们把它称作生成课程。它在课程以儿童为中心上比单元主题课程贯彻的更为彻底。当然这种课程目前在我国只是幼儿园课程系统中的一小部分，它往往是作为其他课程的一种补充，从而共同构成课程的整体。

总之，80 年代以来的学前课程理论研究借鉴与吸收了多元化的理论与思想，对学前课程的概念、结构、设计、课程内容的组织与类型、课程的编制都进行了深入、全面的探讨，丰富了我国学前课程理论的内容，指导了我国的学前课程实践，对于建构我国的学前课程理论体系有重要的意义。

5. 幼儿园课程的设计与编制研究

幼儿园课程的设计与编制是 80 年代以来幼儿园课程理论研究中一种新兴的研究领域，它不仅涉及到了课程设计的理论，而且也涉及到了技术处理的问题，课程编制的结果就是依据设计理论产生各种各样的课程方案。

关于课程设计的理论，在幼儿园课程领域主要依据的是课程目标理论及课程过程理论而进行课程设计。在借鉴上述课程设计理论的基础上我国幼儿园课程研究者们提出了一个课程设计的框架与步骤[①]：确定培养目标、选择学习经验和内容、组织学习活动、评价教育效果。在此基础上提出了幼儿园课程编制的步骤：先依据对儿童、对社会、对学科的研究，确定一般的目标，再通过教育哲学与儿童心理学两把筛子确定幼儿园课程的具体目标（并把目标分解为不同的层次），然后进行课程内容的选择与组织，接着考虑如何实施并进行评价。而实施是落实在艺术、科学、语言、健康、社会五个领域一系列的活动中进行的。这种编制基本上代表了八九十年代我国幼儿园课程编制的基本思路与技术。尽管在课程的目标中已不再是单纯的行为目标，开始增加了展开性目标与表现性目标，不但注重儿童的动作技能，也重视其认知与情感的发展及儿童的体验。但其编制的思路仍然还是泰勒目标模式的反映，课程目标是课程编制的出发点，也是其“效率”所在。课程的结果就是通过课程评价来看它与目标的符合程度，尽管编制中将目标细化为若干级别与层次，易于操作，便于量化，但输入——产出的逻辑推理使得这种编制染上了浓郁的操作主义色彩。预设的目标容易使教师只关注目标的达成度，只关注计划的落实，而忽视依据儿童在课程活动中及时出现的兴趣、需要、意见与问题去调整目标、变更计划，使课程成为一种预成的课程。

进入 21 世纪后，我国幼儿园课程的编制获得了很大的发展，一些课程理论工作者依据世界幼儿园课程理论与实践的新进展，充分地考虑了我国幼儿园课程改革的实践基础，是充分吸收当代儿童发展理论、教育理论如加德纳的多元智能理论、皮亚杰的建构论及维果斯基的社会建构论的基础上进行的、形成的。它是以儿童的核心经验为出发点来编制课程的。也即是以儿童的核心经验来策划具体的教育目标与规划基本的课程内容。围绕核心经验建构网络核心圈，然后向外扩展，包括两层教育圈：内层是领域圈，是按照我国《幼儿园教育指导纲要（试行）》划分的健康、语言、社会、科学和艺术五大领域；外层是根据多元智能的八大要素划分的儿童发展要求，即语言智能、数理逻辑智能、音乐智能、空间智能、身体运动智能、人际关系智能、自我认识智能和自然观察智能。这样就把围绕儿童核心经验所策划的具体目标与内容通过主题渗透到不同的领域中，反映在儿童的不同发展方面，从而使目标与内容构成了一个有机的整体，如图 19 所示。在设计与组织课程活动时，这种编制遵循了以下几种原则：

(1) 活动要具有目标导向，引导儿童的发展。每一个活动在设计时，都要考虑儿童现有的经验水平和潜在的发展水平之间的距离，要求提出的目标尽可能地注意儿童的最近发展区；

(2) 活动需要人际互动，使教师与儿童、儿童与儿童之间形成良性的活动关系，形成合作学习的共同体；

---

① 赵寄石：《幼儿园课程的设计与实施》，《学前教育研究》，1989，(4)。

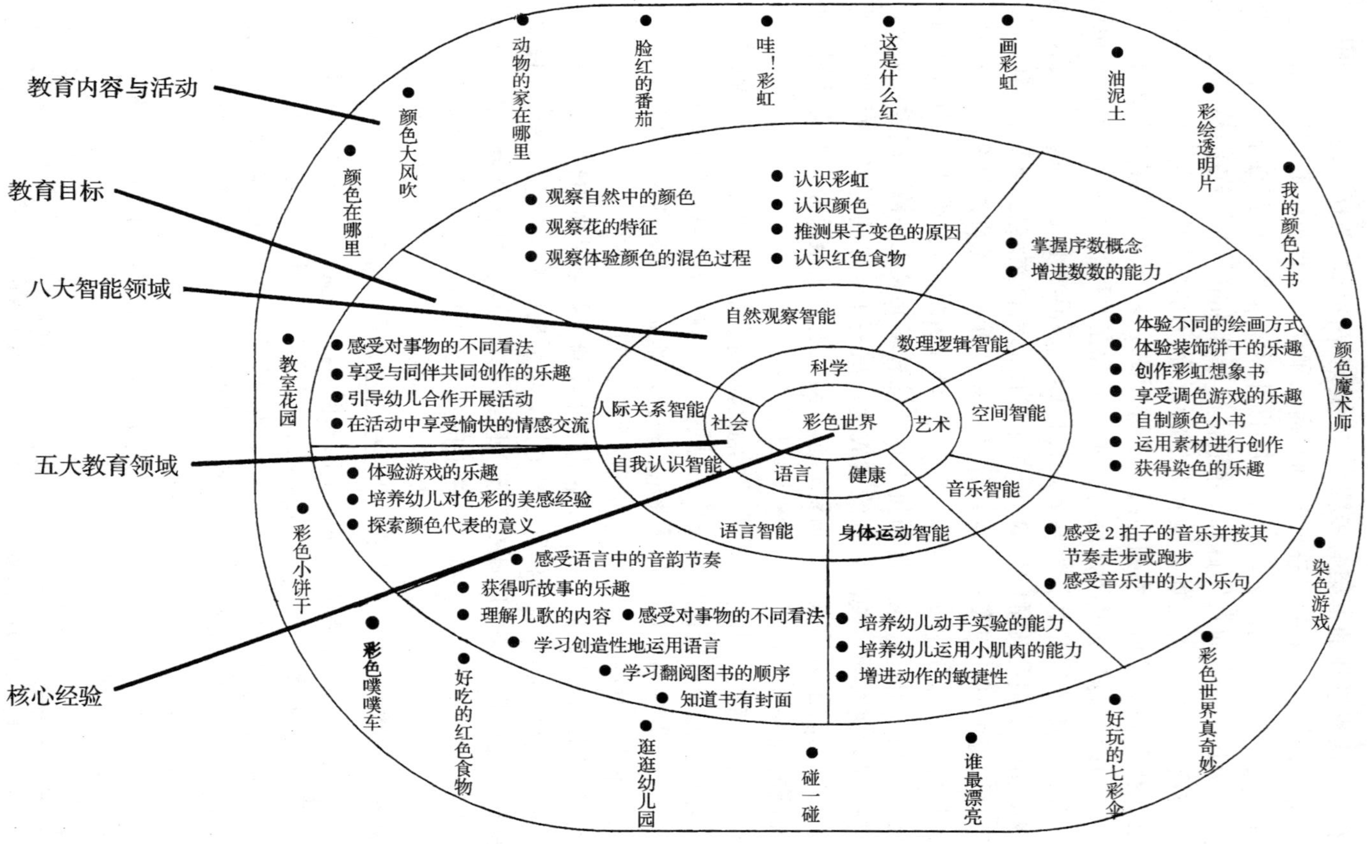

图19　儿童发展目标与内容构成课程编制

(3) 活动需要中介因素，要通过各种符号，如语言、图像、身体动作、音乐等不同形式的符号来帮助儿童巩固学习经验，最终引导儿童将自己原有的一般经验提升到新的经验水平；

(4) 活动需要情境，在课程设计中要考虑为儿童的学习提供大的活动情境，使儿童在此情境中动手做、动嘴说、动眼看、动耳听、动脑想，以滚雪球的方式不断扩展儿童的相关经验，帮助儿童形成经验的链接；

(5) 活动需要预成的计划和生成的空间，从而为儿童与教师留下延伸与发展的机会。①

所以笔者认为这种编制体现了几方面的特点：

(1) 充分体现了以儿童为本的教育哲学理念与以儿童发展为本的课程理念。过去的幼儿园课程编制往往是从考虑课程目标的确立开始，研究多的是“如何教”的问题，而这种编制则是从考虑儿童发展需要获得的核心经验开始的，把儿童的学习、儿童的发展放在了编制课程的首位，从儿童“如何学”来入手；

(2) 目标的各部分内容相关，即是当前国际课程编制中所提倡的“content-related”内容相关目标，不论是从语言角度提出的教育目标，还是从社会角度提出的教育目标都紧紧地扣在儿童的核心经验上。

(3) 课程编制也注意了领域发展的核心概念，也即在各个领域的具体目标中，都蕴涵了对儿童发展核心概念能力的系统规划。

(4) 在编制课程时不仅依据儿童的普遍需要和单元主题所蕴涵的核心价值规划了课程的内容，而且在课程的实施中也为教师的创造、儿童的参与和课程的发展留下了足够的空间，充分体现了课程的动态性与课程中师幼合作学习的互动关系。

(5) 课程编制是预成课程与生成课程设计的统一。预成课程设计是指一种由教师预先制定好详尽的教学计划或课程方案，别人只能机械执行而不能更改的课程设计，而生成课程设计是指在师幼互动过程中，通过教师对儿童的需要和感兴趣的事物的价值判断，通过师幼的互动，不断地调整、建构课程计划的设计，这种设计使得课程编制成为一个动态的发展过程而不是“罐头式”②课程的编制。

20 世纪 90 年代以来对课程编制的进一步探讨对于丰富我国幼儿园课程编制的理论及从技术上解决课程编制的三个适宜性：对儿童年龄特征的适宜性、对个

① 《幼儿园活动整合课程》，南京师范大学出版社、台湾信谊基金出版社，2002，P. 4～5。

② 美国太平洋橡树学院教授约翰·尼莫在《生成课程》一书中提出的一个概念，即指一种课程方案或活动由于它们被编写的非常细致周密，教育过程的步骤和细节全都考虑到了，老师只要打开方案，取出其中的部分内容，就可按照详尽的说明一步一步地把课程呈现出来，所以被形象地称为“罐头式”课程。

体差异的适宜性和对社会文化的适宜性具有重要的指导意义。同时对于不同的幼儿园建立自己的园本课程，编制自己的课程体系也有一定的指导作用。而且课程的编制也确实推动了我国90年代幼儿园课程实践的发展。然而我们还应该看到的是：

(1) 在幼儿园课程的编制中，课程目标的确立是第一环节，也是一个十分复杂的问题，但课程目标必须与课程编制的其他方面有机地结合起来，并加以整体考虑和应用，才能发挥其应有的作用；

(2) 课程编制是从课程基本理论到课程实施的中介环节，转化环节，它既要受一定的教育哲学、教育理念与课程思想的指导与影响，又要使编制的课程具有科学性。

西方课程编制模式的历史使我们明显地看到，从泰勒主持的“八年研究”到布鲁纳亲自编制学科结构的课程，每一项理论的提出，都是建立在坚实的实验基础上，因而他们所提出的课程编制思想才在世界范围产生了巨大的影响，并经历了时间的考验，这不能不对我们的幼儿园课程编制产生启发与思考。

四、本期幼儿园课程发展与改革的特点分析与评价

近20年来，我国的幼儿园课程改革在经历了理论与实践上的困惑、反思后，在借鉴与吸收西方的儿童教育理论、课程理论及相关学科的优秀成果的基础上，在重新反思我国老一辈幼儿教育家陈鹤琴先生等人的课程思想的基础上开展了幼儿园课程理论与实践的探索，取得了较大的成绩。特别是形成了具有课程指南意义的《幼儿园工作规程》（以下简称《规程》）及《幼儿园教育指导纲要（试行）》（以下简称《纲要》）。所以在此我们就不专门分析《规程》与《纲要》的内容思想了，而是结合二者作为参照点来总结与分析、评价80年代以来的幼儿园课程发展与改革。

（一）形成了以儿童发展为本的幼儿园课程价值取向

创造高质量的儿童教育，以儿童为本，促进儿童身心全面和谐的发展是20世纪80年代以来世界各国幼儿教育改革的共同目标。同样如此，我国80年代以来的幼儿园课程改革也形成了以儿童为本的课程价值取向。

我们知道课程是工业革命的产物，是制度化教育的结果。然而在谋求政治经济大幅度发展的时代背景下，课程更多的接受了唯科学主义的浸透，课程更多的关注作为客观世界的规律性的内容——知识，在课程视野里，语文仅仅是字、词、句、段、篇的累加，数学仅仅是数字、公式、定理的集合等等，课程对这些外在知识的获得活动关注较多，惟独失却了对人性的关注，对人的关注。对科学理性

的遵循使人成了课程所传播的知识的复制者，主体性存在在科技的工具理性中逐渐处于流失的境况，造成了我们常说的教育中“见物不见人”，“只见分数不见人”的状况，打破了杜威“儿童的世界是一个具有他们个人兴趣的世界，而不是一个事实和规律的世界。儿童世界的主要特征不是什么与外界事物相符合这个意义上的真理，而是感情和同情。”①这一美好的愿望。20 世纪七八十年代人们开始反思这种片面的价值取向的课程观，要求重新认识课程与人的关系，反对惟科学主义，反对工具理性，反对智力中心，以人为本就成为人本主义教育的一大特点。我国 80 年代以来的幼儿园课程改革在很大程度上也是顺应这个世界教育改革的潮流的。所以在 80 年代以来的幼儿园课程改革中人们也在反思幼儿教育的小学化、功利化的根源，人们逐渐发现，幼儿教育中的这些现象都源于没有对儿童本性的真正尊重，没有把儿童看作是一个知情意行相统一的完整的个人，因此重新认识儿童的本质，以儿童发展为本就成了 80 年代以来课程改革的重要取向了，而且通过这次改革也基本上形成了这样的幼儿园课程价值取向。这从八九十年代课程改革的成果《规程》与《纲要》中就可以明确看出。如《规程》中把幼儿教育的目的以任务的形式作了概括性的表达“对幼儿实施体、智、德、美诸方面全面发展的教育，促进其身心和谐发展”，目的充分指向了儿童发展本身，而且在几个方面的目标中也体现了尊重儿童的年龄特点，强调保教结合，把体育放在首位。因为幼儿阶段身体的发育和机能的健全发展是其他一切发展的基础，比起其他年龄阶段的儿童更为重要；在智育方面，强调利用感官、培养动手能力，反映了对儿童思维特点、认识特点的尊重，同时重视培养儿童的兴趣与求知欲，表明了幼儿园课程决不仅仅是知识的传授，它更多地担负着广泛、深刻的培养儿童从事智力活动所需要的基本素质与良好的非智力因素的任务。在德育方面，强调从儿童的情感入手，重视儿童良好性格与习惯的培养；在美育方面，以培养儿童的感受美和表现美的情趣在前，能力在后，这些都突出了课程以儿童为本，以适合儿童的发展为准则。到了《纲要》中则进一步扩展与深化了以儿童为本的思想。可以这样说，《纲要》的字里行间都旗帜鲜明地高扬尊重儿童，促进儿童全面和谐发展的观点。《纲要》总则的五条中除第一条之外，其他几条都分别从不同角度，围绕“以儿童发展为本”明确指出：共同为幼儿的发展创造良好的条件；满足幼儿多方面发展的需要，使他们在快乐的童年生活中获得有益于身心发展的经验；尊重幼儿的人格与权利，尊重幼儿身心发展的规律和学习特点，……促进每个幼儿富有个性的发展，等等。不仅如此，这一精神还自始至终融入了《纲要》的其他部分，指导着幼儿园课程的组织、实施、评价等环节。如在各个领域的指导要点中，为了

① 《杜威教育论著选》，华东师范大学出版社，1981，P. 76。

儿童的身心健康发展，鲜明地点出了幼儿园课程实践中带有普遍性的问题，如“健康领域的活动要充分尊重幼儿生长发育的规律，严禁以任何名义进行有损幼儿健康的比赛、表演或训练等”；“要避免仅仅重视表现技能或艺术活动的结果，而忽视幼儿在活动过程中的情感体验和态度的倾向”；“应支持幼儿富有个性和创造性的表达，克服过分强调技能技巧和标准化要求的偏向”。其实这些话语的背后都深深地体现着一个重要的理念，那就是儿童是一个独立、主动的人，是不同于成人的人，有自己独特的生存状态，有自身的生命特征和生活方式，有自身的发展规律，幼儿园课程只有在尊重儿童的发展水平、能力、经验、学习方式等方面特点的基础上，才能使每一个儿童获得满足与成功。课程只有以儿童的发展为本，才能确实真正促进儿童的发展。

（二）注重儿童终生学习与发展品质的培养是幼儿园课程改革的重要目标

长期以来在我国的幼儿园课程中，小学化的现象是非常严重的，教学中重视知识的灌输，技能的训练，轻儿童主体意识及学习兴趣的培养，忽视儿童良好态度与积极情感的体验，提前教识字、学拼音，算术增至百以内甚至千以内的计算等等的事情非常普遍，尽管儿童一时提前获得了一些外显的事实性知识，但却失却了很多内在的发展潜质，儿童可持续发展的优势到底能持续多久？80 年代以来的课程改革达成了一致的共识即以儿童终生学习与发展的品质培养作为课程的基本目标。

的确，社会政治、经济和文化的发展，终生教育与学习化社会的到来使基础教育的目标取向发生了重大的变化。“21 世纪的基础教育把每个学生潜能的开发、健康的个性发展、为适应未来社会发展变化所必须的自我教育、终生学习的愿望和能力的初步形成作为最重要的任务，这与传统教育中把基础主要定位于基础知识、基本技能和技巧的训练有很大的区别。”[①]“基础教育再也不能仅限于教孩子们读书、写字和算术，它还应当教导人们学会做人，学会做事，学会学习，学会与他人共同生活。”[②]也即它更重视儿童学习的乐趣与兴趣，学会学习的能力及对知识的好奇心，注重儿童获取、更新知识的能力及与他人合作、交往的品质等等，换句话说，即是为儿童一生的持续发展奠定基础。作为基础教育基础的幼儿教育自然也顺应这样的教育改革潮流，从而使幼儿园课程改革的目标提升到了新的高度，有了新的目标取向与核心的价值追求。关于这一点我们可以从《规程》与《纲

① 张维仪：《教师教育——改革与发展热点问题透视》，南京师范大学出版社，2001，P. 10。
② 松浦晃一郎：《经济全球化能创造新文明的价值观吗？》，《教育展望》，2001，(4)P. 8。

要》的表述中明确看到。如《规程》中强调要培养儿童有益的兴趣和求知欲望，萌发儿童美好的情感，培养自信、好问、友爱、勇敢等的品性与活泼、开朗的性格。而《纲要》则更清楚地表达了这一认识，在教育内容与要求中指出，要“从不同的角度促进幼儿情感、态度、能力、知识、技能等方面的发展”，“要避免仅仅重视表现技能或艺术活动的结果，而忽视幼儿在活动过程中的情感体验和态度的倾向。”“尤其要避免只重知识和技能、忽略情感、社会性和实际能力的倾向。”“教育内容要选择幼儿感兴趣的事物与问题”等等，不难看出，它是把儿童的情感、态度作为儿童发展的最重要的方面列在首位的。同时从《纲要》所规定的五个课程领域的目标表述中也更多地使用了“体验”、“感受”、“喜欢”、“乐意”等字眼，各领域都强调良好习惯的形成，强调合作、参与、探索，强调通过“引发、支持幼儿与周围环境积极的相互作用”来学习知识、技能，而且在阐述中也能体会出它所渗透的“尊重儿童意愿、满足儿童兴趣，丰富儿童体验，凸显儿童自主”的精神，明显地着眼于儿童积极主动的态度，强烈的学习兴趣及有效与环境互动的能力，在 90 年代的幼儿园课程目标中，人们是把情感、态度放在首位，把能力放在知识之前的。至于儿童获得的知识不再是我们以前所讲的静态的知识，不再是那种通过记忆储存起来的特定知识点，知识已变成了一种儿童在活动过程中获得的体验，儿童与环境相互作用所获得的经验。《纲要》中对发展“情感、态度、能力、知识、技能”的排序本身就体现了一个鲜明的课程目标取向，那就是课程注重培养儿童终生学习与发展的品质。正如《教育—— 财富蕴藏其中》所表明的：“这种学习更多的是为了掌握认识的手段，而不是获得经过分类的系统化的知识。即将其视为一种人生手段，也可将其视为一种人生目的。作为手段，它应使学生个人学会了解他周围的世界，至少是使他能够有尊严地生活，能够发展自己的专业能力和交往。作为目的，基础是乐于理解、认识和发现。”①

（三）幼儿园课程改革力求在满足儿童发展需要的同时也满足社会的需要

教育作为人类的一种特有活动具有一定的目的。课程作为教育的核心或心脏，自然也有其应然追求。然而满足社会需求与满足儿童需求究竟孰轻孰重，一直是个争论不休的问题。众多观点归纳起来即是社会本位论与个人本位论。社会本位论认为，儿童是社会的财富，是未来的劳动力，社会是最为根本的，社会的价值是绝对的，课程应当体现与满足社会的需要，儿童个人需要的满足必须以社会需

①《教育——财富蕴藏其中》，教育科学出版社，1996，P. 76。

要为目的，因为儿童是特殊的，是隶属于社会、依存于社会的；而社会则是普遍的、根本的、永恒的；根据儿童个人需要的兴趣考虑课程是无意义的，必须根据社会的需要、利益来考虑课程。个人本位论认为，儿童个人的存在与发展才是根本，离开具体的个人，社会就成为抽象的社会，社会的发展必须建立在儿童个人发展的基础上，因此强调课程对于儿童及个体的发展作用，满足儿童的各种需要，尊重儿童的各种权利就成了课程的出发点。课程内容的选择、课程的实施安排都应当谋求儿童个人的最大发展的需要及可能性。当然，在今天把社会与儿童如此简单的对立、二者不可兼得的极端论点已经很少见了。但是课程到底是侧重于满足社会需要还是优先考虑满足儿童发展的需要，是培养“人力”还是培养“人”仍然是课程改革中需要抉择的问题。

在50年代我国的幼儿园课程中注重培养的是社会主义的接班人，从社会需要角度考虑的较多。进入80年代以来，人们在批判、反思过去的社会本位的课程后提倡以儿童为中心的课程，要求以儿童的兴趣、需要为课程的出发点，这对矫正以往的偏向有一定的作用，有它合理的一面。但似乎又有矫枉过正的现象，如忽略文化与社会对儿童的作用，忽略成人对儿童的影响，将课程活动完全视为儿童内发的自动活动等，满足了儿童个体的需要，却又有忽视社会需要的一面。其实，儿童个体的发展与社会的发展是相互制约的：社会制约与塑造着儿童个体，儿童个体也制约和塑造着社会。

正如马克思所说的，像社会本身生产作为人的人一样，人也生产社会。教育活动（包括课程）作为沟通个体与社会的一种特殊活动，它能够有效地把社会的要求转化为儿童个人的素质，把儿童的素质提高到社会发展所要求的水平，使儿童成为社会生活的主体，从而创造社会。所以社会总会在不同的程度上借助于幼儿园课程来满足其相应的需求。只强调儿童的发展而不承认社会的要求是不现实的。然而，幼儿园课程作为一种特殊阶段的课程，它所面对的是未成熟的儿童，所以最大限度地满足儿童发展的需要，注重儿童发展的价值是其应有的特点。因为，如果课程不能满足儿童发展的需要，没有儿童发展价值的实现，也就不可能满足社会的需求，当然也就谈不上社会价值的实现。因为社会价值是通过儿童特定的发展表现出来的。所以理想的幼儿园课程应当在儿童发展与社会发展需求之间找到一种平衡。令人欣慰的是，我们从幼儿园课程改革的成果、课程的指南《纲要》中看到了这一点。《纲要》在第三部分的第五条关于教育内容的选择中提出了三条原则：1.“既适合幼儿的现有水平，又有一定的挑战性。”2.“既符合幼儿的现实需要，又有利于其长远发展。”3.“既贴近幼儿的生活来选择幼儿感兴趣的事物和问题，又有助于拓展幼儿的经验和视野。”从中我们可以看出，现阶段我国的幼儿园课程从理念层面上是先要适合儿童的现有水平，符合儿童的现实需要，选择贴近儿童生活的感兴趣的经验与事实（儿童本位）作为课程的内容，充分考虑到了儿童身心发展的特点，考虑到了儿童发展的价值的优先实现。

然而幼儿园课程又没有仅仅停留于这一步，而是在此基础上又提出了进一步的要求：课程内容要有一定的挑战性，有助于拓展儿童的经验与视野，要有利于其长远的发展(社会本位)，希冀通过儿童个体发展价值的实现来满足社会的发展，辨证地看到了儿童发展与社会发展的关系。的确，课程最重要的、最根本的目的必须是促进儿童的发展，培育儿童与生俱来的成长的可能性。课程应以儿童的成长、发展为优先。“教育不仅仅是为了给经济界提供人才：它不是把人作为经济工具而是作为发展的目的加以对待的。使每个人的潜在的才干和能力得到充分发展，这既符合教育的从根本上来说是人道主义的使命，又符合应成为任何教育政策指导原则的公正的需要，也符合既尊重人文环境和自然环境又尊重传统和文化多样性的内源发展的真正需要。”[①]“不培育健全的人，终究不会有健全的社会与健全的经济。无可否认。在经济体制中确实需要仰赖具备技能的劳动力，不过，要确保这种劳动力，就得首先把青少年作为一个人。然后才作为未来的劳动者来看待，这才是现实的。惟有健全的、富于充实意义之人生的人，才能从事真正的生产活动。”[②]所以在儿童需要与社会需要，在个人价值与社会价值之间不能给予简单的对立，应把他们放在协同的地位上，这样才能促使幼儿园课程的价值最大成效地实现，在力求满足儿童发展的基础上满足社会的发展。

美国的一个教育研究基金会1962年在密歇根州发起了一项历时近30年的幼儿教育跟踪研究[③]：研究的对象是一些家庭条件比较差但接受到幼儿教育的儿童，追踪他们一直到二十七八岁。发现与没有受过幼儿教育的同类人相比，有三个明显的差异：一是明显地提高了学习成绩，学业完成率高；二是明显提高了社会稳定性和社会责任感。这部分接受过幼儿教育的年轻人的成婚率高，就业率和有酬率（有报酬的就业）高，占有资产率高，犯罪率低；三是明显减轻了纳税人负担。根据研究报告的测算，对这组儿童每投资1美元保育教育费，可以减轻纳税人7.16美元的负担，投资回报率为1:7。最后的结论是，早期教育的投资收益大大高于投资的花费。这说明幼儿教育对人一生的发展，对经济、社会的发展，对消除贫困、对缩小不利人群和主流社会的差距都具有非常重要的积极作用。这项研究的结果也进一步说明了，通过改革我们力求在满足儿童个人发展需要的同时满足社会发展需要的理念应该说是有重要价值的。

---

① 《教育——财富蕴藏其中》，教育科学出版社，1996，P. 70。

② 钟启泉：《“整体教育”思潮的基本观点》，《全球教育展望》，2001，(9)P. 12。

③ 王湛：《在全国幼儿教育工作座谈会上的讲话》，《学前教育研究》，2002，(1)P. 6。

（四）幼儿园课程的实施注重为儿童创设良好、丰富的活动环境

蒙台梭利曾经说过，在教育上，环境所扮演的角色相当重要，因为孩子从环境中吸收所有的东西，并将其溶入自己的生命之中。80年代以来我国幼儿园课程改革的一个重要成果就是充分重视在课程的实施中为儿童创设丰富的活动环境。这是基于对一系列理论的认识、借鉴，通过思考而形成的。

儿童的发展不是一个被动的接受外界影响的过程，而是一个以儿童自身为主体的个体因素与环境因素相互作用的过程。从皮亚杰的建构论到维果斯基的社会建构论都强调了这一理念。在皮亚杰看来，儿童从出生时起就是一个自主的个体，是一个主动积极的学习者。他们是在与环境的相互作用中运用适应和改变的能力对世界建立起一套认识与基本概念，发展并建构起自己的认知结构的。所以皮亚杰强调为儿童提供活动的环境与机会，促使儿童在活动的过程中发展与建构自己的认知结构。维果斯基进一步发展了皮亚杰的思想，提出了儿童的发展不是在真空的环境中，他认为皮亚杰脱离了文化，脱离了儿童周围的环境，因而不能真正理解和认识儿童发展的本质。维果斯基认为："人的心理发展的源泉与决定因素是历史过程中不断发展的文化，而'文化'则是人的社会生活与社会活动的产物。"[①]也就是一定的具体的社会文化环境。他深信人与人之间的社交互动是儿童智能发展的源泉，一切较高级的心智能力如逻辑推理、概念建立、语言能力等都是由人际间的互动所产生的，即儿童是在与他人的相处中，直接或间接地进行学习的。所以儿童所处的社会文化背景及社交经验影响儿童能力的发展。如果儿童能与其他的成人或同伴形成有效的社会合作学习共同体，那么就可以帮助他们完成合作建构的过程。于是，20世纪80年代以来幼儿园课程的研究者汲取了这样的观点，开始关注如何在幼儿园课程中为儿童提供活动的环境与机会，促使儿童在活动的过程中发展与建构自己的认知结构。世界上著名的凯米—德佛里斯课程，海伊·斯科普课程就是借鉴皮亚杰理论设计的课程，瑞吉欧幼儿园课程则充分吸收了社会建构论，重视儿童在社会和人际关系之中对知识的建构。这些课程尽管组织实施的方式不同，但都注重为儿童提供适宜的环境，材料与情境，注重为儿童积极的社会性交往创设适宜的氛围，都鼓励儿童有目的的活动，因此通过环境进行教育，在活动中求发展是其特点。

我国幼儿园课程理论工作者也充分吸收了这些理论与经典课程方案的优点，通过自己的思考也确立了在我国幼儿园课程的实施中通过给儿童提供优质的活动环境去促进儿童的发展。这从课程的指导性文件中也可看出，《规程》中就指出要

① 余震球：《维果斯基教育论著选》，人民教育出版社，1984，P. 2。

"创设与教育相适应的良好环境。"《纲要》则对环境有了专门的论述："环境是重要的教育资源，应通过环境的创设和利用，有效地促进幼儿的发展。""幼儿园的空间、设施、活动材料和常规要求等应有利于引发、支持幼儿的游戏和各种探索活动，有利于引发、支持幼儿与周围环境之间积极的相互作用。""幼儿同伴群体及幼儿园教师集体是宝贵的教育资源，应充分发挥这一资源的作用。"等等。因此，在我国的很多幼儿园课程文本，如"综合教育课程"、"五领域课程"、"田野课程"、"探索性主题活动"等方案中也明确提出了在环境创设方面的要求。因此在我国广大的幼儿园课程实施中，为儿童创设良好、适宜的教育环境，促进课程目标的实现已成共识。

自80年代以来，在课程的实施中，首先，强调要为儿童创设丰富的物质环境。要求幼儿园的教师要根据儿童的年龄特点、实际发展水平、兴趣及所围绕的教育目标，设置不同的活动区或活动角，布置活动室的主墙壁，并根据每个阶段儿童的发展需要及课程内容的要求不断更换、调整，使活动室的环境也成为了课程的一部分。同时，课程实施中还要充分利用室内、室外、走廊等活动空间，利用充足的玩具、材料及废旧物品、自然材料，使创设环境的过程也成为教育的过程，从而引导儿童在积极参与创设环境的过程中得到发展。其次，在环境的创设方面也注重建立良好的师生关系，注意营造平等、宽松、愉快的氛围。的确，平等、宽松、理解的人际环境和精神氛围是儿童能否轻松愉快地生活、积极主动地学习的基本条件和重要保证，所以课程的实施中怎样无条件地满足儿童对爱、对尊重的需要，怎样无条件地接纳儿童，鼓励与支持儿童参与各项活动，是保证每个儿童在活动中能否获得成功感受的重要条件。再次，在课程的实施中也重视帮助儿童建立良好的伙伴关系，使儿童在集体活动中积极主动地相互交往，在与同伴交往的过程中学会合作、谦让、分享等品行，并获得积极的情感体验。总之，环境的创设已成为课程实施的重要部分，为儿童提供活动的环境，交往的环境，使儿童在与环境的交互作用中得到发展，实现课程目标，是80年代以来幼儿园课程改革的一个重要理念。

（五）强调质性评价，形成了全新的幼儿园课程评价理念

80年代以来幼儿园课程的改革也带来了课程评价观念的更新。过去在课程评价中，人们过多的强调课程的甄别与选拔功能，忽视改进与激励的功能；过分的关注课程对儿童发展的结果而忽视了过程本身对儿童发展的意义；评价方法单一，也过于注重量化，缺少质性的描述评价与多样化的评价主体，致使课程评价没有能够很好地发挥其反馈、激励、总结与导向的作用，没有能够很好地提供强有力的信息。经过近20年的改革，现在的幼儿园课程评价在理念上与原来相比发生了

质的变化，评价越来越走向过程取向与主体取向的质性评价。课程评价注重的不再是课程的预期结果与儿童的学习结果，而是儿童学习的过程、探索的过程，是课程真实进展的过程，从而使评价的过程成为为改进课程实践提供真实可靠依据的过程。这里我们结合《纲要》中评价的内容来加以简要说明。

1. 从终结性的评价到动态的发展性评价

过去我们的评价目的更多的是为了对课程实施的效果及儿童的发展结果做出总结与鉴别，因此我们关注的是课程活动的结果，注重的是评价的鉴定功能，因而常常忽视了儿童发展的过程，忽视了个体发展的特质，出现了教师热衷于根据评价结果给儿童“排队”、“贴标签”，区分“好孩子”与“坏孩子”的情况，给儿童的心理与人格的发展带来了负面的影响。经过课程的改革，评价开始转向了发展性的价值。《基础教育课程改革纲要（试行)》明确指出，要“改变课程评价过分强调甄别与选拔的功能，发挥评价促进学生发展、教师提高和改进教学实践的功能。”要建立促进儿童、教师、课程不断发展的评价体系，从而凸显了发展性的评价观。《纲要》也提出，评价是“促进每一个幼儿发展，提高教育质量的必要手段”，评价的过程也是“教师自我成长的重要途径”，更为明确地展现了新的幼儿园课程评价理念，将评价作为了解儿童、促进儿童发展，将评价作为教师反思性成长及提高课程活动效果的重要手段。这样评价再也不是仅仅在课程活动结束时进行的终结性评价，评价与课程的动态发展联系在一起了，评价成了教育工作的有机组成部分，贯穿在课程活动进行的始终，从而把实现课程目标的每一个环节的关键因素、表现形态及各种内在和外在条件放在了反复的、动态的评价监控之中，在真实的课程活动情境中，关注儿童的发展，发现每个儿童的特点，识别和培养他们区别于他人的兴趣与智能，从而帮助他们实现富有个性特色的发展，同时也为教师的自我成长建立一条发现自我价值感的有效途径。

2. 从单一的评价主体到多方主体参与的评价

过去课程的评价往往局限在教师或园长单一的主体评价，由教师或园长做出有关课程效果与儿童发展的结论。一般是由园长对教师进行评价，由教师对儿童的发展进行评价，由上级主管部门负责对幼儿园课程质量进行评价。经过改革，人们已认识到了单一评价、主体评价带来的弊端。评价主体的多元化已成为课程评价活动所追求的一个方向，课程的评价成为了多方主体参与的评价。正如《纲要》明确提出的：“管理人员、教师、幼儿及其家长均是幼儿园教育评价工作的参与者。”改变了传统的教师对幼儿大一统的评价体系，建立了一个幼儿、教师、家长及管理人员共同参与的多元主体评价体系，这样不仅利于教师听取各方面的意见，做出正确判断，而且也能使家长、管理人员通过积极参与的交互活动，如家长开放日、公开教学活动等更好地了解幼儿园课程，了解幼儿的发展，更加关心幼儿园的教育，通过各方的自评、互评，真正实现“评价过程是各方共同参与、相互支持与合作的过程”这一目标。

3. 以评价者为主的评价到以教师为主的评价

对教师在课程活动中行为态度的评价是课程评价内容的一个重要部分。过去对教师的评价更多的是上级教育行政部门的管理人员与教研室负责人来进行的，是以他们的评价为主。现在《纲要》则明确指出：“幼儿园教育工作评价实行以教师自评为主，园长以及有关管理人员、其他教师和家长等参与评价的制度。”反映了课程改革后评价在重视各类人员参与评价的同时，更注重被评价者——教师的自我检查与自我评价，并且把被评价者教师的自我评价意见与评价者的评价意见有机地结合起来。不仅有利于教师对自己课程活动中的行为态度及时进行自我监督，同时也能更好地发挥教师在课程评价中的主动性、积极性，使评价工作得到教师的支持。美国著名心理学家马斯洛曾经说过：以自我批评和自我评价为主要依据，把他人评价放到次要地位时，独立性、创造性、社会性就会得到促进，从而鲜明地指出了自我评价的重要意义。同时也使评价者与被评价者教师在相互平等、尊重和合作的基础上，在友好、信任的气氛中，通过协商、讨论、辩论等不同的沟通方式进行，使对教师的评价过程成为彼此之间交流学习的机会，从而有助于教师自身素质的提高。实现《纲要》所要求的“评价的过程，是教师运用专业知识审视教育实践、发现、分析、研究、解决问题的过程，也是促其自我成长的重要途径。”

总之，幼儿园课程评价取向与新的评价理念的建立不仅体现了近20年课程改革的成就，而且也符合当前课程评价发展的趋势，对于推进我国今后幼儿园课程的改革意义是深远的。

（六）幼儿园课程改革中注重预设的课程与生成课程的统一

长期以来，由于我国的计划经济体制以及与此相应的中央集权的课程管理模式，在课程实施的过程中，教师基本上执行的是一种提前预设好的课程，它有预先制定好的完整的课程计划，安排好了课程的目标、内容、进度，分配好了每一个课时，甚至有的课程计划把每周、每天以至于上下午要做的每一个具体活动都安排好了。课程计划有详尽的、具体的、可操作的目标，课程实施的每一步都做了明确的规定。教师所要做的就是严格地执行计划，根据既定的方案，引导儿童像计划中预想的那样活动一番，以达到预想的目标。当然教师在执行计划的过程中也会做一些小的变动，但课程计划的基本思路、基本内容、基本程序是不变的。通过80年代以来的课程改革，尤其是瑞吉欧方案课程的影响，目前在我国的幼儿园课程理念层面基本上形成了课程的预设与生成的统一。

美国太平洋橡树学院的约翰·尼莫教授认为传统的预设课程把课程的每一步骤和细节都考虑好了，教师所要做的就是打开课程说明，按照计划，一步一步地把课程呈现出来，所以形象地把这种课程称之为“罐头课程”。针对罐头课程，尼莫提出了“生成课程”(emergent curriculum)。生成课程与预设课程不同，它不是教育者预先设计好的，在教育过程中不可改变的僵死的计划，也不是无目的地追随儿童的、随意的、自发的活动，而是在师生互动中教师根据对儿童的需要、兴趣的观察及所做的价值判断不断生成课程活动，不断调整课程计划的师生共同建构课程的过程。可以说，瑞吉欧的方案课程就是一种生成性的课程。90 年代，来自意大利瑞吉欧的方案课程风靡了世界，其独特的教育哲学与崭新的课程理念曾影响了世界上的幼儿教育，我国的幼儿园课程改革也在融合其合理的、先进的课程理念的基础上进行。的确，90 年代以来，后现代课程观所强调的课程的动态性、过程性，师生互动的共同建构性对世界性的幼儿教育都发生了深刻的影响，瑞吉欧的生成课程作为后现代课程的特征与产物，是对现代的预设课程的一种反思、继承与超越，它继承了现代课程的规划性、目的性，超越了它的僵化性，并赋予了它灵活性、生成性。90 年代我国的幼儿园课程改革也充分地吸收与融合了其合理的课程理念，所以当前在我国幼儿园课程界，不论是课程的理论工作者，还是幼儿园一线的教师都在理念层面上认同了课程的预设性与生成性的统一。大家深深懂得，在课程活动之前都要进行认真的预设，包括课程的规划、一般性的目标、活动可能进行的路径及多种可能性，但在课程活动中又不能服从于预设，局限于预设，而是要根据活动中师生的互动激发情况、儿童的兴趣和需要及时修正、改变预定方案，及时调整课程预先设定的计划与“线路”，在充分发挥儿童主动性，在满足儿童内在兴趣、需求的基础上，让儿童自主地探索，自我建构，自我完善。教师虽然难以完全预想到儿童会对哪些问题产生好奇与兴趣，会从哪种角度进行探索，但教师可以通过自己对儿童的观察与倾听，调整或修正预定的课程计划，调整预先设定的路径与目标，使课程活动朝着更有利于儿童发展的方向延伸。所以课程预设性与生成性的统一对教师提出了一定的挑战，因为现在的课程活动再也不是原来预设课程按部就班的按照计划完成目标的过程。活动的每一步既在教师预料之中，又在教师预料之外，有很多的不确定，也有很多的可能性，从而对教师具有很大的吸引力，有利于发挥教师的积极性与创造性。

（七）开发、构建幼儿园自己的园本课程是本期幼儿园课程改革的独特之处

20 世纪 80 年代以来幼儿园课程改革与以往课程改革明显的不同即在于很多

幼儿园从自己幼儿园的实际出发，充分考虑自己幼儿园儿童的发展特点及各方面的课程资源，在借鉴相关课程方案的基础上开发、构建自己的园本课程。可以说，自20世纪80年代以来，幼儿园课程的改革就是与幼儿园园本课程的开发、构建联系在一起的。而且由于幼儿教育不属于国家的义务教育范畴，所以迄今为止，园本课程的开发研究远远要比校本课程的开发研究深入广泛的多。从80年代我国课程改革中的“综合主题课程”开始，一直到90年代的“单元教育课程”、“情感课程”、“游戏课程”、“田野课程”、“生存课程”等等，园本课程的开发与构建取得了很大的成绩，出现了园本课程多样化的局面。

（八）形成了初步的幼儿园课程理论体系与多样化的幼儿园课程实践模式

近20年的课程改革不仅使我国的幼儿园课程实践取得了丰硕的成果，而且也初步形成了我国幼儿园课程的理论体系。幼儿园课程理论作为幼儿教育理论的一个重要范畴在80年代以前深入探讨的比较少，通过近20年的改革，我国的幼儿园课程理论获得了很大的发展，在课程的基本含义、课程的结构、课程的设计、课程的组织与评价方面基本上形成了与普通课程既相一致又相异的独特的理论。从显在层面上看，除了在《幼儿教育学》教材中增加了“幼儿园课程”一章外，自90年代关于幼儿园课程的专著与教材出版了很多。如石筠韬博士的《幼儿教育课程论》，冯晓霞教授主编的《幼儿园课程》，倪敏教授主编的《幼儿园课程与教育活动设计》等等，进一步丰富了幼儿教育的理论。幼儿园课程理论尽管在目前还不够成熟、不够完善，但它已作为一个独立完整的理论体系存在于幼儿教育理论中，而且正在对幼儿园课程实践发挥着最大的指导作用。

早在1988年赵寄石与唐淑教授就曾指出：“当前国际上幼儿教育课程研究的发展趋势是要设计并实施适应各地区、各民族，各种经济、文化背景，各种自然、物质环境的多种多样的课程模式，而不是要求，也不可能，建立某一种到处适用的‘最佳’模式”。“针对我国地域广阔、人口众多、经济发展不平衡、文化背景不一致，民族特点和社会习俗多样等实际情况，……当前幼儿园课程改革的方向是提倡建立多种课程模式以适应课程的需要。课程研究的焦点是通过互相交流，共同探讨，促使各种模式在各自的教育实践中日益完善起来。”[①]近20年的幼儿园课程改革的确使我国的幼儿园课程出现了多样化的趋势，彻底打破了我国自20世纪50年代到80年代初分科课程单一课程模式一统天下的局面，在实践中形成

① 赵寄石，唐淑：《论幼儿园课程改革》，《学前教育研究》，1988，(5)。

了一批有影响的幼儿园课程实践模式。如南京师范大学与南京市实验幼儿园共同开发的“幼儿园综合教育课程”，它针对原有分科课程割裂知识之间的联系，割裂儿童整体发展的弊端，提出以儿童对自然、社会和自身的认识为主线，从情感教育入手，通过 30 多个主题所构成的活动，实现教育内容、教育手段、教育过程三个方面的综合以及主题活动、周（日）活动和个别活动三个层次的综合，从而建构了一种指向儿童整体发展的幼儿园综合课程模式。可以说是我国 80 年代研究最早且影响最大的一种课程模式。除此之外，其他的一些课程模式研究在保持“综合”方向的同时，主题则更进一步鲜明化。如上海市静安区南京西路幼儿园的“游戏课程模式”，本着培养“健康、文明、会玩、有爱心”的目标，把幼儿园课程分为了游戏、活动、生活三大类，在实施时以游戏活动为主，并以日常活动与节日、家园活动等辅助活动共同配合完成。上海市宝山区红星幼儿园提出的“情感课程模式”，针对以往课程中重认知，轻情感的状况，突出情感教育，在课程中既重视儿童的情感态度，又重视儿童情感智慧的形成，“以整分结合”的方式，构建了“实体性培养”与“渗透性、随机性培养”相结合的课程体系，形成了以实物活动为核心的多元情感智慧培养的操作模式。上海中福会幼儿园提出的“生存课程模式”，从对幼儿的人文关怀入手，按照“学做人”、“学生活”、“学学习”三大领域，遵循两条主线索：人、自然、社会与文化线索；认知、情感线索；建构了一个由 44 个综合主题构成的课程体系。生态式融合课程模式借鉴后现代的教育思想，模仿自然的生态系统，将原有的单科教学重新组合为社会、科学、艺术三大领域，以主题为形式、审美艺术活动为突破口，用爱、美、生命的人文主义精神，对儿童进行整体性、融合性、开放性的生态式教育，从而构建了其独特的课程模式。与此类似的还有南京市太平巷幼儿园的“田野课程模式”，无锡市实验幼儿园的“生活・学习・做人课程模式”，湖州市实验幼儿园的“能力课程模式”等等。

在此还要值得一提的是 80 年代以来的幼儿园课程改革中也形成了农村一年制学前班的课程模式。如长沙师范学校农村学前班课程研究组经研究，提出了“综合性主题教学、分科教学和综合训练相结合”的农村学前班课程模式，打破了原来学前班单纯分科教学的状况，以幼儿的日常生活和季节变化为主线，采用跨领域界限的综合形式将语言、常识、音乐、艺术等学科内容有机组织，实行主题活动教学；将数学、体育等系统性、独立性较强的学科单独编排，实行分科教学；同时根据农村幼儿的特点及入小学发展的需要，特别编排了有关卫生、行为、学习习惯和思维、语言能力训练等内容，对幼儿进行专门的训练，凸显了农村学前班课程模式的特性，不仅充分利用了农村的社区环境，也利于与小学的衔接。

（九）存在的问题

20 世纪 80 年代以来的幼儿园课程改革取得的成绩是巨大的，不仅在幼儿园课程的理念上有了突破，形成了崭新的课程观，而且在课程理论的建设与实践上也是颇有建树的，极大地推动了我国幼儿园课程的发展与完善。然而，课程改革中也是存在一定的问题的，透过繁荣的课程改革现象，我们可以归纳总结出几方面的问题。

1. 幼儿园课程理念在学术层面、公众层面与实践层面的不一致

课程理念作为观念性的东西存在于人们的思想中，然而由于各种因素的影响，它在不同层面的表现是不一的。所谓学术层面的理念是指幼儿园课程理论研究的共同体与学者个人层面所具有的课程理念，一般具有前瞻性、科学性，课程的理念是符合课程发展的规律与儿童身心发展的特点的，是合规律、合目的性的理念，指导着课程实践的进行。所谓公众层面的理念是指在家庭及社会上普遍流行的占主流地位的课程理念，尽管它在课程改革中不占主导地位，但却以显在或潜在的形式时刻影响着课程的改革。实践层面的课程理念是指在幼儿园课程实践中所表现出来的理念，一般是通过教师来反映的。

80 年代以来幼儿园课程改革中的课程理念在上述三个方面的存在是不一致的。如在学术层面，课程早已摒弃了只重知识、单纯进行智力开发的教育，开始关注儿童的情感与社会性的发展，倡导儿童完整人格的培养，然而在公众层面这样的观念还根深蒂固，许多家长期望自己的孩子在幼儿园能学到更多的知识，掌握更多的技能，经常给孩子施压：“你呀，什么都不会，真让人着急！”要求孩子进各种培训班，学习识字、速算、英语、电脑，许多要到小学才学习的内容被提前到了学前阶段，家长恨不得将大量的知识尽快地装进孩子的大脑里，更为热门的是各种“特长”班，什么绘画、乐器、舞蹈等，都让孩子去学习，这样的例子俯拾皆是。再比如，在学术层面，人们倡导课程教学中尊重儿童的想法，允许儿童奇思怪想的存在，要注重培养儿童的批判意识，但在课程实践层面却是这样的情形：教师往往事先全部考虑好了活动的进行，拟订了详细的计划，安排好了活动的每一步进程，甚至儿童可能会出现的各种反映，千方百计地将儿童往预定的内容上引——“与老师提的问题没有关系的不要说”，“你的这个问题老师以后再告诉你”……儿童源自其经验的、感兴趣的话题常常被忽略，儿童丰富的想象常常被制止，甚至被当作与教学内容无关的“瞎说”被拒斥掉，老师既无法尊重、满足儿童的需要，也使儿童成了知识被动的接受者。学术层面强调课程的内容应来自于儿童的生活经验，在生活中、通过生活、利用生活进行

教育。但在课程实践层面，当儿童热衷于表达自己的具体经验时，教师却往往对这些经验不屑一顾，并压制它，为计划让路。如在活动室，儿童在教师有准备、有计划的指导下通过标本认识各种昆虫，而当儿童在活动室外发现草丛里的小虫子并兴致勃勃地探究时，教师却以不耽误其他正在做的活动为由加以制止，等等。这种不一致于是导致了课程改革中其他种种问题的出现。之所以会出现这样的情形，原因是复杂多样的：既有传统观念的影响，也有社会舆论导向的作用，还有教育体制本身的原因，致使学术层面的理念不能很好地为社会及教师所接受，不能真正地引导幼儿园课程的进行，致使课程改革的效果大打折扣。

的确，教育是复杂的社会现象，它不是存在于真空之中的，学术层面上的课程理念要被社会与教师所接受、认同，还要受到来自个人日常生活经验、社会传统观念、教育评价及课程管理制度等方方面面的影响，因而产生不一致也在情理之中。在这里揭示这种不一致的原因并非本研究的任务所在，重要的是呈现这种存在，并使我们认清这一存在，力求采取措施去缩小这种不一致的差距，从而更好地促进课程改革的进行，提高课程改革的效果。

2. 农村幼儿园课程的研究与改革没有受到足够的重视

我国是一个农业大国，农业人口占到了全国总人口的80%，农村幼儿教育也直接关系到整个国家幼儿教育的质量。20 世纪 80 年代以来的幼儿园课程改革尽管也注意到了农村学前一年课程的研究，如南京师范大学所做的“农村学前一年综合教育课程设计”、长沙师范学校所做的“农村一年制学前班课程研究”。但更多注重的还是城市幼儿园的课程改革，对面广量大、基础差、底子薄的农村幼儿园课程的研究与改革没有给予足够的重视 ，致使当前的农村幼儿园课程在课程观念、课程实施、课程模式等方面与城市幼儿园存在相当大的差距。如今，在城市幼儿园，当课程早已突破分科模式，出现多种课程模式并存的局面时，农村的大部分幼儿园仍然还在继续沿用着分科教学；当城市的幼儿园注重生态教育，走进大自然，带领儿童体验大自然时，农村的幼儿园却置自己得天独厚的自然环境、自然资源于不顾，学着城市幼儿园开辟植物园、种植角；当城市的幼儿园在“瑞吉欧”热下，尝试方案教学、项目活动时，农村的幼儿园还不知道什么是“瑞吉欧”；当城市的幼儿园课程走向“生成化”、“生活化”时，农村的很多幼儿却被关在小小的教室里，用着小学生退下来的课本，按着小学生的作息时间与课表上课，没有活动，更没有游戏，……这就是农村幼儿园课程的现实。20 多年来的课程改革的确取得了丰硕的成果，然而却是以城市为中心的幼儿园课程改革，占全国幼儿绝大多数的农村幼儿园的课程改革没有什么实质性的进展。因此今后课程改革的一个重要任务就是要大力推进农村幼儿园课程的发展与改革。早在 20 世纪 20 年代，陶行知先生就在《幼稚园之新大陆》一文中提出："最需要幼稚园的地方是什么？最欢迎幼稚园的地方是什么？幼稚园应当到而没有到的是什么地方？幼稚园还有什么新大陆可以发现？"[①]从而旗帜鲜明地提出了：农村与工厂最需要幼稚园。看来，我们也很有必要向陶行知先生学习，去进一步关注与推进农村幼儿园课程的发展与改革，这是时代赋予我们课程理论工作者的重任。

3. 课程改革中存在模仿课程形式而失却课程精神的现象

80 年代以来幼儿园课程改革中所存在的追逐课程形式更新而不注重课程精神与理念的现象。课程模式的多样化是幼儿园课程改革发展的一个趋势，但决不存在某一种可以替代任何形式的课程模式，综合课程、分科课程、活动课程、创新课程、方案课程等等都有它独有的价值，改革中关键是从每一种课程模式的精神实质与理念层面上去学习、更新。世界上各种风行的课程模式与方案的真正价值就在于它们之中蕴涵的精神实质，而不是它们的形式。在当前我国现有的国情、现有的地区差异较大条件下，去模仿这个那个课程方案并非改变我们现存问题的关键，而且极为容易陷入那种形式主义的弊端。"宛若淮南之橘，移植淮北则为枳，不是品种的问题，而是土壤和气候的问题。如果使土壤和气候得到完全的优化，那么不仅枳可为橘，而且还可生长更多更好的其他水果，又何必只培植柑橘？我们国土上所生长的那些传统形式并没有死亡，只需要注入新的精神和活力，一样可以焕发出勃勃生机。"[②]然而，80 年代以来的课程改革中，有的幼儿园则把课程改革的经历更多地放在了花样翻新的课程形式上，幼儿园各种各样新的课程模式，虽然在理论的表述上不同，但在实施时内在的精神实质却没有太多的变化。比如，有的幼儿园自称自己在课程中成功地推行了瑞吉欧方案教学，但假如我们去实地观察一段时间就会发现，他们已经将其改变成了由教师主导一切的传统的主题教学活动了，方案教学的精髓没有了，有的只是方案教学一具干滞的躯壳。

所以课程改革中如果只是学习课程的形式，那么再有丰富内涵的课程方案也会变成呆滞、干板的模式，失却其活力。如果课程改革重在学习吸收新的课程理念，重在课程精神实质上的提升，不管其课程的名称、模式如何也照样可以焕发出新的活力。所以课程理论工作者要有清醒的认识，不能被表面繁荣的多种多样的课程模式所迷惑。看待课程改革更多的要透过现象，去看改革的实质。

---

①《中国幼儿教育史资料选》，人民教育出版社，1989，P. 140。

② 黄进：《游戏精神与幼儿教育》，南京师范大学博士论文，2001.P. 90。

思考题

1. 试对比分析中国20世纪50年代与80年代以来幼儿园课程改革的背景？

2. 20世纪50年代中国幼儿园课程改革的指导思想是什么？

3. 结合自己的体会，对中国20世纪50年代的幼儿园课程改革作一评论。

4. 中国20世纪80年代以来的幼儿园课程改革所体现出的多元思想有哪些方面？

5. 20世纪80年代幼儿园学科课程的研究主要体现在哪些方面？

6. 试简要分析与评价中国20世纪80年代以来的幼儿园课程改革。

主要参考文献

1 张华. 课程与教学论. 上海：上海教育出版社，2000

2 施良方. 课程理论. 北京：教育科学出版社，1996

3 朱家雄. 幼儿园课程. 上海：华东师范大学出版社，2003

4 幼儿园教育指导纲要（试行）. 北京：北京师范大学出版社，2001

5 李生兰. 比较学前教育. 上海：华东师范大学出版社，2000

6 Sue Brededamp, Carol Copple. 符合孩子身心发展的专业幼教. 洪毓瑛译. 台北：和英出版社，2000

7 冯晓霞. 幼儿园课程. 北京：北京师范大学出版社，2001

8 霍力岩. 学前教育评价. 北京：北京师范大学出版社，2002

9 刘焱. 幼儿教育概论. 北京：中国劳动社会保障出版社，1999

10 云南省教育委员会. 幼儿园课程设计. 昆明：云南教育出版社，1998

11 王月媛. 幼儿园目标与活动课程教师用书. 北京：北京师范大学出版社，1995

12 《幼儿教育》编辑部. 幼儿园综合性主题教育课程设计. 北京：外文出版社，1993

13 约翰·杜威. 民主主义与教育. 王承绪译. 北京：人民教育出版社，2001

14 周兢，陈娟娟. 幼儿园活动整合课程指导（大班下）. 南京：南京师范大学出版社，台湾：信谊基金出版社，2002

15 刘焱. 幼儿园游戏教学论. 北京：中国社会出版社，1999

16 泰勒. 课程与教学的基本原理. 施良方译. 北京：人民教育出版社，1994

17 中国学前教育史编写组. 中国学前教育史资料选. 北京：人民教育出版社 1989

18 宋恩荣. 近代中国教育改革. 北京：教育科学出版社，1994

19 唐淑，钟昭华. 中国学前教育史. 北京：人民教育出版社，1993

20 陶行知教育文选. 北京：教育科学出版社，1981

21 钟启泉. 国外课程改革透视，太原：山西人民教育出版社，1993

22 玛丽·霍罗. 活动中的幼儿——幼儿认知发展课程. 赫和平等译. 北京：人民教育出版社，1995

23 凯兹. 探索孩子心灵世界. 陶英琪等译. 台湾：心理出版社，1998

24 屠美如. 向瑞吉欧学什么——〈儿童的一百种语言〉解读. 北京：教育科学出版社，2002

25 埃德华兹等. 儿童的一百种语言：瑞吉欧·艾米利亚教育取向——进一步的回响. 罗雅芬等译. 台湾：心理出版社，1998

26 Louise Boyd Cadwell. 带回瑞吉欧的教育经验. 台湾：光佑文化事业股份有限公司，2000

27 黄政杰. 课程设计. 台湾：东华书局，1991

28 北京市教育科学研究所. 陈鹤琴教育文集. 北京：北京出版社，1985
29 虞永平. 学前教育学. 苏州：苏州大学出版社，2001
30 钟启泉. 国外课程改革透视. 西安：陕西教育出版社，2000
31 戴自庵. 张雪门幼儿教育文集. 北京：北京少年儿童出版社，1994
32 蒙台梭利. 蒙台梭利幼儿教育科学方法. 任代文译. 北京：人民教育出版社，2001
33 戴自庵等. 陶行知幼儿教育的理论与实践. 成都：四川教育出版社，1987
34 杜威. 学校与社会·明日之学校. 北京：人民教育出版社，1994
35 赵祥麟. 杜威教育论著选. 上海：华东师范大学出版社，1981
36 吕达. 中国近代课程史论. 北京：人民教育出版社，1994
37 黄人颂. 幼儿教育的理论与实践. 南京：江苏教育出版社，1954
38 凯洛夫. 论幼儿教育的基本问题. 仲夏等译. 大众出版社，1954
39 马卡连柯教育文集. 北京：人民教育出版社，1985
40 余震球. 维果斯基教育论著选. 北京：人民教育出版社，1994
41 苏罗金娜. 学前教育学. 何清新译. 北京：人民教育出版社，1960
42 迈克·富兰. 变革的力量——透视教育改革. 北京：教育科学出版社，2000
43 钟启泉等. 课程设计基础. 济南：山东教育出版社，2000
44 李季湄，肖湘宁. 幼儿园教育. 北京：北京师范大学出版社，1997
45 唐淑. 幼儿园课程基本理论和整体改革. 南京：南京师范大学出版社，1998
46 唐淑. 幼儿园课程实施指导丛书·总论. 南京：南京师范大学出版社，1997
47 黄人颂. 学前教育学参考资料. 北京：人民教育出版社，1991
48 单丁. 课程流派研究. 济南：山东教育出版社，1998
49 赵中建. 教育的使命. 北京：教育科学出版社，1996
50 江山野. 简明国际教育百科全书——课程. 北京：教育科学出版社，1995
51 钟启泉等. 基础教育课程改革纲要（试行）解读. 上海：华东师范大学出版社，2001
52 姜勇，徐刚. 幼儿园“生存”课程研究. 上海：上海教育出版社，1999
53 幼儿园活动整合课程. 南京：南京师范大学出版社，台湾：信谊基金出版社，2002
54 幼儿园探索型主题活动实施与案例. 上海：上海科技教育出版社，2001
55 丹尼斯·劳顿. 课程研究的理论与实践. 张渭成等译. 北京：人民教育出版社，1985
56 上海市幼儿教育研究室. 幼儿园各科教案举例. 上海：上海教育出版社，1982
57 刘晓东. 儿童教育新论. 南京：江苏教育出版社，1998
58 虞永平. 社会（大班）. 南京：南京师范大学出版社，1996
59 浙江省《幼儿园课程指导》编写委员会. 教育活动设计·大班上册. 北京：新时代出版社，2003
60 毛美娟等. 走向方案教学——幼儿园方案教学探索及案例. 上海：百家出版社，2001
61 魏敏等. 幼儿园教育活动案例分析. 长春：东北师范大学出版社，2003

62 崔允郭. 校本课程开发：理论与实践. 北京：教育科学出版社，2000

63 赫尔姆，凯兹. 小小探索家——幼儿教育中的项目课程教学. 林育玮等译. 南京：南京师范大学出版社，2004

64 Urie Bronfenbrenner. The Ecology of Human Development. Harvard University Press,1979

65 Elizabeth Jones，Jone Nimmo. Emergent Curriculum. National Association For The Education of Young Children, Washington,DC.

66 Bemard Spodek and Olivian. Saracho:Issues in Early Childhood Education Assessment and Evaluation,Teachers College,Columbia University，1997

67 James A. Beane:Affect in the Curriculum,Teachers College,Columbia Uninversity，1990

68 张华. 美国当代“存在现象学”课程理论初探. 外国教育资料，1997(5)

69 付永红. 为什么会事与愿违. 学前教育，2001(12)

70 许卓娅. 用历史生态的眼光看“园本课程热”. 幼儿教育，2003(2)

71 虞永平. 园本课程建设之我见. 幼儿教育，2004(5)

72 虞永平，孙琴干. 园本课程开发的思考. 早期教育，2002(8)

73 朱家雄. 幼儿园课程中幼儿教师的角色定位. 早期教育，2004(8)

74 叶春梅. 园本课程开发对幼儿教师的新要求. 山东教育·幼教版，2002(4)

75 邓鲁萍. 简述苏联学前教育的知识体系理论. 外国教育资料，1987(1)

后　记

奉献于您面前的这本著作，是三位老师通力协作的成果，是集体智慧的结晶，从酝酿到成书历时 1 年半。一年多来，大家分工协作，进行了紧张的工作。首先，由王春燕提出书稿框架结构的初步设想，并征求丛书编委会部分老师的意见，写出《编写提纲》。之后，参加编写的老师对提纲作了进一步的修改，并就编写要达到的目标，乃至编写的一些具体技术要求做了明确的规定。在统一认识的基础上，根据各人专长分配任务，分工执笔编写。第一章、第三章、第五章、第六章由王春燕编写，第二章由王秀萍编写，第四章由秦元东编写。写出初稿后，由王春燕统一审改，在给出意见的基础上，进行了讨论交流并做了修改完善。第三稿结束后，又由编委会成员分工分章，每两人负责一章做最后的审改。总之，我们力求做到一丝不苟，精益求精。

本书作为幼儿教师专业成长丛书之一，在编写时得到了学院领导及丛书编委会各位老师的支持与帮助，在此深表谢意。同时，编写中我们参考了大量的有关中外课程及幼儿园课程方面的一些著作、教材及相关的资料，在此对原作者也一并致谢。

本书编者

2005 年初春于杭州